SCHULE UND UMWELTERZIEHUNG

Die Reihe dient der erziehungs-
wissenschaftlichen Forschung und
steht Arbeiten im Umkreis empirischer, historischer und erziehungs-
philosophischer Fragestellungen
offen. Wesentliche Anliegen sind
die Förderung des wissenschaftlichen Nachwuchses sowie die
Darstellung neuer und aussichts-
reicher Fragestellungen in der internationalen Forschung. Die Reihe
erscheint mit drei bis vier Ausga-
ben pro Jahr.

E X P L O R A T I O N E N

STUDIEN ZUR
ERZIEHUNGSWISSENSCHAFT

Herausgegeben von der
Schweizerischen Gesellschaft
für Bildungsforschung
Verantwortlicher Herausgeber:
Jürgen Oelkers

SCHULE
UND UMWELTERZIEHUNG

Eine pädagogische Analyse
und Neubestimmung
umwelterzieherischer Theorie und Praxis

Christoph Berchtold
Martin Stauffer

PETER LANG

Die Deutsche Bibliothek – CIP-Einheitsaufnahme

Berchtold, Christoph:
Schule und Umwelterziehung : eine pädagogische Analyse und
Neubestimmung umwelterzieherischer Theorie und Praxis /
Christoph Berchtold ; Martin Stauffer. – Bern ; Berlin ;
Frankfurt/M. ; New York ; Paris ; Wien : Lang, 1997
(Explorationen ; 15)
ISBN 3-906756-98-X
NE: Stauffer, Martin:; GT

© Peter Lang AG
Europäischer Verlag der Wissenschaften
Bern, Berlin, Frankfurt/M., New York, Paris, Wien, 1997

Graphiker: Gilbert Ummel – Neuchâtel (Suisse)

Vorwort

Das Stichwort "Umwelterziehung" hat die achtziger Jahre geprägt, einerseits als Übersetzung von Umweltkrise (und Umweltbewusstsein) in pädagogische Zusammenhänge, andererseits als Signal für Veränderungen der Erziehungspraxis, nicht zuletzt der schulischen Curricula und Lernformen. Die theoretischen Begründungen operierten oft mit allgemeinen Krisen- oder Verfallsannahmen, aus denen sich unmittelbar ein pädagogischer Handlungsbedarf abzuleiten schien. Zunächst war allerdings mehr als unklar, was die "neue Praxis" sein sollte, ausgenommen die Wiederholung reformpädagogischer Modelle, die schon vor 1914 als lebensreformerische Alternative zum Schulsystem gebraucht wurden. Historisch hätte man beizeiten lernen können, dass und wie diese Modelle marginalisiert wurden und jedenfalls die durchschnittliche Schulwirklichkeit nicht erreichen konnten.

CHRISTOPH BERCHTOLD und MARTIN STAUFFER gehen in ihrer Arbeit von dieser Erfahrung aus und fragen dann, ob und wie vermieden werden kann, dass sich die Marginalisierung wiederholt. Was FELICITAS THIEL in ihrer Berliner Dissertation unlängst als "Pädagogisierungsstrategie" bezeichnet hat, nämlich Defizitpostulate, die auf allgemeinen Weltmodellen beruhen, ist mit dem Nachteil behaftet, ohne Rücksicht auf gegebene institutionelle Wirklichkeiten kommuniziert werden zu müssen. Der grosse Bedarf oder die unbedingte Notwendigkeit lassen schulische Realitäten zweitrangig erscheinen, ohne dass sie dadurch verschwinden würden. Wie kann man, fragen BERCHTOLD und STAUFFER, diesen Fehlschluss vermeiden, also die Realität in Rechnung stellen und sie zugleich in Richtung ökologischen Lernens verändern?

Die Antwort ist in gewisser Weise eine Provokation: Die "Umwelterziehung" müsse sich der Schule anpassen, wenn denn die Schule sich *nicht* der "Umwelterziehung" anpassen wird. Dagegen spricht die Geschichte der Verschulung und insbesondere die Erfahrung von Marginalisierung, die gerade auch die zeitgenössisch hochbedeutsamen Konzepte betroffen hat. Wenn die "Umwelterziehung" nicht schulförmig wird, kann sie keinen Einfluss haben, wobei "schulförmig" nicht der Karikatur der Schule ("Frontalunterricht"), sondern ihrer institutionellen Verfasstheit gelten soll. Darunter sind der kalkulierte Verbrauch von Zeit, die Konkurrenz gleich wichtiger Anliegen, die Knappheit der Mittel und nicht zuletzt die schwachen Erfolgskontrollen (bei endlichen oder sich rasch verbrauchenden Motivationslagen) zu verstehen. Wer sich auf diese Bedingungen *nicht* einstellen kann oder will, wird nur rhetorische Wirkungen erzielen.

Das ist insofern ein bedeutsamer Befund, als die "Umwelterziehung" methodisch und praktisch immer auf reformpädagogische Bestände gesetzt hat. Es ist sozusagen undenkbar, ökologische Themen anders als nach der Projektmethode zu organisieren, sie verlangen geradezu Eigentätigkeit, Selbstorganisation und Erlebnisorientierung, während die durchschnittliche Schulerfahrung davon auf Dauer nur wenig zu bieten vermag. Zudem sind die Ziele ökologischen Unterrichts so hoch, dass sie wohl Gesinnung erzeugen, aber kaum kontrolliert werden können. "Leistungskontrollen" erscheinen in diesem Bereich geradezu als Selbstentlarvung, aber soll schulisches Lernen daraus werden, müssen Evaluationsformen gefunden werden, die nicht lediglich auf Selbstauswertungen vertrauen. Auch das bestätigt die These von Wandel durch Annäherung.

Die empirischen Daten stammen aus einem Weiterbildungsprojekt. Sie decken sich weitgehend mit anderen Evaluationen dieser Art, nämlich dass Transferleistungen nicht dadurch erreicht werden, dass in einem Kurs die richtige Gesinnung entsteht. Auch sehr engagierte Formen der Weiterbildung müssen in eine oft sperrige oder anders präferierte Schulwirklichkeit übersetzt werden, und dieser Prozess ist fast immer ausserhalb der Kursinteressen. Hier schliesst sich der Kreis: Sollen Innovationen stattfinden, müssen die Hürden ernst genommen werden. Das Schulsystem hat den Vorteil, sich an vielen Stellen ausprobieren zu lassen, wenn und soweit genügend Respekt vorhanden ist.

Jürgen Oelkers

Dank

Hohe Berge, weite Täler,
klare Flüsse und blaue Seen,
dazu ein paar Naturschutzgebiete, alles wunderschön.
Wir lieben unser Land.

Die Toten Hosen: ein kleines bisschen Horrorschau (Virgin 1988)

Mit "Schule und Umwelterziehung" legen wir eine überarbeitete Fassung unserer Lizentiatsarbeit vor, die wir im vergangenen Jahr am pädagogischen Institut der Universität Bern eingereicht haben.
Wir danken all jenen, die uns bei diesem Unterfangen beratend und unterstützend zur Seite gestanden sind: Prof. Dr. Jürgen Oelkers gewährte uns ein aussergewöhnliches Mass an Freiheiten, liess uns Förderung zukommen, verfasste das Vorwort zu diesem Buch und ermöglichte dessen Publikation. Die Trägerschaft des Umwelterziehungsprojektes "Nutzungskonflikte und Siedlungsplanung", bestehend aus Nationalfonds, Bundesamt für Raumplanung, Amt für Gemeinden und Raumordnung des Kantons Bern und Erziehungsdirektion des Kantons Bern, schuf anregende Bedingungen, damit wir das von Dr. Marcel Keist und Dr. Heinrich Widmer konzipierte und realisierte Projekt evaluieren konnten. Dr. Philipp Gonon vom Pädagogischen Institut der Universität Bern und Dr. Jo Brunner von der Erziehungsdirektion des Kantons Bern brachten Anregungen zur Evaluation ein. Der SEVA-Lotteriefonds des Kantons Bern beteiligte sich an den Druckkosten.
Unsere Lebenspartnerinnen – Denise Steiner und Maria da Conceição Marques Ferreira Stauffer – erlebten während der vergangenen Jahre manch Ungemach, ihnen danken wir für Zuspruch und Geduld.
Die Auseinandersetzung mit dem Thema "Schule und Umwelterziehung" hat uns Erfahrungen vermittelt, die wir ihres Gehaltes wegen nicht missen möchten. Unsere Zusammenarbeit verlief nicht bloss in bezug auf die Ergebnisse herausfordernd, ergiebig und lehrreich.

Einleitung und Argumentationsgang:
Das Spannungsverhältnis von Schule und Umwelterziehung

Welche pädagogischen Positionen werden in der Umwelterziehung vertreten, die von der Schule übernommen werden können? Was für methodisch-didaktische Schwierigkeiten und Möglichkeiten ergeben sich aus einer Umwelterziehung in der Schule? Wie sind bisherige Implementationsbestrebungen einzuschätzen und allenfalls zu überdenken? Wer so fragt, wird das Verhältnis von Schule und Umwelterziehung nicht alleine durch Forderungen der Umwelterziehung an die Schule bestimmen. *Schwierigkeiten im Verhältnis von Schule und Umwelterziehung sind in erster Linie durch Unzulänglichkeiten der Umwelterziehung zu begründen – und nicht umgekehrt,* lautet unsere Leitthese. Dafür sehen wir drei hauptsächliche Gründe: Unzulänglichkeiten der Umwelterziehung zeigen sich zunächst in einer diffusen Terminologie und verschwommenen Vorstellungen von Begriffen wie Umweltbewusstsein, Vernetzung, Handlungsorientierung und Projektunterricht, welche das Verständnis beträchtlich erschweren. Weiter traut die Umwelterziehung der Schule wenig Konstruktives zu, und gleichzeitig werden die Möglichkeiten der Schule überschätzt. Diese paradoxe Situation besteht darum, weil (historische) pädagogische Reformerfahrungen nicht berücksichtigt, pädagogische und psychologische Theorien und Erfahrungsbestände nicht beachtet und empirische Studien, wenn überhaupt, einseitig interpretiert werden. Deshalb bestehen in der Umwelterziehung keine praktikablen methodisch-didaktischen Gesamtkonzepte, die inhaltliche Auswahlprobleme angehen, Vernetzungspostulate einlösen und die Projektmethodenfixierung überwinden würden.

Aus dieser Situation ergeben sich sowohl für die Umwelterziehung als auch für die Schule theoretische und praktische Herausforderungen:
Will sich Umwelterziehung verständlicher mitteilen, muss sie ein Augenmerk auf ihre Terminologie richten und Klärungen anstreben. Umweltwissen, Umwelteinstellungen und umweltgerechtes Verhalten beispielsweise wären präziser als bis anhin zu fassen, Zusammenhänge zwischen diesen drei Faktoren vertiefter herauszuarbeiten. Konzepte wären intensiver als bisher vor dem Hintergrund empirischer Untersuchungen zur Umwelterziehung zu formulieren und dabei sowohl auf Theorien als auch Erfahrungsbestände von Disziplinen wie Pädagogik, Psychologie und Ökonomie zu beziehen. Weiter müsste sich die Umwelterziehung didaktischen Auswahlproblemen stellen und überzeugende methodisch-didaktische Konzepte entwickeln, die ökologische Vernetzungsansprüche einlösen. Dabei wären pädagogische Grundlagen methodischer Vorstellungen aufzuarbeiten, Umsetzungsmöglichkeiten methodischer Präferenzen zu prüfen und verschiedene Methoden auf verschiedene Inhalte und

Schulstufen zu beziehen. Die Umwelterziehung hätte sich adäquater auf schulische Bedingungen einzustellen, indem sie sich mit Aufgaben, Möglichkeiten und Grenzen der Schule auseinandersetzt. Es wären sowohl praktikable methodisch-didaktische Konzepte vorzulegen als auch Lernprogramme zu formulieren und zu implementieren. Überdies müssten das Favorisieren des Unterrichtsprinzips und der Projektmethode reflektiert und bisherige Implementationsstrategien mit Ergebnissen dieser Reflexionen in Einklang gebracht werden.

Wir denken, dass sich die Umwelterziehung viel eher pädagogischen Herausforderungen stellen, als dass die Schule unausgereiften umwelterzieherischen Postulaten nachkommen müsste. Dennoch ergeben sich für die Schule Herausforderungen durch Umweltthemen, welche Komplexität und Interdisziplinarität indizieren, durch das Erfordernis, einen Methodenpluralismus zu praktizieren, der eine Öffnung der Schule einschliesst – und durch die Zeitgefässe, welche die Umwelterziehung einfordern könnte und sollte.

Das Verhältnis von Schule und Umwelterziehung ist deshalb schwierig, weil Umwelterziehung vieles sofort will: Sie will komplexe ökologische Themen bearbeiten, methodische "Innovationen" einführen, umweltgerechtes Handeln hervorbringen *und* gleichzeitig die Schule reformieren. Erschwerend kommt hinzu, dass in der Umwelterziehung zugleich harsche Schulkritik geübt *und* übersteigerte Erwartungen in Schuleffekte formuliert werden; ausserdem präsentiert sich Umwelterziehung wenig transparent, wenn sie freiheitliche Methoden mit normativen Erziehungszielen verbindet.

Wir gehen davon aus, dass sich Umwelterziehung in erster Linie über ihre Ziele, Methoden und Erwartungen in Effekte definiert, alles Punkte, die seit rund zwanzig Jahren unreflektiert tradiert werden, und weit weniger über bestimmte Inhalte, Verknüpfungen von Methoden mit Inhalten und Bedingungen der Schule. Soweit wir die Literatur überblicken, wird deshalb in Konzepten der Umwelterziehung oft losgelöst von der Schulpraxis ziel-, methoden- und wirkungszentriert diskutiert; pädagogische Einwände und die Bedingungen der Schule werden unzureichend berücksichtigt, insbesondere dann, wenn Friktionen zwischen Schule und Umwelterziehung einseitig der Schule angelastet werden. In dieser Situation versprechen pädagogische Reflexionen und die Ergebnisse der Evaluation eines Umwelterziehungsprojektes sowohl Klärungen wie Differenzierungen des Verhältnisses von Umwelterziehung und Schule, einen Blick in reale Schule und einen reizvollen Perspektivenwechsel, weil es nicht allein darum gehen kann, was die Umwelterziehung von der Schule einfordert, sondern vielmehr darum, was die Schule von der Umwelterziehung verlangen kann.

Wir denken, dass wir mit unserer Arbeit in drei Bereichen (mindestens an-satzweise) *Neuland* betreten:

1. Ausgehend von unserer empirischen Erhebung betrachten wir Umwelter-ziehung aus der Perspektive der Schule.
Indem wir die Umsetzung eines Umwelterziehungsprojekts in die Schulpraxis evaluierten, reflektierten wir Erfahrungen von Lehrerinnen, Lehrern, Schüle-rinnen und Schülern mit Unterrichtsmaterialien und mit Vorgaben der Umwelt-erziehung wie fächerübergreifendem Unterricht, Handlungsorientierung und Projektunterricht.
2. Wir bieten eine Kritik von Methoden und didaktischen Konzepten, die in der Umwelterziehung propagiert werden.
Pädagogische Kritik an der Umwelterziehung konzentriert sich auf deren Grundpositionen (etwa ihre Gesinnungsorientierung oder ihr Naturverständnis) und auf die Überschätzung schulischer Wirkungsmöglichkeiten – Methoden und didaktische Konzepte der Umwelterziehung finden kaum kritische Beachtung. Gleichzeitig besteht in der Umwelterziehung bislang ein Konsens, dass "handlungsorientierter Projektunterricht" die ideale Methode darstellt und praktikable didaktische Konzepte existieren – was wir bezweifeln.
3. Wir integrieren pädagogische, methodische, didaktische und empirische Aspekte der Umwelterziehung zu einem Gesamtbild.
In unserer Arbeit werden wesentliche Beiträge in der Literatur zur Umwelt-erziehung zwischen 1979 und 1994 aufgearbeitet, hinterfragt und aufeinander bezogen, indem verschiedene Strömungen in der Umweltpädagogik unter-schieden, empirische Studien zur Umwelterziehung erörtert, methodisch-didaktische Konzepte und pädagogische Kritikpositionen diskutiert werden.

Zum Inhalt:
Im *ersten Kapitel* gehen wir auf Ziele der Umwelterziehung ein, wie sie in der Literatur zur Umwelterziehung beschrieben werden (1.1.). Anschliessend befassen wir uns mit dem Schlüsselbegriff Umweltbewusstsein und dessen Komponenten, um zu zeigen, dass in der Literatur zur Umwelterziehung sowohl auf einer definitorischen Ebene als auch hinsichtlich der Zusammen-hänge zwischen Wissen, Einstellungen und umweltgerechtem Verhalten Klä-rungsbedarf besteht – und dass dieser Umstand die an die Schule gerichteten Erwartungen mitbestimmt. Eine Folgerung wird sein, dass diese Erwartungen der Umwelterziehung in weit stärkerem Masse als bisher vor dem Hintergrund psychologischer und pädagogischer Theorien und Ergebnisse empirischer Stu-dien zu formulieren wären (1.2.). Ausserdem werden wir uns mit dem Wis-sensbegriff in der Umwelterziehung auseinandersetzen, der bloss eine dekla-rative und keine prozedurale Komponente enthält (1.2.1., 4.2.). Weitere für die Umwelterziehung konstitutive Begriffe wie Vernetzung, Handlungsorientierung

und Projektunterricht werden in den jeweiligen Kapiteln erörtert (Kap. 4–7), also an den Stellen, wo sie diskutiert werden. Im deutschsprachigen Raum existiert eine begriffliche Opulenz zur Bezeichnung verschiedener Strömungen in der Umweltpädagogik, die dem Gegenstand und der Schule nicht angemessen ist. Um eine Orientierungshilfe bieten zu können, werden wir auf Umweltbildung, Umweltlernen und Umweltpädagogik (1.3.1.), Umwelterziehung (1.3.2.), Ökopädagogik (1.3.3.) sowie ökologisches Lernen, ökologische Pädagogik und naturnahe Erziehung (1.3.4.) eingehen.

Im *zweiten Kapitel* wird unsere Evaluation eines Umwelterziehungsprojekts dokumentiert: Im Rahmen einer auf ein Jahr befristeten Auftragsforschung evaluierten wir das Umwelterziehungsprojekt "Nutzungskonflikte und Siedlungsplanung" (ein Projekt des nationalen Forschungsprogramms "Nutzung des Bodens in der Schweiz"; NFP 22) und formulierten projektbezogene Verbesserungsvorschläge (2.3.2.1., 2.3.2.2.). Zunächst werden Organisation, Ziele und Erträge des untersuchten Umwelterziehungsprojektes dokumentiert und in einem ersten Schritt diskutiert (2.1.). Anschliessend geht es darum, unsere Studie zu fundieren, indem Bezüge zur empirischen Forschung in der Umwelterziehung hergestellt, die Studie innerhalb der Evaluationsforschung positioniert und Untersuchungsmethoden kurz erläutert werden (2.2.). Am Ende werden Evaluationsergebnisse referiert (2.3.) und theoretische wie praktische Problemfelder der Umwelterziehung bezeichnet (2.4.). Fragestellungen und Methoden der Evaluation sowie ausgewählte Ergebnisse der Untersuchungen werden konzis dargestellt (2.2. und 2.3.); detailliertere Darstellungen und Daten sind in Berchtold/Stauffer (1995) enthalten. Die Evaluationsergebnisse werden in einer allgemeineren Form als im Schlussbericht (Berchtold/Stauffer 1990) referiert, welche es ermöglichen sollte, Aufschlüsse für künftige Umwelterziehungsprojekte zu gewinnen: Wir denken, dass einige unserer Evaluationsergebnisse Problemfelder der Umwelterziehung insgesamt betreffen, weil das Projekt der Hauptströmung in der Umwelterziehung zugerechnet werden kann, was methodisch-didaktische Vorstellungen und – im vorliegenden Projekt etwas weniger ausgeprägt und an anderer Stelle explizit – (pädagogische) Grundpositionen angeht (2.1.2.).
Am Ende des Kapitels werden Reflexionsbereiche abgesteckt, die sich im Verlaufe und im Anschluss an die Evaluation herauskristallisierten. Diese Bereiche werden als Gegenstände für weiterführende Diskussionen in den Kapiteln drei bis acht dienen. Eine zentrale These wird sein, dass nicht die in der Literatur zur Umwelterziehung oft kritisierte (schlechte!?) Schule das hauptsächliche Problem darstellt, sondern Grundpositionen, Methodik, Didaktik und Implementationsstrategien der Umwelterziehung.

Die Leitfrage des *dritten Kapitels* lautet: Welche grundlegenden Annahmen sind für die Literatur zur Umwelterziehung charakteristisch *und* gleichzeitig problematisch für die Schule? Erste Aufschlüsse ergeben Beschreibungen der Umweltsituation in der Literatur zur Umwelterziehung (3.1.) und Ursachen der Umweltkrise aus deren Perspektive (3.2.). Eine Betrachtung der umwelterzieherischen Beurteilung des Problemlösungspotentials von Bildungsinstitutionen zeigt, dass in der Umwelterziehung die Schule hart kritisiert und zugleich als Hoffnungsträgerin betrachtet wird (3.4.). Allerdings kann und will die Schule bestimmte Grundpositionen der Umwelterziehung nicht unbesehen übernehmen, ohne eigene Prinzipien relativieren oder revidieren zu müssen; ausserdem steht Umwelterziehung in Konkurrenz zu anderen Funktionen der Schule. Die Schwierigkeiten im Verhältnis von Schule und Umwelterziehung erfahren eine Steigerung: Umwelterziehung betrachtet sich oft zu selbstverständlich als erfolgversprechende Möglichkeit, die Bewältigung von Umweltproblemen anzugehen (3.4.4.). Diese Einschätzung müsste nicht zuletzt der problematischen Verknüpfung von normativen Zielsetzungen mit freiheitlichen Erziehungsmethoden (3.4.3.), der wenig überzeugenden methodisch-didaktischen Konzepte (Kap. 4–7) sowie der unsicheren Lerneffekte wegen (3.4.4., 4.2.) überprüft werden: Eine vielfach ungebrochene Illusion von Effekten führt in der Umwelterziehung dazu, dass Zusammenhänge zwischen Wissen, Einstellungen und Verhalten (1.2.4.), empirische Studien zu Wirkungen von Umwelterziehung (4.2., 4.2.3.) und historische Reformerfahrungen (3.4.2., 6.2.–6.4.) nur selektiv zur Kenntnis genommen und die Möglichkeiten der Schule überschätzt werden. Um die Umwelterziehung und die Schule von Erwartungsdruck zu entlasten, schlagen wir eine Neuformulierung umwelterzieherischer Ansprüche an die Schule vor (3.5.).

In der umwelterzieherischen Diskussion ist in den vergangenen Jahren die Bestimmung und Gewichtung von Inhalten in unzulässigem Masse zurückgestellt worden – dies auch deswegen, weil Auswahlprobleme weitgehend ignoriert wurden. Wir gehen im *vierten Kapitel* auf entsprechende Gründe ein und argumentieren für eine inhaltliche Grundlegung der Umwelterziehung und gegen didaktische Beliebigkeit. Deshalb stellen wir die Frage nach relevanten Gegenständen der Umwelterziehung und den entsprechenden Kriterien zur Diskussion (4.1.–4.4.): Aufgrund einer Erörterung empirischer Studien formulieren wir einige didaktische Folgerungen und weisen dabei auf die Bedeutung eines Handlungswissens hin (4.2.). Anschliessend konzentrieren wir uns auf didaktische Vorstellungen und Konzepte in der Literatur zur Umwelterziehung; zudem sollen (mindestens ansatzweise) Kriterien der Auswahl und Gewichtung von Inhalten der Umwelterziehung als Grundlagen didaktischer Entscheidungen herausgearbeitet werden (4.4.–4.6.). Das Problem der Inhalte in der Umwelterziehung und deren Verknüpfung mit Methoden verschärft sich durch Forderungen nach Interdisziplinarität, ökologischem Denken, Vernetzung und Ganzheit (4.5.). Wir optieren für Komplexität, gegen ein mythisches Ganzheitsprinzip, für eine Umsetzung der eben genannten Postulate in Unterrichtsmaterialien und am Ende für ein Lernprogramm in der Umwelterziehung, das sowohl Inhalte bestimmt als auch Freiheiten gewährt (4.6.).

Umwelterziehung hat Mühe, sich in der Schule zu etablieren. Das hängt nicht nur mit ihren problematischen Annahmen über Aufgaben und Möglichkeiten der Schule (Kap. 3) und ihrer Weigerung, Inhalte zu definieren und auszuwählen (Kap. 4) zusammen, sondern wesentlich mit überhöhten Erwartungen in Effekte von Methoden. Als problematisch erweist sich, dass die propagierten Methoden theoretisch wenig fundiert sind und deshalb kaum reflektiert werden können (Kap. 5–6).

Im *fünften Kapitel* wird am Beispiel einer Lehrmittelkritik aufgezeigt, dass aus der Sicht der Umwelterziehung vor allem mit handlungs-, situations- und schülerorientierten Methoden sowie fächerübergreifendem Unterricht umweltgerechtes Verhalten in idealer Weise gefördert werden könnte. Verpönt sind hingegen konventionelle Methoden, weil sie auf die blosse Aneignung von Wissen zielen würden (5.1.). Unterschiedliche Effekte von Methoden lassen sich empirisch nur begrenzt nachweisen und basieren auf teilweise fragwürdigen Annahmen und Interpretationen (5.2.). Erstaunlicherweise hat ein didaktisches Konzept, das bereits 1980 von Bolscho, Eulefeld und Seybold entwickelt wurde und das wegen seiner beachtlichen methodischen Bandbreite als Diskussionsgrundlage für aktuelle Konzepte dienen könnte, bis heute wenig Resonanz in Unterrichtsmaterialien und Schulpraxis gefunden (5.3.). Einen Grund sehen wir in der Privilegierung ganzheitlicher Methoden, die, anders als bei Eulefeld et al., auf wenig klaren Vorstellungen über Inhalte beruhen und wenig Rücksicht auf schulische Bedingungen nehmen (4.3.–4.6.). Eine methodische und inhaltliche Klärung wäre jedoch Voraussetzung für eine sinnvolle Implementation von Umwelterziehung an Schulen (5.4.).

In *Kapitel sechs* wird das zentrale Prinzip in der Umwelterziehung, die Handlungsorientierung, diskutiert. Einigkeit herrscht bezüglich des Optimismus, der mit diesem fast magischen Begriff verbunden ist (6.1.), entscheidende Differenzen sind hingegen auszumachen, wenn gefragt wird, was mit dem Begriff gemeint ist und wie er im Unterricht umzusetzen wäre (6.2.). Um Handlungstheorien kümmern sich Umwelterzieherinnen und -erzieher selten; deswegen soll ein Exkurs Einblick bieten in Begrifflichkeit und Praxisrelevanz (6.3.): Würde Handeln in der Umwelterziehung als zielgerichtetes Tun verstanden, könnten Handlungswissen und Handlungsschemata aufgebaut werden, was handlungsorientierten Unterricht erst zu dem machen würde, was er verspricht (6.3.1.–6.3.5.). Welche praktischen Konsequenzen die fehlende begriffliche Basis haben kann, wird am Beispiel des von uns evaluierten Projekts veranschaulicht. Als folgenschwer wird sich insbesondere die Gleichsetzung von Handeln und Erleben herausstellen (6.4.).

Die Projektmethode scheint ideale Möglichkeiten zu bieten, wenn es um die Umsetzung umwelterzieherischer Ziele geht. Ausgehend von verschiedenen Erwartungen, die mit dieser Methode verknüpft werden (7.1.), fragen wir im *siebten Kapitel*, was denn diese Methode so attraktiv macht. Es scheint die unbegrenzte Freiheit zu sein, die sie verspricht (7.2.). Es ist eine Freiheit, die in elaborierten Konzepten, etwa bei Dewey (7.4.), nicht gegeben ist und die, so wird eine unserer Folgerungen sein, mit dazu beigetragen haben könnte, dass die Umwelterziehung in der Schule kaum Fuss gefasst hat (7.8.). Im Überblick zur Entwicklung der Projektidee seit 1879 bilden die beiden Projektkonzepte von Dewey (7.3.) und Frey (7.7.) die Schwerpunkte. Während bei Dewey und einigen Umwelterzieherinnen und -erziehern noch der pragmatische Anspruch, die (soziale) Umwelt direkt mitzugestalten, persönlichkeitsbildende Prozesse unterstützen soll, messen neuere Konzepte wie das von Frey der Kommunikation und gruppendynamischen Prozessen zentrale Bedeutung bei. Die Wende in der Interpretation des Projektbegriffs lässt sich bei Kilpatrick lokalisieren (7.5.), der Projekte in den Mittelpunkt des Unterrichts stellt – eine Auffassung, die von der Umwelterziehung weitgehend übernommen wird (7.6.).
Vieles, das in der Umwelterziehung als Projekt bezeichnet wird, verdient diesen Namen nicht. So vermochte das evaluierte Umwelterziehungsprojekt weder die von Dewey beschriebenen Qualitäten der Projektmethode noch die Gütekriterien Kilpatricks oder Freys zu erfüllen (7.8.). Eine Folgerung wird sein, dass sich Umwelterziehung vermehrt an tragfähigen Projektkonzepten orientieren müsste (7.9.).

Wesentliche Argumentationen unserer Arbeit werden im *achten Kapitel* vergegenwärtigt, indem Bedingungen für eine nachhaltigere Implementation von Umwelterziehung in die Schule diskutiert werden.
Wir optieren für ein Lernprogramm der Umwelterziehung (8.1.1.), für eine Methodenvielfalt (8.1.2.) und für ein interdisziplinäres Zeitgefäss (8.1.3.). Um welche Umwelterziehung es in der Schule gehen kann und soll, wird in einem Ausblick ersichtlich (8.2.).

1. Was ist Umwelterziehung?

Was macht Umwelterziehung aus? Sind es bestimmte Ziele, besondere Inhalte, innovative Methoden? Ist Umwelterziehung mehr als eine "unterrichtlich organisierte Bildung des Bewusstseins, (...) in der ein umweltbezogenes Handeln sozusagen als Produkt intendiert ist" (Meyer 1986, S. 169)? *Umwelterziehung ist für uns im wesentlichen das, was ihre Ziele besagen (1.1.) und was sich davon in der Schulpraxis (nicht) verwirklichen lässt.* Im ersten Kapitel wird eine erste begriffliche Grundlage geschaffen und ein Überblick zur Umweltpädagogik erstellt: Wir befassen uns mit den Zielen der Umwelterziehung (1.1.), dem Schlüsselbegriff Umweltbewusstsein und dessen Komponenten (1.2.) und den verschiedenen Strömungen in der Umweltpädagogik (1.3.).

1.1. Ziele der Umwelterziehung

Bevor Ziele der Umwelterziehung aus ihrer Sicht beschrieben werden, soll erklärt werden, wodurch Umwelterziehung prinzipiell legitimiert wird (vgl. die weiterführende Diskussion in 3.4.3.–3.4.5.): In erster Linie wird Umwelterziehung dadurch legitimiert, dass sie einen Beitrag zur Lösung der Umweltprobleme leistet (vgl. z.B. Braun 1983, S. 19). Luft, Boden, Wasser, Pflanzen und Tiere – kurz Natur – sind nicht mehr das, was sie einmal waren. Neben dem Grundrauschen der alltäglichen Umweltbelastung geht oft schief, was schiefgehen kann. In der Literatur zur Umwelterziehung werden Seveso, Bhopal, Tschernobyl und Schweizerhalle immer wieder erwähnt (spätestens seit Tschernobyl wissen wir ...), sie dienen als Signale für die Notwendigkeit eines veränderten Umgangs mit der Umwelt *und* als Ausgangspunkte für Schreckensszenarien, die als Warnung aufgefasst werden sollen und so aussehen können: "In vielen Träumen, die ich hier zu hören bekomme, sind die Bergseen bereits biologisch tot, ist die Nordsee endgültig vergiftet. Hollands Dämme brechen, und Orkane fegen die Menschen von den Dämmen herab ins Meer. Glühend steigt die Sonne auf; durch keine schützende Ozonschicht mehr gemildert, treffen ihre Strahlen die Menschen" (Riedel 1992, S. 270). Vor dem Hintergrund einer als desolat empfundenen Umweltsituation (vgl. 3.1.) und der damit verbundenen Risiken soll Umwelterziehung das für eine Wende zum Besseren notwendige Wissen vermitteln, Bewusstsein schaffen und umweltgerechtes Verhalten anleiten.

Als richtungweisend für die Zielbestimmung in der Umwelterziehung werden einige internationale Konferenzen betrachtet. Für den deutschsprachigen Raum sind ausserdem die Beschlüsse der bundesdeutschen Kultusministerkonferenz hervorzuheben. Anlässlich der ersten UNESCO-Weltkonferenz zur Umwelterziehung in Tiflis 1977 wurden Zielsetzungen formuliert, die in der Literatur der Umwelterziehung bis heute immer wieder zitiert werden und als Standard gelten können; der Hinweis auf Tiflis darf im Gegensatz zur Belgrader Umwelttagung 1975 (in deren Charta bereits Ziele der Umwelterziehung enthalten sind, so das "Bewusstwerden der Probleme im Umweltgeschehen", das "Bemühen um ausreichendes Wissen über Grundzusammenhänge", der "Erwerb praktischer Fähigkeiten und Fertigkeiten", die "Umformung der eigenen Einstellung zu den Problemen" und die "Bereitschaft zur aktiven Teilnahme an Lösungen"; vgl. Schneider 1987, S. 278f.) und der Nachfolgekonferenz in Neu-Delhi 1985 in keiner umfangreicheren Publikation zur Umwelterziehung fehlen (vgl. z.B. Bolscho et al. 1980, S. 12; Eulefeld et al. 1981, S. 7, 11; Schmack 1982a, S. 71–78). Eine der Kernpassagen des Tifliser Schlussdokuments lautet: "Ziel der Umwelterziehung ist, Menschen zu einem verantwortlichen Umgang in ökologischen Situationen zu befähigen, ihnen Wert und Unwert von Umwelten bewusst zu machen. Umwelterziehung dient der Entwicklung von Kenntnissen und Fähigkeiten, die als Voraussetzung für ein Verhalten gelten können, das ökologische Gesetzmässigkeiten mitberücksichtigt" (zitiert nach Eulefeld et al. 1981, S. 11); Lernziele in der Umwelterziehung beinhalten die fünf Kategorien Bewusstsein, Kenntnisse, Einstellungen, Fertigkeiten und Mitwirkung (Eulefeld 1987, S. 206).

Im Anschluss an die Konferenz in Tiflis wurden 1978 in München Empfehlungen zur Umwelterziehung formuliert – sie werden "Didaktische Leitlinien zur Umwelterziehung in der Bundesrepublik Deutschland" genannt und wurden 1979 von Eulefeld und Kapune herausgegeben –, welche die Dokumente von Tiflis für den deutschsprachigen Raum umsetzen sollten (vgl. Schneider 1987, S. 282). Die Münchner Empfehlungen enden so: "Kenntnisse von Umweltfragen sind nur eine notwendige, jedoch keine hinreichende Voraussetzung für die Motivation des Schülers, sich für die Umwelt zu engagieren. Hierfür scheint Handeln in der eigenen Umwelt unerlässlich zu sein" (zitiert nach Geiser/Frey 1987, S. 191).

Neben den Münchner Empfehlungen fanden im deutschsprachigen Raum die Beschlüsse der bundesdeutschen Kultusministerkonferenz grosse Beachtung. Hier einige Ausschnitte: "Für den Einzelnen und die Menschheit insgesamt sind die Beziehungen zur Umwelt zu einer Existenzfrage geworden. Es gehört daher auch zu den Aufgaben der Schule, bei jungen Menschen Bewusstsein für Umweltfragen zu erzeugen, die Bereitschaft für den verantwortlichen Umgang mit der Umwelt zu fördern und zu einem umweltbewussten Verhalten zu erziehen, das über die Schulzeit hinaus wirksam bleibt" (Beschluss der

Kultusministerkonferenz vom 17.10.1980; KMK 1982, S. 3; zitiert nach Geiser/Frey 1987, S. 192). In Österreich wurde im "Erlass zur Umwelterziehung in den Schulen" des Bundesministeriums für Unterricht und Kunst als erstes Ziel der Umwelterziehung die "ökologische Handlungskompetenz" genannt. Was Sache ist, kommt auf diese Weise zum Ausdruck: "Umwelterziehung soll zu einem Erfahrungsprozess führen, der ein lebenslang wirksames Umweltverhalten bewirkt" (BMUK 28.2.1985, zitiert nach Thonhauser 1993, S. 38). 1987 brachte der bundesdeutsche Rat der Sachverständigen für Umweltfragen Umwelterziehung auf folgende Zielformel: "Umwelterziehung setzt die Vermittlung von Wissen, die Ausformung von Werthaltungen, die Schaffung von Gelegenheiten zur unmittelbaren Erfahrung von Umwelt und die Einübung von ökologisch verträglichen Handlungsformen voraus" (Rat der Sachverständigen für Umweltfragen 1987; zitiert nach Gysin 1989, S. 14).

In Anlehnung an Tiflis wurde in der Schweiz von der Arbeitsgruppe Umwelterziehung der schweizerischen Konferenz kantonaler Erziehungsdirektoren EDK der Begriff Umwelterziehung definiert. Zentral ist der letzte Punkt der sechsteiligen Definition: "Umwelterziehung ist nicht nur Wissen oder Wissenschaft, sie will Einsichten bewirken, Haltungen formen und Verhalten trainieren, d.h. sie weckt Betroffenheit und appelliert an die Beziehungs-, Erlebnis- und Genussfähigkeit des Menschen" (EDK; Schweizerische Direktion der kantonalen Erziehungsdirektoren 1988, S. 129); Umwelterziehung soll "im Lebensraum des Schülers ansetzen und zu reflektierten Haltungen und zu konkretem Handeln führen" (a.a.O., S. 130). Gemeint sind nicht irgendwelche Einsichten, Haltungen oder Verhaltensweisen, sondern bestimmte, nämlich umweltgerechte. Die oben genannten Zielbestimmungen werden in der Literatur zur Umwelterziehung bloss abgebildet oder etwas verändert, doch kaum hinterfragt. Welche Implikationen das nach sich ziehen kann, wird an anderer Stelle erörtert (3.4.3.–3.5.). Wie die folgenden Beispiele zu zeigen vermögen, decken sich Zielbestimmungen aus der Literatur zur Umwelterziehung mit den oben angeführten Definitionen:

Nach Eulefeld (1979, S. 36) ist "Umwelterziehung (...) eine Erziehung in der Auseinandersetzung mit der natürlichen, sozialen und gebauten Umwelt mit dem Ziel, die Bereitschaft und die Kompetenz zum Handeln unter Berücksichtigung ökologischer Gesetzmässigkeiten zu entwickeln". Grundsätzlich will Umwelterziehung einen "Beitrag zum Fortbestand bzw. zur Fortentwicklung der Gesellschaft" leisten; neben der "Auseinandersetzung mit Normen und Merkmalen der Gesellschaft" gehe es auch um "ein ökologisch im positiven Sinn bestimmtes Verhältnis zur natürlichen/technischen Umwelt" (Eulefeld et al. 1981, S. 15). Umwelterziehung zielt auf "Wissenserwerb und Einstellungsänderung" (Bolscho 1986, S. 27). Für Schmack (1982b, S. 143) gilt "Umwelt-verantwortung als Ausdruck höchsten Verständnisses", die präferent alle (anderen noch möglichen) Zielansprüche aufnehmen oder verbinden könne. Er denkt, dass die Forderung zur Verhaltens- und Einstellungsänderung in den Auftrag der Pädagogik und Didaktik einbezogen werden müsse (a.a.O., S. 139). Lehwald (1993, S. 45) sieht im Zentrum der Umwelterziehung den Aufbau "von Handlungsrelevanz und Problemlösungskompetenz". Lob (1987, S. 286) geht noch einen Schritt weiter und bezeichnet als Ziel der Umwelt-erziehung "eine grundsätzliche und lebenslange Bewusstseinsänderung in der Bevölkerung hin zum Schutze der Umwelt durch entsprechendes Verhalten".

Fietkau und Kessel (1987, S. 311) umschreiben Umwelterziehung als den Versuch, "im Rahmen schulischer und ausserschulischer Bildungsarbeit bei Kindern, Jugendlichen und Erwachsenen umweltbezogenes Wissen zu fördern, um damit zu umweltgerechtem Handeln anzuregen". Was bedeutet das für die Schule? Durch Umwelterziehung sollen Schülerinnen und Schüler Qualifika-tionen erwerben, die sie "zu einem umweltbewussten Handeln befähigen" (Braun 1983, S. 6f.), die Schülerinnen und Schüler "müssen herausfinden, warum umweltgemässes Verhalten notwendig ist" (Schmack 1982b, S. 143). Es geht um eine "konstruktive Umprogrammierung des Verhaltens durch Kognition und Aktion" (Götte 1987, S. 44). Salzmann (1990a, S. 1) hat das anlässlich der 1990er EDK-Tagung zur Umwelterziehung in einem Referat drastisch ausgedrückt: "Wir möchten die Umweltzerstörung bremsen, stoppen, schon eingetretene Schäden wiedergutmachen. Dazu bedienen wir uns (...) der Umwelterziehung." Nach Langeheine und Lehmann (1986, S. 5) sollen letztlich alle Menschen beginnen, "privat, öffentlich und beruflich auf den Schutz der natürlichen Lebensräume im Sinne dynamischer Gleichgewichte und der Wiederherstellung der Natur im Sinne grösserer Artenvielfalt abzustellen".

Wir sehen: Umwelterziehung beinhaltet eine Wissens-, eine Einstellungs- und eine Verhaltensebene. Die Ziele, wie sie an Konferenzen formuliert und in der Literatur zur Umwelterziehung anzutreffen sind, stimmen im wesentlichen überein. Am Ende sollen durch Umwelterziehung umweltgerechte Verhaltens-weisen gefördert und dadurch die Gefährdung der Umwelt vermindert werden.

1.2. Umweltbewusstsein als die Dreifaltigkeit von Umweltwissen, Umwelteinstellungen und Umweltverhalten?

Umweltbewusstsein ist in der Umwelterziehung *ein Schlüsselbegriff*, weil Umweltbewusstsein, das sich durch ein ökologisches Wissen, durch umweltgerechte Einstellungen und mindestens durch eine Handlungsbereitschaft auszeichnet, mittels Umwelterziehung erzeugt oder gestärkt werden soll (vgl. 1.1.); häufig wird davon ausgegangen, dass ein verändertes Bewusstsein unmittelbar zum Wunsch führe, durch eigene Tätigkeit auf die Verbesserung der Umweltsituation hin zu wirken (z.b. Schneider 1987, S. 281). Umweltbewusstsein wird als Schlüssel zur Lösung der Umweltprobleme betrachtet, deshalb soll Umwelterziehung als "Instrument der Bewusstseinsbildung" eingesetzt und ausgebaut werden (Schreier 1994b, S. 15).

Um es vorwegzunehmen: Eine *Auseinandersetzung mit der Terminologie* in der Umwelterziehung ist der fehlenden Systematik, der breiten Streuung oder des schlichten Fehlens von Begriffsbestimmungen wegen eine *Zumutung*, egal, ob es um Umweltbewusstsein (1.2.), Umweltwissen (1.2.1.), umweltgerechtes Handeln (1.2.3.), Vernetzung (4.5), Handlungsorientierung (Kap. 6) oder Projektunterricht (Kap. 7) geht. Wir können keine begriffliche Systematik anbieten, jedoch ansatzweise Unterschiede und Gemeinsamkeiten in Definitionen des Umweltbewusstseins und dessen Komponenten aufzuzeigen versuchen. Weil Begriffsbestimmungen möglichst konkret abgebildet werden sollen, lässt sich eine gewisse Zitatenlastigkeit und Detailliertheit nicht vermeiden. Anzufügen ist, dass es wenig ergiebig wäre, sich bei begrifflichen Fragen auf die Literatur zur Umwelterziehung zu beschränken, weil Aussagen aus Psychologie und Empirie aufschlussreicher sind.

Was ist unter Umweltbewusstsein zu verstehen? Hier müssen Begriffsbestimmungen aus der Psychologie und aus empirischen Studien herangezogen werden, weil in der Literatur zur Umwelterziehung wie bei Bolscho, Eulefeld und Seybold (1980, S. 11–15) der Begriff Umweltbewusstsein zwar verwendet, doch im Gegensatz zu Umwelterziehung und Ökologie meist nicht definiert wird. Kaminski (1987, S. 131) legt dar, dass der Begriff Umweltbewusstsein "psychologisch" klinge, aber nicht durch die Umweltpsychologie geprägt worden sei, da er nicht einer "individuumzentrierten" Perspektive, sondern einer umweltpolitischen Problemsicht, wie sie eher für Umweltsoziologie charakteristisch sei, entstamme. Umweltbewusstsein beziehe sich primär auf Populationen, beispielsweise ganze Nationen, und werde mit Methoden der Meinungsforschung in Erfahrung gebracht (ebd.; einen Überblick über psychologische Interpretationen des Umweltbewusstseins bietet Spada 1990, S. 623–

631). Sowohl in der Alltagssprache als auch in der Umwelterziehung und in empirischen Studien wird Umweltbewusstsein sehr unterschiedlich aufgefasst: Einmal schliesst Umweltbewusstsein Wissen, Einstellungen, Werthaltungen, Affekte, Handlungsbereitschaft und Handeln ein (Keller 1991, S. 92), ein anderes Mal bloss die bewusste Einstellung gegenüber Umwelt (Schmack 1982b, S. 144). *Eine "Theorie des Umweltbewusstseins" existiert höchstens in Ansätzen* – Umweltbewusstsein als "Reaktionsform zur Wiederherstellung oder zum Ersatz des Verlorengegangenen" oder als "Reaktion auf verlorene Handlungskontrolle" beispielsweise – (Langeheine/ Lehmann 1986, S. 69–71), dies auch deswegen, weil der Begriff Umweltbewusstsein politische Wurzeln hat (vgl. Fietkau 1987, S. 293) und nicht im wissenschaftlichen Feld geprägt wurde.

Wie wird Umweltbewusstsein in der Umwelterziehung begrifflich gefasst? Fietkau (1987, S. 295) und Keller (1991, S. 92) bezeichnen Umweltbewusstsein als Konstrukt; letzterer schlägt vor, dass es mehrdimensional vorzustellen sei als "umweltbezogene Werthaltung, umweltrelevantes Wissen, Einstellungen, Affekte, Handlungsbereitschaft und umweltorientiertes Handeln" (ebd.). Im Gegensatz zu Keller beinhalten Umweltbewusstseinsdefinitionen die Handlungskomponente meist nicht, sondern eine Voraussetzung des Handelns: die Handlungsbereitschaft. Schahn und Giesinger (1991, S. 12) halten fest, dass es für die Psychologie "keine eindeutige, allgemeinverbindliche Definition von Umweltbewusstsein" gebe, eine Aussage, die auch für die Umwelterziehung als Ganzes zutrifft. Umweltbewusstsein beinhaltet nach Kruse (1993) kognitive Einstellungen (gemeint sind rationale Bewertungen und Wissen), affektive Bewertungen und Gefühlsäusserungen sowie konnotative Einstellungen, worunter Verhaltensabsichten verstanden werden. Mit dieser psychologischen Definition von Einstellungen wird die Unterscheidung von Wissens-, Einstellungs- und Verhaltenskomponenten des Umweltbewusstseins, wie sie in der Umwelterziehung üblich ist, hinfällig, da Wissen als Einstellungskomponente gilt. Dies ist jedoch die Ausnahme. In "Psychologie für den Umweltschutz" versteht Schahn (1993, S. 30) unter Umweltbewusstsein "eine globale, wenig spezifische Grundlage eines Menschen zu seiner Umwelt", es sei jenes Bewusstsein, jener gesellschaftsfähige Konsens, der besage, dass mit den Gütern der Umwelt sorgfältig umgegangen werden solle. Schmack (1982a, S. 62–64) plädiert für ein möglichst "breites Deutungsspektrum" (aus welchen Gründen eigentlich?), in "Chancen der Umwelterziehung" versteht er Umweltbewusstsein philosophisch und will psychologische Aspekte einbeziehen. In Verbindung mit Husserls Phänomenologie betrachtet er Umweltbewusstsein als "intentionalen Bezugspunkt (...) von objektiven Erlebnissen, wobei bei diesen Akten des Denkens, Wahrnehmens, Fühlens und Wollens das Interesse von entscheidender Bedeutung" sei (a.a.O., S. 63). An anderer Stelle bezeichnet Schmack (1982b, S. 144) Umweltbewusstsein als ein Zielkritierium, das die bewusste Einstellung gegenüber Umwelt über eine geknüpfte Vereinbarung von erkenntnismässigen und psychischen Aspekten hinsichtlich der Umweltsachgegebenheiten wirksam sein lasse; im Umweltbewusstsein seien Erfahrung, Wissen und Handlung vergegenwärtigt (ebd). Alles klar? Laut Fietkau (1984; zitiert nach Bolscho 1986, S. 30) soll unter Umweltbewusstsein die wahrgenommene Ernsthaftigkeit von Umweltproblemen einschliesslich der persönlichen Betroffenheit und Verantwortlichkeit verstanden werden. Es beinhalte eine öffentliche Unterstützung für umweltpolitische Massnahmen (etwa in Form einer Zahlungsbereitschaft) und eine Veränderung umweltrelevanter Lebensgewohnheiten in privaten Lebensbereichen (wie Hausmüllseparierung oder die Einsparung von Energie im Haushalt; Fietkau 1987, S. 293). Winter (1979) präsentiert ein Vier-Komponenten-Modell des Umweltbewusstseins, das 1. kognitive Bestandteile (Wissens- und Selbsterfahrungsdaten), 2. emotional-evaluative Bestandteile (subjektive Werthaltungen und Einstellungen); 3. sozial-normative Bestandteile (kollektive Wertvorstellungen und Sozialnormen) und 4. eine behavorial-konnotative Komponente (als Bereitschaft zum Umwelthandeln) enthält (Winter zitiert nach Langeheine/Lehmann 1986, S. 10). Neu ist bei dieser Einteilung die dritte Komponente, die in der Umwelterziehung sonst kaum auftaucht.

Wie sieht's mit *Definitionen des Umweltbewusstseins in der Empirie* aus? Die begriffliche Verwirrung bleibt bei Studien zur Umwelterziehung bestehen. In Forschungsarbeiten, so Langeheine und Lehmann (1986, S. 19), werde Umweltbewusstsein von Studie zu Studie unterschiedlich bestimmt, es werde mit einer Vielzahl unterschiedlicher Masse beziehungsweise Messinstrumente gearbeitet. Die Zahl der Indikatoren, womit Umweltbewusstsein erfasst werden soll, sei sehr unterschiedlich (a.a.O., S. 49). Dieser Umstand schränkt die Vergleichbarkeit von Untersuchungsergebnissen beträchtlich ein. In ihrer eigenen Untersuchung definierten Langeheine und Lehmann Umweltbewusstsein über die drei Komponenten ökologisches Wissen, ökologische Einstellungen und ökologisches Handeln; allerdings gestanden sie dem Begriff Umweltbewusstsein bloss plakativen Charakter zu (a.a.O., S. 74). Umweltbewusste Menschen zeichnen sich nach Langeheine und Lehmann durch ein bestimmtes Umweltwissen, bestimmte Umwelteinstellungen und ein bestimmtes Umweltverhalten aus (a.a.O., S. 10). Untersuchungen zum Umweltbewusstsein von Schülerinnen und Schülern beschränken sich nach Braun (1987, S. 57) in der Regel auf eine Ebene des Umweltbewusstseins, vorrangig auf die der Kenntnisse. In seiner Studie fasste Braun Umweltbewusstsein ebenfalls durch die drei Komponenten Wissen (Kenntnisse), Einstellungen (wahrgenommene Ernsthaftigkeit, persönliche Betroffenheit, intrapersonale Verantwortlichkeit) und Verhalten (eigenes umweltbewusstes Verhalten, Informationsverhalten, umweltpolitische Aktion; vgl. 4.2.1. und Braun 1983, S. 22, 31–47). Obwohl Umweltbewusstsein in empirischen Studien nicht identisch gefasst wird, muss hervorgehoben werden, dass in den meisten Forschungsarbeiten eine "relativ grobe Abgrenzung von Wissen (knowledge), Einstellung (attitude) und Verhalten (behavior)" anzutreffen ist (Bolscho 1986, S. 30).

Selbst wenn die oben genannten Definitionen in entscheidenden Punkten voneinander abweichen, zeichnet sich dreierlei ab: 1. Umweltbewusstsein enthält eine Wissens-, eine Einstellungs- und eine Handlungsbereitschaftskomponente. 2. Wo mit dem Begriff Umweltbewusstsein operiert wird, gibt es die Unterscheidung zwischen hoch und niedrig, also verbindliche Bewertungen (vgl. 3.4.3.). 3. Bei Interpretationen von empirischen Studien zum Umweltbewusstsein ist Vorsicht angebracht, weil Umweltbewusstsein unterschiedlich operationalisiert wird und Untersuchungsergebnisse dadurch nur eingeschränkt vergleichbar sind.

1.2.1. Umweltwissen

In der Umwelterziehung wird angenommen, dass Wissen eine notwendige, jedoch keine hinreichende Bedingung für umweltgerechtes Verhalten ist: "Whereas knowing how to improve environmental quality is important, possessing such knowledge certainly does not ensure that one will be motivated to take action" (Iozzi 1989, S. 4, zitiert nach Disinger 1994, S. 1992). Was bei Iozzi ein Handlungswissen meint, erfährt in der deutschsprachigen Umwelterziehung eine Auslegung als Sachwissen (wovon am Ende des Abschnitts die Rede sein wird).

Von allen Komponenten des Umweltbewusstseins ist die Wissenskomponente am unklarsten umschrieben, sie bleibt in der Literatur zur Umwelterziehung unfassbar, und der Eindruck entsteht, dass dies nicht zufällig so ist (vgl. Kap. 4, insbesondere 4.1.3.). Zwei Beispiele dazu: Wenn Schmack (1982a, S. 85) von einer gleichzeitigen, vielseitigen, grundsätzlichen, objektiven und intensiven Beschäftigung mit Umwelt spricht und eine Aufklärung der Umweltbezüge in erster Linie als Sachaufklärung einfordert (a.a.O., S. 86), dann erfahren wir von ihm wenig darüber, was da im einzelnen aufgeklärt werden soll. Nach Schneider (1987, S. 280) soll Sachwissen in einen sinnvollen Zusammenhang mit den Umweltvorgängen gebracht werden, das Suchen nach den Grundzusammenhängen bedeute keineswegs nur ein Sammeln und Hochrechnen von biologischen, chemischen, technologischen Werten. Wissen soll nach Schreier "unausweichlich zu den gesellschaftlichen Vorgängen" führen, diese Vorgänge sollen dann mit den Ursachen und den damit verbundenen Interessenkonflikten verbunden werden (ebd.). Was das Wissen anbelangt, wird nichts konkretisiert. Anders bei Bolscho et al. (1980), die immerhin Beispiele einzelner Ziele aus Lehrplänen und Rahmenrichtlinien nennen, beispielsweise "eine Kenntnis der grundlegenden physikalisch-chemischen und der ökologisch-biologisch-anthropologischen Gesetzmässigkeiten", die für die Beurteilung der Wirkung menschlicher Eingriffe in die Natur unumgänglich seien, oder "eine Kenntnis der Organisation des sozialen Lebens der Menschen, der Prozesse der Durchsetzung und des Ausgleichs der ökologischen, ökonomischen und politischen Interessen und deren davon abhängenden Entscheidungen im Bereich der Umweltplanung" (a.a.O., S. 17f.).

Wenn wir einen Blick auf *empirische Arbeiten* werfen, wird die Situation kaum klarer. In Bolschos 1986 erschienenen Forschungsüberblick über 24 vorwiegend angelsächsische Studien zur Umwelterziehung erfahren wir äusserst rudimentär, wie Umweltwissen in den verschiedenen empirischen Arbeiten operationalisiert wurde (beispielsweise in einem Fall die erklärungsbedürftige Unterscheidung zwischen faktischem und konzeptionellem Umweltwissen; vgl. 4.2. und Bolscho 1986, S. 28). In diesem Punkt etwas informativer ist der Überblick von Langeheine und Lehmann (1986), welche Messinstrumente zur Erfassung der Wissensebene erwähnen (a.a.O., S. 50), so die Wissensskala von Maloney & Ward (1973), Maloney et al. (1975) und die ins Deutsche übersetzte Version von Amelang et al. (1976) sowie die Operationalisierung der Wissensebene in zwei im deutschsprachigen Raum vielbeachteten Untersuchungen: bei Braun (1983) und bei Langeheine und Lehmann (1986). In diesen beiden Studien wurden auf der Wissensebene im wesentlichen grundlegende Zusammenhänge in Ökosystemen erfasst – und kein Handlungswissen (vgl. 4.2.1.).

Offensichtlich wird unter Umweltwissen kein einheitliches Konstrukt verstanden: "Die einen betonen den gesellschaftlichen Aspekt und meinen dann Kenntnisse zum Strompreis, zum Preis der Fahrkarten öffentlicher Verkehrsmittel oder zu wichtigen Umweltgesetzen. Andere wiederum (...) interpretieren Umweltwissen aus ökologischer Sicht und erheben das Wissen über Nahrungsketten, Eutrophierung von Gewässern oder der Wirkung von FCKW" (Pfligersdorffer/ Unterbruner 1994, S. 85f.).

In der Literatur zur Umwelterziehung wird, dies im Unterschied zu empirischen Studien zur Umwelterziehung, von einer Wissensebene gesprochen, ohne diese näher zu *umreissen*. Gleichzeitig ist ein simpler, *einseitiger Wissensbegriff* anzutreffen, der in erster Linie Sachwissen als Wissen subsumiert, was dazu führt, dass Wissen in der Umwelterziehung häufig als suspekt gilt (vgl. Kap. 4).

Mindestens bei der Unterscheidung von Wissensformen ginge es auch anders, wie einige Beispiele aus Pädagogik und Psychologie zeigen: Holzknecht (1990, S. 28) differenziert Grundwissen, Orientierungswissen und Handlungswissen, bei Schahn (1993, S. 33) beinhaltet die Wissensebene auch ein "Wissen um richtiges Handeln" – etwa zu wissen, wie Müll getrennt und gesammelt werden kann. Strohschneider (1994, S. 131) unterscheidet Strukturwissen (bei ihm ein Wissen über die Problemstruktur, d.h. die Güte der kognitiven Repräsentation von Variablen und ihres Verknüpfungsmusters) und Handlungswissen (das er als Wie-Wissen, als Können bezeichnet, etwa das Wissen über Massnahmen, die zur Erreichung verschiedener Ziele geeignet erscheinen). Ausführlicher wird (wie z.B. Kahlert 1990, S. 268; vgl. 3.3.) Heid, der davon ausgeht, dass Menschen, welche als Natur- oder Umweltschäden bewertete Zustände iden-tifizieren, heilen oder verhindern wollen, dafür zunächst relevantes, umfang-reiches, differenziertes und möglichst zuverlässiges Wissen über den Gegen-stand ihrer positiven oder negativen Bewertung benötigen würden: "Dazu gehören insbesondere ein nomologisches Wissen 1. über die ökologische Funk-tion alternativer (Um-)Weltzustände und über Gesetzmässigkeiten relevanter Naturprozesse; 2. über Ursachen und Verursacher jener Beeinträchtigung der (Um-)Welt, die als Schädigung oder Zerstörung bewertet wird und deren Änderbarkeit; 3. über Gründe und Prinzipien schädigenden bzw. Schädigung begünstigenden Handelns und deren Beeinflussbarkeit; 4. über die Wahr-scheinlichkeit, mit der von der Erfüllung oder Schaffung gesondert bewertbarer Voraussetzungen die Verwirklichung eines als erstrebenswert geltenden Zu-standes oder Prozesses der (Um-)Welt erwartet werden kann" (Heid 1992, S. 122).

Damit wir nicht missverstanden werden: Für uns ist Wissen mehr als frag-mentarisches Sachwissen. Der Wissensbegriff ist schillernd und vieldeutig. Nach Arbinger (1991, S. 80), der sich mit Wissensdiagnostik beschäftigt, wird Wissen heute breiter und umfassender konzeptualisiert, als dies beispielsweise in der Taxonomie kognitiver Lernziele von Bloom (1972) der Fall war, wo Wissen die unterste Lernzielebene darstellte (vgl. Teml 1983, S. 91–94). Arbinger (1991, S. 82–86) unterscheidet drei Modelle der Wissensrepräsen-tation: 1. Als deklaratives Wissen bezeichnet wird das Wissen einer Person über Begriffe und deren Relationen, über Fakten und Sachverhalte, über Ereig-nisse, Objekte und Personen. 2. Prozedurales Wissen wird als zweite Katego-rie genannt; es umfasse alle im weitesten Sinne kognitiven Prozesse, die eine Person ausführen kann, ein Knowhow, das sich beispielsweise bei der Bedienung eines Textverarbeitungssystems zeige. 3. Analoges Wissen bildet die dritte Kategorie. Es enthält Vorstellungsbilder und mentale Modelle (a.a.O., S. 83–85). Wissen kann auf konkreter eigener Erfahrung, aber auch auf der Übernahme von Fremderfahrung beruhen (Liedtke 1994, S. 362), kann erfahrungsbegründet oder durch Denken zustande kommen (Seel 1991, S. 10). Wie oben erwähnt, existieren verschiedene Wissensformen, beispielsweise Alltagswissen, deklaratives Wissen oder Handlungswissen. Dieses an Handlungen gebundene prozedurale Wissen sollte in der Umwelterziehung auf besonderes Interesse stossen, die *Bestimmung eines Handlungswissens* wäre für sie von massgeblicher Bedeutung. Wir werden darauf eingehen, dass in didaktischen Konzepten der Umwelterziehung präzise Bestimmungen der Wissenebene vergebens gesucht werden (4.3., 4.4.). Das liegt daran, dass in der Umwelterziehung bloss ab und zu auf die Notwendigkeit eines Basiswissens hingewiesen (z.B. Eulefeld 1981, S. 104, Braun 1983, S. 50), doch keines formuliert wird.

1.2.2. Umweltgerechte Einstellungen

Der Begriff der Einstellung stammt aus der Psychologie und bezeichnet relativ überdauernde, bewertende, affektive Reaktionen und Verhaltensbereitschaften gegenüber bestimmten Objekten, Personen oder Ideen; unterschieden werden die drei Einstellungskomponenten Kognition, Affekt und Konation (Schahn/ Giesinger 1993, S. 243). Schahn und Giesinger definieren in "Psychologie für den Umweltschutz" Einstellungen als "die zeitlich relativ überdauernde Haltung einer Person zu einer Sache, zu einem Thema oder zu einer anderen Person" (ebd.)

Wie werden in der Literatur zur Umwelterziehung umweltgerechte Einstellungen definiert? Konkretes ist rar. Bei Bolscho (1986, S. 41) beinhalten sie bestimmte Ansichten zur Begrenzung wirtschaftlichen Wachstums, zur Erhaltung der natürlichen Ressourcen und zum Fortschritt und dessen Auswirkungen auf die Umwelt, bei Schmack (1982a, S. 87–89) Umstellungsbereitschaft, eine Neuschätzung der Daseins- und Lebensqualität, ein Überdenken der Ansprüche und Bedürfnisse sowie eine Bescheidung, Beschränkung und Zurückhaltung; bei Götte (1987, S. 47) sind Zuwendung, Erwartung, Akzeptanz, Deutung, Betroffenheit, Wertung, Reaktionsbereitschaft und Rückkoppelung Komponenten von Umwelteinstellungen. Eulefeld et al. (1981) zitieren in "Ökologie und Umwelterziehung", was Einstellungen anbelangt, bloss Lernziele, wie sie im Schlussdokument der UNESCO-Umwelterziehungskonferenz von Tiflis enthalten sind. Bolscho et al. (1980, S. 17) zitieren bei Einstellungen ebenfalls einzelne Ziele in Lehrplänen und Rahmenrichtlinien. Danach beinhaltet die Einstellungsebene – "eine positive Bewertung der Bedeutung naturnaher Ökosysteme und ein Bedürfnis nach persönlichem Naturerleben; – eine positive Einstellung zu der Gegebenheit, dass jeder Mensch soziale, physische und psychische Bedürfnisse hat, nach deren Befriedigung er strebt; – die Bereitschaft, beim individuellen Handeln Belastungen der natürlichen und der sozialen Umwelt gering zu halten" (ebd.). Um elaboriertere theoretische Überlegungen zu Umwelteinstellungen anstellen zu können, würde es sich für die Umwelterziehung lohnen, die *in empirischen Arbeiten vorhandenen Begriffsbestimmungen und verwendeten Indikatoren stärker zu beachten.* Empirische Studien über Umwelterziehung vermitteln ein etwas aussagekräftigeres Bild darüber, was unter Einstellungen zur Umwelt verstanden werden kann. In zahlreichen Forschungsarbeiten wurde die Einstellungskomponente des Umweltbewusstseins untersucht (vgl. Disinger 1994, S. 1992).

Braun (1983, S. 15f., S. 33) beispielsweise versteht unter "Einstellungen in der Umwelterziehung" Problembewusstsein (Ernsthaftigkeit der Problemlage wahrnehmen; Betroffenheit entwickeln), intrapersonale Verantwortlichkeit (die sich in konkreter Einflussnahme äussern soll) und potentielles Handeln. In Bolschos Forschungsüberblick (1986, S. 27–45) kommt zum Ausdruck, dass unter Einstellungen zur Umwelt namentlich Einstellungen zum wirtschaftlichen Wachstum und zur technologischen Entwicklung verstanden wurden. Langeheine und Lehmann (1986, S. 52) äussern sich grundsätzlich zur Untersuchung von Umwelteinstellungen: "Der Zusammenhang von Umwelteinstellungen mit anderen (verursachenden) Variablen hat in diesem Forschungsbereich zweifellos das grösste Interesse gefunden. Dies mag einmal signalisieren, dass die Fraktion derjenigen, die die Modifikation von Einstellungen hin zu einem pflegerischen Umgang mit Umwelt für bedeutsam erachten, gegenüber den Verfechtern der Wissensvermittlung doch recht gross ist. Andererseits sollte man realistisch einschätzen, dass die (Daten-) Erhebung von Einstellungen im Vergleich zu Wissen und Verhalten im allgemeinen problemloser, einfacher (und daher beliebter) ist" (ebd.). Für Langeheine und Lehmann sind Einstellungen veränderbar und zeichnen sich durch emotional- und kognitiv-evaluative Bestandteile aus (a.a.O., S. 28f.). In ihrer eigenen Untersuchung erhoben sie unter anderem Daten zu Persönlichkeit und Einstellungen, so zu Neurotizismus, Extraversion, interner Kontrolle, Einstellung zum technischen Fortschritt, Einstellung zum Wirtschaftswachstum und zu sozialer Verantwortlichkeit (a.a.O., S. 78f.). Die beiden Autoren diskutierten ausserdem moralische Wertvorstellungen, Konservativismus, Religiosität, ökonomisches Wachstum, technischen Fortschritt und Materialismus als typische Einstellungsvariablen in empirischen Studien zum Umweltbewusstsein (a.a.O., S. 28–34).

Sie schlagen vor, Umwelteinstellungen (environmental concern) in die vier Unterbereiche wahrgenommene Ernsthaftigkeit eines Umweltproblems, persönliche Betroffenheit (Affekt), Verantwortlichkeit (intra- versus extrapersonale Zuschreibung von Ursachen und Lösungen) und verbales "commitment" (als die Bereitschaft, seinen Teil zur Lösung des Problems beizutragen) aufzugliedern (a.a.O., S. 52).

Versuchen wir zusammenzufassen, was *Umwelteinstellungen* konkret beinhalten: Eine grundsätzlich positive Bewertung der Umwelt, Gefühle der Betroffenheit gegenüber Umweltschäden und Überzeugungen, dass Ressourcen erhalten, wirtschaftliches Wachstum und technischer Fortschritt beschränkt werden müssen, gehören ebenso dazu wie eine Bereitschaft zur Veränderung und zu umweltgerechtem Handeln.

1.2.3.   Umweltgerechtes Verhalten

Umweltgerechtes Verhalten oder Handeln wird in der Umwelterziehung auch als umweltverträgliches, umweltschonendes, umweltfreundliches, umweltpflegliches, umweltbewusstes, umweltverantwortliches, umwelterhaltendes, umweltrelevantes, umweltbezogenes und ökologisches Verhalten oder Handeln bezeichnet. Wir bevorzugen die Bezeichnung umweltgerecht unter anderem deswegen, weil damit die normative Komponente und die Differenz zwischen Recht und Gerechtigkeit klarer zum Ausdruck kommt. Schonen und Pflegen stehen begrifflich zu nahe bei einem konservativ geprägten Heimatschutz, für die Umwelt relevant oder auf die Umwelt bezogen sind die meisten Verhaltensweisen. *Was ist umweltgerechtes Verhalten?* In der Umwelterziehung wird darauf keine klare Antwort gegeben. Im Grunde weiss niemand so richtig, was genau denn umweltgerechtes Verhalten ist. Dieckhoff (1989, S. 84) moniert zu Recht, dass ein programmatischer oder theoretischer Hintergrund fehle, um umweltgerechtes (bei ihm ökologisches) Verhalten definieren zu können (vgl. 3.3., Kahlert 1991a, S. 110). Erschwerend kommt hinzu, dass in der Umwelterziehung Handeln und Verhalten oft nicht präzis unterschieden werden (vgl. Kap. 6; insbesondere die in 6.3. zur Diskussion gestellten Kriterien für eine Beschränkung des Handlungsbegriffs), weshalb wir den Begriff umweltgerechtes Verhalten verwenden, wenn ein für Handeln konstitutiver Bewusstseinsgrad und eine entsprechende Zielgerichtetheit nur bedingt vorausgesetzt werden können.
Dennoch sollen hier zum umweltgerechten Verhalten einige der in der Literatur zur Umwelterziehung eher spärlich auftretenden Überlegungen und Definitionsversuche wiedergegeben werden.

Fietkau und Kessel (1987, S. 313) stellen prinzipielle Überlegungen an und betonen – was in der Literatur zur Umwelterziehung unüblich ist -, dass im Begriff umweltgerecht eine Wertung stecke, da nicht jedes umweltbezogene Handeln gleichzeitig umweltgerechtes Handeln sei. Dies werfe die Frage auf, wer darüber entscheide, was als umweltgerecht zu gelten habe. Die beiden Autoren unterscheiden erstens von aussen gesetzte Normen wie Gesetze und Verordnungen, zweitens informelle gesellschaftliche Normen und drittens individuelle Normen wie persönliche Zielvorstellungen, Wertpräferenzen, Einstellungen und Kognitionen. Fietkau und Kessel gestehen ein, dass bei komplexen Problembereichen die Antwort auf die Frage, was eigentlich umweltgerechtes Verhalten sei, im Gegensatz zu Problembereichen wie Hausmüll oder Landschaftsverschmutzung schwieriger falle, insbesondere bei Zielkonflikten (ebd.). Deshalb rechnen sie mit Entscheidungsfehlern, deren Folgen aber minimiert werden können durch "kleinräumige Implementation und Evaluation umweltbezogener Massnahmen, reversible Entscheidungen und kollektive Lernprozesse" (a.a.O., S. 314).

Denken wir Fietkaus und Kessels Überlegungen weiter, müssten Antworten auf die Frage, was umweltgerechtes Verhalten bedeutet, sehr allgemein, äusserst differenziert oder gar nicht ausfallen. Soweit wir die Literatur zur Umwelterziehung überblicken, trifft ersteres zu. Bolscho et al. (1980, S. 15f.) definieren umweltgerechtes Verhalten (bei ihnen ökologische Handlungs-kompetenz) allgemein als "eine Fähigkeit und Bereitschaft zum Handeln unter Berücksichtigung ökologischer Gesetzmässigkeiten" und verweisen auf allgemein gehaltene Begriffsbestimmungen, die im Rahmen der UNESCO-Weltkonferenz über Umwelterziehung in Tiflis 1977 verabschiedet wurden; bei Eulefeld et al. (1981, S. 61–63) wird umweltgerechtes Verhalten nicht definiert, es bleibt beim Hinweis auf UNESCO- und KMK-Definitionen. Nach Schmack (1982a, S. 89–91) setzen umweltbewusste Handlungsweisen Solida-rität, Mass, Verzicht und Opferbereitschaft voraus, Beispiele für diese Hand-lungsweisen werden keine erwähnt. Auch in Bolschos Forschungsüberblick (1986, S. 46) wird nicht ersichtlich, was "umweltverantwortliches Handeln" beinhaltet.

In empirischen Untersuchungen wird umweltgerechtes Verhalten recht unter-schiedlich definiert und operationalisiert. Zwei einschlägige Beispiele mögen dies veranschaulichen: Für Braun (1983, S. 17) besteht die "Endqualifikation der Umwelterziehung" im umweltbewussten Handeln, das bei ihm umwelt-schonendes und umwelterhaltendes Verhalten im eigenen Lebensbereich, das Einholen von Informationen über die Umweltgefährdung, deren Weitergabe und Diskussion – und am Ende Unternehmungen wie die Teilnahme an um-weltpolitischen Aktionen, welche der Erhaltung oder Wiederherstellung der

Umwelt dienen, einschliesst (a.a.O., S. 18). Betrachten wir die Items, mit denen das eigene umweltbewusste Verhalten erhoben wurde (u.a. sorgfältig darauf achten, keine Papiere und Obstschalen auf die Strasse zu werfen, eine Einkaufstasche mitnehmen statt sich eine Plastiktüte geben lassen, Lärm bei Radio- und Fernsehkonsum vermeiden, Papierbögen vollschreiben statt halb beschrieben wegwerfen, Wasserhähnen nicht tropfen lassen, Pflanzen in der Natur unversehrt lassen, auf Bad oder Dusche verzichten; a.a.O., S. 80f.), stellen wir fest, dass Verhaltensweisen erfragt wurden, die in erster Linie traditionelle Tugenden wie Sparsamkeit und Genügsamkeit ansprechen.

Langeheine und Lehmann (1986, S. 57) betrachten Verhalten im Sinne eines pflegerischen Umgangs mit Umwelt in ihrer Studie als die abhängigste aller abhängigen Variablen. Sie machen darauf aufmerksam, dass für deren Erhebung in der Forschung teilweise nur einzelne Indikatoren verwendet wurden (beispielsweise die Mitarbeit in einer Ökogruppe). Das einzige ihnen bekannte umfangreichere Instrument sei die actual-commitment-Skala von Maloney et al. (1975; vgl. Langeheine und Lehmann S. 58). In ihrer Untersuchung erhoben sie Daten zum verbalen Handeln und zum "ökologischen Handeln im eigenen Haushalt" (a.a.O., S. 94). Verbales Handeln beinhaltet "andere Menschen davon überzeugen, dass Umweltschutz notwendig ist", oder "umweltschutzfreundliche" Parteien bevorzugen (ebd.). Beim ökologischen Handeln wurde Recycling- und Sparverhalten erfragt, konkret das Recycling von Glas und Papier und das Sparen von Rohstoffen und Energie im Privat- und Arbeitsleben (a.a.O., S. 2f.).

Anscheinend fällt es in der Literatur zur Umwelterziehung alles andere als leicht, umweltgerechtes Verhalten begrifflich zu fassen, da Verhalten und Handeln oft synonym verwendet werden, Situationsbezüge fehlen und allgemeine Umschreibungen und Verweise dominieren.

1.2.4. Von Wissen und Einstellungen zum umweltgerechten Verhalten?

Wenn in der Umwelterziehung aus dem "blossen Wissen über ein Bewusstwerden der Gefahren und Probleme eine Bereitschaft zum aktiven Handeln erwachsen" soll (Schneider 1987, S. 281), sind Zusammenhänge zwischen diesen drei Komponenten angesprochen: Es wird damit gerechnet, dass Umwelterziehung das Umweltbewusstsein fördert, das seinerseits in umweltgerechtes Verhalten münde (z.B. Gärtner/Hoebel-Mävers 1991, S. 7), gleichzeitig wird "eine mangelnde Umsetzung der erkennbaren Ökologisierung des Denkens in umweltgerechtes Handeln" beklagt und bemerkt, dass Einstellungs- und Verhaltensänderungen offenbar nicht synchron verlaufen würden (Matthiesen 1988, S. 7). Als "Motor des Handelns" werden "affektive oder emotionale Beziehungen der Personen zur Umwelt und ihren Gefährdungen" angesehen, als "handlungssteuerndes Organ" und "Vorbedingung erfolgreichen ökologischen Handelns" das Wissen (Langeheine/Lehmann 1986, S. 75). Zugleich wird Wissen als eine notwendige, jedoch nicht hinreichende Bedingung für umweltgerechtes Verhalten eingeschätzt. Selten wird dargelegt, dass Wissen und Umweltbewusstsein für Verhaltensänderungen nicht ausreichen würden, wenn keine vorteilhaften Handlungsalternativen vorhanden sind (Krol 1991, S. 21), oder bemerkt, dass Umweltbewusstsein nicht notwendigerweise zu umweltgerechten Problemlösungen führe (Keller 1991, S. 92). Parallel dazu wird erkannt, dass der Erziehungsweg nicht linear vom Wissen zu Einstellungen und dann zum Verhalten läuft, aber wie dann?

In der Umwelterziehung lässt sich kein ausgeprägtes Bemühen ausmachen, Zusammenhänge zwischen Wissen, Einstellungen und Verhalten theoretisch zu erörtern, obwohl es der Umwelterziehung darum geht, Umweltbewusstsein zu erzeugen, zu erhöhen und dann die Lücke zwischen Umweltbewusstsein und umweltgerechtem Verhalten zu schliessen (z.B. Krol 1991, S. 19; vgl. 1.1.). So kann der Eindruck entstehen, dass die Komplexität von Zusammenhängen zwischen Wissen, Einstellungen und Verhalten in der Umwelterziehung ignoriert oder vor ihr kapituliert wird. Statt dessen werden in der Literatur zur Umwelterziehung Gründe für umweltschädigendes Verhalten auf einer allgemeinen Ebene abgehandelt; Ursachen der Umweltkrise werden der Wirtschaft, Wissenschaft und Technik zugeschrieben (3.2.), ausserdem wird die "prinzipielle Uneffektivität der Schule" beklagt (Schreier 1994b, S. 20f.; vgl. 3.4.1.). Zugleich werden hinsichtlich schulischer Wirkungsmöglichkeiten überrissene Erwartungen formuliert (3.4.2.), die mancherorts Ernüchterung oder gar Enttäuschung weichen (vgl. 3.4.4.; z.B. bei Salzmann 1990a, S. 3; Schreier 1994b, S. 20f.).
Wie Umweltwissen, Umwelteinstellungen und Umweltverhalten zusammenhängen können, werden wir an anderer Stelle erörtern (4.2.). Für das Verhältnis von Schule und Umwelterziehung sind Frustrationen von Umwelterzieherinnen und Umwelterziehern angesichts angeblich geringer Zusammenhänge zwischen Wissen, Einstellungen und Verhalten entscheidender. Diese Frustrationen können sich unserer Ansicht nach auch deswegen entwickeln, weil, wie oben erwähnt wurde, Gründe für Umweltschädigungen auf einer globalen Ebene lokalisiert werden und andere, namentlich ökonomische und psychologische Erklärungsversuche für die Inkonsistenz von Wissen, Einstellungen und Verhalten zuwenig Beachtung finden. Solchen Betrachtungsweisen und Erklärungsversuchen wollen wir uns kurz zuwenden.

Als erstes soll an ein Modell erinnert werden, das von Fietkau und Kessel (1981) entwickelt wurde und als Einflussschema für umweltgerechtes Verhalten in der Umwelterziehung wohl seiner Singularität wegen einige Beachtung fand, allerdings ohne dass, was Wirkungsannahmen angeht, entsprechende Schlüsse gezogen worden wären. Im Modell Fietkaus und Kessels wird umweltgerechtes Verhalten durch drei Komponenten direkt bestimmt: 1. Verhaltensangebote, 2. Handlungsanreize und 3. umweltbezogene Einstellungen und Werte. Umweltrelevantes Wissen kann nach Fietkau und Kessel (1987, S. 312) umweltgerechtes Verhalten nicht direkt beeinflussen, sondern steht bloss in einer Wechselbeziehung zu umweltbezogenen Einstellungen und Werten; durch sogenannte Wissensvermehrung ändern sich Einstellungen, und parallel dazu bilden Einstellungen Anreize zur Wissensvermehrung. Darüber, ob umweltrelevantes Wissen umweltbezogene Einstellungen und Werte weniger, gleich oder stärker beeinflusst als umgekehrt, wird nichts ausgesagt. Eine weitere indirekte Komponente des Einflussschemas blieb bisher unerwähnt: Sie wird "wahrgenommenes Verhalten/Konsequenzen der Handlung" genannt, ist also eine Feedbackkomponente, wird vom umweltgerechten Verhalten beeinflusst und beeinflusst ihrerseits umweltbezogene Einstellungen und Werte.

Die eigentliche Schlüsselkomponente in Fietkaus und Kessels Einflussschema bilden die umweltbezogenen Einstellungen und Werte, weil sie sowohl umweltgerechtes Verhalten direkt beeinflussen als auch mit wahrgenommenem Verhalten/Konsequenzen der Handlung und mit umweltrelevantem Wissen zusammenhängen. Ist es vor dem Hintergrund empirischer Studien legitim, Einstellungen (mindestens implizit) als den zentralsten Einflussfaktor für umweltgerechtes Verhalten zu bezeichnen? Ob umweltrelevantes Wissen nicht nur im Modell, sondern auch in der Wirklichkeit am indirektesten mit umweltgerechtem Verhalten zusammenhängt, scheint uns nicht so klar, wie Schahn (1993, S. 33) dies aufgrund psychologischer Forschungsergebnisse annimmt (vgl. 4.2.). Wenn wir an unsere Evaluation eines Umwelterziehungsprojekts im Bereiche der Raumplanung denken (Kap. 2), sind in Fietkau und Kessels Einflussschema den Komponenten "Verhaltensangebote" und "wahrgenommenes Verhalten/Konsequenzen der Handlung" besondere Beachtung zu schenken, da diese für Schülerinnen und Schüler nicht notwendigerweise vorhanden beziehungsweise wahrnehmbar sein müssen.

Wie lassen sich Diskrepanzen zwischen Wissen, Einstellungen und Verhalten im Umweltbereich erklären? Wir werden fünf Bereiche umreissen, die in der Literatur zur Umwelterziehung wenig Erwähnung finden. Vorgängig erinnern wir daran, dass in der Umwelterziehung auf die Frage, was umweltgerechtes Verhalten ist, keine überzeugende Antwort gegeben wird (vgl. 1.2.3), woraus unter anderem geschlossen werden kann, dass die Unterscheidung von umweltschädigendem und umweltgerechtem Verhalten nicht immer auf der Hand liegt. Es geht uns im folgenden in keiner Weise um Rechtfertigungsstrategien für umweltschädigendes Verhalten, sondern um ein Verständnis von Zusammenhängen zwischen Wissen, Einstellungen und Verhalten.

1. Methoden und Messungen in empirischen Studien
In empirischen Studien werden vielfach allgemeine Umwelteinstellungen erhoben – etwa Umweltfragen für wichtig halten – und dann mit konkretem spezifischem Verhalten verglichen (vgl. Spada 1990, S. 627); beispielsweise wird der Stellenwert von Umweltfragen mit Glasrecycling in Beziehung gesetzt. Schahn (1993, S. 30) weist darauf hin, dass ein Zusammenhang zwischen globaler Einstellung und konkretem Verhalten nicht zwingend sei, Einstellung und Verhalten dürften erst dann als inkonsistent bezeichnet werden, wenn sie auf derselben Spezifitätsebene lägen. Auch Langeheine und Lehmann (1986, S. 61) referieren im Zusammenhang mit der Einstellungs-Verhaltens-Inkonsistenz Hypothesen, die besagen, dass die Verbindlichkeit von Einstellungen auf globaler Ebene geringer ist als auf lokaler. Zudem darf die Möglichkeit von Moderatoreffekten durch Drittvariablen nicht ausser acht gelassen werden (a.a.O., S. 59); insbesondere situative Bedingungen können unvereinbare konkurrierende Motive ergeben (vgl. Schahn 1993, S. 31).

2. Ökonomische Gründe
Krol (1991, S. 21) erklärt die Diskrepanz zwischen hohem Umweltbewusstsein und wenig umweltverträglichem Verhalten mit der Parallelität des Kollektivgutcharakters vieler Leistungen der natürlichen Umwelt für den Menschen und des Kollektivgutcharakters von Massnahmen zur Erhaltung und Sanierung der Umwelt in Verbindung mit dem Eigennutzaxiom, welches besagt, dass menschliches Verhalten dadurch motiviert werde, die eigene Position zu verbessern. Weniger umweltverträgliche Verhaltensweisen sind für Individuen oft preisgünstiger, sie ersparen Kosten in Form von Geld, Zeit (a.a.O., S. 22; zur ökonomischen Analyse von Umweltproblemen und entsprechenden Lösungsansätzen vgl. Frey et al. 1993). Hieraus zieht Krol (1991) den Schluss, dass ökonomische Rahmenbedingungen verändert werden müssten, da umweltbelastende Handlungsalternativen, die immer Vorteile besässen, sich nicht mehr lohnen dürften (a.a.O., S. 23f.). Ökonomische Gründe für die Diskrepanz von Wissen, Einstellungen und Verhaltensweisen sind im Zusammenhang mit ökologisch-sozialen Dilemmas zu sehen, die als Allmende-Klemme bezeichnet werden (Ernst/Spada 1993, S. 18): Die Ausbeutung einer Ressource kann für Individuen oder Gruppen kurzfristige Gewinne bedeuten, die Übernutzung jedoch mit einer zeitlichen Verzögerung langfristige Schäden für die Gemeinschaft. Die Beteiligten werden kognitiv und emotional überfordert

durch die Abhängigkeit zwischen Mensch und Umwelt und die Komplexität der Situation (a.a.O., S. 17f.).

3. Wahrnehmungsbedingte Gründe

Menschen besitzen keine Sinnesorgane, um Zustand und Veränderungen der Umwelt, beispielsweise der Ozonschicht, wahrnehmen und bewerten zu können; eine unmittelbare Erfahrung von Umweltschäden fehlt oft. Mit diesem Umstand eng verbunden ist die Aufnahme und Verarbeitung von Informationen sowie die Risikoakzeptanz (vgl. Kruse 1993, S. XIX; zur Problematik der Risikoeinschätzung Jungermann 1990, S. 293–300). Zudem müssten Konsequenzen des eigenen umweltgerechten Verhaltens wahrgenommen werden können (z.b. eine bessere lokale Luftqualität bei Temporeduktionen im Strassenverkehr; Schahn 1993, S. 34).

4. Habitualisiertes Fehlverhalten

Umweltschädigende Verhaltensweisen können zu einer Gewohnheit geworden sein, die sich trotz ausgeprägten Umweltwissens und -einstellungen nicht ohne weiteres ablegen lassen; ausserdem wird ungewohntes Verhalten trotz entsprechender Einstellungen mit relativ geringer Wahrscheinlichkeit gezeigt (Spada 1990, S. 626). Im selben Zusammenhang machen Diekmann und Preisendörfer (1992, S. 240) auf ein Phänomen aufmerksam, das sie "low cost"-Verhalten nennen: Individuelle Akteure täten ihrem hohen Niveau des Umweltbewusstseins dadurch Genüge, dass sie ihre "Umweltmoral" und ihre "Umwelteinsichten" in Situationen einlösen, die keine einschneidenden Verhaltensänderungen erfordern, keine grösseren Unbequemlichkeiten verursachen und keinen besonderen Zeitaufwand verlangen würden (zitiert nach Pfligersdorffer/Unterbruner 1994, S. 99).

5. Fehlende Handlungsalternativen und fehlende Rückmeldungen

Ein Praktizieren umweltgerechter Verhaltensweisen setzt entsprechende Möglichkeiten voraus (vgl. Kruse 1993, S. XIX), beispielsweise umweltgerecht produzierte und verpackte Produkte oder ausgebaute öffentliche Verkehrsmittel (vgl. Schahn 1993, S. 33). Obwohl umweltgerechtes Verhalten durch Belohnungen und Rückmeldungen über Verhaltenskonsequenzen effektiv gefördert werden könnte (vgl. Schahn 1993, S. 37), fehlen im Umweltbereich positive Verhaltensanreize weitgehend (vgl. Spada 1990, S. 626). Aus der empirischen sozialpsychologischen Forschung sei, so Spada (1990, S. 625), seit langem bekannt, dass verbal geäusserte Einstellungen und Alltagsverhalten in der Regel zwar positiv, aber nur geringfügig korrelieren, was bei der Betrachtung der oben angeführten möglichen Gründe nicht weiter erstaunt. Erstaunlich ist indessen, dass in der Umwelterziehung darüber lamentiert wird, dass Zusammenhänge zwischen Wissen, Einstellungen und Verhalten so niedrig seien (vgl. 3.4.4.; 4.2.2.), obwohl beispielsweise die Korrelation zwischen Wissen und Handeln im Umweltbereich laut Übersichtsstudien immerhin r = 0.30 und die aufgeklärte Verhaltensvarianz 10–15% beträgt (vgl. Pfligersdorffer/Unterbruner 1994), Zahlen, von deren Höhe beispielsweise Forscherinnen und Forscher, die Zusammenhänge zwischen Arbeit und Persönlichkeit untersuchen (z.b. Kohn/Schooler 1983; Häfeli/Kraft/Schallberger 1988), nur träumen können.

1.3. Strömungen in der Umweltpädagogik

Wenn Umweltpädagogik in Ermangelung theoretischer Präzision als behelfsmässiger Oberbegriff für Erziehung und Bildung im Umweltbereich dienen soll, dann sind darunter Umweltbildung, Umweltlernen, Umwelterziehung, Mitwelterziehung, Ökopädagogik, ökologische Pädagogik, ökologisches Lernen und naturbezogene Pädagogik zu subsumieren.

In der Umweltpädagogik ist ein Überfluss an Begriffen und ein *unzumutbares begriffliches Wirrwarr* anzutreffen; ist eine Differenz zur Umwelterziehung auszumachen, wird gleich ein neuer Begriff geprägt und ins Theoriegestrüpp gepflanzt (z.b. Mitwelterziehung, naturnahe Erziehung, ökologische Pädagogik).

In zusammenfassenden Darstellungen oder Überblicken werden Umwelterziehung, ökologisches Lernen und Ökopädagogik als *die* Strömungen der Umweltpädagogik beschrieben. So unterscheiden Beer und de Haan (1987, S. 32) drei Antworten, die von seiten der Erziehungswissenschaft auf die ökologische Herausforderung formuliert werden; aus ihrer ökopädagogischen Position schätzen sie diese wie folgt ein: "Erstens Umwelterziehung, die letztlich eine (sozial-)technische Problemlösungsstrategie favorisiert, zweitens das ökologische Lernen, wobei das Leben und Lernen in alternativen Strukturen den Ausweg aus der Krise bieten soll, und drittens die Ökopädagogik, die einen reflexiven und gleichzeitig zukunftsoffenen Ansatz bietet." Neben der tendenziösen Bewertung der Umwelterziehung sind an dieser Kategorisierung mindestens zwei Punkte auszusetzen:
– Mit einem umfangmässig ausgewogenen Nebeneinanderstellen von Umwelterziehung, ökologischem Lernen und Ökopädagogik wird eine Gleichwertigkeit suggeriert, die völlig an der Entwicklung der drei Richtungen und der Realität vorbeigeht: Umwelterziehung gibt es im deutschsprachigen Raum seit den siebziger Jahren, das ökologische Lernen ist an alternative politische Bewegungen gebunden, und die Ökopädagogik wurde erst zu

Beginn der achtziger Jahre geprägt. Wenn Umwelterziehung, ökologisches Lernen und Ökopädagogik gleichwertig nebeneinandergestellt werden, sagt dies im einzelnen nichts über deren theoretischen Gehalt und deren praktische Relevanz und damit über deren *Stellenwert in der Schulpraxis* aus. In der Schule dominieren nicht zufällig *umwelterzieherische Konzepte*. Die Ökopädagogik ist bloss theoretisch und kaum praktisch relevant (vgl. 1.3.3.; 3.4.3.1.), das ökologische Lernen nimmt in der Theorie eine Randstellung ein (vgl. 1.3.4.).

– Mit der Trinität von Umwelterziehung, ökologischem Lernen und Ökopädagogik wird eine *Systematik unterstellt*, die nicht existiert. Schwierigkeiten der Abgrenzung vor allem von Umwelterziehung, Umweltbildung, Umweltpädagogik und Umweltlernen (vgl. 1.3.1.) werden bei de Haans und Scholz' Klassifikation übergangen, darüber hinaus werden bislang weniger bedeutende Strömungen wie die erlebnispädagogisch orientierte naturnahe Erziehung ausgeklammert (vgl. 1.3.4. und Göpfert 1987, 1988).

In unserer Arbeit beziehen wir uns auf die Umwelterziehung. Dazu zählen wir Arbeiten Bolschos, Eulefelds, Lobs, Schmacks und Seybolds und mit Einschränkungen Fietkaus, Göpferts und Klebers für die BRD sowie Kyburz-Grabers und Salzmanns für die Schweiz. Wenn im weiteren Verlauf von ökopädagogischen Konzepten wie demjenigen Beers und de Haans die Rede ist, werden diese gekennzeichnet (vgl. 3.4.3.1.). Weil Umweltbildung, Umweltpädagogik, Umweltlernen und Umwelterziehung im Grunde dasselbe meinen, verwenden wir in unserer Arbeit den Begriff Umwelterziehung (zu weiteren Gründen vgl. 1.3.1.). Um den Knäuel im Hinblick auf das Verhältnis von Schule und Umwelterziehung etwas zu entwirren, lohnt es sich, einen Blick auf *die verschiedenen Strömungen von Bildungs- und Erziehungsbestrebungen im Umweltbereich* zu werfen. Wir werden sehen, dass nicht alle Konzepte auf die Schule setzen (vgl. 1.3.3., 1.3.4.): In der Ökopädagogik und im ökologischen Lernen werden Positionen vertreten, in denen nachdrücklich darauf gepocht wird, auf die Schule als Lernort für die Bearbeitung von Umweltfragen zu verzichten, dies im Gegensatz zur Umwelterziehung, die, trotz wiederholter und bis heute andauernder interner Skepsis (vgl. 3.4.1.), in der Schule geschehen soll.

1.3.1. Umweltbildung, Umweltlernen oder Umweltpädagogik statt Umwelterziehung?

In der Literatur bezeichnen Umweltbildung, Umweltlernen, Umweltpädagogik und Umwelterziehung oft dasselbe. Eulefeld (1991, S. 2) gesteht ein, dass die Begriffe Umweltbildung und Umwelterziehung heute nebeneinander und praktisch synonym verstanden würden. Krol (1991, S. 21) beispielsweise sieht keine Differenz zwischen Umwelterziehung und Umweltbildung, beide würden entsprechend pädagogischer Tradition auf Information und Aufklärung, Veränderungen des Menschen also, setzen. Ein zweites Beispiel: In einer Grussbotschaft zur zweiten Fachtagung der Deutschen Gesellschaft für Umwelterziehung (Boppel 1990, S. 13f.) wird zunächst von Umwelterziehung gesprochen, dann von Umweltbildung und einige Zeilen später von Umweltlernen, wobei alle drei Begriffe bedeutungsgleich verwendet werden, was indessen *nicht* bedeutet, dass Umwelterziehung, Umweltbildung, Umweltlernen und Umweltpädagogik in der Literatur stets semantisch übereinstimmen. Bonhaus und Mertineit (1991, S. 96) verstehen Umweltbildung als Oberbegriff für die im Zusammenhang mit Umwelt und Lernen entwickelten Konzeptionen. Inhaltlich bestimmen sie Umweltbildung als das Vermitteln ökologischen Grundwissens, das Ausbilden von Werthaltungen und das Aufzeigen von Handlungsmöglichkeiten, also genau so, wie Ziele der Umwelterziehung gefasst werden (vgl. 1.3.).

Flechner und Rottenbach (1993, S. 10) bezeichnen die Bemühungen von Greenpeace – beispielsweise die Betreuung von mehr als 1 000 Greenteams für Kinder und Jugendliche in der BRD – als umweltpädagogische Arbeit ausserhalb der Schule, sie verwenden Umweltpädagogik synonym mit Umwelterziehung. Demgegenüber betrachtet Schmack (1982a, S. 135) Umweltpädagogik als Zweigdisziplin der Pädagogik. Umwelterziehung und Umweltpädagogik werden bei Schmack nicht scharf auseinandergehalten, letztere soll eine wissenschaftliche Einordnung ermöglichen und beinhaltet eine Umweltdidaktik, die kurz umrissen wird (a.a.O., S. 119–131).

Fietkau und Kessel (1987, S. 311) bringen, ausgehend von einem "psychologischen Lernbegriff", den Begriff Umweltlernen ins Spiel, der alle Formen menschlicher Erfahrungsbildung beinhalten solle und der weiter als Umwelterziehung gefasst sei: "Er bezieht sich auf alle Lebenssituationen, in denen ein Mensch Erfahrungen mit seiner – natürlichen – Lebensumwelt gewinnt." Umweltlernen sei ein Lernen, das sich auf kognitive, emotionale und aktionale Aspekte des Menschen beziehe, weniger wissenschaftlich ausgedrückt sei Umweltlernen ein "Lernen mit Kopf, Herz und Hand" (a.a.O., S. 297). Für Fietkau und Kessel bedeutet Umweltlernen der Versuch, Umweltwerte in den Kontext anderer Wertvorstellungen und Handlungsgewohnheiten zu integrieren (a.a.O., S. 314); Ziel von Umweltlernen sei der Aufbau beziehungsweise die Stabilisierung von umweltgerechtem Verhalten (a.a.O., S. 311). Fietkau und Kessel konstruieren eine Differenz zur Umwelterziehung, die deutlich machen soll, dass Umweltlernen über die Institution Schule hinausgeht – was wohl niemand in der Umwelterziehung bestreiten würde.

Soll nun Umweltbildung, Umweltlernen oder Umweltpädagogik als Oberbegriff für die im Zusammenhang mit Umwelt und Lernen entwickelten Konzeptionen benützt werden? Umfasst Umweltpädagogik sowohl Umweltbildung als auch Umweltlernen und Umwelterziehung? Können Umwelterziehung und Umweltbildung synonym verwendet werden? Wir nehmen an, dass die begrifflichen Unklarheiten *bis auf weiteres* bestehenbleiben, weil in der Umweltpädagogik die Tendenz besteht, bei Differenzen zur Umwelterziehung gleich einen neuen Begriff zu präsentieren. (z.B. naturbezogene Pädagogik oder Mitwelterziehung vgl. 1.3.4.). Im weiteren bestehen ähnliche Probleme, wenn auch weniger drängende, im englischsprachigen Raum ebenfalls: "At times the terms environmental education and ecological education are used interchangeably" (Disinger 1994, S. 1991). Was in der deutschen Sprache durch mindestens vier Begriffe ausgedrückt wird, reduziert sich im Englischen auf Umwelterziehung und ökologische Erziehung (beziehungsweise Umweltbildung und ökologische Bildung), weil Erziehung und Bildung nicht unterschieden werden müssen.

In dieser Situation optieren wir dafür, *am Begriff Umwelterziehung festzuhalten*. Da sich Umwelterziehung in den vergangenen zwanzig Jahren als Begriff in Theorie und Praxis etabliert hat, müssten für einen Begriffswechsel stichhaltige Argumente und nicht individuelle Präferenzen ins Feld geführt werden. Thonhauser (1993, S. 16) bemerkt zu Recht, dass die Differenzierung von Erziehung und Bildung kaum in andere Sprachen übersetzbar sei; mit dem Begriff Umweltbildung könne weder "für die Klarheit der Darstellung, geschweige denn für die Sache etwas gewonnen werden" (ebd.).

1.3.2. Umwelterziehung

Verglichen mit ökologischem Lernen, Ökopädagogik oder naturbezogener Pädagogik (1.3.3., 1.3.4.), ist Umwelterziehung das "älteste" Lehr- und Lernkonzept, doch an sich ist sie eine junge Erscheinung, was sich auch daran ablesen lässt, dass sie weder in Böhms Wörterbuch der Pädagogik (1992) noch in Roths Pädagogik-Handbuch für Studium und Praxis (1991) oder im neuen schulpädagogischen Wörterbuch (Hintz et al. 1993) Erwähnung findet. Im deutschsprachigen Raum gibt es die Umwelterziehung seit den siebziger

Jahren, sie ist in der BRD unter anderem mit den Namen Bolscho, Eulefeld, Seybold, Fietkau und Lob verbunden, in der Schweiz mit dem Engagement Kyburz-Grabers, Nagels und Salzmanns. Umwelterziehung kann als pädagogische Antwort auf ökologische Krisenerscheinungen gedeutet werden (vgl. 1.1.; 3.1.; 3.2.). Trotz Vorbehalten (3.4.1.) *setzt die Umwelterziehung für die Realisierung ihrer Ziele auf die Schule*; Umwelterziehung soll von der Primarstufe bis zur Studienstufe stattfinden, beim sechsjährigen Schüler ebenso wie bei der erwachsenen Abiturientin (vgl. Eulefeld 1987, S. 206).

Wie sollen die Ziele der Umwelterziehung (1.1.) erreicht werden? Durch einen Projektunterricht, in dem Umweltthemen fächerübergreifend-ganzheitlich-vernetzt sowie schüler-, problem-, situations-, handlungs- und systemorientiert bearbeitet werden oder durch ein Unterrichtsprinzip Umwelterziehung (vgl. Kap. 4–7). Integrativ zu berücksichtigen sind dabei kognitive, affektive, soziale und psychomotorische Komponenten (vgl. Thonhauser 1993, S. 86). Umwelterziehung soll sich mithin an Umweltproblemen und Systemzusammenhängen orientieren, Bezüge zur Lebenswelt der Schule schaffen, die Selbsttätigkeit der Schülerinnen und Schüler fördern, Fachwissen aus verschiedenen Disziplinen nutzen und in Kleingruppenarbeit und Zusammenarbeit mit Personen, Gruppen, Betrieben und Behörden stattfinden (vgl. Eulefeld 1991, S. 2f.). Mit einem solchen Unterricht soll Schülerinnen und Schülern die Auseinandersetzung mit der natürlichen, sozialen und gebauten Umwelt erschlossen, die Fähigkeit zum Problemlösen in komplexen Systemen gefördert und ein Beitrag dazu geleistet werden, Schülerinnen und Schüler für die Beteiligung am politischen Leben zu befähigen (vgl. Bolscho et al. 1980, S. 17–20).

Wie wird in der Umwelterziehung deren *Genese und Entwicklung* beschrieben? In einigen Publikationen (z.B. Eulefeld 1990) ist zu beobachten, dass die Wurzeln der Umwelterziehung – der Natur- und Umweltschutz – stets weiter in die Vergangenheit zurückdatiert und beinahe zu einer anthropologischen Konstante stilisiert werden: So bezeichnet Meyer (1986, S. 14) das Ausscheiden von Bannwäldern in den Innerschweizer Alpen um 1200 als eine erste Umweltschutzmassnahme und weist auf das Entstehen einer Naturschutzbewegung als Folge der Industrialisierung im 19. Jahrhundert hin (a.a.O., S. 17). Eulefeld (1990, S. 654f.; vgl. auch Eulefeld 1987, S. 207) führt Umwelterziehung auf den Naturschutzgedanken zurück, der sich gleichzeitig mit der Perfektionierung der Naturausbeutung seit Ende des 18. Jahrhunderts entwickelt habe – als Kritik der Industrialisierung und Verstädterung. Mit dem Naturschutzgedanken seien auch Vorschläge zu seiner Umsetzung im Unterricht entstanden; so habe Blasche 1815 Naturverehrung und Naturliebe als wichtigste Bildungsziele genannt. Die Wurzeln der schulischen Umwelterziehung sieht Eulefeld auch darin, dass für die preussischen Schulen 1908 die Durchführung von "Unterricht im Freien" verordnet worden sei; seit 1930 sei die Naturschutzerziehung in Deutschland Aufgabe aller Fächer gewesen (Eulefeld 1990, S. 654f.).

Es fällt auf, dass deutschsprachige Autorinnen und Autoren in ihren historischen Darstellungen zur Umwelterziehung die nationalistisch-konservative Komponente des Natur- und Heimatschutzes kaum kritisieren und sich meist auf ihren Sprachraum beschränken. Die Entwicklung der Umwelterziehung im angelsächsischen Raum beispielsweise wird nicht einbezogen oder wie bei Bolscho et al. (1980, S. 12f.) auf einer knappen Seite abgehandelt. In der "Environmental Education" liesse sich unter anderem folgende über 25 Jahre alte Definition von Umwelterziehung finden: "Environmental education is aimed at producing a citizenry that is knowledgeable concerning the biophysical environment and its associated problems, aware of how to help solve those problems, and motivated to work toward their solution (Stapp et al. 1969, S. 30; zitiert nach Disinger 1994, S. 1991). Es ist zu bedauern, dass in der deutschsprachigen Umwelterziehung nicht öfter und eingehender auf die "Environmental Education" *Bezug* genommen wird, da dort theoretisch, praktisch und empirisch Pionierarbeit geleistet wurde.

Der Zustand der Umwelt ist laut Eulefeld et al. (1981, S. 31–35) seit dem Ende der sechziger Jahre zum öffentlichen Thema geworden. Güterproduktion und damit Umweltbelastungen hätten seit dem Zweiten Weltkrieg stark zugenommen; mit besseren Untersuchungsverfahren und neuen Instrumenten hätten Umweltbelastungen wie Schwermetalle besser festgestellt werden können. Der 1962 publizierte "stumme Frühling" der Biologin Rachel Carson findet in der Umwelterziehung häufig Erwähnung (z.B. Kleber 1993, S. 24–26) und wird als einer der Gründe dafür betrachtet, dass die Gefährdung der Umwelt zu einem öffentlichen Thema wurde. Nach Eulefeld (1990, S. 654f.) zeichnete sich Ende der sechziger Jahre ein Umschwung vom Heimatschutz hin zum Umweltschutz ab, Befunde über den Zustand der Umwelt drangen über die Massenmedien an eine breite Öffentlichkeit, Umweltzerstörungen wurden beschrieben und visualisiert. Dieckhoff (1989, S. 85) vertritt die Ansicht, dass sich in der Folge durch die Wahrnehmung der Umweltkrise die Situation der Industriegesellschaft grundsätzlich verändert habe. Ökologie wurde Ende der sechziger Jahre zum politischen Thema (vgl. Eulefeld et al. 1981, S. 20). In den siebziger Jahren erschienen verschiedene naturwissenschaftliche Studien – wie der Bericht des Club of Rome, die Studie Global 2000 oder Studien des Worldwatch-Instituts, die in der Literatur zur Umwelterziehung häufig zitiert werden (z.B. Schmack 1982a, S. 25) und als eine Grundlage für die Einschätzung der Umweltsituation dienen (vgl. 3.1.).

Die Umwelterziehung konstituierte sich in den siebziger Jahren: Bereits 1971 wurden in der BRD "Leitsätze zur umweltbezogenen Bildung und Ausbildung" in das Umweltprogramm der Bundesregierung aufgenommen (Seybold 1987, S. 88), Konferenzen wurden abgehalten, Gesellschaften und Vereinigungen gegründet. Im besonderen sind die Weltkonferenz der UNO "On the Human Environment" 1972 in Stockholm, die Umweltkonferenz von Belgrad 1985 (welche in ihrer Charta bereits die Zielsetzung für eine Umwelterziehung enthält; vgl. 1.1.) und 1977 die erste UNESCO-Weltkonferenz zur Umwelterziehung in Tiflis hervorzuheben (vgl. Schneider 1987, S. 278).

Bereits 1973 wurde von der EG ein Aktionsprogramm Umwelterziehung lanciert, im selben Jahr wurde am Institut für die Pädagogik der Naturwissenschaften (IPN) in Kiel eine Projektgruppe Umwelterziehung gegründet (Eulefeld et al. 1981, S. 9). Vier Jahre später startete das "European Community Environmental Education Network" mit 29 Primarschulen aus neun Mitgliedländern (Meylan 1988, S. 31). In der BRD erstellte das Bundesministerium des Innern im selben Jahr einen "Nationalen Bericht über die gegenwärtige Situation in der Umwelterziehung"; im Umweltbundesamt wurde eine UNESCO-Verbindungsstelle für Umwelterziehung geschaffen. Im Anschluss an Tiflis wurde 1978 in München eine Arbeitstagung der Deutschen UNESCO-Kommission abgehalten (Wilhelmi 1993, S. 18), in der Folge konstituierte sich die deutschsprachige Umwelterziehung (vgl. 1.1.). Lob und Wichert zu dieser Phase: "Die UNESCO (formulierte) ein weltweites Erziehungsprogramm, denn eines war rasch klar: Alle technisch-naturwissenschaftlichen und politisch-administrativen Massnahmen würden in dieser Krise letztlich wenig helfen, wenn nicht ein breites Bewusstsein zur Rettung und zum dauerhaften Schutz unserer Umwelt geschaffen wird. (...) Die Schule war als erste aufgefordert, in ihr wachsen die nächsten Generationen heran" (Lob/Wichert 1987, S. 9). Umwelterziehung wurde in der Folge zum Schulthema. Im selben Zeitraum wurde eine "Internationale Gesellschaft für Umwelterziehung" gegründet, das Institut für die Pädagogik der Naturwissenschaften an der Universität Kiel (IPN) baute den Forschungsbereich Umwelterziehung unter Eulefeld weiter aus (vgl. Bolscho et al. 1980, S. 8), in Essen nahm die "Zentralstelle für Umwelterziehung" unter Lob ihre Arbeit auf und gab ab 1977 Publikationen heraus. Während der achtziger Jahre stieg die Anzahl der Publikationen zu Umwelterziehungsthemen erheblich an. Es erschienen erstmals Fachzeitschriften und Bibliographien: 1981 kam die 0-Nummer der Zeitschrift Ökopäd heraus und 1983 eine Bibliographie zur Umwelterziehung. Die erste Auflage enthielt 1 400 Literaturangaben, die 4. aktualisierte Auflage von 1987 bereits an die 3 000 (vgl. UNESCO-Verbindungsstelle für Umwelterziehung 1987, S. 1). Ebenfalls 1987 wurde von Calliess und Lob ein dreibändiges Handbuch zur Umwelt- und Friedenserziehung herausgegeben. Bei den Forschungsarbeiten zur schulischen

Umwelterziehung sind die Studien von Braun (1983), Langeheine und Lehmann (1986) und Bolscho, Eulefeld, Seybold und Rost (1988) hervorzuheben (vgl. 1.2.; 3.4.4. 4.2.). Die Bandbreite der Fächer, die Umwelterziehung betrieben, vergrösserte sich in den achtziger Jahren. Physik, Chemie, Technik/Werken, Haushaltslehre/ Hauswirtschaft, Geschichte, Religion, Kunsterziehung und Deutsch galten als Komplementärfächer (vgl. Lob 1988, S. 14), als Ergänzung zu den Zentrierungsfächern Biologie, Geographie und Sozialkunde (vgl. Lob 1987, S. 287; 1988, S. 14; Bolscho et al. 1980, S. 53), Dennoch wird Umwelterziehung bis heute von naturwissenschaftlichen Fächern dominiert: "Von einem ganzheitlichen Durchdringen aller Schulfächer und Bildungsbereiche kann noch keine Rede sein" (Lob 1988, S. 11f.). Der Schluss liegt nahe, dass sich das *Unterrichtsprinzip Umwelterziehung nicht durchgesetzt* hat.

In Österreich wurde Umwelterziehung 1979 als Unterrichtsprinzip in die Lehrpläne der allgemeinbildenden Schulen aufgenommen (Thonhauser 1993, S. 27). Vier Jahre später wurde eine Arbeitsgemeinschaft Umwelterziehung gegründet, deren Aufgabe in der Förderung schulischer und ausserschulischer Umwelterziehung besteht (a.a.O., S. 108–111) und die vom österreichischen Unterrichts- und Umweltministerium gemeinsam getragen wird (a.a.O., S. 27). 1985 formulierte das Bundesministerium für Unterricht und Kunst einen Erlass mit dem Titel "Umwelterziehung in den Schulen", welcher inhaltliche und didaktische Hinweise für die praktische Durchführung der Umwelterziehung enthielt (a.a.O., S. 38).

Die *Entwicklung der Umwelterziehung in der Schweiz* ist in erster Linie mit Bemühungen des WWF und des Schweizerischen Bundes für Naturschutz verbunden, die Mitte der siebziger Jahre Pionierarbeit leisteten (vgl. Zbinden 1990, S. 3), jedoch stets mit der Schwierigkeit der Mittelbeschaffung konfrontiert waren (vgl. Balsiger 1988, S. 156, Salzmann 1990b, S. 4). Im Frühjahr 1976 gründete der WWF Schweiz das Schweizerische Zentrum für Umwelterziehung SZU, welches in der Folge rund ein Viertel des WWF-Etats beanspruchte (Salzmann 1984, S. 523). Die Abteilung Umwelterziehung des WWF bestand 1984 aus dem Schweizerischen Zentrum für Umwelterziehung unter H. Salzmann (zuständig für Kurswesen, Beratung, Dokumentation und Produktion), dem Lehrerservice unter U. Nagel (Rundbriefe, Versand, Produktion), dem Centre suisse Education environnement, dem Service Enseignants und dem Ostschweizer Ökozentrum (regionale Kurse, Beratung) und war mit 11,5 Stellen besetzt (a.a.O., S. 526, 528). Noch 1990 musste Salzmann (1990a, S. 2) feststellen, dass das SZU von den Kantonen rege und in recht umfangreichem Ausmass in Anspruch genommen werde, dass aber nur drei Kantone sich dazu hätten durchringen können, einen regelmässigen Beitrag zur Deckung der Kosten zu leisten.

Dass einige Jahre in der Umwelterziehung auf nationaler Ebene bildungspolitisch nichts geschah und bis heute wenig geschieht, hat mit der föderalistischen Struktur des Bildungswesens in der Schweiz zu tun: Primär liegt die Schulhoheit bei den Kantonen, der Bund ist nur im Hochschulwesen und in der Berufsbildung tätig (Balsiger 1988, S. 153; Zbinden 1990, S. 6). Das damalige Bundesamt für Umweltschutz (heute BUWAL) erstellte 1985 einen Bericht über "Umwelterziehung: Bedürfnisse und Möglichkeiten einer Förderung" (Arnet 1988, S. 4). Darin wurde vermerkt, dass in der Schweiz Umwelterziehung sehr uneinheitlich betrieben werde und noch allzu eng an den Naturkundeunterricht gebunden sei (Balsiger 1988, S. 154). Überdies war die Schweiz als Nicht-UNO- und Nicht-EU-Mitglied an internationalen Projekten zur Umwelterziehung nur marginal beteiligt (Meylan 1988, S. 31).

1985 beschloss die Erziehungsdirektorenkonferenz EDK (hinsichtlich der Tätigkeit, jedoch nicht der Mittel, vergleichbar mit der Konferenz der Kultusminister der Länder in der BRD), eine Übersicht über den Stand der Umwelterziehung in den Kantonen zu erstellen (vgl. Arnet 1988, S. 4). Erfasst wurden dabei die drei Bereiche Lehrpläne, Lehrmittel und LehrerInnenfortbildung, aus finanziellen Gründen wurde auf eine Datenerhebung zum Unterrichtsgeschehen verzichtet. Es folgte ein Bericht, in dem die Arbeitsgruppe Umwelterziehung der EDK (1988, S. 119) die Situation der Umwelterziehung in der Schweiz wie folgt einschätzte: "Wenn man Organisationen wie den Lehrerservice des WWF und den Bund für Naturschutz nicht zählt, die auf nationaler Ebene wirken, so gibt es auf der Ebene der Kantone kaum Stellen, Kommissionen oder einzelne Experten, die den Auftrag haben, Umwelterziehung zu fördern oder deren Didaktik zu entwickeln." Unerwähnt bleiben Aktivitäten des Pestalozzianums Zürich und von Greenpeace. In der Folge trat die EDK als Trägerin von zwei interkantonalen Informations-, Animations- und Koordinationstagungen auf (in Olten 1988 und in Flüelen 1990), lehnte es aber ab, auch in Zukunft derartige Veranstaltungen zu organisieren (vgl. Zbinden 1990, S. 39; Nagel 1990, S. 7f.) und delegierte die Verantwortung für Umwelterziehung in die Regionen (vgl. Salzmann 1990a, S. 6). Nach Salzmann (1990b, S. 3) existieren in einigen Kantonen Personen oder Stellen, die Umwelterziehung fördern und koordinieren, doch die für eine befriedigende Arbeitsweise nötige minimale Kapazität an Arbeitszeit und Budget stehe erst in zwei Kantonen zur Verfügung. In der Schweiz müsste eine Lobby von Fachleuten aus Erziehung und Politik, die sich für die Entwicklung und Förderung der Umwelterziehung einsetzt und Verantwortung für Realisierungen übernimmt, erst geschaffen werden (a.a.O., S. 4), ebenso eine nationale Koordinationsstelle für Umwelterziehung. Bezeichnenderweise war es das

Schweizerische Zentrum für Umwelterziehung des WWF Schweiz, das "Grundlagen für eine ökologische Bildungsoffensive" erarbeitete (Zbinden 1990), und nicht etwa nationale oder kantonale bildungspolitische Gremien. Laut Zbinden wird das Fehlen eines koordinierten schweizerischen Bildungswesens auch die Verwirklichung eines gesamtschweizerischen ökologischen Bildungskonzeptes erschweren (a.a.O., S. 6f.). Im Juli 1994 wurde die Stiftung Umweltbildung Schweiz (SUS) und einige Monate später die Schweizerische Gesellschaft für Umweltbildung (SGUB) gegründet (vgl. Käppeli 1994, S. 25). Letztere wurde von U. Kuhn (Erziehungsdirektion Aargau), U. Nagel (Pestalozzianum Zürich) und B. Sieber initiiert. H. Salzmann, Projektleiter der SUS, sieht diese als Katalysator für andere Bildungsträger. Demgegenüber bezweckt die SGUB, in der Umweltbildung Interessen von Fachleuten zu koordinieren und einen gesamtschweizerischen Erfahrungsaustausch zu ermöglichen (vgl. ebd). Ziehen wir ein Fazit zur Entwicklung der Umwelterziehung in der Schweiz, können wir, was die Unterstützung der Umwelterziehung durch Bund und Kantone anbelangt, die Einschätzung Lobs (1987, S. 290) nicht teilen, dass die Schweiz zusammen mit den Niederlanden, Österreich, Schweden und der BRD "zur Spitzengruppe im Bereich Umwelterziehung in Europa" gehöre.

Die Umwelterziehung in der BRD, Österreich und der Schweiz ist noch keine fünfundzwanzig Jahre alt. Trotz mannigfaltiger externer und interner Schwierigkeiten und obwohl bereits von ökopädagogischer Seite "das Ende der Umwelterziehung und ihrer Theorie" verkündet wurde (de Haan 1987, S. 30), lebt die Umwelterziehung (mehr oder weniger) munter weiter. Seit den achtziger Jahren verstärkte sich die *Ausdifferenzierung der Umwelterziehung in verschiedene Nebenströmungen*, denen wir uns nun zuwenden.

1.3.3.   Ökopädagogik

Jahre später, nachdem der Begriff Umwelterziehung geprägt wurde (vgl. 1.3.1.), riefen Beer und de Haan die Ökopädagogik ins Leben. 1981 erschien die erste Ausgabe der Zeitschrift "ökopäd", die 1987 eingestellt wurde (vgl. Eschenhagen 1989, S. 44, der einige kritische Anmerkungen zur Ökopädagogik liefert), 1982 publizierte Beer "Ökologische Aktion und ökologisches Lernen" und "Frieden–Ökologie–Gerechtigkeit", 1984 zusammen mit de Haan die "Ökopädagogik".
Was ist Ökopädagogik? Wie unterscheidet sie sich von Umwelterziehung? Ökopädagogik will bei den Ursachen der Umweltkrise ansetzen und deshalb ein neues Verhältnis zwischen Mensch und Natur begründen, welches das als gescheitert eingeschätzte naturwissenschaftlich-technische Denken überwinden

soll (vgl. Eschenhagen 1989, S. 44). De Haan und Scholz (1993, S. 1536) bezeichnen die Ökopädagogik als eine an Emanzipation orientierte Pädagogik; Ökopädagogik betone das Prinzip der Ganzheit und dasjenige der Autonomie der Pädagogik (Eschenhagen 1989, S. 44). Mit Verweis auf Nohl wird ein Primat des Selbstzwecks der Lernenden fixiert (Beer/de Haan 1987, S. 33). Ökopädagogik wendet sich gegen pädagogisches Krisenmanagement (a.a.O., S. 32–35), sie wirft der Umwelterziehung vor, dass diese auf eine "sozialtechnische Lösung extern gesetzter Zwecke" hinarbeite (de Haan/ Scholz 1993, S. 1534). Diese Kritik führt dazu, schulische Umwelterziehung nicht als eine Lösungsinstanz für Umweltprobleme zu betrachten, sondern als Bestandteil des Problems selbst, weil die Schule als gesellschaftliche Institution für einen Teil der Umweltprobleme die Verantwortung trage (Sachs 1984, S. 14). Wie das "ökologische Lernen" (1.3.4.) *setzt die Ökopädagogik nicht auf die Schule –* dies im Gegensatz zur Umwelterziehung.

In dem zehnseitigen Überblicksartikel "Ökopädagogik – neue Tendenzen im Verhältnis von Ökologie und Pädagogik" üben Beer und de Haan (1987) auf neun Seiten Kritik an der Umwelterziehung, am ökologischen Lernen und an der Industriegesellschaft. Postuliert wird eine dreifache Distanz der Ökopädagogik: Sowohl gegenüber der herrschenden Gesellschaftsordnung, der bestehenden Ökonomie und Technik als auch gegenüber utopischen Entwürfen (a.a.O. S. 34f.; de Haan/Scholz 1993, S. 1535). Im Grunde geht es der Ökopädaogik nicht um Alternativen in der Industriegesellschaft, sondern um Alternativen zur Industriegesellschaft. Es wird ein Radikalkonzept vertreten, das selbst an alternativer Technik kein gutes Haar lässt: "Denn gegenüber der Natur wird selbst beim Bau von Sonnenkollektoren die Mathematisierung der Natur, ihre Reduktion auf Quantitäten, ihre Durchforschung mit ausgefeilten Untersuchungsstrategien nicht aufgegeben" (Beer/de Haan 1987, S. 36). Eine Schlussfolgerung Beers und de Haans lautet denn auch, dass alternative Technik keine Alternative im Verhältnis zur äusseren Natur bieten könne und dass die "Verfügungsgewalt über die Natur" rückgängig gemacht werden solle (ebd.).

Was hat die Ökopädagogik neben origineller Kritik anzubieten? Beer und de Haan legen dar, dass es sich bei der Ökopädagogik um ein Fragekonzept handle, das zunächst weniger auf konkrete Lernformen abziele: Ökopädagogik wolle die Voraussetzungen der ökologischen Krise ebenso radikal hinterfragen wie die unterschiedlichen Lösungsansätze (a.a.O., S. 41). Sie plädiere für ein offene Zukunft, die in den eigenen utopischen Entwürfen ihren Ausdruck finde, und propagiere eine Hoffnung auf eine bessere Zukunft, die in utopisches Denken münde (a.a.O., S. 38). Der zentrale Punkt liegt darin, dass sich Ökopädagogik *nicht als Lernkonzept,* sondern als Suchbewegung versteht (a.a.O.,

S. 41). Beer und de Haan heben hervor, dass Ökopädagogik keinen programmatischen Anspruch vertritt: "Entscheidend ist, dass es sich bei dem Konzept der Ökopädagogik nicht um eine curricular gefasste Handlungs- und Lernanleitung handelt, auch nicht um ein weitgehendes Setzen auf die Naturwüchsigkeit des Lernens wie im Konzept des ökologischen Lernens, sondern um ein Reflexionskonzept" (ebd.). Ökopädagogik will keine didaktischen Konkretisierungen leisten, sie verweigert diese; auf Reflexionsräumen thronend, kann Umwelterziehung, die sich um methodisch-didaktische Konzepte bemüht, bequem heruntergemacht werden: Umwelterziehung wird aus ökopädagogischer Perspektive des Utilitarismus, der Wissenschafts- und Wirkungsorientierung bezichtigt (Eschenhagen 1989, S. 44). Wenn in der Ökopädagogik Bildungsaufgaben etwas konkreter gefasst werden, wirkt das bei de Haan (1987, S. 39) *fragmentarisch*: "Aufklärerische Bildung würde darüber hinaus die Wachstumsideologie entschleiern, die Naturausbeutung und Verseuchung von Grundwasser durch Mülldeponien kritisieren. Das Konsumverhalten würde reflektiert und den Ursachen der Verschwendung nachgespürt werden. Wahrscheinlich käme man auch noch auf den Fetischcharakter der Waren zu sprechen und auf die Werbung als Initiatorin von angeblich falschen Bedürfnissen." De Haan vermittelt den Eindruck, dass es in der Schule weniger um Aufklärung, als um Agitation für die gute (Umwelt-)Sache gehen könne (zur Kritik der Ökopädagogik vgl. Kahlert 1991b).
In der Umwelterziehung und der Literatur wird die Kritik der Ökopädagogik zur Kenntnis genommen (z.B. Osthoff 1986, S. 86–89), doch wenig diskutiert: Eulefeld (1987, S. 207) stellt lapidar fest, dass die Ökopädagogik Umwelterziehung als "sozialtechnisches Konzept" ablehne. Seinerseits bringt er den Einwand vor, dass der Ökopädagogik die Konkretisierung bisher nicht gelungen sei. Ökopädagogische Unterrichtsvorschläge würden sich prinzipiell nicht von solchen unterscheiden, die unter dem Signum "Umwelterziehung" seit fünfzehn Jahren diskutiert werden (ebd.). Dabei übersieht Eulefeld, dass die Ökopädagogik, will sie ihre Konsequenz nicht aufgeben, gar keine methodisch-didaktischen Konkretisierungen leisten darf, was bedauerlicherweise auf die Umwelterziehung abzufärben scheint (vgl. Kap. 4–7).
Ökopädagogik setzt auf selbstbestimmtes Lernen, ein Unterstützen der Lernenden "bei der Suche nach dem Neuen, das dem Untergang entkommt" (de Haan 1984a, S. 91), ein Lernen, das *diffus* bleibt und vor sich her suchen muss. Deshalb bleibt die Relevanz ökopädagogischer Theoriepositionen für die Schule trotz ihres reflexiven Gehalts bescheiden. Dennoch vermag die Ökopädagogik neben utopischen Reflexionsräumen und einer Betonung der Unabhängigkeit der Pädagogik eine Position zu vertreten, die – bezogen auf Ziele und Erwartungen von Effekten – überholtes Konsensdenken in der Umwelterziehung aufbrechen könnte.

1.3.4. Ökologisches Lernen, ökologische Pädagogik und naturnahe Erziehung

In der Umweltpädagogik existieren neben der Umwelterziehung und der Ökopädagogik weitere Richtungen. Eine Beschränkung auf ökologisches Lernen und erlebnispädagogische Entwürfe drängt sich auf, weil ihre Grundzüge einigermassen konsistent abgebildet werden können, ökologisches Lernen in Überblicken im gleichen Atemzug wie Umwelterziehung und Ökopädagogik dargestellt wird und erlebnispädagogische Konzepte wie die naturnahe Erziehung in der Umwelterziehung einige Beachtung finden.

Auf eine Diskussion des Begriffs ökologische Pädagogik verzichten wir, da dort, wo er verwendet wird, wenig Konsistenz auszumachen ist: Osthoff (1986) unternahm mit seinen "Grundlagen einer ökologischen Pädagogik" einen Versuch, "Erziehung in einen übergeordneten verhaltenswirksamen Kontext zu stellen" und "theorie- und forschungsbezogene Anregungen für eine noch zu entwickelnde systematisch-umweltbezogene Erziehungswissenschaft" zu bieten (a.a.O., S. 11). Kleber (1993) will eine ökologische Pädagogik systematisch herleiten (a.a.O., S. 53), er verschränkt in seinen "Grundzügen ökologischer Pädagogik" Elemente aus Umwelterziehung und Ökopädagogik, wobei er zwischen ökologischer Pädagogik und Ökopädagogik keine klare begriffliche Trennung sieht (a.a.O., S. 67), wacker Schulkritik betreibt (a.a.O., S. 151) und im Gegensatz zur Ökopädagogik das schulische Lernen als Ort einer ökologischen Pädagogik ansieht (ebd.).

Wenden wir uns nun dem ökologischen Lernen zu: Beer und de Haan (1987, S. 40) legen dar, dass ökologisches Lernen "aus dem Kontext sozialer Bewegungen" entstanden sei, und bezeichnen es als Lehrform der Ökologiebewegung. Im Zuge des breiten Widerstandes gegen die sogenannte friedliche Nutzung der Atomenergie, so Bonhaus und Mertineit (1991, S. 96f.), sei ein völlig anderes Verständnis von Umweltbildung entwickelt worden. Wie die Anti-AKW-Bewegung hätten später auch die Ökologie-, Alternativ-, Frauen- und Friedensbewegung das Werte- und Denksystem sowie die ökonomische und politische Praxis der "Risikogesellschaft" in Frage gestellt (a.a.O., S. 96): "Gesucht – und von einigen auch praktiziert – wird eine neue Wirklichkeitssicht, eine andere politische Kultur, eine andere Wirtschafts- und Lebensweise" (ebd.). Im Kern würden die Bewegungen durch gemeinsame Prinzipien wie Basisdemokratie, Dezentralität, Vielfalt, Ganzheitlichkeit, Vernetzung und ökologische Orientierung zusammengehalten (a.a.O., S. 96f.). Mit den Stichworten Antimodernismus, Anti-Nuklearismus, Pazifismus, Dezentralisierung, Basisdemokratie und Betroffenheitskultur charakterisiert Weinberger (1987, S. 267) das "neue Weltbild" der alternativen sozialen Bewegungen der siebziger und frühen achtziger Jahre; dem technokratischen industriell-politischen System mit seiner Sachzwangideologie werde eine dezentrale, basisdemokratische, ökologisch orientierte Gemeinschaft gegenübergestellt. Ökologisches Lernen ist nach Bonhaus und Mertineit (1991, S. 97) ein "selbstbestimmtes Lernen in Initiativ- und Projektgruppen der neuen sozialen Bewegung", den Ausgangspunkt bilden politische Interessen und Zielsetzungen der Beteiligten (Beer/de Haan 1987, S. 40). Ökologisches Lernen will lebensfähige, subsistenzorientierte, überschaubare und selbstgestaltbare kleinere Lebensräume entwickeln – zwecks Abschaffung von Ungleichheit und Stärkung der Autonomie (Dauber 1982, S. 129, nach de Haan/Scholz 1993, S. 1534). Es geschieht in selbstorganisierten Lerngruppen (ebd.) und wird als selbstgesteuertes, auf Eigeninitiative beruhende "wildwucherndes Lernen" bezeichnet (Dauber 1982, S. 136), Organisations- und Institutionalisierungsgrad seien relativ gering (Beer/de Haan 1987, S. 40).

Ökologisches Lernen übt in der Tradition Illichs Kritik an institutionalisierten Lernprozessen und *sieht sich als Alternative zum etablierten Bildungssystem* (a.a.O., S. 34). Nicht die herrschende Gesellschaft solle bestimmen, was zu lernen sei, sondern die konkrete Situation in der "alternativen Gesellschaft" (ebd.). Dauber (1985, S. 41) denkt nicht, dass Zukunft geplant werden kann, weswegen in der Pädagogik damit aufgehört werden solle, normative Menschenbilder positiv zu bestimmen. Statt dessen wären Verhältnisse zu definieren, die Nicht-Identitäten im Sinne abweichender Muster von Identität ermöglichten. Als Beispiele für ökologisches Lernen werden Projekte der Bildungs- und Begegnungsstätte für gewaltfreie Aktion in Wustrow, das Antikriegshaus Sievershausen, die Volkshochschule Wyhler Wald, das Energie- und Umweltzentrum Am Deister oder die Reisende Schule Dritte Welt genannt (Beer/de Haan 1987, S. 40), doch keinerlei Beispiele aus der öffentlichen Schule, da diese *nicht* als geeigneter Ort für ökologisches Lernen betrachtet wird.

Ein Beispiel für die erlebnispädagogische Richtung in der Umwelterziehung bietet Göpfert (1987, 1988), der die Begriffe "naturnahe Erziehung" beziehungsweise "naturbezogene Pädagogik" prägte: Was 1987 noch naturnahe Erziehung hiess, wird 1988 zur naturbezogenen Pädagogik. Was will naturnahe Erziehung beziehungsweise naturbezogene Pädagogik? Göpfert (1987, S. 21; 1988 S. 1) geht von einer Entfremdungsthese aus, er vertritt die Ansicht, dass der Mensch in einer modernen Industriegesellschaft nicht mehr in Einklang mit der Natur lebe. Als Mittel, diese Entfremdung aufzuheben, bietet er eine Erlebnispädagogik an, die das ästhetische Moment der Naturbegegnung ins Zentrum rückt. Eine "ökologische Ästhetik" soll entwickelt (Göpfert 1988, S. 2) und durch Naturbegegnung die "Basis für eine neue Identität" geschaffen werden, die ein Mitleben mit der Natur beinhaltet (Göpfert 1987, S. 21). Naturnahe Erziehung ziele, so Göpfert (a.a.O., S. 22, 28), auf ganzheitliche Naturbegegnung, sie ermögliche sinnenhafte ganzheitliche Naturerfahrung und Raum für vielfältige Gefühle. Naturbezogene Pädagogik strebe ein "kreatürliches Verhältnis zur Natur" an (Göpfert 1988, S. 1) und wolle "die äusserlich noch heile Natur erleben lassen" (a.a.O., S. 12f., 23), der Mensch solle die Schönheit und Vielfalt des Lebendigen kennenlernen. *Wahrnehmen wird gegen Empfinden ausgespielt*, was beispielsweise in den Gegensatzpaaren Distanz versus Unmittelbarkeit und Unterdrückung subjektiver Empfindungen versus ganzheitliches Erleben zum Ausdruck kommt (a.a.O., S. 104). In abstruser Weise sieht Göpfert seine naturbezogene Pädagogik als Bezugswissenschaft für Umwelterziehung und Ökopädagogik (a.a.O., S. 18). Er betont, dass er sich nicht gegen die Umwelterziehung wende, doch diese mache primär die zerstörte Natur zum Thema, nicht wie er die schöne Natur (a.a.O., S. 2). Naturnahe Erziehung wolle Kinder und Jugendliche, da sie die Umwelt nicht im grossen Rahmen zerstörten, nicht zuerst mit den Sünden der Erwachsenen konfrontieren (Göpfert 1987, S. 23). Im Unterschied zur Umwelterziehung setze naturbezogene Pädagogik "auf das Schöne und Ganzheitlichkeit statt auf naturwissenschaftlich orientierten Unterricht" (Göpfert 1988, S. 3), ein Vorwurf gegenüber der Umwelterziehung, der sich in dieser Schärfe nicht belegen lässt. Die Schulkritik Göpferts (1988 S. 1f., 56–68; vgl. 3.4.1.) entspricht dem Standard in der Umwelterziehung, kritisiert werden in erster Linie die Wissensschule, die Wissenschaftsorientierung der Schule und schulische Selektionsmechanismen, zudem diene Schule der Aufrechterhaltung der Herrschaft sogenannter Bildungseliten auf Kosten eines von ihr selbst erzeugten Bildungsproletariats (Göpfert 1988, S. 56). Gleichzeitig wird die Schule als der (allerdings nicht einzige) Ort betrachtet, wo naturbezogene Pädagogik stattfinden soll (a.a.O., S. 69), obwohl Göpfert als Adressaten neben Kindern und Jugendlichen in erster Linie Erwachsene vor Augen hat (Göpfert 1987, S. 27) und seine Beispiele für naturbezogene Pädagogik der Schule entstammen (Göpfert 1988, S. 129–188). Wenn die Schule für naturbezogene Pädagogik nicht zentral wäre, müssten nicht auf rund sechzig Seiten Lehrpläne diskutiert und kritisiert werden (a.a.O., 199–260).

Im Hauptteil seines Werkes unterbreitet Göpfert Vorschläge zu "sinnlichganzheitlicher Naturerfahrung" (etwa "Ein Hund im Klassenzimmer"; a.a.O., S. 86–91); er beschreibt Unterricht ausserhalb des Klassenzimmers ("Heute streicheln wir den Baum"; a.a.O., S. 123–127) und konzentriert sich im weiteren auf Schulgelände und Schulgarten (a.a.O., S. 129–188).

Es wäre unzutreffend, Göpfert nur als romantischen Schwärmer zu bezeichnen, da er betont, dass eine ganzheitliche Sicht der Natur und ganzheitliches Erleben keine Absage an Detailwissen bedeute (a.a.O.; S. 280), wobei dieses

Wissen bei ihm auf Artenkenntnis reduziert wird: "Die Verwirklichung einer naturnahen Erziehung ist letztlich nur möglich auf der Grundlage einer breiten Artenkenntnis der Kräuter, Blütenpflanzen, Büsche und Bäume, der Käfer, Schmetterlinge, Insekten und Vögel" (a.a.O., S. 281). Erst wenn ein Mensch die einzelnen Arten kenne, die Artenvielfalt überschauen könne und das Miteinanderleben der Arten begreife, könne er das, was abstrakt als Ökologie bezeichnet werde, als Wunderbares, als Reichtum, als etwas Faszinierendes erfahren (a.a.O., S. 10).

Die naturbezogene Pädagogik Göpferts ist kein Einzelphänomen, verwandte Ideen vertreten beispielsweise Winkel (1982, 1985, 1994; vgl. auch 4.5.2.) Wetzlar (1991) und Trommer (1994). Winkels (1994, S. 175) Bildungsziel ist "das Pflegerische", bei ihm geht es um nicht weniger als den neuen Menschen. In seiner "Skizze zu einer ganzheitlichen Umwelterziehung" liegen die Akzente bei Erfahrungen durch die Sinne, religiösen Erfahrungen und künstlerischer Betätigung (a.a.O., S. 182–188). Seine Devise lautet: "Wir brauchen nicht mehr Ökologie, wir brauchen mehr Moral" (a.a.O., S. 175). Wetzlar (1991) fragt, ob wir den Gleichklang der Blüten, die abgestuften Grautöne des Laubes, den Duft von Rosen oder des krümeligen Bodens sehen und fühlen (a.a.O., S. 61). Im Zuge der Schulgartenrenaissance propagiert er die drei Erkenntnisebenen Phänomene und Funktionen, Nutzung von Natur und Landschaft sowie Mythos und Verhaftetsein mit Natur (a.a.O., S. 62).

Erlebnispädagogische Entwürfe legen das Gewicht einseitig auf sinnenfrohe Naturbegegnung, auf ganzheitliche Erfahrungen in der Natur. Kultur ist negativ besetzt, Natur positiv (zur Kritik des Naturbegriffs in der Umweltpädagogik vgl. Heid 1992, zur Reflexion der Naturbegegnung vgl. Kalas et al. 1994; zur Kritik des reinen Erfahrungslernens vgl. 5.1.; 6.3.3.2.). Es wird darauf vertraut, dass sich die richtige Gesinnung zur Natur in der Natur so nebenbei ergibt. Wir rechnen erlebnispädagogische Entwürfe der Umwelterziehung zu, und nicht, wie Kattmann (1994, S. 25) dies im Falle Göpferts fälschlicherweise tut, der Ökopädagogik, weil ökologisches Lernen und Ökopädagogik nein zur Schule sagen und erlebnispädagogische Entwürfe das gerade nicht tun.

1.4. Umwelterziehung auf einer brüchigen begrifflichen Grundlage

Die Schule braucht keine *ökologisch-naturbezogene-pflegerische Umwelter-ziehungsbildungspädagogik*, sondern Klärungen und Konkretisierungen in umweltpädagogischen Konzepten. Sie darf verlangen, dass in der Umweltpädagogik nicht stets neue Kreationen mit Universalitätsanspruch aufgetischt werden und dass die durch begriffliche Opulenz erzeugte Konfusion ein Ende nimmt. In der Umwelterziehung wird, was ihre Ziele betrifft, unmissverständlich argumentiert (vgl. 1.1.). Bei begrifflichen Bestimmungen des Umweltbewusstseins und dessen Komponenten besteht indessen ein beträchtlicher Klärungsbedarf, ebenso, was Zusammenhänge zwischen Umwelterfahrungen, Umweltwissen, Umwelteinstellungen und umweltgerechtem Verhalten anbelangt. Die Schule darf von der Umwelterziehung ein intensiveres Bemühen erwarten, verständlich zu machen, was unter Umweltbewusstsein, Umweltwissen, Umwelteinstellungen und umweltgerechtem Verhalten zu verstehen ist. In der Umwelterziehung könnte überdies von einem überholten Wissensbegriff, der bloss deklaratives Wissen beinhaltet, Abschied genommen und statt dessen Konzepte zur Vermittlung differenzierterer Wissenskategorien entwickelt werden (vgl. 4.1.4.).

Die Schule muss darauf bestehen, dass die in der Umwelterziehung an sie gerichteten Erwartungen in weit stärkerem Masse als bisher vor dem Hintergrund psychologischer und pädagogischer Theorien und Erfahrungsbestände – beispielsweise Motivations-, Einstellungs- und Handlungstheorien – und Ergebnisse empirischer Studien formuliert werden. Geschähe dies, wäre zu vermuten, dass die Schule in geringerem Masse als bisher mit uneinlösbaren Postulaten der Umwelterziehung konfrontiert würde (vgl. 3.4.2.).

2. Ein Umwelterziehungsprojekt und dessen Evaluation

Was ist von den nachfolgenden Ausführungen zu erwarten? Zunächst werden Organisation, Ziele und Erträge des untersuchten Umwelterziehungsprojektes dokumentiert und in einem ersten Schritt diskutiert (2.1.). Anschliessend geht es darum, unsere Studie zu fundieren, indem Bezüge zur empirischen Forschung in der Umwelterziehung hergestellt, die Studie innerhalb der Evaluationsforschung positioniert und Untersuchungsmethoden erläutert werden (2.2.). Am Ende werden Evaluationsergebnisse referiert (2.3.) und theoretische wie praktische Problemfelder der Umwelterziehung bezeichnet (2.4.).

Im Rahmen einer auf ein Jahr befristeten Auftragsforschung evaluierten wir das Umwelterziehungsprojekt "Nutzungskonflikte und Siedlungsplanung" (ein Projekt des nationalen Forschungsprogramms "Nutzung des Bodens in der Schweiz"; NFP 22) und formulierten projektbezogene Verbesserungsvorschläge (vgl. 2.3.2.1., 2.3.2.2.). Fragestellungen und Methoden der Evaluation sowie ausgewählte Ergebnisse der Untersuchungen werden in 2.2. konzis dargestellt (detailliertere Darstellungen und Daten sind im Anhang zu Berchtold/Stauffer 1995 enthalten). Die Evaluationsergebnisse werden in einer allgemeineren Form als im Schlussbericht (Berchtold/Stauffer 1990) referiert. Sie sollte es ermöglichen, Aufschlüsse für künftige Umwelterziehungsprojekte zu gewinnen: Wir denken, dass einige unserer Evaluationsergebnisse *Problemfelder der Umwelterziehung insgesamt* betreffen, weil das Projekt bezüglich Grundpositionen methodisch-didaktischer Vorstellungen der Hauptströmung in der Umwelterziehung zugerechnet werden kann (vgl. 2.1.2.).

Am Ende des Kapitels werden Reflexionsbereiche abgesteckt, die sich im Verlaufe und im Anschluss an die Evaluation herauskristallisierten. Diese Bereiche werden als Grundlage für eine weiterführende Diskussion in den Kapiteln drei bis sieben dienen. Aufgrund unserer Evaluationsergebnisse entwickelten wir eine Variation der Leitthese dieser Arbeit (vgl. Einleitung): *Nicht die in der Literatur zur Umwelterziehung oft kritisierte (schlechte!?) Schule belastet hauptsächlich das Verhältnis von Schule und Umwelterziehung, sondern problematische Prämissen, Methodik, Didaktik und Implementation der Umwelterziehung.*

2.1. "Nutzungskonflikte und Siedlungsplanung" – ein Umwelterziehungsprojekt

Im Umwelterziehungsprojekt "Nutzungskonflikte und Siedlungsplanung" (als NFP-Bericht 65 trägt es den Titel "Nutzungskonflikte und Schule") ging es darum, in der Schule Raumplanungsfragen handlungsorientiert zu bearbeiten, allgemeiner ausgedrückt "die Gestaltung des Lebensraumes" methodisch innovativ und vertieft zu thematisieren (Widmer et al. 1991b, S. 3). Das Projekt richtete sich an 7.–13. Klassen und schloss alle Schultypen mit ein. Zur Gestaltung einer fächerverbindenden Unterrichtseinheit wurden interessierten Lehrkräften Unterrichtsmaterialien zur Verfügung gestellt, die als Ideentopf und zur Übertragung auf die eigene Gemeinde dienen sollten und in halbtägigen Fortbildungskursen erprobt werden konnten. Im weiteren sollte eine Beratung durch Fachleute die Lehrerinnen und Lehrer bei der Vorbereitung und Realisierung von Schulprojekten unterstützen.

2.1.1. Projektorganisation

Das Projekt "Nutzungskonflikte und Siedlungsplanung" war Bestandteil des interdisziplinär ausgerichteten Nationalen Forschungsprogramms zum Thema "Nutzung des Bodens in der Schweiz" (NFP 22), das die ökologischen, wirtschaftlichen und sozialen Funktionen des Bodens untersuchen und praxisorientierte Empfehlungen für eine haushälterische Nutzung des Bodens erarbeiten sollte (vgl. Widmer et al. 1991b, Vorwort).

Für die Implementation von Umwelterziehung in die Schule schlug das Projekt "Nutzungskonflikte und Siedlungsplanung" eigene Wege ein. Es war mindestens im Kanton Bern eine Novität, weil die Trägerschaft aus Nationalfonds, Bundesamt für Raumplanung, Raumplanungsamt und Erziehungsdirektion des Kantons Bern bestand und ein privates Ökologiebüro mit der Projektleitung und -realisation betraut wurde. Weitere projektbeteiligte Gruppen waren Fachleute der Raumplanung, Lehrerinnen und Lehrer, Behörden, die Projektgruppe Geographie der bernischen LehrerInnenfortbildung, das Geographische Institut der Universität Bern sowie das Pädagogische Institut der Universität Bern.

Nach einer Konzeptionsphase wurde das Ökologiebüro Econnex – die Biologen Dr. H. Widmer und Dr. M. Keist aus Bern – im September 1990 beauftragt, mit einem Umsetzungsprojekt wissenschaftliche Forschungsergebnisse in die bernischen Schulen zu tragen (vgl. 2.3.1.1.). Das Umsetzungskonzept basierte auf den drei Säulen Öffentlichkeitsarbeit, Projektleitung/Schule und Evaluation (Widmer et al., 1991b, S. 22). Für die Realisierung des Projektes standen Fr. 235 000.- zur Verfügung, wovon Fr. 20 000.- auf unsere Evaluation entfielen. Die Evaluation des Projekts wurde dem Pädagogischen Institut der Universität Bern übertragen, von Prof. Dr. J. Oelkers und Dr. Ph. Gonon betreut und von Ch. Berchtold und M. Stauffer durchgeführt.

2.1.2. Umwelterzieherische Grundpositionen und methodisch-didaktische Vorstellungen im Projekt

Was methodisch-didaktische Vorstellungen und (pädagogische) Grundpositionen anbelangt, lässt sich das Projekt "Nutzungskonflikte und Siedlungsplanung" der *Hauptströmung in der Umwelterziehung* zurechnen (vgl. 1.3.2.; 3.1, 3.2., 3.4.1–3.4.3.; 4.1.1., 4.2.3., 4.3.; 6.4.; 7.9.), wobei eigenständige pädagogische Überlegungen in den Projektmaterialien und dem Arbeitsmittel kaum explizit werden, dafür anderswo.

In seinem Beitrag zum Symposium "Ist Ökologie lehrbar" (Criblez/Gonon 1989) übte Widmer (1989, S. 146–159) Kritik an der heutigen Schule. Diese Schulkritik ist in eine Gesellschaftskritik eingebunden, die, was bestimmt nicht zufällig ist, durch ein Indianerzitat verdeutlicht wird: "In der Industriegesellschaft des Westens müssen wir unsere Fähigkeiten nur in einem ganz schmalen Bereich unter Beweis stellen" (a.a.O., S. 146). Die guten Wilden dienen als Spiegel für die schlechte Moderne. Es wird suggeriert, dass wirkliche Reife und wirkliches Erwachsensein im indianischen Leben durch den Einklang mit der Natur realisiert ist, nicht aber in der heutigen Industriegesellschaft. Die *Kritik an der Schule* bedeutet jedoch nicht, dass etwa auf die Erwachsenenbildung gesetzt würde, sondern, dass der Schule implizit Reformfähigkeit und explizit beträchtliche positive Wirkungen unterstellt werden. Das ist in der Umwelterziehung üblich (vgl. 3.4.2). An anderer Stelle geht Widmer nämlich davon aus, dass Umwelterziehung in der Schule wesentlich "zur Entstehung des Umweltbewusstseins beitragen" könne (Widmer 1985, S. 1), vorausgesetzt, es werde "Animation" betrieben, die interessierte Lehrkräfte mit Umsetzungsideen und Materialien versehe und zusätzlich einen Erfahrungsaustausch fördere (Widmer 1989, S. 157). Widmer vertritt die Ansicht, dass Umwelterziehung "längerfristig eine alternative Neugestaltung unseres Lehr- und Lernrahmens" verlange (a.a.O., S. 146), hauptsächlich deswegen, weil "die heutige Schule (...) die Anforderungen einer handlungsorientierten Umwelterziehung nicht erfüllen" könne (a.a.O., S. 153). Bewusstseinsförderung und Ausbildung einer Handlungskompetenz bei Schülerinnen und Schülern wurden im untersuchten Umwelterziehungsprojekt als zentral erachtet: In der Projektausschreibung zuhanden interessierter Lehrkräfte wurde postuliert, dass Inhalte der Raumplanung verstärkt in die Schule getragen werden sollten, um ein entsprechendes Bewusstsein zu fördern. Angestrebt wurde eine Handlungskompetenz, die durch eine "aktive Mitwirkung der Schülerinnen und Schüler" hätte aufgebaut werden sollen. Dabei wurde das "Konzept der handlungsorientierten Umwelterziehung" nach Bolscho (1986) und Schmack (1982a) als Grundlage verwendet: Schülerinnen und Schüler sollen sich mit der natürlichen, sozialen und gebauten Umwelt auseinandersetzen, in komplexen System die Fähigkeit zum Problemlösen lernen und für die Beteiligung am politischen Leben befähigt werden (Widmer et al. 1991b, S. 12). *Handlungsorientierung* ist *der* zentrale Begriff bei Widmer. Darunter wird eine Handlungsebene verstanden, welche die Möglichkeit eigener Erfahrungen und Eingriffe biete (Widmer 1989, S. 148): "Handlungsorientiert heisst für mich einerseits auf eine Handlungskompetenz und -bereitschaft hinführen, andererseits hat Handeln aber auch eigene Dimensionen: draussen etwas auch gefühlsmässig erleben oder in einem kreativen Prozess etwas herstellen" (ebd). Der Begriff der Handlungsorientierung wird *sehr breit gefasst*, werden doch Projekt- und Erfahrungslernen, Erlebnispädagogik, Schülerorientierung Persönlichkeitsbildung und anderes mehr hineingepackt (vgl. a.a.O. S. 148f.; Kritik dazu insbesondere 6.4.).

Der Mangel an Handlungsorientierung ist eine Kritik, die Widmer an der Schule übt. Weitere Defizite sieht er darin, dass die Schule das vernetzte Denken zuwenig fördere (laut Widmer 1989 Ziel der Umwelterziehung; a.a.O., S. 147), "neue" Lernformen wie den Projektunterricht zuwenig praktiziere (a.a.O., S. 149), durch ihre Strukturen mit Lektionentakt und Fächerparzellierung insbesondere bei höheren Stufen Widerstände für Blockunterricht und Interdisziplinarität biete (a.a.O., S. 149–152). Damit vertritt Widmer in seiner Schulkritik dieselben Auffassungen, die in der Literatur zur Umwelterziehung zu finden sind (vgl. 3.4.1.).

Grundpositionen, die in der Umwelterziehung häufig vertreten werden, sind auch im Projekt "Nutzungskonflikte und Siedlungsplanung" oder in den vorangegangenen Arbeiten Widmers anzutreffen: Charakteristisch ist, dass *Schulkritik* geäussert wird, die ihrerseits in eine Gesellschaftskritik eingebettet ist, wobei einige Zuversicht besteht, was die Wirkungen der Schule auf "Umweltbewusstsein" und letztlich die Umweltsituation anbelangt (vgl. 3.4.; Widmer 1985, S. 31). In der Umwelterziehung wird das *Unterrichtsprinzip* Umwelterziehung gegenüber einem Fach Umwelterziehung favorisiert. Widmer dazu: "Inhaltlich soll die Umwelterziehung nicht fixiert werden" (Widmer 1985, S. 14). Wie zu zeigen sein wird, scheinen in der Umwelterziehung inhaltliche Festlegungen wenig gefragt (vgl. 4.1., 4.3.). Weiter konstituiert sich Umwelterziehung in ausgeprägter Weise über *Methoden*. Es sollen "neue" Lehr- und Lernformen praktiziert werden. Eine besonders grosse Bedeutung hat dabei die Handlungsebene (vgl. Kap. 6). Wie betont wurde, kamen in den Unterrichtsmaterialien umwelterzieherische Grundpositionen kaum zur Ausführung. Methodisch-didaktische Vorstellungen wurden in erster Linie im didaktischen Konzept der Unterrichtsmaterialien (Widmer/Keist 1990, Teil C, S. 1–4) und in den Projektzielen sichtbar.

2.1.3. Legitimation des Themas und Projektziele

Das Projekt "Nutzungskonflikte und Siedlungsplanung" verstand sich als "fächerübergreifendes Umwelterziehungsprojekt". Es wollte "eine handlungs-, situations- und schülerorientierte Bearbeitungsform am Beispiel eines brennenden Umweltthemas fördern und deren Wirkungen evaluieren" lassen (Widmer/ Keist, 1990, Teil C1, S. 1). Drei hauptsächliche Ergebnisse sollten erzielt werden: Aktivitäten in der Schule sowie in projektbeteiligten Institutionen und Gruppen, eine getestete und überarbeitete Vorlage des Arbeitsmittels und ein Erfahrungsbericht zuhanden interessierter Organisationen in der ganzen Schweiz für weitere Umsetzungsprojekte (Widmer et al. 1991b, S. 23). Um es vorwegzunehmen: Aktivitäten haben stattgefunden, Unterrichtsmaterialien wurden erarbeitet und getestet, ein Erfahrungsbericht wurde erstellt.

Zur Legitimation des Themas:
Warum gerade Fragen der Bodennutzung, warum Raumplanungsfragen? In einem Zeitungsartikel (o.A.; "Der Bund", 14.7.1990, S. 23) zum Umwelterziehungsprojekt "Nutzungskonflikte und Siedlungsplanung" wurde argumentiert, dass kein Bereich der Politik die Nachwelt so unmittelbar betreffe wie die Raumplanung, da diese die Lebensumstände der folgenden Generationen präge. "Nutzungskonflikte sind überall", heisst es lapidar bei Widmer et al. (1991b, S. 1); die Übernutzung der Lebensgrundlage Boden sei "unbestritten ein aktuelles gesellschaftliches Problem mit tiefgreifender ethischer und damit pädagogischer Bedeutung" (ebd.). Kernstück der Legitimation bilden Thesen Ruhs (1990, S. 3), welcher postuliert, dass Boden selber Leben sei, dass Boden ein absolut endliches Gut sei, dass Boden in jedem Fall eine Gabe sei. Begründet wird die Notwendigkeit einer verstärkten Auseinandersetzung mit Raumplanungsfragen in der Schule ausserdem mit Landschaftsschädigungen, welche die menschliche Existenz in Frage stellten (Widmer et al. 1991b, S. 14). Am Ende wird angemerkt, dass für die Schule bis anhin nur ein einziges Lehrmittel bestehe, das es erlaube, Raumplanungsfragen "mit einer gewissen Sachkompetenz anzugehen" (a.a.O., S. 15).

Widmers Legitimation des Themas "Nutzungskonflikte und Siedlungsplanung" geht von Landschaftsschädigungen aus (eine Facette der Umweltsituation, die es zu verbessern gilt), verbindet diese mit Umweltethik (eine moralische Richtschnur, die das umweltbewusste Verhalten anleiten soll) und bezweckt stärkeres schulisches Engagement zum Wohle der Umwelt (ein Erarbeiten von geeigneten Unterrichtsmaterialien, ein Anleiten von Schülerinnen und Schülern zu "bodenbewusstem Verhalten").

In dieser Argumentation verbergen sich idealtypische *Fallstricke*, auf die noch einzugehen sein wird (vgl. 3.1. und 3.4.): Wer erwartet, dass jedes gerade aktuelle gesellschaftliche Problem in der Schule oberste Priorität geniessen kann, wird enttäuscht; nicht jedes Problem mit "tiefgreifender ethischer Bedeutung" muss immer ein pädagogisches Problem werden (vgl. 3.4.3.). Dass so wie oben argumentiert wird, ist in der Umwelterziehung eher die Regel als die Ausnahme. Die Schule soll mithelfen, die Umwelt zu retten; die Vorstellung, wie Erziehung und Bildung die Umweltsituation beeinflussen können, ist von Kausalitätsannahmen geprägt (vgl. 1.2.4.; 3.4.2.; 3.4.4.).

Zu den Projektzielen:

In der Formulierung der Projektziele wurden Begriffe wie Handlungsorientierung, Schülerorientierung und Projektunterricht verwendet. Diese signalisieren, dass wesentliche methodische Bestandteile, die in der Umwelterziehung postuliert werden, übernommen wurden. Diese Begriffe bilden den Schwerpunkt der Reflexionen im fünften bis siebten Kapitel, weil sie in der Umwelterziehung allgemein als konstitutiv betrachtet werden.

Im Arbeitsmittel und im Schlussbericht der Projektleitung werden rund zwanzig Projektziele in vier Bereichen aufgelistet. Diese vier zentralen Zielbereiche sollen zusammengefasst angeführt werden (vgl. Widmer et al. 1991b, S. 15–17): Als *allgemeines Ziel* wurde formuliert, dass mit handlungsorientierter Umwelterziehung raumplanerische Aspekte der Bodenproblematik thematisiert werden sollten. *Politische Ziele* bestanden darin, Folgen eines weiteren Bodenverlustes zur Sprache zu bringen. Neben selbständiger Meinungsbildung und zukünftigem Engagement sollte eine Bereitschaft zu "bodengerechtem Verhalten" gefördert werden. Das hauptsächliche *inhaltliche Ziel* lautete, Boden als unvermehrbare, gefährdete Lebensgrundlage darzustellen. Zudem sollten unter anderem die Bedeutung der Landschaft und des Landschaftswandels dargestellt, Planungsinstrumente und Nutzungsformen kennengelernt, Kontakte mit Nutzungskonflikten ermöglicht und Möglichkeiten zum verantwortungsvollen Umgang mit der Lebensgrundlage Boden aufgezeigt werden. Als *pädagogisch-didaktisches Ziel* galt die Anwendung handlungsorientierter Unterrichtsformen (gemeint waren z.B. projektartiger Unterricht, Werkstattunterricht, eigene Recherchen, Unterricht ausserhalb des Schulhauses), welche bei Schülerinnen und Schülern Selbständigkeit, eine verantwortungsvolle Haltung und eigene Einsichten fördern sollten. Es war ein weiteres Ziel des Projektes, dass Ergebnisse aus den Arbeitsaufträgen für Schülerinnen und Schüler im Klassenrahmen ausgewertet und miteinander in Beziehung gebracht – also vernetzt worden wären. Am Ende der Unterrichtseinheit hätte eine Schulprojektauswertung stehen sollen – beispielsweise in Form einer Ausstellung, eines Bebauungsmodells, eines Briefes an Behörden oder von Vorschlägen und Realisierungen "konkreter Veränderungsmassnahmen wie beispielsweise Heckenpflanzungen" (Widmer/Keist 1990, Teil C, S. 4).

Im Zusammenhang mit den Projektzielen entstanden Schwierigkeiten, die bereits an dieser Stelle umrissen werden sollen und in den folgenden Kapiteln genauer erörtert werden. Eine erste Schwierigkeit lag bei der *Umsetzung der Ziele*: Derart allgemein gefasste Ziele müssten konkretisiert werden – was in den entsprechenden methodisch-didaktischen Teilen des Arbeitsmittels unbefriedigend gelöst wurde. Dort wurde nicht erklärt, was "bodengerechtes Verhalten" und ein "verantwortungsvoller Umgang mit Boden" für Schülerinnen und Schüler bedeuten könnte, wenngleich diese Ziele mehrmals formuliert, aber nie präzis umschrieben oder veranschaulicht wurden (vgl. 2.3.2.3). Eine zweite Schwierigkeit betrifft *methodisch-didaktische Aspekte*: Obwohl mit den Begriffen "Schülerorientierung" und "projektartiger Unterricht" operiert wurde, stand das normative Ziel "bodengerechtes Verhalten" – was immer das heissen mag – bereits zu Beginn des Unterrichts fest, was zu Widersprüchen führen kann (vgl. 3.4.3.). Als weiterer Punkt sei erwähnt, dass in der Schulpraxis eine inhaltliche Vernetzung der Ergebnisse aus den Arbeitsaufträgen ohne konzeptionelle Vorstellungen in den Unterrichtsmaterialien nicht zufriedenstellend funktionieren kann.

Wir werden sehen: Was als Projektziel formuliert wird, muss nicht notwendigerweise in den Unterrichtsmaterialien enthalten sein oder gar am Ende im Unterricht bearbeitet werden (vgl. 2.3.2; 6.4.; 7.9.).

2.1.4.   Projektaktivitäten

Im Rahmen des Projektes wurden unter anderem Unterrichtsmaterialien produziert, Einführungskurse für Lehrerinnen und Lehrer durchgeführt und Schulprojekte initiiert (vgl. Widmer et al. 1991, S. 27–29). Wir beschränken uns auf diese Aspekte und führen die Aktivitäten rund um Animation und Öffentlichkeitsarbeit nicht aus.

Im Anschluss an die Projektausschreibung und eine erste Kontaktnahme meldeten sich 45 Lehrerinnen und Lehrer für die Teilnahme am Projekt an. In der Folge wurden ein Arbeitsmittel mit Unterrichtsmaterialien zum Thema abgegeben und in La Neuveville und Langenthal Einführungskurse für Lehrkräfte durchgeführt. Die Kurse wurden von der Projektleitung unter Mitarbeit von Lehrkräften und Fachleuten organisiert. In der Projektausschreibung wurde eine Beratung "in fachlichen und fachdidaktischen Fragen sowie die (finanzielle) Unterstützung beim Beizug von Fachleuten aus der Region" angeboten (a.a.O., S. 27).

Für Vorbereitung und Durchführung des Projektes "Nutzungskonflikte und Siedlungsplanung" wurden von der Projektleitung, dem Büro Econnex, insgesamt 2 300 Arbeitsstunden aufgewendet. Davon entfielen 27% auf Projektvorbereitung und -leitung, 15% auf die Erledigung administrativer Aufgaben, 3% auf Beratung und Kurse, 49% auf die Produktion von Unterrichtsmaterialien und 6% auf Öffentlichkeitsarbeit (a.a.O., S. 56).

2.1.5. Unterrichtsmaterialien – die Pilotversion des Arbeitsmittels

Eine Grundlage für unsere Untersuchung des Umwelterziehungsprojektes "Nutzungskonflikte und Siedlungsplanung" bildete die Pilotversion des Arbeitsmittels (Widmer/Keist 1990), das in Fortbildungskursen für Lehrkräfte und in Schulprojekten eingesetzt wurde. Die Evaluationsergebnisse flossen in die Überarbeitung dieser Pilotversion ein (2.3.2.1., 2.3.2.2.) und wurden im Mai 1991 unter dem Titel "Nutzungskonflikte in der Raumplanung" als "kommentierte Arbeitshilfe in Werkstattform" für die 5.–9. Klasse der Volksschuloberstufe sowie für die 9.–11. Klasse von Mittelschulen herausgegeben (Widmer et al. 1991a).

Die Pilotversion des Arbeitsmittels – der sogenannte Nutzungskonflikteführer – war in drei Teile gegliedert (vgl. Widmer/Keist 1990). Der inhaltliche Teil A enthielt Informationen über die Notwendigkeit der Raumplanung und deren Mittel. Er wurde als Hintergrundinformation für Lehrerinnen und Lehrer konzipiert. Verschiedene Arten von Nutzungskonflikten in verschiedenen Regionen des Kantons Bern wurden in diesem Teil dargestellt. Teil B beinhaltete didaktische Hilfen – so Verweise auf Rahmenziele, Lernziele, Lehrplanbezüge, eine kommentierte Lehrmittelliste, Berateradressen und das Planspiel "Ortsplanung in Kurzenberg". Letzteres enthielt eine Spielanleitung, Pläne und Rollenbeschreibungen, "welche der Situation in der eigenen Gemeinde angepasst werden können" (Widmer et al. 1991b, S. 25). Das Planspiel sollte Entscheidungsprozesse in der Ortsplanung möglichst realitätsnah veranschaulichen, damit Schülerinnen und Schüler Mechanismen und Wirkungen einer Planung kennenlernten (ebd.).

In Teil C wurden Unterrichtsvorlagen präsentiert, konkret vier Beispiele für Nutzungskonflikte in verschiedenen Regionen vorgestellt. In der von uns evaluierten Pilotfassung 1990 waren nur die beiden Beispiele La Neuveville und Langenthal ausgeführt, Grindelwald und Schönbühl wurden erst später nachgeliefert und dienten nicht als Grundlage für die Schulprojekte oder deren Evaluation. Dieser Teil C enthielt auch je zehn Arbeitsaufträge für Schülerinnen und Schüler mit ergänzenden Informationen für Lehrkräfte und sollte von Lehrerinnen und Lehrern auf eine (Schul-)Gemeinde übertragen werden, um "Feldarbeit in der eigenen Gemeinde" zu betreiben (a.a.O., S. 22). Der C-Teil des Arbeitsmittels wurde auch in Diskettenform abgegeben und hätte so die Umarbeitung auf die Verhältnisse der eigenen (Schul-)Gemeinde erleichtern sollen.

Eine Leitidee des Arbeitsmittels bestand darin, die Ergebnisse aus den Arbeitsaufträgen für Schülerinnen und Schüler im Klassenrahmen auszuwerten und miteinander in eine "vernetzende" Beziehung zu bringen. Am Ende der Unterrichtseinheit hätte ein Schulprojekt in konkrete Aktionen umgesetzt werden sollen (Widmer/Keist 1990, Teil C, S. 4).

2.2. Evaluation eines Umwelterziehungsprojekts

Im folgenden wird zunächst auf den Stand der empirischen Forschung in der Umwelterziehung eingegangen. Es wird ersichtlich, dass Studien wie die vorliegende mit methodisch-didaktischen Schwerpunkten von besonderem Interesse sind (2.2.1.). Danach werden diejenigen Auffassungen von Evaluation diskutiert und diejenigen Aspekte herausgearbeitet, die für unsere Untersuchung massgebend waren (2.2.2.). Sodann wird thematisiert, dass eine Evaluation meist mit vielfältigen Erwartungen verbunden ist, die im Anschluss an einen Klärungsprozess eine Schwerpunktsetzung indizieren (2.2.3.). Anschliessend werden Ziele unserer Evaluation und deren Umsetzung in vier Teiluntersuchungen beschrieben (2.2.4.). Am Ende wird das in den Untersuchungen verwendete methodische Instrumentarium kurz vorgestellt (2.2.6.). Ausführlichere methodische Überlegungen wurden an anderer Stelle formuliert (Berchtold/Stauffer 1995).

2.2.1. Zum Stand der empirischen Forschung in der Umwelterziehung

In der von Ingenkamp, Jäger, Petillon und Wolf (1992) herausgegebenen Bestandesaufnahme empirischer Pädagogik in der BRD tauchen Forschungsbeiträge zur Umwelterziehung weder bei der Lehr- und Lernforschung noch bei Studien über Lehrkräfte auf – Empirie in der Umwelterziehung scheint dort kein Thema zu sein. Noch 1983 nahm Braun ausgehend von einer 1975 erschienene Bibliographie von Maassen an, dass Untersuchungen über "Lernwirkungen der Umwelterziehung in verallgemeinerungsfähiger Form" nicht vorlägen (Braun 1983, S. 2). In Publikationen zur Umwelterziehung überwiegen Legitimierungsvorschläge und Unterrichtsbeispiele (a.a.O., S. 21). Was empirische Studien betrifft, besteht mindestens im deutschsprachigen Raum ein Defizit (vgl. Bolscho 1987, S. 7), insbesondere, was Wirkungsforschung anbelangt. Dies hat sich in jüngster Zeit etwas verändert (vgl. die Überblicksdarstellung der Wirkungsforschung im Umweltbereich von Schahn und Giesinger 1993); heute stellt sich das Bild empirischer Forschung in der Umwelterziehung etwas aussagekräftiger dar als vor zehn Jahren.

Wo liegen die *Forschungsschwerpunkte*? Uppenbrink und Langer (1987) umreissen den Stand sozialwissenschaftlicher Umweltforschung wie folgt: "Gegenwärtig konzentriert sich die Forschung auf zwei Fragestellungen: ob und wie sich die Umweltbelastungen auf die psychische und soziale Struktur von Bevölkerungsgruppen auswirken und ob das ökologische Problembewusstsein der Bevölkerung so weit zugenommen hat, dass man Verhaltensänderungen umweltrelevanter Zielgruppen feststellen kann" (a.a.O., S. 88).
Die von Bolscho 1986 in einer Übersichtsstudie dargestellten Untersuchungen zeigen, dass sich Forschungsschwerpunkte in der Umwelterziehung auf zwei Fragestellungen konzentrieren. Erstens: In welchem Umfang hat Umwelterziehung Eingang in die Schulen gefunden, welche Inhalte werden mit welchen Methoden vermittelt? Bei diesen eher quantitativ ausgerichteten Untersuchungen wird der Status quo der Umwelterziehung erhoben (Bolscho 1987, S. 17), wobei inhaltliche Aspekte der Umwelterziehung kaum einen Untersuchungsgegenstand abgeben (vgl. 4.2.). Und zweitens: Welche Wirkungen hat schulische Umwelterziehung? Bei diesen Studien stehen Einstellungen, Wissen und Verhalten im Umweltbereich im Zentrum (vgl. 1.2.; 3.4.4.; 4.2.; z.B. Braun 1983, Langeheine/Lehmann 1986).
Bolscho nennt in Übereinstimmung mit Eulefeld et al. (1981), Langeheine und Lehmann (1986) Schwerpunkte für zukünftige Untersuchungen: Verstärkte Wirkungsforschung und Studien zum Verhältnis von Schulorganisation und Umwelterziehung sind zwei davon (Bolscho 1986, S. 18). Dies war ein Grund für uns, "institutionelle Aspekte" (a.a.O., S. 17) wie Fragen der Schulorga-

nisation in unsere Evaluation einzubeziehen. Die zentrale *Forderung* Bolschos ist aber die folgende: "Von weiterführendem didaktischem Interesse wären (...) differenzierte Kenntnisse zu didaktischen und methodischen Aspekten der Umwelterziehung, z.b. ob die in der Didaktik weitgehend vertretenen Forderungen nach Situations-, Problem- und Handlungsorientierung des Unterrichts realisiert werden. Daher halten wir eine deskriptive Erhebung zur Situation schulischer Umwelterziehung unter folgender Fragestellung für notwendig: In welchem unterrichtlichen Rahmen, mit welchen Methoden, zu welchen Inhalten und in welchen Kontexten findet derzeit Umwelterziehung in unseren Schulen statt" (a.a.O., S. 88)? Bis Mitte der achtziger Jahre wussten wir in der Tat wenig darüber, welche Umwelterziehungsinhalte mit welchen -methoden in der Schulpraxis vermittelt wurden. Dieses Defizit wurde durch Eulefeld et al. (1988) beträchtlich verringert, die 1985 in einer empirischen Studie untersuchten, wie Umwelterziehung in der BRD praktiziert wird. Dazu wurden Lehrkräfte aus 58 Schulen aller Schularten befragt (Eulefeld 1991, S. 9). Zu den Ergebnissen: Rund vier Fünftel der erfassten Umweltthemen konzentrieren sich auf sieben Inhaltsbereiche und fünf Fächer; mehr als die Hälfte aller Themen wurde in Einzelstunden behandelt; 15% der ermittelten Umweltthemen wurden hoch ausgeprägt situations-, problem-, handlungs- und systemorientiert unterrichtet, 38,5% der Bearbeitungen entsprachen nicht dem didaktischen Konzept der Umwelterziehung (vgl. ebd.; 4.2.).

Mit unserer Evaluation eines Umwelterziehungsprojekts versuchten wir, an die zentrale Forderung Bolschos und an die Forschungsergebnisse Eulefelds anzuknüpfen. Wir konzentrierten uns dabei auf methodisch-didaktische und schulorganisatorische Fragen der Umsetzung von Umwelterziehung in die Schulpraxis. Unsere Daten erhoben wir sowohl retrospektiv und indirekt durch Interviews und Fragebogen als auch direkt durch Beobachtung in Fortbildungskursen für Lehrkräfte (die Unterrichtsmaterialien zur Umwelterziehung erprobten) und in Schulprojekten (wo Schülerinnen und Schüler in Gruppen Aufträge bearbeiteten und auswerteten). Diese Vorgehensweise bot den Vorteil, dass konkrete Problemfelder im Bereiche der Methodik, Didaktik und Implementation ermittelt werden konnten (vgl. 2.3., 2.4.).

2.2.2.   Annäherungen an den Begriff Evaluation

Im Zusammenhang mit Innovationen im Bildungsbereich fällt rasch einmal das Zauberwort "Evaluation". Jenzer (1992, S. 14) meint, wohl auch ironisch, dass in pädagogischen Feldern immer dann, wenn eine Innovation kontrovers und schulpolitisch umstritten sei, eine Evaluation verlangt werde. Auch wenn eine

Innovation wenig umstritten ist, wird evaluiert (beispielsweise die Projekte der Weiterbildungsoffensive des Bundes); immer häufiger wird bei Pilotprojekten eine Evaluation als Mittel zur Ergebnissicherung und -beurteilung verlangt.

Was ist unter Evaluation allgemein zu verstehen? In der Literatur besteht ein Konsens darüber, dass es sich bei Evaluation um einen ausserordentlich vielfältigen, ja schillernden Begriff handelt. Gonon (1992, S. 7) bemerkt, dass heute das Spektrum der Evaluation von Supervisionsangeboten für die an der Reform beteiligten Personen über lockere fachliche und prozessorientierte Beratung bis hin zur verbindlich vorgeschriebenen Auswertung durch Experten reiche. Allerdings besteht auch ein Konsens darüber, dass Evaluation eine Bewertung einschliesst, Planungs- und Entscheidungshilfen bieten und Handlungsalternativen aufzeigen soll, ziel und zweckorientiert zu geschehen hat und an den aktuellen Stand wissenschaftlicher Techniken und Forschungsmethoden angepasst sein soll (vgl. Wottowa/Thierau 1990, S. 9; ausführlicher Berchtold/ Stauffer 1995, S. 40–42).

Des breiten Spektrums der Evaluation wegen gilt es festzuhalten, welche Aspekte für uns *im Vordergrund* standen: Bei unseren Erhebungen handelte es sich um eine entwicklungsorientierte Evaluation, die auf eine "Optimierung eines Programms noch während des Entwicklungsprozesses" angelegt war (Prell 1991, S. 870), da es sich beim Untersuchungsgegenstand um ein Pilotprojekt in der Umwelterziehung handelte, in dessen Verlauf Unterrichtsmaterialien und Fortbildungskurse konzipiert, erprobt, beurteilt und verbessert wurden. Folgen wir Scrivens (1972, S. 62) Unterscheidung von formativer und summativer Evaluation, lagen unsere Akzente bei ersterer, weil formative Evaluation bereits in der Entwicklung von Bildungsprogrammen Schwächen aufzudecken und zu beseitigen versucht (Wulf 1972, S. 20). Eine solche Evaluation "verändert mit ihren Erhebungen und ihren Resultaten gewissermassen ihr eigenes Objekt, nämlich das pädagogische Feld" (Weber 1992, S. 114): In unserem Falle waren Zwischenergebnisse der Projektleitung zugänglich und dienten ihr beispielsweise dazu, die Unterrichtsmaterialien zu überarbeiten (vgl. 2.3.2.). Was Aspekte wie "Datensammlung", "Berichtlegung" und "Anforderungen für Glaubwürdigkeit" (Wottowa/Thierau 1990, S. 56) anbelangt, waren Elemente einer summativen Evaluation enthalten. Im Sinne von Kordes (1984, S. 359f.) zielte unsere Evaluation auch darauf ab, "Argumente für oder gegen die Übertragbarkeit einer innovativen Massnahme auf das Gesamtsystem (...) zu liefern". Fragen der Übertragbarkeit und Generalisierbarkeit sind auch für die Evaluationsforschung in der Schweiz kein neues Thema; diese wurden in den siebziger Jahren im Zusammenhang mit Methoden der Sozialforschung lebhaft diskutiert (vgl. Kallen 1981, S. 43). Wir sind uns bewusst, dass sich Generalisierungen unserer Evaluationsergebnisse nicht statistisch, sondern "nur" argumentativ legitimieren lassen. Dieses Vorgehen erscheint dort zulässig, wo sich das untersuchte Projekt der Hauptströmung in der Umwelterziehung zurechnen lässt (vgl. 2.1.2., 2.1.3.).

Für unsere Evaluation eines Umwelterziehungsprojektes ist zusammenfassend festzuhalten, dass in einer Begleituntersuchung Daten erhoben wurden, die mit den Projektzielen verglichen wurden und so eine Beurteilung und Optimierung eines als innovativ bezeichneten pädagogischen Programms ermöglichten. Forschungsschwerpunkte lagen beim Verhältnis von Postulaten der Umwelterziehung und Schulorganisation und bei methodisch-didaktischen Aspekten der Umwelterziehung.

2.2.3. Ziele der Evaluation

Das allgemeine Ziel der Evaluation des Umwelterziehungsprojektes "Nutzungskonflikte und Siedlungsplanung" bestand darin, das Projekt aus pädagogischer Sicht zu beurteilen, indem überprüft wurde, ob es seinen pädagogisch-methodisch-didaktischen Zielsetzungen gerecht wurde; Verbesserungsvorschläge sollten formuliert und Aufschlüsse für künftige Umwelterziehungsprojekte gewonnen werden. Die Evaluationsergebnisse flossen in die Überarbeitung der Pilotversion der Unterrichtsmaterialien ein (vgl. Widmer et al. 1991b, S. 52). Differenziertere Evaluationsziele bestanden darin, die Implementation von Unterrichtsmaterialien mit Einführungskursen für Lehrerinnen und Lehrer zu beurteilen (2.3.1.), zu untersuchen, wie sich Unterrichtsmaterialien und Projektkonzept in Einführungskursen und in der Unterrichtspraxis bewährten (2.3.2.), und zu prüfen, ob diese Auffassung von Umwelterziehung kompatibel mit organisatorischen Bedingungen von Schulen war (2.3.2.3.). Diese drei Evaluationsschwerpunkte wurden von allen am Projekt beteiligten Gruppen akzeptiert und als sinnvoll erachtet.

2.2.4. Umsetzung der Evaluationsziele: vier Teiluntersuchungen

Bei der Evaluation wurden die Eignung der Unterrichtsmaterialien in der Schulpraxis abgeklärt und Projektaktivitäten beschrieben, dokumentiert und vor dem Hintergrund der im Projekt formulierten Zielsetzungen (vgl. 2.1.3.) nach pädagogischen Kriterien bewertet. An dieser Stelle ist eine Einschränkung angebracht: Die Umsetzung der Evaluationsziele erlaubte keine abschliessende Beurteilung des untersuchten Umwelterziehungsprojektes (vgl. 2.3.1.). "Kein Evaluationsprojekt kann die endgültigen Folgen einer Massnahme bewerten; es ist immer notwendig, Zwischenziele festzulegen und die Optimierung (...) an einem solchen, letztlich willkürlich gesetzten Zwischenstadium auszurichten" (Wottawa/Thierau 1990, S. 15). Konkret bedeutet dies beispielsweise, dass wir in neun Schulprojekten während deren Realisierung oder unmittelbar nach deren Ende Daten erhoben und deswegen längerfristige Entwicklungen oder Diffusionseffekte über einige Jahre nicht erfassen konnten (vgl. 2.3.1). Im vorgelegten Projektrahmen war eine Untersuchung über Effekte des Projektes auf der Wissens-, Einstellungs- und Handlungsebene nicht zu realisieren, dazu wären zusätzliche Forschungsmittel und eine Längsschnittstudie notwendig gewesen. Zudem sprach(en) neben untersuchungsökonomischen Gründen auch die methodische und inhaltliche Bandbreite der Schulprojekte (und damit z.B. der problematische Vergleich von Wissens- und Einstellungseffekten) gegen Wirkungsforschung (vgl. 2.3.2.3.).

Zwischen März und November 1990 führten wir verschiedene Erhebungen durch. Untersucht wurden vier *Einführungskurse* für Lehrerinnen und Lehrer (drei zum Arbeitsmittel und einer zum Planspiel; vgl. Berchtold/Stauffer 1995, Anh., S. 1–92, 115–134), das Interesse der Lehrkräfte am Projekt (a.a.O., S. 93–114) und neun *Schulprojekte*, die mehrheitlich auf der Primarschul- und Sekundarschuloberstufe durchgeführt wurden (a.a.O., S. 135–192). Wir evaluierten drei Einführungskurse zum Arbeitsmittel und den Einführungskurs zum Planspiel mit Fragebogen, nahmen als Beobachter an Auftragsbearbeitungen durch acht Gruppen von Lehrerinnen und Lehrern teil und zeichneten Plenumsdiskussionen auf. Im weiteren führten wir 37 Telefoninterviews mit projektinteressierten Lehrkräften durch, interviewten fünfzehn Lehrerinnen und Lehrer, die insgesamt neun Schulprojekte realisierten, und beobachteten die Feldarbeit, welche vier Gruppen von Schülerinnen und Schülern in Schulprojekten leisteten.

2.2.5.   Methodische Aspekte der Evaluation

Grundsätzlich stützt sich eine Evaluation auf die in den Sozialwissenschaften üblichen Verfahren (vgl. Pettinger 1971, S. 335, Wegner 1977, S. 281). Nach Pettinger setzt eine Evaluation die "Bestimmung der Ziele eines Projektes voraus (...); die Ziele sollten möglichst quantitativ bestimmt sein, um eine empirische Überprüfung zu ermöglichen" (Pettinger 1971, S. 334). Letzteres war beim vorliegenden Projekt nicht der Fall. Projektziele waren qualitativ, aber nicht quantitativ bestimmt (vgl. 2.1.3.), was ein entsprechendes Untersuchungsdesign erforderte (vgl. 2.2.1.), eine eher qualitative Betrachtungsweise als angezeigt erscheinen liess und zu einem methodisch breiten Zugang mit

Einsatz von Fragebogen, Interviews und Beobachtungen führte. Wegen der umfangmässig zu geringen und inkonsistenten Stichprobe wurde bewusst auf statistische Tests verzichtet.

Als Gütekriterien für die Evaluation von Innovationen in der Schule werden Relevanz in bezug auf den Innovationskontext und in Bezug auf die Innovation selbst, Legitimation, Objektivität und Validität bezeichnet (Teschner 1981, S. 223). Unser Anspruch, diesen Kriterien gerecht zu werden, wurde bei den ersten vier nicht mit unüberwindbaren Schwierigkeiten konfrontiert. Was die Validität anbelangt, sind die für Fallstudien typischen Einschränkungen angebracht, die aber nicht notwendigerweise den Wert der anderen vier Kriterien relativieren.

2.2.5.1. Fragebogen zu Einführungskursen und Unterrichtsmaterialien

Bei deskriptiven Explorationsstudien werden für Befragungen meist offene Fragestellungen verwendet. Wir wählten diese Form, weil bei der Beurteilung der Einführungskurse und der Unterrichtsmaterialien durch die Lehrkräfte möglichst differenzierte Begründungen interessierten. Die Formulierung der Fragen richtete sich nach entsprechenden Checklisten (Wottawa/Thierau 1990, S. 127; Friedrichs 1980, S. 205). Der Fragebogen wurde unter anderem durch Lehrkräfte, die als Berater im Projekt mitarbeiteten, begutachtet und geprüft. Zur Evaluation der Einführungskurse zum Arbeitsmittel und zum Planspiel wurde je ein Fragebogen eingesetzt (vgl. Berchtold/Stauffer 1995, Anh., S. 6, 118f.). Befragt wurden mit Fragebogen insgesamt 50 Lehrkräfte: 37 Lehrerinnen und Lehrer während der Einführungskurse zum Arbeitsmittel und 13 während des Einführungskurses zum Planspiel (a.a.O., S. 6, 118f.). Der Fragebogen zu den Einführungskursen enthielt fünf kurze, offene Fragen und konnte von den Lehrkräften in zehn Minuten ausgefüllt werden. Erfragt wurden die Qualität des Einführungskurses, die Eignung der Unterrichtsmaterialien für die Unterrichtsvorbereitung der Lehrkräfte, die voraussichtliche Eignung der Unterrichtsmaterialien für Schülerinnen und Schüler und die Kompatibilität von Unterrichtsmaterialien und Bedingungen der Schule (mit Fächeraufteilung, Stundentafel, Lehrplan). Der Fragebogen zum Einführungskurs ins Planspiel enthielt analoge Fragen (a.a.O., S. 118f.). Für die Auswertung wurden zunächst die Daten der einzelnen Einführungskurse dargestellt; die Antworten wurden in positive, wertungsneutrale und negative Äusserungen eingeteilt und thematisch gruppiert, wobei Mehrfachzuordnungen auftreten konnten (a.a.O., S. 35–43). Nach drei zusammenfassenden Darstellungen der Ergebnisse (a.a.O., S. 17–22) wurde eine Gesamtdarstellung verfasst (a.a.O., S. 12–17).

2.2.5.2. Beobachtungen bei Auftragsbearbeitungen

Um Möglichkeiten und Schwierigkeiten beim Einsatz der Unterrichtsmaterialien zu prüfen, setzten wir in den Einführungskursen und Schulprojekten als ergänzendes Instrument die Beobachtung ein.
Vier Gruppen von Schülerinnen und Schülern (insgesamt elf Schülerinnen und Schüler; vgl. Berchtold/Stauffer 1995, Anh., S. 180–192) und acht Gruppen von Lehrerinnen und Lehrern (sechs Gruppen mit insgesamt fünfzehn Lehrkräften während der Einführungskurse zum Arbeitsmittel, zwei Gruppen mit sechs Lehrkräften während des Einführungskurses zum Planspiel) wurden bei Auftragsbearbeitungen begleitet und beobachtet (a.a.O., S. 22–27, 43–61, 120f.). Diese Vorgehensweise sollte einen realitätsnahen Blick in die Schulpraxis ermöglichen.
Die Beobachtungen konzentrierten sich auf den Verlauf der Auftragsbearbeitung und deren Ergebnisse. Sie wurden an Ort und Stelle parallel zur Auftragsbearbeitung notiert. Insbesondere die verbale Kommunikation wurde mitprotokolliert. Die Beobachtungen von Lehrkräften während der Einführungskurse zum Arbeitsmittel wurden zunächst als Verlaufsprotokolle dargestellt. Anschliessend wurden die Aussagen in dieselben Kategorien eingeteilt, wie sie für die Fragebogen formuliert wurden (vgl. Berchtold/ Stauffer 1995, Anh., S. 43–61). Bei der Beobachtung von Schülerinnen- und Schülergruppen wurden Auftrag, Verlauf der Auftragsbearbeitung und die Ergebnisse dargestellt (a.a.O., 180–192).

2.2.5.3. Gruppendiskussionen in Einführungskursen

Der Schlussteil der vier Einführungskurse zu den Unterrichtsmaterialien bestand aus Plenumsdiskussionen, die im Mittel sechzig Minuten dauerten. Geleitet wurden diese Diskussionen von der Projektleitung, die auch die Inhalte vorgab. In einem ersten Teil wurden die Ergebnisse aus den Arbeitsaufträgen vorgetragen und gesammelt, in einem zweiten wurde die Vernetzung dieser Ergebnisse thematisiert, und in einem dritten Teil wurden methodisch-didaktische Fragestellungen diskutiert (vgl. Berchtold/Stauffer 1995, Anh., S. 62–92).
Für die Evaluation wurden die Plenumsdiskussionen mit Tonbändern aufgezeichnet und transkribiert. Bei der Auswertung wurden dieselben Kategorien wie bei den Fragebogen verwendet. Doch in erster Linie wurden Ergebnisse der Arbeitsaufträge sowie Informationen und Diskussionsbeiträge der Projektleitung ausgewertet. Letztere enthielten Aussagen zu den Zielen des Arbeitsmittels, zu Unterstützungsangeboten für die Realisierung von Schulprojekten

und zu Erwartungen der Projektleitung an die Lehrkräfte (a.a.O., S. 28–34). Die Auswertung zeigte, dass die Aussagen der Projektleitung zur Vernetzung der Ergebnisse aus Arbeitsaufträgen, zur Übertragung der Unterrichtsmaterialien auf Schulgemeinden und methodisch-didaktische Ausführungen aufschlussreich waren; sie ergaben Informationen, die in den übrigen Daten nicht enthalten waren (ebd.).

2.2.5.4. Telefoninterviews zum Projektinteresse

Für die Abklärung des Projektinteresses der Lehrkräfte wählten wir die Form des Telefoninterviews, weil diese für einen beschränkten Gegenstandsbereich die optimalste Lösung darstellte (vgl. Bortz 1984, S. 169). Die Interviews dauerten zwischen fünf und zwanzig Minuten. Alle telefonisch erreichten 37 Lehrkräfte gaben Auskunft, die Verweigerungsrate war null. Die Antworten wurden in Stichworten protokolliert, Aussagen zu Unterrichtsmaterialien und Einführungskursen wurden ebenfalls festgehalten. Zunächst wurden die Anmeldungen für 23 Schulprojekte von 32 Lehrkräften an die Projektleitung gesichtet und systematisiert (vgl. Berchtold/Stauffer 1995, Anh., S. 98–104). Diese Anmeldungen ergaben Informationen über geplante Schulprojekte (Ort und Inhalt, beteiligte Schulklassen und -stufen, geplanter Beginn der Schulprojekte; a.a.O., S. 95f.). In einem zweiten Untersuchungsschritt wurden die Angaben aus den Projekteingaben durch die Daten aus den Telefoninterviews verifiziert und ergänzt: Nun beabsichtigten 42 Lehrkräfte, 32 Schulprojekte durchzuführen (a.a.O., S. 96, 104–114).

2.2.5.5. Interviews zu Schulprojekten

Für die Befragung von 15 Lehrkräften zu 9 Schulprojekten wählten wir die Form des teilstandardisierten Interviews, welche sich in explorativen Studien bewährt hat (vgl. Berchtold/Stauffer 1995, Anh., S. 136–179). Teilstandardisierte Interviews erlauben eine Mischung von offenen und geschlossenen Fragen und sind für Einzelfallanalysen komplexer Themenbereiche geeignet (Friedrichs 1980; S. 207–209; Bortz 1984, S. 166). Für unsere Evaluation waren Interviews neben dem Instrument des Fragebogens als Mittel der Datenerhebung am bedeutsamsten.

Beim Erstellen des Interviewleitfadens wurde von Checklisten ausgegangen (Bortz 1984, S. 172–174; Wottawa/Thierau 1990, S. 128f.). Inhaltlich waren die Interviews so strukturiert, dass Lehrerinnen und Lehrer in einem ersten Teil Inhalte und Methoden ihrer Schulprojekte beschrieben (Berchtold/Stauffer

1995, Anh., S. 137). In einem zweiten Teil wurden die Unterrichtsmaterialien (Arbeitsmittel und Planspiel) zur Diskussion gestellt. Es wurde ermittelt, welche Unterrichtsmaterialien für die Schulprojekte verwendet wurden, ob sich diese nach Ansicht der Lehrkräfte geeignet hatten und welche Erfahrungen mit der Übertragung auf die eigene Schulregion gemacht wurden (ebd.). Ein dritter Teil des Interviews befasste sich mit ökologischer Vernetzung und fächerübergreifendem Unterricht in den Schulprojekten, weil sich diese beiden Punkte aufgrund der vorangegangenen Untersuchungen als Schwachstellen im Projektkonzept herauskristallisiert hatten (ebd.). Im abschliessenden Teil wurden Fragen aus unterschiedlichen Themenbereichen gestellt (beobachtete Wirkungen der Unterrichtseinheit auf Schülerinnen und Schüler, Behandlung des Themas im Unterricht vergangener Jahre, Zusammenarbeit mit der Projektleitung; a.a.O., S. 138). Am Ende wurden statistische Angaben – wie Anzahl der Schülerinnen und Schüler, zeitlicher Ablauf der Unterrichtseinheit – ergänzt (a.a.O., S. 137).

Alle Lehrkräfte, deren Schulprojekte wir für die Evaluation ausgewählt hatten (a.a.O., S. 136), fanden sich zu einem Interview bereit. In einem Interview wurden ein bis zwei Lehrkräfte befragt, dies hing davon ab, ob die Lehrkräfte ihr Schulprojekt alleine oder im Team durchgeführt hatten. Das Ende der Schulprojekte lag höchstens drei Monate zurück. Alle Interviews wurden an den jeweiligen Schulen, also in einer für Lehrkräfte vertrauten Umgebung durchgeführt und dauerten im Mittel eine Stunde.

2.3. Ergebnisse der Evaluation

Für die nachfolgende Diskussion von Ergebnissen der Evaluation des Umwelterziehungsprojektes "Nutzungskonflikte und Siedlungsplanung" wurde ein weniger neutraler Ansatzpunkt als bei der Projektevaluation gewählt. *Nicht Ansprüche der Umwelterziehung an die Schule stehen im Zentrum, sondern das Umgekehrte.* Damit werden nicht Präferenzen formuliert, jedoch ein Perspektivenwechsel vorgenommen, der für Schule *und* Umwelterziehung Erkenntnisgewinn verspricht. Diese Betrachtungsweise bildet eine Grundlage, um uns mit Möglichkeiten und Grenzen schulischer Umwelterziehung auseinanderzusetzen.

Zwei Ergebnisbereiche, die sich im Hinblick auf evaluationsgebundene *und* theoretische Überlegungen oder zukünftige Umwelterziehungsprojekte als ergiebig erwiesen, werden erörtert:

– die Implementation mit Einführungskursen, Beratung und Unterrichtsmaterialien; die Kompatibilität von Konzept und Unterrichtsmaterialien bezogen auf organisatorische Bedingungen von Schulen (2.3.1.) und

– die methodisch-didaktische Umsetzung des Projektkonzepts und der Unterrichtsmaterialien in Einführungskursen und Unterrichtspraxis mit Berücksichtigung von Interdisziplinarität und ökologischer Vernetzung (2.3.2.). Weitere Evaluationsergebnisse sind in einem Schlussbericht (vgl. Berchtold/ Stauffer 1990) und einer Lizentiatsarbeit (Berchtold/Stauffer 1995) enthalten.

2.3.1. Beurteilung der Implementation

Wie kommt Umwelterziehung optimaler in die Schule? Im Hinblick auf zukünftige Umwelterziehungsprojekte erscheint es sinnvoll, einige Erfahrungen weiterzuvermitteln, obwohl eine Organisationsanalyse des Projektes nicht Bestandteil unserer Evaluation war. Auf der organisatorischen Ebene beurteilten Widmer et al. (1991b, S. 54–59) ihr Projekt im Sinne einer Selbstevaluation: Raumplanung als Umwelterziehungsthema in der Schule stehe im Spannungsfeld komplexer Inhalte, fächerübergreifender Themen, politischer Bedeutung, geringer Einflussmöglichkeiten der Schülerinnen und Schüler, wenigen Erfolgserlebnissen und beschränkter Erfahrbarkeit. Darauf soll an dieser Stelle nicht weiter eingegangen werden (vgl. dazu 2.3.2.), von Interesse sind schulspezifische Aspekte: die Arbeit der Projektleitung für Lehrkräfte, Kurse für Lehrkräfte, Kompatibilität von Projektkonzept und Arbeitsmittel mit schulischen Bedingungen.

Im Februar 1990 wurden alle bernischen Schulen der Sekundarstufen I und II mit einem Informationsblatt angeschrieben (vgl. Widmer et al. 1991b, S. 27f.), in der Folge interessierten sich rund 140 Lehrkräfte für das Projekt. Die Teiluntersuchung zum Projektinteresse der Lehrkräfte ergab, dass 42 Lehrkräfte beabsichtigten, 32 Schulprojekte durchzuführen (vgl. Berchtold/Stauffer 1995, Anh., S. 95f.). Um Anzahl und Qualitäten der erst im Anschluss an "Nutzungskonflikte und Siedlungsplanung" entstandenen Schulprojekte abschliessend beurteilen zu können, wäre eine umfangreiche Nachuntersuchung nötig gewesen. Deswegen wären Überlegungen zum Verhältnis von Input und Output hier blosse Mutmassungen, weil sie sich auf einen zu beschränkten Zeitraum beziehen und längerfristige Wirkungen oder Diffusionseffekte nicht erfasst würden: Aufgrund unseres Datenmaterials konnten wir nicht abschätzen, wie viele der Lehrerinnen und Lehrer, die nicht im Untersuchungszeitraum, sondern während des Schuljahres 91 oder später ein Schulprojekt durchzuführen beabsichtigten, auch eines realisierten, analoges gilt für Lehrkräfte, die erst ab 1991 auf das Projekt "Nutzungskonflikte und Siedlungsplanung" aufmerksam wurden und in der Folge entsprechende Unterrichtsmaterialien einsetzten.

2.3.1.1. Projektleitung

Mit der Leitung und Realisierung des Projektes wurde ein Ökologiebüro betraut (vgl. 2.1.1.), dieses betrieb Animation und Öffentlichkeitsarbeit, produzierte Unterrichtsmaterialien, führte Einführungskurse für Lehrkräfte durch, erledigte administrative Arbeiten und baute parallel dazu ihr Büro auf. Das Projekt wurde von zwei Mikrobiologen realisiert, ein Geograph wurde in einer späteren Phase beigezogen.

Inhaltliche Komplexität, Parallelität verschiedener Aufgaben und rigide Zeitvorgaben erwiesen sich in diesem Projekt als ungünstig und führten zu *Überforderungssituationen*. Ein Beispiel hierfür war die Projektadministration. Bei der Betreuung projektinteressierter Lehrkräfte traten administrative Schwierigkeiten auf (vgl. Berchtold/Stauffer 1995, Anh., S. 95, 116). Die Einführungskurse zum Arbeitsmittel "konnten aus terminlichen Gründen nicht über die Lehrerfortbildung des Kantons Bern ausgeschrieben werden" (Widmer et al. 1991b, S. 27), der Einführungskurs zum Planspiel fand zu einem ungünstigen Zeitpunkt Ende Schuljahr statt (vgl. Berchtold/Stauffer 1995, Anh., S. 116). Das Planspiel wurde zuwenig breit gestreut und zuwenig intensiv vertrieben (vgl. 2.3.2.2.). Die Nutzungskonfliktebeispiele Schönbühl und Grindelwald wurden in einer späteren Phase erarbeitet und konnten nicht als Vorlagen für Schulprojekte dienen (Widmer et al. 1991b, S. 27). Frühzeitige Delegation spezifischer Aufgaben an Fachleute, optimalere Terminplanung und professionellere Administration wären für das Projekt von Vorteil gewesen.

Die Tatsache, dass ein Ökobüro das Projekt initiierte, realisierte und als Projektleitung fungierte, brachte trotz selbst erklärter "Flexibilität, Professionalität, Innovationsfreudigkeit" (a.a.O., S. 63) weitere Probleme mit sich. Die Projektleitung musste mehrmals feststellen, dass sie als ausserhalb der Institutionen stehend betrachtet wurde. Widmer bedauerte ausbleibende Rückmeldungen der Lehrkräfte und weiterer Interessierter: "Es war schwierig, alle Beteiligten auch für ein Engagement gegenüber uns zu verpflichten" (a.a.O., S. 28); obwohl dafür entschädigt, konnten nur einzelne Lehrkräfte zu einer Zusammenarbeit motiviert werden; diese erwies sich als wenig ergiebig. Ausserdem können bei der Konstellation Ökobüro-Lehrkräfte-Schule materiell indizierte Verteilungskonflikte auftreten: Zwei in der Lehrerinnen- und Lehrerfortbildung engagierte Lehrkräfte opponierten dagegen, dass ein privates Ökobüro Unterrichtsmaterialien für die Schule entwickelte (vgl. Berchtold/Stauffer 1995, Anh., S. 168f.). Solche Erfahrungen sprechen nicht gegen Ökobüros oder Lehrkräfte, sondern für eine durchdachtere Strategie bei der institutionellen Einbettung eines Umwelterziehungsprojektes.

2.3.1.2. Kurse für Lehrkräfte zu neuen Unterrichtsmaterialien

Die Teilnahme der Lehrkräfte an Einführungskursen zu Arbeitsmittel und Planspiel war entscheidend dafür, dass sie die ihnen angebotenen Unterrichtsmaterialien in der Schule einsetzten, das heisst ein eigenes Schulprojekt durchführten.

Die an den Einführungskursen zum Arbeitsmittel beteiligten 37 Lehrkräfte schätzten den *Informationsgehalt* der Einführungskurse als hoch ein; die vermittelten Informationen seien nützlich, lehrreich und anregend gewesen. Ablauf, Organisation und das Lösen der Arbeitsaufträge im Freien wurden als gut befunden (vgl. Berchtold/Stauffer 1995, Anh., S. 12). Die Hauptschwierigkeit bei den Einführungskursen bestand einerseits im gedrängten Programm, andererseits in der *ungenügenden Erörterung methodisch-didaktischer Aspekte.*

Das Programm für dreieinhalb Stunden sah wie folgt aus: In einem ersten Teil informierte während einer Führung eine Fachperson über das Gebiet. Der Einbezug von Fachleuten erwies sich grundsätzlich als sinnvoll, wobei qualitative Unterschiede auftraten. Was bei den Einführungskursen in La Neuveville und demjenigen zum Planspiel eine informative und kompetente Bereicherung darstellte (a.a.O., S. 7–9), führte in Langenthal zu langatmigen, weitschweifigen Ausführungen und teilweise überflüssigen Diskussionsanteilen (a.a.O., S. 10–12, 82–84, 87–90). Anschliessend wurden die Arbeitsaufträge erläutert und in Gruppen bearbeitet. Lehrerinnen und Lehrer erhielten so Gelegenheit, einen Arbeitsauftrag für Schülerinnen und Schüler in der Praxis durchzuspielen. Dieser Teil stiess auf sehr positive Resonanz (a.a.O., S. 12, 35, 38, 40). Im Schlussteil stellten einige Lehrkräfte die Ergebnisse der Auftragsbearbeitungen vor, die Projektleitung kommentierte und skizzierte eine Gesamtdarstellung. Danach wurde im Plenum über Methodik und Didaktik diskutiert (a.a.O., S. 62–92).

Bei dieser Anzahl von Programmpunkten musste notwendigerweise Zeitdruck auftreten (a.a.O., S. 35, 38, 41), dieser führte in allen Einführungskursen dazu, dass methodisch-didaktische Fragen, speziell die Auswertung der Arbeitsaufträge und deren Übertragung auf andere Gemeinden, auch nach Meinung der Lehrkräfte ungenügend erörtert wurden. Teilweise konzeptionslose Ausführungen der Projektleitung konnten kaum zur Klärung beitragen, weil sie *keine elaborierten Vernetzungsvorschläge* und Übertragungsbeispiele beinhalteten (a.a.O., S. 12f.).

Beim Einführungskurs zum Planspiel strichen alle Teilnehmer die *gute Kursorganisation* und die gewonnen Einsichten hervor (a.a.O., S. 117). Nach einer kompetenten Einführung durch einen Fachexperten bildeten die Lehrkräfte

Gruppen, spielten "Ortsplanung in Kurzenberg" (mit Einarbeitungsphase, verschiedenen "Gemeinderatssitzungen" im Plenum und Gruppenarbeiten in Form von Aktionsphasen) und diskutierten am Ende ihre Eindrücke. Lehrerinnen und Lehrer bewerteten in allen Kursen den Umstand sehr positiv, dass sie die neuen *Unterrichtsmaterialien in der Praxis* (d.h. während der Feldarbeit) selbst *erproben* konnten (a.a.O., S. 12). Ihr hauptsächliches Interesse lag mehr bei Inhalten in Form von Unterrichtsvorlagen, weniger beim methodisch-didaktischen Konzept. Erwartet wurden hauptsächlich Materialien und Informationen, die sich sofort im Unterricht einsetzen liessen (a.a.O., S. 13f.).

Obwohl die oben erwähnten Vorbehalte nicht relativiert werden sollen, muss betont werden, dass die Einführungskurse bei den Lehrkräften *mehrheitlich positive Eindrücke* hinterliessen (a.a.O., S. 16f., 122). Derartige Kurse können als *sinnvolles Mittel zur Implementierung* von neuen Unterrichtsmaterialien betrachtet werden. Für zukünftige Umwelterziehungsprojekte wäre jedoch zu überlegen, ob nicht mehr als bloss 3% aller Projektmittel zur Durchführung von Kursen eingesetzt werden sollten (vgl. 2.1.4.).

2.3.1.3. Kompatibilität von Projektkonzept und Arbeitsmittel mit organisatorischen Bedingungen von Schulen

In den Schulprojekten zeigten sich Sachverhalte, die auf Unverträglichkeiten zwischen Projektkonzept und schulischen Möglichkeiten hinwiesen. Dazu zählen auch Beratungsangebote für Lehrkräfte und Zeitbedarf für eine Unterrichtseinheit.

Im Projekt war ein *Beratungsangebot* enthalten, das Lehrkräfte bei ihrer Arbeit hätte unterstützen sollen. Verstanden wurde darunter eine Beratung in fachlichen und fachdidaktischen Fragen sowie die finanzielle Unterstützung beim Beizug von Fachleuten wie beispielsweise Ortsplaner (Widmer et al. 1991b, S. 27). Dieses Beratungsangebot wurde nicht genutzt, was mit entsprechenden Erfahrung in Umwelterziehungsprojekten während des Berner Langschuljahres korrespondiert (vgl. Moser et al. 1991, S. 93). Ein wichtiges Anliegen des Projektes – die Propagierung bestimmter *Unterrichtsformen* – wurde in Schulprojekten *kaum übernommen* (vgl. 2.3.2.), was durch eine bedürfnisorientiertere Beratung hätte unterstützt werden können.

In diesem Umwelterziehungsprojekt wurde der *zeitliche Aspekt* zu wenig beachtet: einmal, was die zeitlichen Aufwendungen zur Unterrichtsvorbereitung anging, dann, was die Dauer der Unterrichtseinheit an sich betraf. Die Umarbeitung der Unterrichtsmaterialien auf die eigene Gemeinde bedeutete oft einen Mehraufwand, der nicht durch eine Beratung durch Aussenstehende, jedoch durch Teamarbeit der Lehrkräfte teilweise aufgefangen werden konnte (Berchtold/Stauffer 1995, Anh., S. 147). In einer Unterrichtseinheit von 24 Lektionen hätten die "Theorie der Raumplanung, evtl. eine Einführung in Nutzungskonflikte, evtl. eine Einführungsexkursion, Rollenspiele, Interessenkonflikte, Feldarbeit in der Gemeinde" – d.h. die Bearbeitung von vier bis acht Schüleraufträgen, "eine Auswertung und eine Umsetzung" (Widmer/Keist 1990, Teil B, S. 25) Platz haben sollen. Ein solches Programm lässt sich in 24 Lektionen nicht realisieren. *Im Grunde wird die Frage offengelassen, wie angesichts eines beschränkten schulischen Zeitrahmens sinnvoll Umwelterziehung betrieben werden kann*, wenn Maximalvarianten wie die obenstehende als praktikabel präsentiert werden (vgl. 4.1.) In der Umwelterziehung scheinen umfangreiche Konzepte eher an der Tagesordnung zu stehen als begründete Beschränkungen (vgl. 4.4.). Zeitbudgets für die Vorbereitung und die Unterrichtseinheit müssten überdacht, die zeitlichen Möglichkeiten von Schule und Lehrkräften nüchterner eingeschätzt werden, um Lehrkräften echte Orientierungshilfen zu geben.

Wenn in der Umwelterziehung organisatorische Bedingungen von Schulen kritisiert werden (vgl. 3.4.1.), kann diese Kritik nicht für jede Schulstufe und jeden Schultyp als berechtigt betrachtet werden. Falls bei der Realisierung von Schulprojekten Schwierigkeiten festgestellt wurden, die durch die Organisation von Schulen bedingt waren (z.B. durch Lehrpläne, Fächerparzellierung, Lektionentakt), galt dies nicht für jede Schulstufe und jeden Schultyp in gleichem Masse. *Differenzierungen* sind erforderlich. In Projekten der Primarschulen bestanden keine Schwierigkeiten für Umwelterziehung, die durch die Schulstruktur bedingt waren. In Sekundarschulen waren auftretende Schwierigkeiten lösbar, fächerübergreifender Unterricht, Blockunterricht und Teamwork der Lehrkräfte durchführbar. In acht von siebzehn erfassten Schulprojekten arbeiteten Lehrerinnen und Lehrer zusammen und realisierten diese gemeinsam. Falls in Mittelschulen Zeitgefässe für Projektunterricht bestanden (wie in einem Seminar für Hauswirtschaftslehrerinnen und -lehrer), liessen sich auch dort umfangreichere Umwelterziehungsprojekte realisieren (Berchtold/Stauffer 1995, Anh., S. 139, 142f.). *Die in der Umwelterziehung* (und auch von Widmer) *häufig geäusserte Kritik* (vgl. 2.1.2.; 3.4.1.; z.B. Bolscho 1986, S. 22f.), *dass organisatorische Bedingungen von Schulen Umwelterziehung stark behindern, liess sich durch unsere Evaluation nicht belegen.*
Umwelterziehung wird nicht a priori und nicht primär durch Organisation und Funktion von Schulen (d.h. z.B. durch Lehrpläne, Lektionentakt, Fächerparzellierung sowie die Selektionsfunktion) behindert. Schwierigkeiten entstehen eher durch Vorgaben, die sich zu wenig an Möglichkeiten und Bedürfnissen der Schule und damit der Lehrkräfte orientieren (vgl. 3.4.; 4.3.–4.6.).

2.3.2. Zur Bewährung von Projektkonzept und Arbeitsmittel: Unterschiede zwischen (Umwelterziehungs-)Idee und (Schul-)Realität

Die Umsetzung von Unterrichtsmaterialien und -konzept in die Schulrealität zeigte trotz Einführungskursen eine Vielfalt, die im Projektkonzept so nicht beabsichtigt war, die Ergebnisse der Transfers Unterrichtsmittel-Lehrkraft-Schülerinnen/Schüler variierten stark. *Inhaltliche und noch ausgeprägter methodische Vorgaben wurden im Unterricht sehr selektiv umgesetzt, verändert, beschränkt oder erweitert* (Berchtold/Stauffer 1995, Anh., S. 142–145). Dennoch schätzten Lehrkräfte Informations- und Anregungswert der Unterrichtsmaterialien (a.a.O., S. 145f.). Konstitutiva der Umwelterziehung wie fächerübergreifender Unterricht, Projektunterricht und Handlungsorientierung wurden in den Schulprojekten bloss ansatzweise praktiziert (vgl. 6.4.; 7.9.). Bei der festgestellten Varianz von Themen und Vorgehensweisen liegt der Schluss nahe, dass sich methodisch-didaktische Konzepte der Umwelterziehung mit neuen Unterrichtsmaterialien oder Beratungsangeboten alleine kaum durchsetzen lassen.

2.3.2.1. Das Arbeitsmittel

Die Lehrkräfte hatten sich aus zeitlichen Gründen vor den Einführungskursen nicht eingehend mit dem Arbeitsmittel auseinandergesetzt, der Theorieteil und der methodisch-didaktische Teil wurden kaum beachtet (Berchtold/ Stauffer 1995, Anh., S. 13). Im Hinblick auf eine vertiefte, auch inhaltliche Diskussion wäre eine minimale Vorkenntnis des Arbeitsmittels von Vorteil gewesen. Dies erklärt mitunter, weshalb präzise inhaltliche Kritiken zum Arbeitsmittel nicht formuliert wurden, beispielsweise nahm niemand zur Gewichtung der verschiedenen Inhalte Stellung oder vermisste historische oder ökonomische Akzente. Die Stellungnahmen von Lehrerinnen und Lehrern waren eher allgemein gehalten oder konzentrierten sich auf methodische Aspekte (ebd.).

Bereits während der Einführungskurse vermerkten die Lehrkräfte *positiv*, dass ihnen das Arbeitsmittel gute Informationen, Ideen und Anregungen vermittle, instruktive, umfangreiche Materialien und Anstösse zu realitätsbezogenem, praktischem Unterricht in ihrer eigenen Umgebung sowie klare Arbeitsaufträge für ihre Schülerinnen und Schüler beinhalte (a.a.O., S. 13f.). Die Teiluntersuchung "Anmeldung für Schulprojekte und vorgesehene Schulprojekte" ergab weitere Stellungnahmen von Lehrkräften zum Arbeitsmittel. Es wurde erklärt, dass das Arbeitsmittel gute Ideen und Anregungen enthalte, Fächerverbindungen herstelle und eine Alternative zu anderen Unterrichtsmaterialien biete.

Positiv vermerkt wurde zudem, dass die Arbeitsaufträge für Schülerinnen und Schüler konkret und klar formuliert seien (a.a.O., S. 94f.). Positive Einschätzungen der Lehrkräfte zum Arbeitsmittel veränderten sich auch in der Folge kaum; nach der Durchführung von Schulprojekten wurden dieselben Punkte – gute Anstösse, Ideen, Motivation – erwähnt, was im Gegensatz zum Differenzierungsgrad der kritischen, negativ gefärbten Äusserungen stand (a.a.O., S. 145–147). *Negative* Aussagen zum Arbeitsmittel während der Einführungskurse (a.a.O., S. 13–15) liessen sich den drei Bereichen mangelnde Adäquatheit für Schülerinnen und Schüler (etwa ungenügende Erklärung von Fachbegriffen, unzulängliches Kartenmaterial, fehlende Differenzierung der Arbeitsaufträge nach Stufen), ungenügende Vernetzung der Arbeitsaufträge (z.b. fehlende zusammenfassende Darstellungen) und problematische Übertragung der Fallbeispiele (wie die Beschaffung entsprechender Daten der eigenen Gemeinde durch die Lehrkräfte, zeitintensive Umarbeitung der Beispiele La Neuveville und Langenthal) zuordnen. Die Daten aus den Interviews zu den Schulprojekten erlaubten eine Differenzierung negativer Statements; moniert wurden die zu grosse Bandbreite von 7.–13. Klasse, fehlende Übersichtlichkeit und Einführung, fehlende fächerübergreifende Bezüge und gestalterische Mängel (a.a.O., S. 139f.). In der Pilotversion fehlte eine durchlaufende Seitennumerierung, Zitate waren oft nicht als solche gekennzeichnet, und die Quellenangaben waren häufig unvollständig, insbesondere bei Bildmaterialien. Als Illustrationen wurden meist Verkleinerungen der Originale verwendet, die für den unmittelbaren Einsatz im Unterricht wenig geeignet erschienen (a.a.O., S. 13f.). Des weiteren wurde von einzelnen Lehrkräften das Problem des Zeithorizonts von rund fünfzehn Jahren für Planungen angesprochen, der die Motivation der Schülerinnen und Schüler beeinträchtigen könne. Nutzungskonflikte lassen sich nicht "rezeptartig lösen", Siedlungsplanungen sind nicht in einigen Monaten abgeschlossen und realisiert. Ein wesentliches Ziel des Projektes, in komplexen Systemen die Fähigkeit zum Problemlösen zu lernen (vgl. 2.1.3.), konnte kaum umgesetzt werden.

Trotz dieser Einwände waren die meisten Lehrkräfte der Ansicht, das Thema Nutzungskonflikte solle in der Schule bearbeitet werden. In den untersuchten Schulprojekten nahm das Thema Nutzungskonflikte mehr Raum als in vorangegangenen Jahren ein (vgl. Berchtold/Stauffer 1995, Anh., S. 143, 151), insbesondere der Feldarbeit wurde ein höherer Stellenwert beigemessen. Die Lehrkräfte bekundeten starkes Interesse an weiteren Unterrichtsmaterialien (a.a.O., S. 150).

In unserem Schlussbericht zur Evaluation des Umwelterziehungsprojektes "Nutzungskonflikte und Siedlungsplanung" wurden *Empfehlungen zur Überarbeitung des Arbeitsmittels* formuliert (Berchtold/Stauffer 1990, S. 15–19, 21f.). Darüber hinaus wurde der Projektleitung eine fünfzehnseitige Checkliste abgegeben. Sie enthielt in erster Linie methodisch-didaktische Anregungen und entsprechende differenzierte Verbesserungsvorschläge. Zudem wurde eine neue Version des didaktischen Konzepts vorgelegt.

Aus finanziellen und zeitlichen Gründen konnten unsere Vorschläge bedauerlicherweise nicht vollumfänglich realisiert werden. Dennoch wurde das Arbeitsmittel mit den Teilen "Schönbühl" und "Grindelwald" ausgebaut und übersichtlicher gestaltet (beispielsweise durch einen Anhang und eine laufende Seitennumerierung). Im Einführungskapitel kamen drei neue exemplarische Beispiele von Nutzungskonflikten hinzu (Reitschule Bern, Golfplätze und Schneekanonen) und erweiterten die Bandbreite der anfänglich auf die Themen Artenvielfalt und Artenschutz konzentrierten Beispiele beträchtlich. Das didaktische Konzept wurde überarbeitet und durch ein beispielhaftes Unterrichtskonzept ergänzt, Lehrplanverweise und das Beratungskonzept wurden gestrichen. Bei den Arbeitsaufträgen wurden die Quellenangaben berichtigt, die Nordrichtung auf den Karten eingetragen, als gestalterisches Mittel vermehrt Kästchen eingesetzt und bei Personen konsequent die geschlechtsneutrale Form gewählt (vgl. Widmer et al. 1991a).

Darüber hinaus hätten unseres Erachtens bei der Überarbeitung der Pilotversion des Arbeitsmittels folgende Punkte berücksichtigt werden sollen: Die Pilotversion des Arbeitsmittels richtete sich an die Oberstufe (7.–9. Klasse) und an Mittelschulen (9.–13. Klasse), ohne alters- oder stufenspezifische Differenzierungen vorzunehmen. In der überarbeiteten Version wurde das Altersspektrum beibehalten und ohne Angabe von Gründen nach unten verschoben (5.–11. Klasse). Ausserdem wurde weiter offengelassen, welches inhaltliche Grundwissen und welche Begriffe den Schülerinnen und Schülern vermittelt werden sollten. Falls diese Festlegung bewusst nicht erfolgte, hätte begründet werden müssen, weshalb darauf verzichtet wurde. Im Vergleich zu anderen Unterrichtsmaterialien (beispielsweise denjenigen zum Thema "Abfall" der Städtischen Schuldirektion Bern und des Büro 84; 1989) wurden Fächerverbindungen und Möglichkeiten von ökologischen Vernetzungen zuwenig konkret ausgeführt (vgl. 2.3.2.3.).

2.3.2.2. Das Planspiel

Vom Konzept her hätte das Planspiel eine "tragende Säule" der Unterrichtsmaterialien bilden sollen, weil es Gruppeninteressen aufzeigen, Identifikations-
möglichkeiten für Schülerinnen und Schüler bilden, einen Bezug zur Staatskunde schaffen und damit fächerübergreifenden Unterricht ermöglichen sollte
(Widmer/Keist 1990, Teil B, S. 1); kurz, wesentliche inhaltliche, pädagogische
und politische Ziele des Projektes hätten mit dem Planspiel erreicht werden
sollen. Das Planspiel konnte diese hochgesteckten Erwartungen nur teilweise
erfüllen, und dies aus zwei hauptsächlichen Gründen:

*1. Die Spielvorlage war in der vorliegenden Form für die Schule bedingt
geeignet.*
Lehrkräfte, die am Einführungskurs teilnahmen, waren nicht restlos davon
überzeugt, ob das Planspiel eine thematische Vertiefung ins Thema leiste.
Einige schlugen eine stufengerechte Anpassung und eine Komplexitätsreduk-
tion bei Anzahl und Attributen der verschiedenen Rollenträger vor (Berchtold/
Stauffer 1995, Anh., S. 116, 122–124). Aussagen zu Vorzügen und Mängeln
der Spielanleitung und des Spielmaterials traten in einem ausgeglichenen
Verhältnis auf; die "komplizierte Spielanlage" wurde negativ und die "Reali-
tätsnähe" positiv vermerkt (ebd.). Bei der Frage, ob sich das Spiel für Schülerinnen und Schüler eigne, hielten sich positive und negative Stellungnahmen
ebenfalls die Waage; einerseits wurde das Motivationspotential des Spiels
hoch eingeschätzt, andererseits wurde festgestellt, dass das Thema an sich
nicht "schülernah" und der Einstieg schwierig sei (a.a.O., S. 116, 122, 125).
Die Mehrheit der Lehrkräfte sah indessen keine Hinderungsgründe (beispielsweise durch Stundenplan, Lehrplan, Schulleitung), das Spiel innerhalb der
bestehenden Schulstrukturen einzusetzen (a.a.O., S. 116, 122, 126–129).
Das Planspiel war mit dem Makel behaftet, dass es nicht für die Schule entwickelt wurde, sondern für eine Gruppe von Bürgerinnen und Bürgern anlässlich einer realen Ortsplanungsrevision (vgl. Widmer et al. 1991b, S. 25). Die
im Kurs vorgelegte angepasste Version der ursprünglichen Vorlage konnte
schulischen Bedürfnissen nur bedingt Rechnung tragen. Die Lehrkräfte waren
der Ansicht, dass eine Überarbeitung des Planspiels angezeigt wäre, die ausser
den bereits genannten Aspekten auch Kostenargumente, Entscheidungsprozesse, Bekanntgabe der Parteiinteressen, Rechte und Pflichten einzelner Gruppen
und Begriffserläuterungen stärker berücksichtigen würde (Berchtold/Stauffer
1995, Anh., S. 123f.), was allerdings ihrer Forderung nach Komplexitätsre-
duktion zuwiderläuft.

2. *In Schulprojekten wurde das Planspiel kaum eingesetzt.*
Weil die Projektleitung zeitlich und terminlich stark belastet war (vgl. Widmer
et al. 1991b, S. 27), wurde das Planspiel nicht breit genug und zu spät gestreut;
bloss 21 Lehrkräfte hatten es im Mai 1990 erhalten (vgl. 2.3.1.1.). Dies mag
mit ein Grund gewesen sein, weshalb das Planspiel im Gegensatz zu den
Arbeitsaufträgen für Schülerinnen und Schüler nur in einem von neun Schulprojekten eingesetzt wurde, dort allerdings souverän (Berchtold/Stauffer 1995,
Anh., S. 165–168; Widmer et al. 1991b, S. 40–47). Diese kompetente Umsetzung demonstrierte, dass das Planspiel gemäss den Zielvorstellungen in
einer 6. Primarschulklasse zu spielen war. Die oben erwähnten Einwände
bleiben aber bestehen, weil üblicherweise nicht davon ausgegangen werden
kann, dass – wie in dem einen Schulprojekt – ein Lehrer über langjährige
Erfahrung als Gemeinderat im Ortsplanungsbereich verfügt.

Gemäss den Zielvorgaben des Projektes sollte handlungsorientierte Umwelterziehung die Fähigkeit zum Problemlösen in komplexen Systemen fördern und
dazu beitragen, Schülerinnen und Schüler für die Beteiligung am politischen
Leben zu befähigen (vgl. 2.1.3.). In den Arbeitsaufträgen des Arbeitsmittels
hielten Schülerinnen und Schüler in erster Linie ihre Beobachtungen fest – sie
trugen beispielsweise Lebensräume für Pflanzen und Tiere auf Karten ein,
zeichneten Mauern ab, erstellten Geräuschprotokolle; – das Suchen und Diskutieren von Problemlösungen stand nicht im Vordergrund. Ein didaktisch über-
arbeitetes, attraktiv gestaltetes, auf die eigene Gemeinde übertragbares Planspiel hätte zum Ansatzpunkt eines fächerübergreifenden, schülerzentrierten
Unterrichts werden können.

2.3.2.3. Schulprojekte

Bei der Implementation von Unterrichtsmaterialien zur Umwelterziehung in die
Schule dürfen *Transfereffekte* nicht unterschätzt werden. Was wirklich in der
Schule gemacht wurde, hatte weniger mit den Zielen des Projektes und den
Ideen in den Unterrichtsmaterialien zu tun als mit den beteiligten Lehrkräften.

Unterrichtsmaterialien in der Schulpraxis: Umsetzungen durch Lehrkräfte ...
Am Ende setzten die Lehrerinnen und Lehrer ihr eigenes Unterrichtskonzept
um und realisierten *ihre Ziele, ihre methodischen und inhaltlichen Schwer-*
punkte (vgl. Berchtold/Stauffer 1995, Anh., S. 139, 143–145). Dieser Umstand
dürfte von den Projektverantwortlichen kaum beabsichtigt worden sein, obwohl im Arbeitsmittel Lehrerinnen und Lehrern vorgeschlagen wurde, die verschiedenen Elemente der Unterrichtseinheit gemäss dem "Baukastenprinzip"

zusammenzustellen, da bewusst darauf verzichtet werde, eine "strukturierte Unterrichtseinheit" zu präsentieren (Widmer/Keist 1990, Teil B, S. 25). Die untersuchten Schulprojekte orientierten sich wenig an methodisch-didaktischen Vorstellungen im Arbeitsmittel (vgl. Berchtold/Stauffer 1995, Anh., S. 143–145). Sie fielen, was als Feststellung und nicht als Wertung zu verstehen ist, durch methodische und inhaltliche *Vielfalt* auf: Eine Werkstatt beinhaltete 56 Arbeitsaufträge (zu den Bereichen Wohnen, öffentlicher und privater Verkehr, Bevölkerung im Gemeindeverband, Arbeiten und Zukunftsperspektiven). Andere Schülerinnen und Schüler setzten sich mit einer Umfahrungsstrasse ihres Dorfes auseinander. Sie betrachteten die Baugeschichte, besichtigten die Baustelle und befragten die Bevölkerung. Ein Lehrer arbeitete das Planspiel um, spielte es mit seiner Klasse und nahm am Mitwirkungsverfahren zur Ortsplanungsrevision teil.

Die Unterrichtseinheiten waren zeitlich ähnlich strukturiert: Nach einer Einführung durch die Lehrkraft betrieben die Schülerinnen und Schüler selbständig Feldarbeit und bearbeiteten ein bis zwei Aufträge (a.a.O., S. 143; und nicht zwei bis vier, wie dies im Konzept mindestens implizit vorgesehen war, vgl. Widmer/Keist, 1990, Teil C, S. 3), wobei sie ihre Fragestellungen nur in Einzelfällen selber formulieren durften. Die Feldarbeit (ausserhalb des Schulhauses) betrug durchschnittlich nur rund ein Viertel der Unterrichtszeit (Berchtold/Stauffer 1995, Anh., S. 143), obwohl sie von den Autoren als "Kernstück" des Konzeptes propagiert wurde. In sieben Schulprojekten stellten sich die Schülerinnen und Schüler am Ende ihre Arbeiten gegenseitig vor, diskutierten diese kurz und gestalteten eine Ausstellung.

Das Verhalten der Lehrkräfte in bezug auf die Verwendung der angebotenen Materialien kann als hochgradig *selektiv* bezeichnet werden. Lehrkräfte benützten in erster Linie die Arbeitsaufträge für Schülerinnen und Schüler als Arbeitsblätter für die Feldarbeit. Nur in einem Fall wurden zwei der fünf exemplarischen Nutzungskonfliktbeispiele des A-Teils verwendet, nur einmal wurden Mittel für eine Beratung durch Fachleute in Anspruch genommen (a.a.O., S. 144f.).

Die befragten Lehrerinnen und Lehrer stimmten darin überein, dass die Übertragung des Arbeitsmittels auf die eigene Gemeinde einen beträchtlichen Aufwand beansprucht habe (a.a.O., S. 147). Zu fragen bleibt: Haben Unterrichtsmaterialien, die zuerst mit grossem *Zeitaufwand* umgearbeitet werden müssen, eine Chance, jemals von einer Mehrzahl der Lehrkräfte eingesetzt zu werden – und in der *Breite* zu wirken? Hier kollidiert der Idealismus von Projektverantwortlichen mit dem Zeitbudget von Lehrkräften (vgl. 2.3.1.3.): Was für die einen das brennendste Thema ist und bevorzugt in der eigenen Gemeinde erarbeitet werden müsste, ist für andere ein Thema unter vielen, das einen vertretbaren Vorbereitungsaufwand beanspruchen sollte. Im Hinblick auf eine breitere Resonanz sollten Unterrichtsmaterialien zur Umwelterziehung vermehrt die Möglichkeiten durchschnittlich interessierter und engagierter Lehrkräfte berücksichtigen. Dies hiesse, dass mehr als Disketten und EDV-Unterstützung zur Umarbeitung abgegeben und beispielsweise attraktivere, vor allem methodisch-didaktische Beratungsangebote bereitgestellt würden, etwa in Zusammenarbeit mit etablierten Fortbildungsinstitutionen für Lehrkräfte.

... und die Feldarbeit von Schülerinnen und Schülern
Die Beobachtungen von Schülergruppen und die Auswertung der Interviews mit Lehrkräften zu den Schulprojekten ergaben weitere erwähnenswerte Befunde: In den zwei Schulprojekten, in denen wir vier Gruppen von Schülerinnen und Schülern bei der Bearbeitung ihrer Arbeitsaufträge beobachteten, wurde *selbständig* und zumeist interessiert gearbeitet, Auseinandersetzungen mit örtlichen Gegebenheiten fanden statt (a.a.O., S. 180–192). Allerdings traten *Defizite bei begrifflichen und arbeitstechnischen Grundlagen* zutage. Zudem schienen Bezüge der Arbeitsaufträge zu Fragen der Raumplanung wenig bewusst gewesen zu sein. Die Feldarbeit nahm nur rund einen Fünftel der Unterrichtseinheit in Anspruch, am meisten Zeit wurde für die Gestaltung der Aufträge für eine Ausstellung investiert.
Umwelterzieherische Prinzipien wie Schülerorientierung, Handlungsorientierung und Projektunterricht wurden in der Schulpraxis *nicht ohne weiteres praktiziert* (vgl. 6.4.; 7.9.). Ein Grund dafür liegt darin, dass diese Prinzipien in den Unterrichtsmaterialien bloss skizziert wurden (vgl. Widmer/Keist 1990, Teil B, S. 1f.; Teil C, S. 1–4). "Projektlernen" wurde beispielsweise mit den Begriffen "schülerzentriert" und "situationsorientiert" umschrieben. Mit Situationsorientierung war die Übertragung der Arbeitsaufträge durch Lehrkräfte auf die eigene Schulregion gemeint, unter Schülerzentrierung wurde das selbständige Arbeiten an Aufträgen im Freien zu einem Nutzungskonfliktebeispiel verstanden (a.a.O., Teil C, S. 1). Schülerzentrierung blieb widersprüchlich, weil die meisten Arbeitsaufträge formal, inhaltlich und methodisch vorgegeben waren und wenig Spielraum für Anliegen von Schülerinnen und Schüler liessen. Der Unterricht mit dem Arbeitsmittel liess lehrerzentrierte Stile ebenso zu wie Schulprojekte, in denen Schülerinnen und Schüler eigene Fragestellungen und Methoden entwickeln konnten. Konzeption und Realisierung von schülerorientiertem Unterricht konnten nicht überzeugen. Handlungsorientierung wurde definiert als "die Möglichkeit zum eigenen Handeln im Unterricht (...) und eine Kompetenz zum eigenen Handeln im Alltag" (a.a.O., Teil C1, S.1; 2.1.2.). Konkretisierungen dieser Handlungsorientierung blieben diffus: Obwohl es ein erklärtes Projektziel war, "bodenbewusstes Verhalten" zu fördern (vgl. 2.1.3.), wurde dieses "bodenbewusste Verhalten" in den Unterrichtsmaterialien nicht erläutert und blieb ein Schlagwort. Im Arbeitsmittel

wurden Perspektiven zukünftiger Planung gedrängt in allgemeiner Form abgebildet – und nicht in Form von Handlungsalternativen präsentiert (vgl. Widmer/Keist 1990, Teil A, S. 7); Lösungsvorschläge für einige exemplarische Nutzungskonflikte enthielten *keine handlungsrelevanten Hinweise* für Schülerinnen und Schüler (a.a.O., S. 13–22), eine Unzulänglichkeit, die durch Lehrkräfte in Schulprojekten schwerlich aufgefangen werden konnte. So erwies sich das Lernziel der "Förderung einer Handlungskompetenz im Bereich der Raumplanung" als hochgesteckt und erklärungsbedürftig.

Allerdings muss angemerkt werden, dass sich die mittels Interviews erhobenen *Einschätzungen der Lehrkräfte*, die insgesamt neun Schulprojekte realisierten, von unseren Beobachtungsbefunden und Analysen unterschieden. Sie waren der Ansicht, dass ihre Schülerinnen und Schüler mehrheitlich intensiv, selbständig und mit Begeisterung gearbeitet hätten. Diese würden ihre Umwelt nun mit offeneren Augen wahrnehmen, würden genauer hinschauen und aufmerksamer beobachten. Konkretes Erleben während der Feldarbeit sei gut angekommen; der Erinnerungswert sei hoch gewesen. Die Auseinandersetzung mit Nutzungskonflikten habe die Schülerinnen und Schüler auch innerlich beschäftigt und auf der emotionalen Ebene gewirkt, beispielsweise bei der Diskussion um die Erhaltung eines Kulturzentrums, Befragungen zur Wohnqualität oder Beobachtungen rund um die Tier- und Pflanzenwelt (Berchtold/ Stauffer 1995, Anh., S. 140).

Interdisziplinarität und Ökologie in der Schulpraxis
Neben Prinzipien wie Handlungsorientierung und Projektunterricht (Kap. 5 und 7) sind für die Umwelterziehung fächerübergreifender Unterricht, ökologisches Denken und Ganzheit konstitutiv (4.5.).

Der Anspruch des Projektes, dass Umwelterziehung interdisziplinär und "ganzheitlich" zu gestalten und einzelne Inhalte miteinander zu vernetzen wären – der Anspruch, Ökologie im Sinne der Umwelterziehung zu betreiben –, wurde in den untersuchten Schulprojekten *nicht eingelöst*.

Bereits die Lehrerinnen und Lehrer und die Projektleitung selbst bekundeten an den Einführungskursen Mühe, die Ergebnisse der Arbeitsaufträge in einer "zusammenfassenden Darstellung miteinander zu vernetzen" (Zielvorstellung der Projektleitung; Berchtold/Stauffer 1995, Anh., S. 12). Was *ökologische Vernetzung* überhaupt ist, wie und warum Themen und einzelne Ergebnisse der Arbeitsaufträge zusammenhingen, wurde für die Lehrkräfte nicht ersichtlich. Ein Beispiel soll dies illustrieren: Im Arbeitsmittel wurde formuliert, dass die Veränderungen des Lebensraumes von Bevölkerungsaufbau, wirtschaftlichem Wachstum, gesellschaftlichem Wandel, technologischen Umwälzungen und neuen Standortvoraussetzungen abhängen (Widmer/Keist 1990, Teil A, S. 3f.). Die gegenseitigen Abhängigkeiten dieser Bereiche blieben ungeklärt, die

Verknüpfung bloss additiv. Weiter wurde in den Arbeitsaufträgen für Schülerinnen und Schüler nicht thematisiert, wie beispielsweise bauliche Veränderungen, Artenvielfalt, Wohnwert und Parkplätze zusammenhängen. Ökologische Vernetzung als programmatisches Stichwort allein genügt nicht: In den Unterrichtsmaterialien hätte exemplarisch gezeigt werden sollen, wie und nach welchen Kriterien die Lehrerinnen und Lehrer die Arbeitsaufträge hätten auswerten und vernetzen können.

Interdisziplinarität würde mehr bedeuten, als Informationen aus verschiedenen Fächern nebeneinanderzustellen. Im untersuchten Projekt hätte das Ziel des interdisziplinären, fächerübergreifenden Unterrichts geklärte und einleuchtende Bezüge vorausgesetzt. Obwohl die Unterrichtsmaterialien interdisziplinär konzipiert wurden (a.a.O., Teil B, S. 1, 3–6), beschränkten sie sich fast ausschliesslich auf die Fächer Geographie und Biologie; wie weitere Fächer in eine Unterrichtseinheit hätten einbezogen werden können, wurde offengelassen und damit beliebig. Aspekte aus Wirtschaft, Recht, Architektur und Geschichte blieben so weitgehend ausgeklammert (oder wurden ohne Begründung nicht einbezogen). Dasselbe war bei den Schulprojekten der Fall: Die Schulprojekte wurden vorwiegend im Rahmen des Geographieunterrichts durchgeführt, Inhalte aus Geographie und Biologie dominierten (Berchtold/Stauffer 1995, Anh., S. 140, 147–149). Fächerübergreifende Bezüge wurden bloss in drei von neun Projekten erarbeitet. Hervorzuheben bleibt, dass einzig in einem Seminar ein interdisziplinäres Unterrichtsgefäss bestand (a.a.O., S. 147–149). Am Ende wurden die Ergebnisse der Gruppenarbeiten von Schülerinnen und Schülern kaum zueinander in Beziehung gebracht und als Gesamtbild erörtert. In der Abschlussphase der Schulprojekte wurden äusserst selten ökologische Zusammenhänge aufgezeigt und interpretiert (a.a.O., S. 148).

Beim vorliegenden Umwelterziehungsprojekt sehen wir, wie oben hergeleitet wurde, einige Gründe, weshalb das Ziel, ein Umweltthema interdisziplinär und ökologisch zu bearbeiten, unzureichend umgesetzt werden konnte: Einmal wurden bereits in den Unterrichtsmaterialien *wenige fächerübergreifende Bezüge* geknüpft, dann waren die Vorstellungen der Projektleitung von *Interdisziplinarität und ökologischer Vernetzung unausgereift* und konnten in den Einführungskursen zu den Unterrichtsmaterialien nicht plausibel gemacht werden. Drittens kann Interdisziplinarität mit *Komplexitätssteigerungen* und inhaltlicher Opulenz einhergehen; alles hängt mit allem zusammen und sollte in zwanzig Lektionen vermittelt werden – eine Herausforderung, die nicht alle Lehrkräfte annehmen konnten.

Zusammengefasst: Trotz Einführungskursen zeigte die Umsetzung von Unterrichtsmaterialien und -konzept eine erstaunliche Streuung, die mindestens im methodischen Bereich im Projektkonzept nicht intendiert wurde (der Begriff "Ideentopf" im Arbeitsmittel bezog sich auf inhaltliche Aspekte, vgl. Widmer/

Keist 1990, Teil C, S. 1). Konstitutiva der Umwelterziehung wie ökologische Perspektive, fächerübergreifender Unterricht, Projekt und Handlungsorientierung wurden in den Schulprojekten kaum zielkonform praktiziert, was nicht zuletzt daran liegt, dass ein entsprechendes Vorgehen elaboriertere oder adäquatere –, das heisst für die Schule praktikablere – methodisch-didaktische Konzepte voraussetzen würde (vgl. 4.3.–4.7.; 6.5.; 7.7.).

2.4. Folgerungen aus der Evaluation: theoretische und praktische Problemfelder in der Umwelterziehung

Wir haben behauptet und belegt, dass das evaluierte Umwelterziehungsprojekt der Hauptströmung in der Umwelterziehung zugeordnet werden kann. Nach welchen Gesichtspunkten lässt sich diese kritisch charakterisieren? Im Verlaufe der Evaluation, bei der Sichtung der Ergebnisse und der Literaturrecherche kristallisierten sich einige Reflexionsbereiche heraus. Zu theoretischen und praktischen Problemfeldern der Umwelterziehung zählen wir ...

... *Grundpositionen der Umwelterziehung*: Beschreibungen der Umweltsituation und deren Ursachen, die pauschalisierend ausfallen, den Anspruch einer ganzheitlichen Betrachtungsweise verbunden mit einem schwierigen Verhältnis zu Rationalität und Wissenschaft, Erziehungs- und Bildungsoptimismus bei gleichzeitiger Schulkritik, die stärker reflektiert, differenziert und an der pädagogischen Diskussion orientiert werden müsste.

... *Methodik und Didaktik der Umwelterziehung*: diffuse Begrifflichkeiten und inkonsistente Bezüge zur pädagogischen Diskussion (z.B. bei methodischen Forderungen wie Projektunterricht und Handlungsorientierung) sowie unzureichende Konkretisierungen von Methoden, Inhalten und deren Verknüpfung.

... *Implementation der Umwelterziehung in die Schule*: das Festhalten am "Unterrichtsprinzip Umwelterziehung" und generell die mangelnde Orientierung an Möglichkeiten und Grenzen von Schulen.

3. Grundpositionen in der Umwelterziehung

Welche grundlegenden Annahmen sind für die Literatur zur Umwelterziehung charakteristisch *und* gleichzeitig problematisch für die Schule? So lautet die Leitfrage des dritten Kapitels. Zunächst werden zwei Argumentationslinien in der Umwelterziehung dargestellt und diskutiert (3.1.–3.3.): Beschreibungen der Umweltsituation in der Literatur zur Umwelterziehung (3.1.) und Ursachen der Umweltkrise aus deren Perspektive (3.2.). Anschliessend referieren wir eine aufschlussreiche Kritikposition – diejenige Kahlerts – und formulieren in drei Bereichen eine Replik (3.3.). Danach werden Überlegungen zur umwelterzieherischen Beurteilung des Problemlösungspotentials von Bildungsinstitutionen angestellt (3.4.). In der Umwelterziehung wird die Schule hart kritisiert und zugleich als Hoffnungsträgerin betrachtet. Die Schule ihrerseits kann und will bestimmte Grundpositionen der Umwelterziehung nicht unbesehen übernehmen, weil sie sonst eigene Prinzipien relativieren oder revidieren müsste; ausserdem steht Umwelterziehung in Konkurrenz zu anderen Funktionen der Schule. Die Schwierigkeiten im Verhältnis von Umwelterziehung und Schule erfahren noch eine Steigerung: Umwelterziehung betrachtet sich zu selbstverständlich als erfolgversprechende Möglichkeit, die Bewältigung der Umweltprobleme anzugehen. Diese Einschätzung müsste nicht zuletzt vor dem Hintergrund der problematischen Verknüpfung von normativen Zielsetzungen mit freiheitlichen Erziehungsmethoden sowie der unsicheren Lerneffekte wegen überprüft werden. Um die Umwelterziehung und die Schule von hochgeschraubten Erwartungen zu entlasten, schlagen wir eine Neuorientierung bei der Formulierung umwelterzieherischer Ansprüche an die Schule vor (3.5.).

Die deutschsprachige Literatur zur Umwelterziehung zeichnet sich durch *zwei bestimmende Argumentationslinien* aus, die nicht ohne weiteres von der Schule aufgenommen werden können:
1. Die Situation der Umwelt wird als Umweltkrise wahrgenommen, deren Ursachen klar bestimmt werden können: In der Umwelterziehung wird der Zustand der Umwelt als existentielle Krise beschrieben. Falls der Zerstörungsprozess ungebrochen fortgesetzt werde, führe dies in eine ökologische Katastrophe. Die Ursachen für die desolate Umweltsituation werden in erster Linie Wirtschaft, Technik und Wissenschaft zugeschrieben.
2. Das Problemlösungspotential der Bildungsinstitutionen wird optimistisch beurteilt: Obwohl die Schule massiv getadelt wird, werden von der schulischen Umwelterziehung positive Effekte auf Umweltbewusstsein und -verhalten erwartet. Ein umfassender Schutz der Umwelt wird in der Literatur zur Umwelterziehung als unbedingt notwendig erachtet, parallel dazu müsse umweltgerechtes Handeln gelehrt und gelernt werden.

3.1. "Der Natur kann man alles ungestraft nachsagen": Beschreibungen der Umweltsituation

Bei der österreichischen Schriftstellerin Elfriede Jelinek ist die heutige Natur "einmal dunkel, einmal hell, einmal rundherum. Sie ist inzwischen ein unbeschreiblicher Rückzug geworden" (Jelinek 1985, S. 50). Ihre lakonische Frage "Wo sieht man hier noch Natur?" (a.a.O., S. 121) indiziert ein Verständnis von Natur in Agonie, wie es auch in der Umwelterziehung anzutreffen ist. In deutschsprachigen Publikationen zur Umwelterziehung wird der Begriff Umwelt eher mit Sterben als mit blühendem Leben in Verbindung gebracht. *Die Umweltsituation wird durch Befunde der Krankheit und Attribute der Krise charakterisiert.* Bolscho et al. (1980, S. 11) drücken dies so aus: "Grenzen des Wachstums und Ökologische Krise signalisieren bereits als Begriffe, dass es nun um die Gefährdung der gegenwärtigen und künftigen Lebensbedingungen geht." Leipert (1991, S. 336) kritisiert die "zunehmende Zerstörung von Umwelt und Natur", der Lebensgrundlage des Menschen, ohne die er keine langfristige Zukunft habe. Lob und Wichert (1987, S. 9) illustrieren die Lage der Umwelt so: "Schmutzige Flüsse und Seen, dreckige Luft, immer neue Müllberge, zerschnittene Landschaften, zunehmender Lärm und eine zurückgehende Artenvielfalt waren und sind einige der erschreckenden Symptome des menschlichen Umgangs mit der Erde." Schmack (1982a, S. 160) spricht mit Blick auf Pressemeldungen zur Umweltsituation von einem "Schreckensbild", will aber nicht dramatisieren. Matthiesen (1988, S. 6) betont, dass in der Menschheitsgeschichte ein Punkt erreicht sei, "wo der Fortbestand der Schöpfung und damit das Überleben der Menschen selbst gefährdet ist". Kleber (1993, S. 11) legt dar, dass "ökologische Pädagogik (...) keine Katastrophenpädagogik, keine Drohpädagogik, keine Untergangspädagogik, aber auch keine Illusionspädagogik" sei. Gleichzeitig ist er der Ansicht, dass Konsequenzen aus Umweltproblemen die Grundlagen unseres Daseins auf diesem Planeten zerstörten (a.a.O., S. 15), die "Mitwelt/Umwelt" mehr und mehr kaputtgehe, ihre selbstregulierende Kraft nicht mehr auszureichen scheine (a.a.O., S. 15, 66). Michelsen (1991, S. 11) konstatiert eine kontinuierliche Verschlechterung des Zustandes der Umwelt: "Wenn wir die Umweltsituation des Jahres 1990 mit der vor fünf Jahren vergleichen, müssen wir feststellen, dass kaum spürbare Verbesserungen eingetreten sind. In vielen Fällen haben sich die Probleme trotz vielerlei politischer, administrativer oder rechtlicher Entscheidungen und Massnahmen weiter verschlechtert. Das Waldsterben konnte bislang nicht entscheidend gestoppt werden, die Verschmutzung unserer Flüsse hat sich nicht grundlegend gebessert, und auch die Luftbelastungen sind nicht merklich geringer geworden."

Ausgehend von schweizerischen Verhältnissen warnt Meyer (1986, S. 4) nachdrücklich: "Die Zeichen stehen auf Sturm. Um uns herum stirbt die Natur – oder was von ihr noch übrig geblieben ist – in beängstigendem Tempo vor sich hin. Und mit ihr stirbt die Lebensqualität und die Lebensgrundlage für immer mehr Menschen." Und Salzmann (1990a, S. 1) hält fest: "Die Umweltsituation ist alles andere als beruhigend. Wir haben nicht weniger Umweltprobleme als letztes Jahr, auch nicht weniger als vor fünf oder fünfzehn Jahren, sondern mehr, und ein Ende ist nicht abzusehen."

Die zitierten Autoren gehen davon aus, dass der Zustand der Umwelt zu äusserster Besorgnis Anlass gibt. Die Umweltschäden seien alarmierend, der Zerstörungsprozess beschleunige sich, ein *Umweltkollaps* drohe. Lebensgrundlagen und damit die Zukunft von Mensch und Natur seien gefährdet. Ihre Bestandesaufnahme stützt sich meist explizit auf Studien des Worldwatch-Institutes, von Global 2000 oder des Club of Rome (vgl. z.B. Schmack 1982a, S. 26; Michelsen/Siebert 1985, S. 77; Meyer 1986, S. 52–54; Kleber 1993, S. 26–38). Meadows et al. (1972) sehen im ersten Club-of-Rome-Bericht ("Grenzen des Wachstums") zwei hauptsächliche Komponenten als Ursachen der Umweltzerstörung: einmal Bevölkerungswachstum und landwirtschaftliches Wachstum, dann industrielles Wachstum und technischer Fortschritt. In der Literatur zur Umwelterziehung wird der Hauptakzent auf die zweite, zivilisationskritische Komponente gesetzt.

Können die oben wiedergegebenen Aussagen als repräsentativ gelten, kann diese Beurteilung der Umweltsituation für die Umwelterziehung als Standard bezeichnet werden? Der Schluss liegt nahe, wenn wir Kahlerts Studie zur Literatur der Umwelterziehung konsultieren (Kahlert 1990; vgl. 3.3.). In der Umwelterziehung wird davon ausgegangen, dass eine Zukunft für Menschen nicht mehr notwendigerweise stattfindet. Die Zeit drängt, die Gegenwart muss gerettet werden, damit die Zukunft möglich bleibt. Unsere Darstellungsweise von Beurteilungen der Umweltsituation in der Umwelterziehung sollte keinen Verharmlosungen Vorschub leisten. Von *Interesse* ist in unserem Zusammenhang jedoch weniger die Frage, ob diese Beurteilungen zutreffen, als die, welche Schwierigkeiten daraus für die *Schule* entstehen können.

Wie soll und kann die Schule auf Katastrophenszenarien reagieren? Können allgemeine Darstellungen der Umweltgefährdung adäquat im Unterricht aufgenommen werden, ohne dass bei Schülerinnen und Schülern Aggressionen geweckt oder Ängste und Ohnmachtsgefühle geschürt werden und am Ende Handeln blockiert wird, weil konkrete Eingriffsmöglichkeiten fehlen? Wenn Braun (1983, S. 15f.) verlangt, dass "man in der Einstiegsphase des Unterrichts die Gefährdung der Umwelt durch besonders eindringlich-drastische Beispiele belegen und sie an anderen Stellen durch die Analyse kritischer Befunde oder die Auswertung von besorgniserregenden Entwicklungsprognosen noch unterstreichen" sollte, dann muss bezweifelt werden, ob eine derartige Vorgehensweise noch nötig ist und Kinder und Jugendliche ausschliesslich zu Bewusstseins- und Verhaltensänderungen in die gewünschte Richtung motiviert. Andere Stimmen in der Umwelterziehung weisen darauf hin, dass die Gefahr der Entmutigung bestehe, "wenn die ökologische Pädagogik zur Katastrophenpädagogik wird"; es könne keine pädagogische Zielsetzung sein, "weitverbreitete Apathie und Ohnmachtsgefühle" zu verstärken (Michelsen/ Siebert 1985, S. 7). Der Einsatz von Umweltängsten als Motivatoren erscheint uns pädagogisch fragwürdig; statt dessen sollte sich die Pädagogik den Umweltängsten annehmen und diese aufarbeiten (vgl. Kleber 1993, S. 144). Kinder und Jugendliche beurteilen die Zukunft ohnehin pessimistischer und nehmen Umweltzerstörungen ernster als der Durchschnitt der Erwachsenen; mehrere Untersuchungen belegen, dass in der Hitparade der Ängste Umweltprobleme bei ihnen ganz oben stehen (Grefe/Jerger-Bachmann 1992, S. 25–30).

3.2. Ursachen der Umweltkrise aus umwelterzieherischer Perspektive

In einem Überblick nennen Eulefeld et al. (1981, S. 40) Ursachen der Umweltkrise, wie sie in der Literatur zur Umwelterziehung anzutreffen sind: "Die christliche Tradition, die Entwicklung der Wissenschaft, der industrielle Fortschritt, die Technik, die besondere Organisation der Technik und Produktion, die Bevölkerungsexplosion, die privatkapitalistisch organisierte Wirtschaft, Konsum- und Wohlstandsorientierung, die Unfähigkeit der politischen Instanzen, die Nichtberücksichtigung der Biologie der Umwelt, Verstädterung und verdichtetes Wachstum von Menschen, unsere Aggressionen, die Katastrophen-Lobby, wir alle." Ein derartiger Überblick zeigt bereits, wo Schwerpunkte liegen: In der Umwelterziehung werden die Ursachen für Umweltschäden in erster Linie der Wirtschaft, der Wissenschaft und der Technik zugeschrieben, die entsprechend kritisiert werden. Diese drei Bereiche treten in der Literatur meist miteinander auf; eine Gliederung in Wirtschaft und Technik (3.2.1) und Wissenschaft und Technik (3.2.2.) soll nicht Zusammenhänge negieren, empfiehlt sich jedoch wegen der Übersichtlichkeit.

3.2.1. Die Übeltäter Wirtschaft und Technik

Die umwelterzieherische Kritik am Wirtschaftssystem setzt bei der *Ausrichtung auf Wachstum, Konsum und umweltschädigenden Techniken* an: Suermann (1987, S. VII) nennt die "Steigerung des Lebensstandards in den Industrieländern" als einer der Gründe für Umweltprobleme. Braun (1983, S. 11) geisselt die "Wachstumsmaximierung", weist im selben Zusammenhang auf "die immense Konsumsteigerung" hin und fügt an, dass "verschiedene Kultur- und Systemkritiker die auf dem Wachstumsgedanken fussende Wegwerfmentalität und Konsumideologie attackiert" hätten (a.a.O., S. 9). Ständiges wirtschaftliches Wachstum führe zu einer "Anhäufung von Schulden auf das Konto Zukunft" und provoziere den Kollaps des gesamten Systems (a.a.O., S. 11f.). Leipert (1991, S. 336) macht "die negativen Folgewirkungen der Wirtschaftsstile der Industriegesellschaften" für die Umweltmisere verantwortlich, Matthiesen (1988, S. 7) "Produktionsstrukturen, Konsumgewohnheiten wie auch die Verkürzung des Fortschritts auf rein technische Entwicklungen". Lob und Wichert (1987, S. 9) sehen die Umweltschäden in der "Ausbeutungswut des Menschen" begründet, Göpfert (1987, S. 28) spricht vom "Leistungs- und Ausbeutungswillen des Menschen". Schmack (1982b, S. 141) bezeichnet "jede menschliche und wirtschaftliche Sucht nach Profit" als unverantwortlich. Weinberger (1987, S. 267) kritisiert, dass im Anschluss an die ersten Club-of-Rome-Studien die verantwortlichen Politiker und die Industriekapitäne nach wie vor ihrer "Wachstum-Wachstum-über-alles-Philosophie" huldigten und "munter weiterhin unsere natürlichen Lebensgrundlagen" ausbeuteten. Simonis (1991, S. 129) will, dass wir eine "grundsätzlich andere Wirtschaftsweise und einen grundsätzlich anderen Politikmodus entwickeln". Kleber (1993, S. 121) qualifiziert die Gesellschaft, welche von einem profanen Materialismus dominiert werde, als krank – und mit ihr das zunehmend zerstörerischer werdende kapitalistisch-industrielle Produktions- und Wirtschaftssystem. Er geht davon aus, dass Technologie längst nicht mehr dem Menschen diene, "sondern der Mensch dient in entfremdeter Arbeit dem reibungslosen Funktionieren unserer technologisierten Produktion" (a.a.O., S. 122, 146). Schulte (1991, S. 83) resümiert, dass "unübersehbare Bedrohungen" von der Wirtschaftsweise ausgehen, die "bereits irreversible Schadensdimensionen angenommen" hätten.

Ist Kritik an Wirtschaft und Technik in dieser Form mehr als Platitüde, wenn die Wirtschaft nur für eine Naturausbeutungsmaschine steht oder Technik immer rücksichtslos angewendet wird und beide ausschliesslich umweltschädigend wirken? Mittlerweile bestehen selbst in der Industrie und Ökonomie Ansätze, eine Ökologisierung einzuleiten (vgl. z.B. Fornallaz 1986; Binswanger 1991; Frey et al. 1993). In der Umwelterziehung werden uns zu oft

Grobanalysen aus dritter Hand vorgelegt, die kaum empirisch abgestützte Fakten zum Zustand der Umwelt und zu entsprechenden Einflussgrössen beinhalten (Ausnahmen bilden hier z.b. Eulefeld et al. 1981; Kleber 1993). Was auf den ersten Blick plausibel wirken könnte, erweist sich in der Verkürzung durch Verallgemeinerung von geringem Erkenntniswert. Wenn Schmack (1982b, S. 141) jedes wirtschaftliche Profitstreben ausschliessen will, müsste er dies nicht bloss postulieren, sondern Zusammenhänge zwischen Unternehmensgewinnen und Umweltschäden belegen und mindestens andeuten, wie eine Wirtschaft funktionieren sollte, die ein besseres Kosten-Nutzen-Verhältnis als die bestehende aufweisen und weniger Umweltschäden verursachen würde – oder skizzieren, welche Folgen für Menschen und Umwelt von einer Deindustrialisierung zu erwarten wären. Beer und de Haan (1987, S. 35) weisen in ihrer ökopädagogischen Kritik der Umwelterziehung zu Recht darauf hin, dass die ökologische Krise unabhängig von den jeweiligen kapitalistischen oder kommunistischen Gesellschafts- und Produktionsverhältnissen zu sehen sei und die Annahme, das Ende der Naturzerstörung sei allein von der Veränderung der Produktionsverhältnisse zu erwarten, nicht mehr berechtigt sei. Hinzu kommt, dass laut Eulefeld et al. (1981, S. 31) die Darstellung der sozialwissenschaftlich orientierten Ursachenanalysen für die Umweltkrise deswegen schwierig sei, weil die meisten Autoren keinen methodischen Unterschied zwischen der Deskription von Entwicklungen und Kausalaussagen machen würden. Dies heisst, dass interpretative Beschreibungen unzulässigerweise als Ursache-Wirkungs-Zusammenhänge ausgegeben werden. In der Umwelterziehung wird zu oft vorgegeben, dass Ursachen der Umweltkrise zweifelsfrei feststehen und ein Wissen darüber besteht, welches die "richtigen Schritte der Umkehr" wären und wie diese eingeleitet werden könnten.

3.2.2. Wissenschaft und Technik auf der Anklagebank

Die Kritik der Umwelterziehung an den Wissenschaften und der Technik bezieht sich auf deren *Ausdifferenzierung* und auf ein naturwissenschaftlich geprägtes, *positivistisches Wissenschaftsverständnis* und dessen technische Umsetzung. Verbunden mit der Forderung nach Ganzheitlichkeit enthält sie oft eine radikale Komponente, die in besonderem Masse bei Ökopädagogen (wie Beer, de Haan und Köhler) aufzutauchen pflegt: De Haan (1984b, S. 12) sieht in den "herkömmlichen Naturwissenschaften" die entscheidende Grösse der Umweltzerstörung; Beer und de Haan (1987, S. 35) vertreten gemeinsam die Ansicht, dass "die herrschende Naturwissenschaft und Technik die Natur zerstören". Köhler (1984, S. 27) kritisiert die "Spezialisierung" der Wissenschaften" und den "Glauben an die Sicherheit mathematischen Wissens".

Michelsen und Siebert (1985, S. 36) legen einen "Abschied vom traditionellen Wissenschaftsverständnis" nahe, fordern "eine ökologische Wende der Wissenschaften und Technologien", lehnen aber ein "analytisch-quantifizierendes Wissenschaftskonzept" (a.a.O. S. 48)) nicht völlig ab und setzen auf mehr Ethik in der Wissenschaft.

Die ehemalige Regierungsrätin des Kantons Bern, die Grüne Leni Robert, glaubt in ihrem Beitrag zum Symposium "Ist Ökologie lehrbar?" an eine Umgestaltung der Wissenschaften: "Die Hoffnungen, die heute in Bildung, Umwelterziehung und Ökologie gesetzt werden, sind deshalb Erwartungen und Hoffnungen auf ein anderes Wissenschaftsverständnis und eine andere Wissensvermittlung, als wir sie heute kennen. (...) Ich denke, es ist Zeit, dass wir uns vom beziehungslosen Fortschritt der Einzelwissenschaften wieder vermehrt der Mitte zuwenden und versuchen, Zusammenhänge und ganzheitliche Erkenntnis herzustellen. Das wäre eben ökologische Wissenschaft" (Robert 1989, S. 32). Im EDK-Dossier zur Umwelterziehung in den Schweizer Schulen (1988, S. 120) wird festgehalten, dass "in den Schulen (...) das positivistische und reduktionistische Verständnis der sogenannten exakten Naturwissenschaften noch stark vorherrschend" sei. Arnet, Generalsekretär der Schweizerischen Konferenz der kantonalen Erziehungsdirektoren (EDK), erachtet im selben Dossier "technischen Fortschritt und menschliche Rücksichtslosigkeit" als hauptsächliche Gründe für die Gefährdung der Lebensgrundlagen (Arnet 1988, S. 4). Braun (1983, S. 9) ist der Ansicht, "dass mit dem traditionellen naturwissenschaftlich-technisch orientierten Wissenschaftsverständnis allein nicht zu operieren, vielmehr die Ursache mancher fehlgeschlagenen Umweltplanung in der unreflektierten Anwendung ihres spezifischen Denkansatzes zu suchen" sei. Im weiteren betont er die "rücksichtslose Anwendung falscher, d.h. umweltschädigender Technologien" (a.a.O., S. 10).

Luhmann schliesslich bringt als Systemtheoretiker die umwelterzieherische Skepsis am herrschenden Wissenschaftsverständnis auf den Punkt: "Kann man denn immer darauf vertrauen, dass der Mechanismus, der uns in die Probleme geführt hat, wiederbenutzt werden kann mit leichter Variation der Thematiken oder der Techniken, um das Problem zu lösen?" (Luhmann 1989, S. 27). Diese Skepsis klingt einleuchtend, müsste indessen eingehender ausgeführt werden. Zudem gälte es zu bedenken, dass erst die Wissenschaften ökologische Probleme als solche überhaupt identifizierbar gemacht haben (vgl. Lübbe 1991, S. 29). Eine diffuse Forderung wie diejenige nach der Zuwendung der Wissenschaften zu einer ökologischen Mitte, ein Infragestellen des herrschenden Wissenschaftsverständnisses oder ein Anmelden von Zweifeln an der Problemlösefähigkeit des wissenschaftlich-technischen Mechanismus geben kein Programm zur Umgestaltung der Wissenschaften ab. Soll nun positivistische Wissenschaft, sollen Naturwissenschaften oder soll gar die Wissenschaft an sich ersetzt werden? Müsste die Ausdifferenzierung der Wissenschaft zurückgenommen werden oder ist bloss eine intensivere Zusammenarbeit der Disziplinen gemeint? Soll die moderne Technik in Teilbereichen oder als Ganzes abgelehnt werden? In diesen Fragen ist in der Umwelterziehung kein Konsens auszumachen, was unseres Erachtens weder erstaunt noch stört, denn es kann nicht ihre vordringliche Aufgabe sein, ein elaboriertes Modell für eine "neue" Wirtschaft, Wissenschaft und Technik zu präsentieren, da in der Umwelterziehung Bildungs- und Erziehungsprozessen Priorität zusteht. Wenn die Umwelterziehung von der Schule (die sich in der Vergangenheit weder wissenschafts- noch wissensdissident verstand) wirklich einen *Paradigmenwechsel* fordert, müsste sie auch erklären, wie die "Wissensschule" von einer "ökologischen Schule" abgelöst werden könnte und wie letztere auszusehen hätte.

3.3. Kahlerts Kritik an der Umwelterziehung: Kernaussagen und Replik

1990 publizierte Kahlert eine umfangreiche sozialwissenschaftliche Analyse über die Kommunikation in der Umwelterziehung, die drei wesentliche Grundpositionen in der Literatur zur Umwelterziehung untersuchte: Die Beschreibung der Umweltsituation, die Benennung von Ursachen der Umweltkrise und Vorschläge zur Eindämmung der Krise – also Lösungsansätze.

Kahlerts Kritik an diesen drei Grundpositionen in der Umwelterziehung – vornehmlich sein Infragestellen der Urteilssicherheit bei der Bezeichnung von Ursachen der Umweltkrise und von Lösungsstrategien – und eine Replik darauf sind Gegenstand der weiteren Ausführungen. Wir diskutieren Kahlerts Studie einmal ihres Informationsgehaltes wegen – sie wirft ein erhellendes Licht auf die deutschsprachige Literatur zur Umwelterziehung der achtziger Jahre – und dann deshalb, weil sie unseres Erachtens in der Umwelterziehung bisher nicht eingehend rezipiert wurde, wohl deshalb, weil sie als Häresie betrachtet wird – die Studie wird ignoriert oder wie bei Krol (1991, S. 18) in einem Satz mit einem Literaturhinweis abgetan.

In seiner Studie unterzog Kahlert Publikationen zur Umwelterziehung einer Inhaltsanalyse. Sein Sample umfasste 29 Bücher, 203 Zeitschriftenartikel und zwölf Unterrichtseinheiten, die zwischen 1981 und 1987 erschienen.

Kahlert kritisiert an der untersuchten Literatur zur Umwelterziehung "die demonstrierte Urteilssicherheit und die Kontinuität, mit der seit Jahren über die Menschen, die Gesellschaft oder über eines ihrer Teilsysteme kommuniziert wird" (a.a.O., S. 98). "Mal soll eine stammesgeschichtlich verankerte aggressive nomadische Unruhe (Duderstadt 1985, S. 567) des Menschen für umweltfeindliches Verhalten verantwortlich sein, mal ruinieren die Prinzipien des männlich-menschlichen Verstandes (Ulrich 1987, S. 12) oder das naturwissenschaftlich-technische Denken (vgl. de Haan 1985, S. 40; Lob 1986 S. 11) die Welt" (Kahlert 1990, S. 97). Und weiter: "Dieses Verständnis der Umweltkrise mag heute zur Standardannahme umweltbesorgter Menschen gehören, und gerade deshalb hätte Pädagogik Aufklärungsarbeit zu leisten: Das, was sich hinter der Feststellung aufs äusserste belastet und hinter der Prophezeiung eines möglichen Endes der Menschheit verbirgt, ist nicht einfach Bekanntes, sondern Interpretiertes" (a.a.O., S. 89f.). "Die umweltpädagogische Literatur möchte zwar helfen, Umwelt zu verändern, doch sie selbst trägt kaum dazu bei, die Umweltkrise zu verstehen" (a.a.O., Klappentext).

Ein weiterer wesentlicher Kritikpunkt Kahlerts zielt darauf, dass in der Umwelterziehung nicht klar wird, was "umweltbewusstes Verhalten" eigentlich bedeutet und durch welche Handlungen es sich ausdrücken würde. Er moniert, dass in der Literatur zur Umwelterziehung keine Kriterien genannt würden, an denen geprüft werden könnte, ob ein Verhalten, eine Einstellung, eine gegebene gesellschaftliche Realität oder eine Entwicklung sich an den benannten Alternativen orientieren würde: "Damit geben diese Forderungen zwar nahezu beliebige Anlässe für die Kritik der Gegenwart, bieten aber (...) keine handlungspraktischen Alternativen für deren Veränderung" (Kahlert 1991a, S. 110).

Kahlert wirft weiten Teilen der "umweltpädagogischen Literatur" vor – so seine *Hauptthese* –, einer *gesinnungsorientierten Kommunikation* Vorschub zu leisten, die nicht nur das Verständnis der Umweltkrise, sondern auch das Verständnis der Gesellschaft und nicht zuletzt auch die Verständigung in der Gesellschaft erschwere, wenn nicht verhindere (Kahlert 1990, S. 97, 279): Unter "gesinnungsorientierter Kommunikation" wird im wesentlichen oberflächlicher Umgang mit Daten, Fakten und Wissensgrenzen, die Präsentation von Werturteilen als Sachaussagen und pauschale Urteile über "die Gesellschaft" sowie Gefährdungen heute und in Zukunft verstanden (a.a.O., S. 274f.). Weiter wird argumentiert, dass Umweltgesinnung zu Urteilssicherheit bei Ursachenzuschreibungen der Umweltkrise und bei Lösungsvorschlägen führe. Für die gesinnungsorientierte Kommunikation in der Literatur zur Umwelterziehung werden zwei Hauptgründe genannt: Erstens die *ideologischen Scheuklappen* der Autoren – die als richtig und wahr empfundene Umweltgesinnung – führten zu Urteilssicherheit bei Ursachenzuschreibungen der Umweltkrise und bei Lösungsvorschlägen. Und zweitens begünstige die *Umweltkrise selbst* gesinnungsorientierte Kommunikation, weil Urteile über den Umweltzustand unter den Bedingungen unvollständigen Wissens gefällt werden müssten und weil die Suche nach Ursachen für die Umweltkrise zur Anlehnung an simplifizierende Gesellschaftsmodelle verführe (a.a.O., S. 272). Denn: Weder in der Natur noch aus den Gesetzen der Ökologie könne abgelesen werden, welches Verhalten und Handeln naturgerecht oder ökologisch sei (Kahlert 1991a, S. 110).

Kahlert richtet unsere Aufmerksamkeit auch auf Folgen, die gesinnungsorientierte Kommunikation auf Lösungsstrategien haben kann; zu nennen sind die Formulierung von inhaltsleeren und unrealistischen Ansprüchen an den Einzelnen und die Nichtbeachtung von Handlungsbedingungen anderer Menschen (Kahlert 1990, S. 275)

Welche Schlüsse werden aus den obenstehenden Befunden gezogen? Kahlert fordert nicht die Abschaffung der Umwelterziehung, sondern eine *rationalere, differenzierendere, argumentativere Umwelterziehung*, eine, die "verständigungsorientierte Kommunikation" (a.a.O., S. 277) betriebe. Er stellt die These auf, dass eine "verständigungsorientierte Kommunikation" der Aufklärung über die Gesellschaft und dem umweltpolitischen Fortschritt auf Dauer eher diene als eine "gesinnungsorientierte Kommunikation" (ebd.). Aber wie ist "verständigungsorientierte Kommunikation" in der Umwelterziehung zu konkretisieren? Entsprechende Kriterien wären laut Kahlert unter anderem differenzierte Informationen über Gefährdungslagen und Risikofaktoren, die Darstellung wissenschaftlicher Erkenntnisse und verschiedener Expertenauffassungen, eine Transparenz des Bewertungsaspektes bei Urteilen über den Umweltzustand, ein Abwägen von Leistungen und Kosten des Wirtschaftssystems, der Technik und der Naturwissenschaften, wobei Ziel- und Nutzungskonflikte reflektiert würden (a.a.O., S. 268).

Laut Kahlerts Befunden fallen weite Teile der Literatur zur Umwelterziehung unter Ideologieverdacht. Im folgenden formulieren wir *eine dreiteilige Replik*.

1. Immerhin könnte der Literatur zur Umwelterziehung auch zugestanden werden, dass sie gar nicht beabsichtigt, diskutable Grundpositionen vertieft zu referieren. Hierzu zwei Beispiele:

Wenn Schmack (1982a, S. 21) ausdrückt, dass "innerhalb einer Studie (...) nur ein skizzenhafter Aufweis von Fakten und Daten möglich" sei und die Beschreibung der Umweltsituation damit lückenhaft bleibe, dann muss bestimmt gefragt werden, ob dieser "skizzenhafte Aufweis" überhaupt gerechtfertigt ist, weil Schmack einerseits nur eine disjunktive Skizze liefert, andererseits eine "sachliche Begründung für Umwelterziehung nicht auslassen" will (ebd.). Doch seine Reflexionen zu "Umwelt als Phänomen, Problem und pädagogische Aufgabe" beanspruchen in "Chancen der Umwelterziehung" etwas weniger als 1/5 des Gesamtumfangs (a.a.O., S. 21–49). Schmack setzt seine Akzente nicht bei Grundpositionen, sondern bei methodisch-didaktischen Aspekten.

In "Ökologie und Umwelterziehung", einem Standardwerk der Umwelterziehung von Eulefeld et al. (1981), nimmt das kritische Referieren sozialwissenschaftlicher Ansätze von Ursachenanalysen 1/15 des gesamten Werkes ein (a.a.O., S. 31–40). Zudem bemängeln Eulefeld et al. ausdrücklich, dass bei sozialwissenschaftlich orientierten Ursachenanalysen für die Umweltkrise "häufig nicht die strikte und wichtige Unterscheidung zwischen Kovariation und Korrelation einerseits und Kausation andererseits gemacht" werde (a.a.O., S. 31). Bei Beschreibungen der Umweltsituation, Ursachen der Umweltkrise und Lösungsansätzen handelt es sich mindestens im Falle der oben erwähnten Beispiele nicht um Lernprogramme, sondern um Voraussetzungen, die dazu dienen sollten, Umweltthemen als pädagogische Aufgabe zu legitimieren und einen Rahmen für Methodik und Didaktik der Umwelterziehung abzustecken. Umwelterziehung erschöpft sich eben nicht darin, die Umweltsituation zu beschreiben, Ursachen der Umweltkrise zu benennen und Lösungsansätze zu präsentieren. Diese werden meist als Vorspann abgedreht und als ein Pfeiler zur Formulierung methodisch-didaktischer Konzepte benützt. Kahlert könnte nun einwenden, dass in der Umwelterziehung nicht die pädagogische Umsetzbarkeit der Ziele das eigentliche Problem sei, sondern das jeweilige Ziel selbst (vgl. Kahlert 1990, S. 205). Wir denken, dass Schwierigkeiten im Verhältnis von Umwelterziehung und Schule nicht überwiegend bei umwelterzieherischen Grundpositionen liegen, sondern bei der Verknüpfung von Methodik, Didaktik und Implementation.

2. Wenn Kahlerts Kritik an der "wohlgemeinten guten Gesinnung" stimmt, bliebe zu fragen, *weshalb* in der Umwelterziehung "ideologisch" argumentiert wird. Im Bereiche der Ursachenzuschreibungen und Lösungsvorschläge, so unsere These, orientiert sich die Umwelterziehung am politischen Diskurs und entsprechenden grünen Positionen und weniger an differenzierenden wissenschaftlichen Befunden, womit zugleich eine Gesinnungsgemeinschaft konstituiert und Komplexität reduziert wird. Operiert wird mit harten Gegensätzen: hier der ins Verderben führende Status quo, dort die Verheissung Ökotopia. Wer die Umweltsituation als Existenzbedrohung versteht, will möglichst rasch Verbesserungen bewirken und in breiten Kreisen Verhaltensänderungen initiieren. Ganz ohne Überspitzungen, Schlagworte und Pauschalisierungen geht das nicht. Kahlert übersieht eine Funktion "gesinnungsorientierter" Aussagen für die Umwelterziehung: In den siebziger Jahren ging es darum, eine "Umweltgesinnung" erst einmal zu konstituieren und eine Umwelterziehung in die Schulen zu bringen. Wären umwelterzieherische Standpunkte brav "verständigungsorientiert" vorgetragen worden, wären sie wohl überhört worden. Zwanzig Jahre später müsste nun danach gefragt werden, ob "gesinnungsorientierte Grundpositionen" in der Umwelterziehung noch eine sinnvolle Funktion er-

füllen. Wir denken, dass anfängliche Vorteile sich zusehends in ihr Gegenteil verkehren. Die Umwelterziehung muss ihr Kassandra-Image loswerden. Selbst wenn alle Überzeugungen und Befunde in der Literatur zur Umwelterziehung stimmen würden, drängt sich eine Änderung der Taktik auf, damit sie in der Schule mit weniger Widerständen konfrontiert wird. Gerade was die Beurteilung von Wirtschaft, Wissenschaft und Technik anbelangt, wäre eine differenzierendere Argumentation angezeigt, um Bildungsverantwortliche und Lehrkräfte, die beispielsweise ein wissenschaftsorientiertes Lehrparadigma unterstützen, nicht zu sehr vor den Kopf zu stossen.

3. In Kahlerts "verständigungsorientierter" Umwelterziehung dominieren Denken und Sachwissen. Umwelterziehungsunterricht in der Schule sollte nach Kahlert (1990, S. 279) im wesentlichen Erfolgsaussichten und Risiken von Vorschlägen zur Eindämmung der Umweltkrise prüfen und dazu führen, dass Schülerinnen und Schüler die Sachkompetenz von Experten in Anspruch nehmen, ohne gleich deren Schlussfolgerungen zu teilen, die Skepsis der Schülerinnen und Schüler gegenüber vorschnellen Urteilen zu fördern, sich mit unterschiedlichen Interessen, Handlungsmotiven und Handlungsbedingungen anderer Menschen auseinanderzusetzen.

Die Betonung der Wissensebene bei Kahlert erscheint insofern berechtigt, als in empirischen Studien starke Anhaltspunkte für Wissensdefizite im Umweltbereich auszumachen sind (vgl. 4.2.). Kommt hinzu, dass "in vielen Fällen geringe Sachkenntnis auf hohe Gefühlsbeteiligung stösst" (Braun 1983, S. 48). Deswegen erachtet Braun für die Umwelterziehung "eine stärkere Versachlichung, d.h. eine nachdrückliche Akzentuierung von Kenntnissen und Fähigkeiten, dringend erforderlich". Andernfalls, so Braun, liefen Schülerinnen und Schüler "Gefahr, unter dem Einfluss übersteigerter Affekte stark vereinfachte und verfestigte Vorstellungen zu entwickeln" (a.a.O., S. 60; vgl. 5.4.). Nur: Um welche Kenntnisse soll es gehen? Kahlert unterstreicht die Bedeutung des Sachwissens (deklaratives Wissen; vgl. 1.2.1.) und vernachlässigt die Ebene des Handlungswissens (prozedurales Wissen; vgl. 1.2.1.). *Kann Sachwissen in Umweltfragen alles sein?* Von Umwelterziehung bleibt nicht mehr allzu viel übrig, wenn die Handlungsebene ausgeblendet wird und Handlungswissen wenig zählt. Neben der Vermittlung deklarativen Wissens setzt die Umwelterziehung im Gegensatz zu Kahlert auf die Ausformung von Werthaltungen, unmittelbare Erfahrung von Umwelt und das Einüben von ökologisch verträglichen Handlungsformen (vgl. Bundesdeutscher Rat der Sachverständigen für Umweltfragen 1987, zitiert nach Gysin 1989, S. 14).

3.4. Zur Beurteilung des Problemlösungspotentials von Bildungsinstitutionen

Aufgrund einer Analyse und Bewertung der Umweltsituation wird in der Umwelterziehung eine Veränderung der gesellschaftlichen Praxis verlangt, die auch die *Schule* einschliesst. Obwohl sie nicht vor Kritik verschont bleibt, wird die Schule zur *Hoffnungsträgerin* der Umwelterziehung. Dabei sehen wir zwei problematische Punkte: einmal die mangelnden Bezüge umwelterzieherischer Schulkritik zu pädagogischen Reformerfahrungen und dann die übersteigerten Erwartungen der Umwelterziehung an die Schule.

3.4.1. Die Schule aus der Sicht der Umwelterziehung: Feindbild ...

In der Umwelterziehung äussert sich Kritik an der Schule meist darin, dass deren Orientierung an Wissenschaft und (Konsum-)Gesellschaft, organisatorische Rahmenbedingungen und konventionelle Unterrichtsmethoden für umwelterzieherische Anliegen als ungeeignet qualifiziert werden. Ilien (1993, S. 51) geht gleich aufs Ganze: "Ohne tiefgreifende innere Schulreform kann die Umweltkrise didaktisch nicht angemessen vermittelt werden." Beanstandet werden in der Umwelterziehung überholte Lehrpläne, sturer Lektionentakt, harte Fächerparzellierungen, mangelnde Interdisziplinarität und Widerstände gegen veränderte Lehrmethoden sowie die Selektionsfunktion der Schule (vgl. Dieckhoff 1989, S. 91f.), wobei in erster Linie eine Methodenpolemik betrieben wird (vgl. 5.1., 5.4; 6.1.; 7.1.). Oft entsteht der Eindruck, dass die Umwelterziehung einzig darum nicht optimal funktioniert, weil ihr die Schule unüberwindbare Hindernisse in den Weg legt.

Als Illustration für umwelterzieherische Schulkritik drei Beispiele: Bolscho et al. (1980, S. 72) kritisieren die auf Rezeption ausgerichtete Wissensschule mit Fächeraufteilung und Lektionentakt, empfohlen wird eine Öffnung der Schule nach aussen und eine neue Rolle für Lehrkräfte beziehungsweise Schülerinnen und Schüler. Im NFP-Bericht zum untersuchten Umwelterziehungsprojekt kritisieren Widmer et al. (1991b, S. 15) in Anlehnung an Bolschos (1989) Interpretation einer IPN-Studie (Eulefeld et al. 1988) konventionelle schulische Vermittlungsformen, die auf Abstraktion, Verbalisierung und Kognition angelegt seien, und propagieren statt dessen handlungsorientiertes Lernen. Schreier (1994b, S. 20f.) wirft der Schule Bürokratisierung, prinzipielle Ineffektivität und eine Zementierung des gesellschaftlichen Status quo vor. Kleber (1993, S. 160–163) moniert aus einer ökopädagogischen Position das Lernen in kleinsten Schritten, die Fächeraufsplitterung und die hierarchische

Organisation der "verwalteten" Schule; er empfiehlt eine Ökologisierung der Schule und insbesondere der Lehr- und Lehrformen durch die Einführung eines Human-Relations-Modells (a.a.O., S. 166–174). Im weiteren werden (insbesondere in der Ökopädagogik; vgl. Köhler 1984, S. 28f.; Mikelskis 1984, S. 135; doch ebenso bei Göpfert 1987, S. 26; Kleber 1993, S. 162–174) Aspekte wie das Lernen ohne Lebensbezug, der Warencharakter des Wissens und das selektionierende Bewertungssystem bemängelt: Köhler (1984, S. 28f.) betrachtet die Schule als eine Institution, die ein mechanistisches Weltbild vermittle, körperliche Bewegungen kanalisiere, sinnliche Wahrnehmung reduziere und gesellschaftlich erwünschte Qualifikationen hervorbringe. Eine Zusammenfassung ökopädagogischer Schulkritik bietet Mikelskis: "Das Zensuren-, Zeugnis- und Abschlusswesen und die damit einhergehende Verrechtlichung und Verbürokratisierung zwischenmenschlicher Beziehungen lässt Wissen häufig zur blossen Ware verkommen. Neugier, Wissensdurst und Lernfreude haben es da schwer. Die fachsystematische Parzellierung von Themen und Gegenständen und deren Verabreichung im Takt von 45-Minuten-Einheiten, ohne Berücksichtigung der Beziehungen und Wechselwirkungen, sorgen dann für die fachgerechte Verpackung der Ware Wissen. Eine falsch verstandene Verwissenschaftlichung macht schulisches Lernen zu einer seelenlosen Tätigkeit des Kopfes: körperlos und leibfeindlich ohne Bezug zum Ich, zum praktischen Leben, zu den Problemen des Alltags" (Mikelskis 1984, S. 135). Manchmal treibt die Kritik phantasmagorische Blüten, etwa bei Göpferts (1987, S. 26f.) Unterstellung, dass die Schule mit ihrer Ziffernbenotung eine Anerkennung der Schülerinnen und Schüler verhindere und so Persönlichkeitsverletzungen bewirke, welche sich in einer Entfremdung von der Umwelt und schliesslich in Naturzerstörung äussern würden.

Eine Bilanzierung von Effekten der umwelterzieherischen Schulkritik fällt aus ihrer Sicht *ernüchternd* aus: Im Fischer Öko-Almanach, der einen Überblick zu Daten, Fakten und Trends in der Umweltdiskussion vermittelt, kommen Bonhaus und Mertineit (1991, S. 100) zum Schluss, dass die Institutionenkritik der umweltpädagogischen Diskussion nur wenig bewirkt habe, weil die normierende Kraft der Institutionen zur Anpassung zwinge. Dass dies nicht der einzige Grund ist, sollen die anschliessenden Abschnitte aufzeigen. Die oben angeführten umwelterzieherischen Kritikpunkte sind Facetten einer Schulkritik, wie wir sie seit dem 19. Jahrhundert als *permanente Erscheinung* kennen, etwa als Forderung nach Ganzheitlichkeit, Veränderung der bürokratischen Schulstruktur oder Abschaffung der Zensuren (Oelkers 1989c, S. 202, 215) oder als Kritik der Priorität des Wissens gegenüber dem Können und der Fixierung auf den Lehrplan und auf bestimmte Methoden (Oelkers 1989d, S. 103) während der Reformpädagogik zwischen 1890 und 1933. Ein Beispiel: In einem 1907 erschienenen Essay bezeichnete Ernst den didaktischen Materialismus – die massenhafte Anhäufung von Wissen – als Kernproblem der Schule, dies darum, weil es dem durchschnittlichen Unterricht an Anschaulichkeit und Handlungsorientierung fehle. Im Unterschied zur Umwelterziehung geriet während der Reformpädagogik auch die "rücksichtslose Autorität der Schule, drangsalierende Übermacht der Lehrer, die evidente Hilflosigkeit der Schüler" und die Nivellierungstendenz der Schulen ins Kreuzfeuer der Kritik (a.a.O., S. 64f.).

Dieser Hinweis bedeutet nicht, dass Schulkritik, bloss weil sie so alt wie die Schule selbst ist, unberechtigt wäre, nur ist der entscheidendere Punkt die Frage, wie *Erfahrungen aus der (historischen) Schulkritik* für die Umwelterziehung nutzbar gemacht werden können. Die Dialektik von Schule und Schulkritik müsste in der Umwelterziehung einmal zur Kenntnis genommen werden (etwa an den Beispielen Reformpädagogik oder Antipädagogik), dann müsste nach Gründen gefragt werden, weshalb die Schule so geworden ist, wie sie sich heute darstellt, und weswegen bestimmte Reformpostulate nicht realisiert wurden.

Neben der mangelnden Berücksichtigung historischer Reformerfahrungen zeigen sich im Verhältnis von Umwelterziehung und Schule zwei weitere Schwierigkeiten:
Die Schulkritik der Umwelterziehung bezieht sich zu wenig auf *Ergebnisse empirischer Studien*. Dazu drei Beispiele:
– Wenn Eulefeld (1991, S. 13) feststellt, dass pro Schuljahr für Umwelterziehung nicht mehr als 24 Lektionen zur Verfügung stehen, dann könnte das weniger an der Schule liegen als daran, dass in der Umwelterziehung auf ein Unterrichtsprinzip gepocht wird, welches keine festen Zeitgefässe verlangt.
– Wenn bloss 15% des Unterrichts in Umwelterziehung hoch ausgeprägt situations-, problem-, handlungs- und systemorientiert praktiziert werden (a.a.O., S. 10f.), muss dies nicht ausschliesslich auf die in der Umwelterziehung kritisierten schulischen Bedingungen wie Lehrpläne, Fächerparzellierung und Lektionentakt zurückzuführen sein. Andere mögliche Gründe wären methodisch-didaktisch unzureichend aufbereitete Unterrichtsmaterialien (wie im untersuchten Umwelterziehungsprojekt, vgl. 2.3.1.3.; 2.3.2.1.), ein Mangel an geeigneten Unterrichtseinheiten zur Umwelterziehung oder eine lückenhafte Fortbildung der Lehrkräfte (vgl. Eulefeld 1991, S. 12f.).
– Wenn in verschiedenen Studien (Mc Caw 1979, Fido/Gayford 1982) Lehrkräfte als Hinderungsgründe für Umwelterziehung Zeitmangel angeben, dann wird nach Bolscho (1986, S. 59) nicht klar, ob dieser Zeitmangel mit dem Stoffdruck im verfächerten Unterricht zusammenhängt. Zeitmangel könnte auch dahingehend interpretiert werden, dass Umwelterziehung für

Lehrkräfte einen überproportionalen zeitlichen Aufwand bedeutet (Berchtold/Stauffer 1995, Anh., S. 140). Zudem werden in empirischen Studien, die sich mit schulischen Hinderungsgründen für Umwelterziehung beschäftigen, meist Lehrkräfte befragt (vgl. Bolscho 1986, S. 41–45), denen eher Auswahlantworten als offene Fragestellungen präsentiert werden. Auf diese Weise wird höchstens indirekt erhoben, welche objektiven schulischen Freiräume beispielsweise für Feldarbeiten bestehen.

Die Rettung der Umwelt kann *nicht die einzige Aufgabe* der Schule sein: "Wenn die Umweltzerstörung nicht dadurch aufhört, dass überall über dieses Thema Unterricht erteilt wird (...), dann sind diese Themen offenbar nicht mehr so wichtig, dass alle anderen Aufgaben der Schule als nachgeordnet betrachtet werden sollen" (Oelkers 1989b, S. 83). Als grundlegende gesellschaftliche Funktionen der Schule werden in der Pädagogik Qualifikation (gemeint ist die Aneignung von Kultur, Wissen und Fertigkeiten), Selektion (im Sinne der Verteilung von sozialen Positionen) und Legitimation (als die Vermittlung von gesellschaftlichen Normen und Werten) genannt (vgl. Fend 1981a, S. 13–54; Fingerle 1993, S. 1329). Dabei wird in der pädagogischen Diskussion die Schule nicht nur als der Gesellschaft zweckdienlich begriffen; neben Reproduktion soll auch Innovation, neben Sozialisation auch Emanzipation, neben Qualifikation auch Bildung betrieben werden (vgl. Riedel 1993, S. 1343, 1346), was durchaus im Sinne der Umwelterziehung wäre.

Umwelterziehung steht also in Konkurrenz zu anderen Funktionen der Schule, auch wenn sie sich als bedeutendste betrachtete, würde ihr kaum eine Sonderstellung zugestanden, weil die Schule traditionellen Aufgaben nachkommen muss und mit neuen Aufgaben eingedeckt wird: Für Probleme, die angeblich alle angehen, soll die Schule wesentliche Lösungsbeiträge leisten. Technische Entwicklungen in der Mikroelektronik sollen durch Informatikunterricht abgefedert werden, die Themen Drogen und Aids werden in prophylaktischer Absicht im Unterricht behandelt, Gewalt wird mit Friedenserziehung begegnet, die Umweltsituation soll durch schulische Umwelterziehung verbessert werden.

Ist es ergiebig, wenn Umwelterziehung und Schule gegeneinander ausgespielt werden? Sicherlich müssten Schulen nicht notwendigerweise so strukturiert sein, dass Lehrpläne, Lektionentakt und Fächerkanon dominieren, doch es scheint sich kein allgemeiner Konsens abzuzeichnen, dies radikal zu ändern – und darauf müsste sich die Umwelterziehung *einstellen*. Alleine der Umwelterziehung wegen wird die Schule ihre Fächeraufteilung nicht abschaffen, die Lehrpläne nicht fundamental verändern und den Lektionentakt nicht aufheben, doch vielleicht ansatzweise überdenken. Wenn es stimmt, dass pädagogische Reformbewegungen im wesentlichen methodischer Natur waren (Oelkers 1989c, S. 194), sind dann grosse Würfe zu erwarten, falls, was befürchtet werden kann, zukünftige Reformbestrebungen in gleichartigen Bahnen verlaufen wie vergangene? Immerhin kommen Langeheine und Lehmann (die eine aussagekräftige Erhebung zur Umwelterziehung in der BRD durchführten; vgl. 1.2.; 4.2.) zum Schluss, dass das Bildungssystem nicht so starr sei, wie häufig beklagt werde: "Nicht nur die stetige Einführung ökologischer Themen in den Unterricht, sondern eher noch die rasante Einführung der Mikrocomputer in die Schulen demonstriert deren Flexibilität" (Langeheine/Lehmann 1986, S. 73).

Ein weiterer Lichtblick besteht im Entwurf eines neue Lehrplans für die Volksschule das Kantons Bern (1994; vgl. 8.1.3.). Im Lehrplanentwurf werden "die Förderung von Fähigkeiten und Fertigkeiten und die Erprobung von Handlungsweisen", "die Erweiterung und Vertiefung von Kenntnissen zu Natur, Kultur und Gesellschaft" sowie "der Aufbau von Haltungen" als gleichberechtigt angesehen, sie sollen den Unterricht "gleichermassen" prägen (a.a.O., S. 3). Der Lehrplanteil "Natur – Mensch – Mitwelt" umfasst auf der Sekundarstufe I die Fächer Religion/Lebenskunde, Hauswirtschaft, Geschichte, Geographie und Naturkunde, die Teilgebiete genannt werden (vgl. ebd.). Verwandte Anliegen, Fragen und Inhalte sollen zu "übergreifenden Themenfeldern zusammengeführt" werden, Beispiele hierfür sind "Ökosysteme", "Natur erhalten, Raum gestalten", "Konflikte und Konfliktlösungen", "Menschen einer Welt". Für die "übergreifenden Themenfelder" werden als Richtwert 50% der Unterrichtszeit eingesetzt (a.a.O., S. 12), das heisst die Hälfte der 26 Wochenlektionen von "Natur – Mensch – Mitwelt" verteilt auf drei Jahre. Verbindungen und Verknüpfungen zwischen den verschiedenen Themenfeldern werden im Lehrplanentwurf konkret aufgeführt. Die sogenannten "weissen Themenfelder" sollen es ermöglichen, "Anliegen und Interessen der Schülerinnen und Schüler zu berücksichtigen", nach Gesichtspunkten der Lehrkräfte Ziele und Inhalte aus bestehenden Themenfeldern zu kombinieren und "aktuelle Ereignisse und Situationen einzubeziehen" (a.a.O., S. 3). Der Unterricht kann als stundenplanmässiger Unterricht oder als Block- oder Epochenunterricht durchgeführt werden. Alle Schülerinnen und Schüler sollen im Verlaufe der Sekundarstufe I "eine grössere, fächerübergreifende Arbeit planen und realisieren" (a.a.O., S. 12). Themenwochen, Projektwochen und Schulverlegungen in fächerübergreifender Form werden ausdrücklich aufgeführt (a.a.O., S. 13).

Wir dürfen für die Zukunft gespannt sein, *wie sich die Umwelterziehung auf schulische Rahmenbedingungen einstellen wird,* die ihren Forderungen entsprechen. Dann wird sich deutlicher als heute zeigen, welche Schwierigkeiten der Umwelterziehung der Schule anzulasten sind und welche ihr selbst.

Wie können die bestehenden Schulstrukturen für Umwelterziehung optimaler genützt werden? Das wäre eine entscheidende Frage. Umwelterziehung sollte Veränderungen provozieren (was sie zu tun versucht) *und* die Resistenz der Schule gegenüber gesellschaftlichen und technischen Veränderungen einkalkulieren, statt darüber zu lamentieren. Dies trifft um so mehr zu, wenn in der Umwelterziehung die Schule nicht an sich in Frage gestellt wird – was im Gegensatz zur Ökopädagogik und dem ökologischen Lernen meist der Fall ist (vgl. 1.3.3., 1.3.4.; 3.4.3.1.). Umwelterziehung scheitert nicht in erster Linie deswegen, weil die Schule nicht reformfähig ist, sondern weil sie sich auf schulische Grenzen (auch solche der Reformfähigkeit) nicht nüchtern genug einstellt und zu hoch gesteckte Wirkungsziele verfolgt (vgl. 3.5.).

3.4.2.   ... und Hoffnungsträgerin

Welche *Schlüsse* zieht die Umwelterziehung aus ihrer Schulkritik? Die Kritik der Umwelterziehung an der Schule führt erstaunlicherweise nicht dazu, dass deren Möglichkeiten pessimistisch eingeschätzt werden, wohl auch deswegen, weil Erwartungen an die Schule und Schulkritik kaum aufeinander bezogen werden. Mit Nachdruck wird verlangt, dass die Schule einen Beitrag zur Verbesserung der Umweltsituation leistet, indem sie Umweltverhalten und -bewusstsein nachhaltig prägen soll. Es fällt auf, dass in der einschlägigen Literatur (ausgenommen die Ökopädagogik und das ökologische Lernen) Umwelterziehung in der Schule ganz selbstverständlich als notwendig und erfolgversprechend gilt.
Kaputte Umwelt, gelähmte Politik, unsichere Analysen und differierende Lösungsvorschläge und trotzdem kaum ein Wort der Resignation in der Umwelterziehung – vorsichtiger Optimismus und nicht ökopädagogische Verweigerung dominieren das Feld: "Trotz weltweiter Umweltbelastungen – Vergiftung von Boden, Wasser und Luft, Ausrottung von Tier- und Pflanzenarten, Vernichtung der Wälder, Ausbreitung der Wüsten, Verschmutzung und Überfischung der Meere – ", so glaubt Suermann (1987, S. VII), sei es für solidarisches Handeln zur Sicherung unserer Zukunft noch nicht zu spät. Typischerweise geht Suermann von Krisensymptomen aus und pocht auf die Notwendigkeit des richtigen Handelns, das, so die Verheissung, immer noch

Aussicht auf Erfolg verspricht. Doch wo soll umweltgerechtes Handeln gelehrt und gelernt werden? In der Schule natürlich.

An die Adresse der Schule werden in der Umwelterziehung immense Erwartungen gerichtet; Matthiesens Forderung erachten wir für die Umwelterziehung als bezeichnend: "Bei der Sicherung unserer natürlichen Lebensgrundlagen geht es also um eine zentrale Frage. Und deshalb müssen wir alle Lebensbereiche und die Erziehung auf den Schutz unserer Umwelt ausrichten" (Matthiesen 1988, S. 7). Alle Lebensbereiche und die Erziehung (die kein Lebensbereich ist?) sollen prioritär die Umwelt schützen. Im Club-of-Rome-Bericht für die achtziger Jahre wurde dem Lernen *die* Schlüsselrolle zur Bewältigung der Zukunftsprobleme zugewiesen. Bonhaus und Mertineit (a.a.O., S. 9) betrachten "Umweltbildung als eine Strategie zur Bewältigung der ökologischen Krise"; Kattmann (1976, S. 2) verlangt einen "Unterricht angesichts der Überlebenskrise". Schmack (1982a, S. 13) spricht gar von einer "Bringschuld der Pädagogik zu Umweltfragen". Die gegenwärtige Umweltsituation verlange, so Schmack, noch weitere gezielte und planmässige Erziehungs-, Bildungs- und Lernprozesse (a.a.O., S. 15). Die heranwachsende Generation müsse in "lebensrelevante Erfahrens-, Sicht- und Beurteilungsweisen in bezug zu allgemeinen und besonderen Umwelterscheinungen und -problemen eingeführt" werden (a.a.O., S. 83). Osthoff (1986, S. 80f.) ist der Ansicht, dass die Schule "ökologische Verantwortung" übernehmen solle. Vordringlich sei eine Anleitung zu ökologisch bewusstem Denken, Fühlen und Handeln. Es gelte, ein breites Umweltbewusstsein zu erzielen. Bolscho et al. (1980, S. 14–20) sehen die Aufgabe der Schule darin, eine "ökologische Handlungskompetenz" heranzubilden, damit die umweltfeindliche gesellschaftliche Praxis zum Besseren gewendet werden könne. Lob (1987, S. 288) erachtet "Verhaltensänderung zum Schutze unserer Umwelt" als "das Erziehungsziel eines Unterrichts angesichts der Überlebenskrise unserer Welt". Für Kaminski (1987, S. 137) wird Umwelterziehung "sinnleer", "wenn daraus also nicht irgendwann und irgendwo Auswirkungen auf das Verhalten im Alltag entstünden". In den Schlussfolgerungen des EDK-Dossiers zur Umwelterziehung in den Schweizer Schulen (1988, S. 123) wird ein weiterer Aspekt ins Spiel gebracht. Dort wird auf Chancen der Umwelterziehung für die Schule hingewiesen und behauptet, dass Umwelterziehung "generell innovativ" für die Schule wirke: Sie öffne den Zugang für generelle Qualifikationen, die in einer Zeit ökonomisch-technischen Wandels wesentlich seien. Genannt werden das Denken in Systemen und ihre komplexen, nicht linearen Wirkungsmechanismen; das Vermitteln von Wertbildung; Persönlichkeitsbildung durch Selbstverantwortung und ein erlebnisbetontes Verhältnis zur Umwelt. Etwas realistischer schätzen Eulefeld et al. (1981, S. 15–17) die Aufgaben der Schule ein. Diese solle sich mit kulturellen

Objektivationen befassen (d.h. Ergebnissen aus Wissenschaften, Alltagsleben, Kunst, Politik), wobei nichtwissenschaftliche Lebensbereiche mit der selben Intensität einbezogen werden sollten. Ausserdem habe die Schule Qualifikationen zur Bewältigung späterer Lebenssituationen zu vermitteln und für Schüler wie Lehrer einen selbstbestimmten Lebensraum darzustellen.

3.4.3. Die Umwelterziehung zwischen normativen Zielsetzungen und freiheitlichen Erziehungsmethoden

Umwelterziehung zielt (wie Erziehung überhaupt) auf bestimmte Dispositionen und enthält Normen zur Orientierung des erzieherischen Handelns, doch sie *oszilliert zwischen Normierungen der Ziele und Freiheiten der Methoden in selbstbestimmtem Lernen.* Was wäre daran auszusetzen? Seit es eine Pädagogik gibt, sollte die ideale Erziehung zum Besseren, Höheren, Vollkommeneren normativ begründet und gerechtfertigt werden – sie kann bis heute nicht aufgegeben werden ("Anders geht es nicht; wir können Erziehung nicht abschaffen, wir können sie höchstens ... besser machen"; Mollenhauer 1985, S. 11), was gleichzeitig Kritik auf den Plan ruft (z.B. schon 1845 bei Stirner, der forderte, dass Erziehung keine staatlich-kulturelle Abrichtung sein dürfe, sondern dem Kind und nur ihm dienen solle; Oelkers 1989d, S. 40; oder bei der Antipädagogik, die Erziehung an sich in Frage stellte; vgl. von Braunmühl 1983, Kritik dazu z.B. Flitner 1982; Oelkers/Lehmann 1983) und in eine "Unsicherheit über Ziele und Praktiken der Erziehung" (Giesecke 1987) mündet, in erster Linie deswegen, weil jede Erziehung auf die Sicherheit der zugrundeliegenden Wertannahmen (Oelkers 1989d, S. 34) bauen muss – eine Sicherheit, die heute nicht mehr vorausgesetzt werden kann.

Das Problem ist nicht, dass in der Umwelterziehung erzieherische Ziele verfolgt werden, sondern dass die Umwelterziehung nicht offen genug zu ihrer normativen Komponente steht und diese durch freiheitliche Methoden zu *kaschieren* versucht. So sind sich Geiser und Frey (1987) in einem Überblicksartikel der Problematik eines normativen Ansatzes für die Umwelterziehung bewusst und lehnen aus zwei Gründen eine normative Didaktik ab: Einerseits, weil die Umwelterziehung dem Common sense entspreche und kaum vor Legitimationsprobleme gestellt sei (was so nicht zutrifft, da die Literatur zur Umwelterziehung sonst nicht voller Legitimationsversuche wäre), andererseits, weil eine "Theorie der Umwelterziehung" nicht in Sicht sei (Geiser/Frey, S. 189). Statt dessen propagieren sie einen curricularen Ansatz, der nicht danach fragt, "welche Eigenschaften, Kenntnisse, Werthaltungen usw. eine Person aufweisen muss, um als umwelterzogen zu gelten" (a.a.O., S. 190). Umweltgerechtes Verhalten würde demnach nicht definiert, was für das vielbeachtete didaktische Konzept von Eulefeld et al. (1981) zutreffen mag, doch bestimmt nicht für die Umwelterziehung an sich, welche stets eine normative Komponente enthält und enthalten muss, das heisst eine Vorstellung von umweltgerechtem Verhalten als einer verbindlichen, massgebenden Sollgrösse (was in den vorangegangenen Abschnitten bei den Aussagen von Umwelterziehern zur Schule deutlich zum Ausdruck kam; vgl. 3.4.2.; zusätzlich 1.1.). Würde in der Umwelterziehung wirklich konsequent ein curricularer Ansatz verfolgt, wie Geiser und Frey ihn vorschlagen, dürfte Umwelterziehung nicht mehr als Umwelterziehung bezeichnet werden, weil sie ihren Kern, das erzieherische Moment, verlieren würde.

Umwelterziehung bedeutet eine Pädagogisierung des Umweltproblems. Die Schule muss sich heute mit Umweltfragen auseinandersetzen oder zumindest vorgeben, dies zu tun. Braun (1983, S. 2) legt dar, dass in der BRD spätestens seit der Veröffentlichung des Umweltprogramms der Bundesregierung im Jahre 1971 erzieherische "Massnahmen zur Umweltpflege und zum Umweltschutz" explizit begründet und gefordert worden seien (vgl. 1.1.). Die ständige Konferenz der Kultusminister der Länder in der BRD stellte 1980 für die Umwelterziehung in der Schule die Zielsetzung auf, dass "Bewusstsein für Umweltfragen zu erzeugen, die Bereitschaft für den verantwortlichen Umgang mit der Umwelt zu fördern und zu einem umweltbewussten Verhalten zu erziehen (sei), das über die Schulzeit hinaus wirksam" bleibe (Beschluss der bundesdeutschen Kultusministerkonferenz vom 17.10.1980). Diese Passage gehört in der Literatur zur Umwelterziehung zum *Standardrepertoire* (vgl. z.B. Eulefeld 1981, S. 62; Schmack 1982a, S. 16; Osthoff 1986, S. 83; Geiser/Frey 1987, S. 192), wird jedoch nie hinterfragt. Die Thematisierung von Umweltfragen im Unterricht bedeutet somit, dass ein "korrektes" Umweltbewusstsein zu erzeugen wäre und dass zu einem bestimmten, nämlich umweltgerechten Verhalten erzogen werden soll; "umweltbewusstes Verhalten" (oder Handeln) wird als anzustrebende Endqualifikation gesetzt (z.B. Braun 1983, S. 16) und soll durch schulische Bemühungen auf Dauer gestellt werden. Paradoxerweise berufen sich auch Geiser und Frey (1987, S. 192) auf den oben zitierten Beschluss der Kultusministerkonferenz, der offensichtlich als normativ einzustufen ist; ebenso wie Aussagen Schmacks (1982a, S. 139), der anrät, dass Forderungen zur Verhaltens- und Einstellungsveränderung in den Auftrag der Pädagogik und Didaktik einbezogen werden müssten, Bonhaus' und Mertineits (1991, S. 98), die nahelegen, dass Umweltbildung immer auch auf Verhaltensänderungen abziele, oder Michelsens und Sieberts (1985, S. 79), welche noch einen Schritt weiter gehen, indem sie verlangen, dass die Pädagogik Position beziehen solle gegenüber den im Rahmen der ökopolitischen Diskussion entworfenen Lösungswegen.

Die Problematik einer Übernahme normativer Ziele – diesmal politischer Herkunft – durch die Umwelterziehung zeigt sich exemplarisch deutlich bei Ausführungen des damaligen niedersächsischen Kultusministers Oschatz (1985, zitiert nach Michelsen/Siebert 1985, S. 127), der forderte, dass die Schule für die Umwelt eine Katalysatorfunktion einnehmen solle, und verlangte, dass "die Umwelterziehung (...) die jungen Leute vor allem dazu befähigen und bereitmachen (solle), als künftige Erwachsene im eigenen Tun und Handeln Umweltschutz aktiv zu praktizieren". Da wird etwas zugesichert, was kaum einzulösen sein wird.

Für schweizerische Verhältnisse präsentiert sich dasselbe Bild: In Anlehnung an die UNESCO-Empfehlungen wird im EDK-Dossier zur Umwelterziehung eine "an die Schweizer Verhältnisse angepasste Definition" des Begriffs Umwelterziehung geliefert. Im sechsten Punkt wird festgehalten: "Umwelterziehung ist nicht nur Wissen oder Wissenschaft, sie will Einsichten bewirken, Haltungen formen und Verhalten trainieren" (EDK 1988, S. 129). Gemeint sind nicht irgendwelche Einsichten, Haltungen oder Verhaltensweisen, sondern bestimmte umweltgerechte. Nach Kyburz-Graber (1988, S. 43), die Klartext schreibt, kann Umwelterziehung nicht wertfrei sein: "Sie kann und darf es gar nicht sein, da sie ja die Erhaltung der Umwelt (Mitwelt) als obersten Wert anstrebt." So muss die Erhaltung der Umwelt an der Spitze jeder Werteskala stehen, was nicht unbestritten bleiben kann, wenn die Umwelterziehung selbst bestimmte Werte für gültig und vorrangig erklärt (vgl. Kaminski 1987, S. 133).

Damit wir nicht missverstanden werden: Der Umstand, dass in der Umwelterziehung notwendigerweise normative Erziehungsziele formuliert werden, bereitet noch keine Schwierigkeiten (höchstens, wenn diese Ziele wie bei Geiser und Frey nicht transparent gemacht werden), sondern die Verknüpfung dieser Ziele mit bestimmten methodisch-didaktischen Konzepten, die als individualisierend-emanzipatorisch-liberal angepriesen werden und so die *Illusion einer Selbstbestimmung* in freier Erziehung erwecken. Selbst wenn Schülerinnen und Schüler in umwelterzieherischem Projektunterricht situations-, problem-, handlungs-, system- und schülerorientiert lernen, darf nur eines herauskommen: umweltbewusste Schülerinnen und Schüler, die umweltgerecht handeln.

3.4.3.1. Keine Alternative in Sicht? Ökopädagogische Theoriepositionen

Eine divergierende Position zur Umwelterziehung nimmt die Ökopädagogik ein (vgl. 1.3.3.), die das normative und utilitäre Element in der Umwelterziehung nicht als Disparität oder als Dilemma formuliert (vgl. 3.4.3.2.), sondern schlicht als falsch kritisiert (vgl. Beer/de Haan 1987, S. 32f.). Schulische Umwelterziehung wird nicht als eine Lösungsinstanz für Umweltprobleme betrachtet, sondern als Bestandteil des Problems, weil die Schule als gesellschaftliche Institution selbst für einen Teil der Umweltprobleme die Verantwortung zu tragen habe (vgl. Sachs 1984, S. 14). In der Umwelterziehung werde ganz selbstverständlich davon ausgegangen, dass sich "die Einstellungen und Verhaltensweisen des Einzelnen ändern müssen, um die Probleme der Naturzerstörung und des Ressourcenverschleisses (...) zu lösen" (vgl. Beer/de Haan 1987, S. 33). An anderer Stelle wendet sich Beer gegen "sozialtechnische Erziehungskonzeptionen", die im Rahmen von Umwelterziehung versuchen, die Symptome von Naturausbeutung und -zerstörung durch allein individuelle Verhaltensänderung zu mildern (Beer 1984, S. 30). So würden Bildung und Erziehung leicht zum Reflex auf gesellschaftliche Entwicklungen geraten, deren Problemlagen durch pädagogische Aktivitäten mit gelöst werden sollten. Dadurch verliere die Umwelterziehung das kritische Moment des Bildungsbegriffs, nämlich das der "Distanz zu dem, was bloss nützlich ist für den Fortbestand der Gesellschaft" (Beer/de Haan 1987, S. 32–35). Mit Rückgriff auf Nohl vertreten Beer und de Haan eine "Erziehung und Bildung unter dem Primat des Selbstzwecks der Lernenden", eine "relative Unabhängigkeit der Pädagogik" (a.a.O., S. 33). Durch eine "Distanz gegenüber gesellschaftlichen Zumutungen" sollten diejenigen Übergriffe auf das Individuum verhindert werden, "die sich – wie auch immer begründet – mit dem Anspruch erheben, im Namen der Menschheit formuliert zu sein" (a.a.O., S. 34). Die Ökopädagogik, so Beer und de Haan, halte am "Konzept der Selbstbestimmung in Reflexion" sowie an der "Idee eines dialogischen und zwangsfreien pädagogischen Verhältnisses" fest (a.a.O., S. 41). Sie argumentiere für eine kritische Distanz sowohl gegenüber der herrschenden Gesellschaftsordnung, der bestehenden Ökonomie und Technik als auch gegenüber utopischen Entwürfen (de Haan/Scholz 1993, S. 1535).

Welche Alternativen bietet die Ökopädagogik an, wenn das normative Element der Umwelterziehung eine Schwierigkeit darstellt? Beer und de Haan gehen davon aus, dass die Ökopädagogik quer zu den Konzepten von Umwelterziehung und ökologischem Lernen liegt: "Sie ist ein Fragekonzept, das zunächst weniger auf konkrete Lernformen abzielt, sondern die Voraussetzungen der ökologischen Krise ebenso radikal hinterfragen will wie die derzeit angebotenen unterschiedlichen Lösungsansätze"; Ökopädagogik sei eine Suchbewegung, die verschiedene Lernbereiche verbinden könne (Beer/de Haan 1987, S. 41; hier besteht eine bemerkenswerte Parallele zu Freys Auffassung der Projektmethode: In einem Projekt soll mit selbstgewählten Zielen und Mitteln suchend gelernt werden; vgl. 7.7). Was das genau bedeutet, wird auch nicht klarer, wenn Beer und de Haan verlangen, dass andere Möglichkeiten als das "technisch-instrumentelle Verhältnis zur Natur" und utopisches Denken praktiziert werden sollen (vgl. Beer/de Haan 1987, S. 41).

Ökopädagogik schliesst nicht Bildung und Erziehung aus, kritisiert aber schulische Umwelterziehung und setzt dafür auf ein selbstbestimmtes Lernen, das diffus bleibt und vor sich her suchen muss, weil bewusst keine methodisch-didaktischen Konzeptionen entworfen werden. So muss die Praxisrelevanz ökopädagogischer Theoriepositionen trotz ihres reflexiven Gehalts bescheiden bleiben.

3.4.3.2. Zur Inkongruenz von Zielen und Methoden der Umwelterziehung: Dilemma oder Disparität?

Das Verhältnis von normativen Zielsetzungen und freiheitlichen Erziehungsmethoden in der Umwelterziehung formuliert Oelkers (1993, S. 14) als Dilemma: Die moralische Leitidee der Umwelterziehung bestehe darin, dass niemand die Wahl habe, sich für oder gegen die Bewahrung der Umwelt zu entscheiden. So würden Zielsetzungen der Umwelterziehung jene Freiheiten einschränken, die methodisch gewährt werden. Schülerinnen und Schüler dürfen sich demnach in keinem Falle dagegen entscheiden, die Umwelt zu erhalten, obwohl methodisch-didaktische Konzepte der Umwelterziehung dies zulassen müssten. Aus diesem Grunde erachtet Oelkers die Umwelterziehung als "notwendig paternal": "Die kinderfreundlichen Methoden können nicht darüber hinwegtäuschen, dass Themen und Moral nicht von den Lernenden selbst definiert werden" (a.a.O., S. 8) – was bei der in der Umwelterziehung favorisierten Projektmethode der Fall sein sollte. Dieser Widerspruch zwischen einer Individualisierung (welche notwendigerweise breit streuende Effekte zulässt) und den strikten Zielsetzungen (welche klar umrissene Effekte intendieren) sei nicht neu, sondern bestand nach Oelkers bereits in der gesamten reformpädagogischen Schulkritik (a.a.O., S. 9).
Nach von Hentig (1989), der sich mit Wertfragen im Zusammenhang mit der Umwelterziehung beschäftigte, zielt moralische Erziehung nicht nur auf Freiheit, sie beruht auf Freiheit: "Freiheit schliesst die Möglichkeit zu unmoralischem Handeln, zum Bösen ein, und moralische Erziehung in Freiheit kann

scheitern." Schülerinnen und Schüler wären nach von Hentig frei, Erziehungsangeboten nachzugeben oder den Lehrkräften Widerstand zu leisten, ihnen auszuweichen oder sie zu täuschen (a.a.O., S. 59). Genau das darf in der Umwelterziehung nicht der Fall sein. Wäre die Umwelterziehung wirklich so liberal, wie sie sich methodisch-didaktisch gibt, würde sie gerade *nicht auf die Schule setzen*. Was die Schule für Umwelterziehung so attraktiv macht, ist ja, dass sie zu einer kontinuierlichen Bearbeitung von Umweltthemen zwingen kann; im Gegensatz zu freiwilliger Erwachsenenbildung im Umweltbereich können sich Schülerinnen und Schüler der Umwelterziehung im Zwangsunterricht nicht entziehen. Freilich würden auch Probleme entstehen, wenn die Umwelterziehung der Freiheit des Individuums gegenüber dem normativen Ziel, die Umweltsituation zu verbessern, den Vorzug geben würde. Überspitzt ausgedrückt, müsste dann "das Recht der Menschheit auf Selbstmord" verteidigt werden, das Jonas (1979, S. 80) negiert und dem er die "unbedingte Pflicht der Menschheit zum Dasein" entgegenstellt.

Was ist zu tun, wenn sich Ziele und Methoden der Umwelterziehung offensichtlich nicht zur Übereinstimmung bringen lassen? Bestehen andere Möglichkeiten, als entweder von normativen Zielen abzurücken und die liberalen Methoden beizubehalten, oder das umgekehrte ins Auge zu fassen – also beispielsweise Projekte durch inhaltlich weitgehend strukturierten Werkstattunterricht zu ersetzen? Noch anders gefragt: Muss das Problem als Dilemma formuliert werden, ist eine Entscheidung überhaupt nötig, wie es der Begriff Dilemma impliziert? Nur soviel: Umwelterziehung könnte auch im Bewusstsein der Disparität von Zielen und Methoden betrieben werden. Schliesslich ist es eine traditionelle Schwierigkeit der Schule, dass sie nicht bloss bilden, sondern auch "zum Guten erziehen" soll. Die kongruente Verbindung von Zielen und Methoden erscheint sowieso nicht am vordringlichsten, Umwelterziehung müsste sich auf die Verknüpfung von Lernen und Inhalten konzentrieren, und nicht wie bedeutende Modelle der Reformpädagogik (etwa Deweys Laborschule, die Landerziehungsheime und die Arbeitsschule; vgl. Oelkers 1993, S. 219) auf alternative Methoden.

Bleibt abzuwarten, ob die Umwelterziehung nicht wie die Reformpädagogik an ihren hohen moralischen Ansprüchen scheitern wird. Eine Alternative bestünde darin, die Disparität von Zielen und Methoden anzuerkennen statt zu negieren, sie vertieft zu diskutieren und am Ende vielleicht *auszuhalten*.

3.4.4. Effekte einer schulischen Umwelterziehung und deren Grenzen

In jüngster Zeit sind in der Umwelterziehung auch Töne der Ernüchterung zu vernehmen. Salzmann (1990a, S. 3) stellt fest, dass "wir trotz fünfzehn Jahren Umwelterziehung in der Schweiz nicht zum Ziel einer umweltverträglichen Gesellschaft gelangt" seien. Schreier (1994b, S. 20) gibt sich einer "melancholischen Grundstimmung" hin und spricht von Frustrationen und Ratlosigkeit und gar von einer "Krise der Umwelterziehung", da die Umwelterziehung keine Bürger hervorgebracht habe, die willens und in der Lage dazu wären, die gegebenen Umweltprobleme zu lösen (a.a.O., S. 9; eine Aussage, die von einer naiv anmutenden Vorstellung von Erziehungseffekten und einer groben Fehleinschätzung schulischer Möglichkeiten zeugt nach dem Motto: Wenn die Prognose nicht stimmt, hat die Realität unrecht.). Schreier zieht das verfehlte Fazit, dass das Erziehungswesen die in es gesetzten Erwartungen nicht erfüllen konnte und es in dieser Krisenphase darum gehe, innovative Ansätze einzuführen (a.a.O., S. 20, 22) und sich "an dem Anspruch eines Ethos der Umwelterziehung" abzuarbeiten (a.a.O., S. 10).
Obwohl in der Umwelterziehung auf Kausalitäten basierende Wirkungsannahmen oft mit relativierenden Zusätzen versehen werden (so warnt z.b. Schmack vor zu überzogenen Erwartungen und empfiehlt der Umwelterziehung Geduld und ein Hoffen auf Erfolge; vgl. Schmack 1982b, S. 145), wird damit gerechnet, dass in erster Linie die Schule Umweltbewusstsein und umweltgerechtes Verhalten *erzeugen und auf Dauer stellen* muss und dies auch kann (vgl. 3.4.2.; 3.4.3.). Wer die Messlatte und damit den Erfolgsdruck so hoch ansetzt, riskiert wie Schreier mit hoher Wahrscheinlichkeit ein Scheitern (vgl. 3.4.5.). Nach Oelkers ist die Schule ohnehin Gegenstand ständig überzogener Erwartungen, und es scheine so, als sei sie nur darum sinnfest definiert: "Mit ihr soll alles erreicht werden, und das macht sie für das öffentliche Bewusstsein stabil" (Oelkers 1989c, S. 73). Indem sich die Schule selbst für Umwelterziehung anbietet, trägt sie dazu bei, die Erwartungen hoch anzusetzen, sie verspricht mehr, als sie halten kann – ein Paradox, das die Umwelterziehung berücksichtigen sollte.

Was können wir als Ergebnisse einer schulischen Umwelterziehung erwarten? Sind "die grossen Hoffnungen", die in Umwelterziehung gesetzt werden (Robert 1989, S. 31), berechtigt? Stellen wir dazu einige Reflexionen an und wenden wir uns verschiedenen empirischen Forschungsergebnissen zu.
Grundsätzlich liesse sich vor dem Hintergrund theoretischer Reflexionen und empirischer Erkenntnisse durchaus diskutieren, inwiefern gerade Bildung und Erziehung *das* Vehikel zur Erzeugung des "richtigen" Umweltbewusstseins und -verhaltens sein sollen und können. In der Umwelterziehung führt eine vielfach

ungebrochene Illusion von Effekten dazu, dass Zusammenhänge zwischen Wissen, Einstellungen und Verhalten (vgl. 1.2.4.), empirische Studien zu Wirkungen von Umwelterziehung (vgl. 4.2.; 5.2.) und historische Reformerfahrungen (vgl. 3.4.2.; 7.2.–7.4.) nur selektiv zur Kenntnis genommen und die Möglichkeiten der Schule überschätzt werden. So äussert Oelkers (1989b, S. 81f.) prinzipielle Zweifel an der Wirkungskraft schulischer Umwelterziehung: Umwelterziehung stelle das ökologische Gleichgewicht nicht wieder her, nicht einmal die entsprechenden Einstellungen könne man auf Breite und uniform erzeugen. Die Schule sehe sich Anforderungen gegenüber, die sie, nehme man sie wörtlich, nicht realisieren könne. Ein zentrales Problem der Umwelterziehung liege eben darin, dass sie Lernen ohne kurzfristigen Effekt zumute, oft Erwartungen frustriere, Ziele nicht erreiche, mit Motivationslücken rechnen müsse und doch nicht aufgegeben werden könne (Oelkers 1993, S. 16). Wenn wir wissen, dass Schülerinnen und Schüler "aktuellen Umweltthemen mit weltweiter Bedeutung" oder Themen aus der eigenen räumlichen und sozialen Umwelt Interesse entgegenbringen (Braun 1983, S. 40f.), bedeutet dieser Umstand nicht, dass dieses Interesse in der Zeit stabil bleibt. Das Thema "Umwelt" liefert noch keine Garantie für ein anhaltendes Interesse bei Schülerinnen und Schülern, wie z.B. eine österreichische OECD-Studie zur Umwelterziehung ergeben hat (Thonhauser 1993, S. 85). In der Umwelterziehung wird zu selbstverständlich vorausgesetzt, dass Interessen fürs Thema Umwelt bei Lehrerinnen, Lehrern, Schülerinnen und Schülern stets und mit derselben hohen Intensität vorhanden sein müssen.

Ausserdem erscheint die Forschungslage ungesichert: Die Erfolgskontrolle in der Umwelterziehung betrachten Uppenbrink und Langer als einen Forschungsschwerpunkt der Umweltforschung generell. Es gehe um die Frage, ob die in der Umwelterziehung angestrebten Lernziele mit Hilfe der angewandten Lernmethoden und vermittelten Lerninhalte tatsächlich erreicht werden können (Uppenbrink/Langer 1987, S. 88; vgl. 4.1., 4.2.). Allerdings existierten nur einige wenige empirische Studien über die Praxis der Umwelterziehung in den Schulen der BRD. Viel beachtet wurden im deutschsprachigen Raum die Arbeit Brauns (1983), der Kenntnisse, Einstellungen und praktizierte Handlungsweisen Jugendlicher untersuchte, die Studie Langeheines und Lehmanns (1986), die durch Befragungen den Einfluss der Schule auf das Umweltbewusstsein (d.h. auf ökologisches Wissen, ökologische Einstellungen und ökologisches Handeln) erhoben und mit anderen Einflussgrössen verglichen sowie die Untersuchung Eulefelds, Bolschos, Rosts und Seybolds (1988), welche die Praxis der Umwelterziehung in bundesdeutschen Schulen beleuchteten (vgl. 4.2.).

Die Studie zu *der* Wirksamkeit schulischer Umwelterziehung existiert nicht; in den von Bolscho (1986) im Rahmen einer Literaturstudie referierten rund 30 vorwiegend angelsächsischen Untersuchungen zu Wirkungen schulischer Umwelterziehung, welche den Stand "empirisch-pädagogischer Forschung in der westlichen Welt" Mitte der achtziger Jahre abbilden, wurden Teilaspekte untersucht (a.a.O., S. 7), hauptsächlich Veränderungen im Wissens- und Einstellungsbereich und Effekte bestimmter Unterrichtsmethoden, aber kaum tatsächliches Verhalten von Schülerinnen und Schülern. Effekte der Umwelterziehung im Wissens- und Einstellungsbereich bei Schülerinnen und Schülern und Effekte von Unterrichtsmethoden referieren wir an anderer Stelle (4.2; 5.2.). Vorweggenommen sei, dass die Schule in erster Linie die Wissensebene beeinflusst, wobei die hochgesteckten Erwartungen der Umwelterziehung bisher nicht erfüllt wurden. Im weiteren scheinen Wissens- und Einstellungsänderungen relativ unabhängig von eingesetzten Unterrichtsmethoden zu verlaufen. Insgesamt erscheint die Forschungslage wenig gesichert.

Was soll getan werden, wenn sich die in der Umwelterziehung erhofften Erfolge nicht einstellen? Bestimmt könnten sich die von beschränkten pädagogischen Effekten enttäuschten Umwelterzieher der Ökonomie und Politik zuwenden, welche Schreier (1994a, S. 9) als neue Hoffnungsträger bezeichnet, was im Widerspruch dazu steht, dass zu Beginn der siebziger Jahre ja gerade das fehlende Vertrauen in die Handlungsbereitschaft von Entscheidungsträgern in Wirtschaft und Politik dafür gesorgt hat, dass die Umwelterziehung auf die Schule setzte. Eine andere Möglichkeit bestünde darin, die eigenen Wirkungsmöglichkeiten aufgrund historischer Erfahrungen (vgl. 3.4.1.; 7.2.–7.4.) und empirischer Daten (vgl. 2.2.1.; 3.4.1.; 4.2; 5.2.) realistischer einzuschätzen. Wie Braun (1983, S. 23) treffend bemerkt, können empirische Befunde übersteigerte, in der Praxis kaum realisierbare Zielvorstellungen und Postulate der Theoretiker zurechtrücken und dazu führen, Lernstrategien zu überdenken oder neue zu begründen – nur käme es darauf an, diese empirischen Befunde einmal zur Kenntnis zu nehmen, sie mit gleichartigen pädagogischen und psychologischen Forschungsergebnissen zu vergleichen (etwa im Motivations-Einstellungs- und Handlungsbereich) und am Ende konsequent Schlüsse zu ziehen.

3.4.5. Möglichkeiten einer Neuorientierung im Verhältnis von Schule und Umwelterziehung

In den vorangegangenen Abschnitten beschäftigten wir uns mit Aspekten des Verhältnisses von Umwelterziehung und Schule. Wir diskutierten einige grundlegende Annahmen in der Literatur zur Umwelterziehung, die zugleich charakteristisch für die Umwelterziehung *und* problematisch für die Schule sein können. In Form einer Schlussbetrachtung werden nun Möglichkeiten skizziert, das Verhältnis von Schule und Umwelterziehung anders als bisher zu gestalten.

Umwelterziehung kämpft nach Oelkers (1993, S. 13) gegen reale Windmühlen, "wenn sie tatsächlich von der Beseitigung der Umweltkrise her konzipiert wird". Dieses Ziel sei eine moralische Idealisierung, an der jede Praxis nur scheitern könne. Andererseits erziehe genau diese Erwartung dazu, weil sie für die notwendigen Illusionen sorge, sich auf unabsehbare Veränderungsprozesse überhaupt einzulassen. Doch die Intentionen der Umwelterziehung würden typischerweise nicht mit Streueffekten, schiefen Erfahrungen und negativen Synergien ihrer eigenen Praxis rechnen (vgl. ebd.). Im selben Zusammenhang stellt Luhmann die berechtigte Frage, "ob schon die Unterrichtssituation selbst typisch bewirkt, dass man etwas anderes lernt als das, was man lernen soll" (Luhmann 1989, S. 25).

Welche Konsequenzen ziehen Oelkers und Luhmann aus der Problematik unsicherer Lerneffekte für die Umwelterziehung? Die beiden fassen die Aufgaben der Schule allgemeiner, als dies in der Umwelterziehung der Fall ist. In der Schule könne es, so Oelkers, "nur um Aufklärung durch Wissen, Einsicht und vielleicht die Erfahrung anderer Möglichkeiten gehen" (Oelkers 1989b, S. 82). Und Luhmann: "Im Prinzip meine ich, dass es nur darum gehen kann, die Gesellschaft, in der wir leben, dem Individuum verständlich zu machen" (Luhmann 1989, S. 28). Oelkers (1989b, S. 83) schlägt vor, die Bearbeitung von Umweltthemen offensiv, doch im Bewusstsein um die Begrenztheit der schulischen Wirkungen anzugehen, er setzt sich für eine "rational vertretbare Umwelterziehung" ein, die bescheidener angesetzt werden müsse: "Sie geht aus von Schadensbegrenzung, von beschränkten Modellen mit unsicherer Zukunftserwartung und von Limitierungen des Lernens, die alle Systeme gleichermassen betreffen" (Oelkers 1993, S. 13). Ein Vorteil des Vorschlages, in der Umwelterziehung eine rationalere, "verständigungsorientiertere Kommunikation" zu betreiben, bestünde darin, dass die Auswahl von Unterrichtsinhalten und -methoden nicht mehr wie bis anhin fast ausschliesslich mit Erziehungszielen legitimiert werden müsste, die der Entwicklung umweltgerechter Verhaltensweisen und Einstellungen der Lernenden dienen sollten (vgl. Kahlert 1990, S. 279). Dies dürfte eine ausgeprägtere Orientierung an pädagogischen Konzepten und schulischen Möglichkeiten nach sich ziehen.

Was kann die Schule der Umwelterziehung *anbieten*?
– Die Schule kann ein Diskussionsforum für Umweltfragen bilden, das Kontinuität garantiert und damit Vergessen verhindert, da sie nicht nach den Regeln der Politik (Machterhalt), der Wirtschaft (Profit) und der Massenmedien (Aktualität) funktioniert; sie kann ein Thema vertiefen, ohne sich

von der nächsten Wahl, dem zweiten Quartalsabschluss oder der neuesten Neuigkeit bestimmen zu lassen.

- Die Schule kann Themen dem Bewusstsein zugänglich machen, Informationen auswählen und Bewertungskriterien anbieten und dadurch Orientierungspunkte bieten.
- Auf der ethisch-moralischen Ebene kann die Schule wirken, indem sie Bewertungskategorien zur Verfügung stellt und hilft, Werthaltungen auszuformen (vgl. Giesecke 1987, S. 113).
- In der Schule kann Handeln angeleitet, geübt und damit ein Handlungswissen aufgebaut werden (beispielsweise durch die Schaffung von "ökologischen Aussengeländen" als Experimentierfelder für Unterrichts- und Demonstrationszwecke, wie Fietkau dies vorschlägt; vgl. Fietkau 1984, S. 111).

Schule kann (in Anlehnung an Dürrenmatt 1980, S. 92f.) Schülerinnen und Schüler "überlisten", sich der Umweltrealität auszusetzen, aber sie nicht zwingen, ihr standzuhalten oder sie gar zu bewältigen.

In diesem Kapitel wurden einige Aspekte des Verhältnisses von Schule und Umwelterziehung thematisiert. Dabei wurden Fragen der Methodik, Didaktik und Implementation (beispielsweise die Entscheidung zwischen Unterrichtsprinzip und Schulfach Umwelterziehung) weitgehend ausgeklammert, weil sie Gegenstand der nächsten Kapitel sein werden. Am Ende wollen wir unsere Folgerungen etwas überspitzt in Form von Dichotomien formulieren.
1. Wir setzen uns für eine Umwelterziehung ein, die Aufklärungspädagogik statt Gesinnungspädagogik betreibt; das bessere Argument soll beeinflussen, nicht die raffiniertere Indoktrination oder Manipulation.
2. Im Bereich der Zielvorstellungen und der Kritik an Wirtschaft, Wissenschaft und Technik sollte sich die Umwelterziehung von vereinnahmenden politischen Argumentationen entkoppeln und dafür pädagogisch argumentieren, eine kritische Vernunft pflegen, statt mit esoterischen Konzepten zu flirten, da es nicht ihre vordringliche Aufgabe sein kann, ein neues Gesellschaftsmodell oder Wissenschaftsverständnis zu entwickeln.
3. Das Verhältnis von Umwelterziehung und Schule sollte mitbestimmt sein von (historischen) schulischen Reformerfahrungen, aus denen zu lernen wäre. Im weiteren müssten Bezüge zwischen den in paradoxer Weise auseinanderfallenden Positionen umwelterzieherischer Schulkritik und den umwelterzieherischen Erwartungen an die Schule erst mal hergestellt und dann reflektiert werden. Es gälte dann wohl, Abschied zu nehmen von einem "amour fou" zur Schule und damit von einer lamentierenden Schulkritik.
4. Anstelle eines Ignorierens sollte in der Umwelterziehung eine intensive Diskussion über die Disparität ihrer Ziele und ihrer Methoden stattfinden, um

dem Vorwurf der Inkongruenz mit konzeptionellen Vorstellungen begegnen zu können.

5. Die Einschätzungen schulischer Wirkungsmöglichkeiten sollten sich statt von Wunschvorstellungen stärker von Ergebnissen empirischer Untersuchungen im Umweltbereich leiten lassen.

Wenn diese fünf Punkte beachtet würden, würde das Problemlösungspotential von Schulen etwas nüchterner eingeschätzt, was zugleich mit einer Beschränkung des hauptsächlichen Anspruchs der Umwelterziehung, möglichst rasch einen wesentlichen Beitrag zur Bewältigung der Umweltkrise zu leisten, einhergehen sollte. Dies würde die Umwelterziehung von überhöhtem Erfolgsdruck entlasten und könnte zu schulgemässeren methodisch-didaktischen Konzepten und adäquaten Implementationskonzepten führen.

4. Didaktische Aspekte der Umwelterziehung

In diesem Kapitel sollen didaktische Fragestellungen in der Umwelterziehung zur Debatte stehen, wobei von einem Didaktikbegriff im engeren Sinne, der Theorie der Lehrinhalte, ihrer Struktur, Auswahl und Zusammensetzung ausgegangen wird. In der umwelterzieherischen Diskussion sind in den vergangenen Jahren didaktische Aspekte in unzulässigem Masse zurückgestellt worden (vgl. 4.3.2.), eine vertiefte Auseinandersetzung mit Fragen der Verknüpfung von Inhalten mit Methoden der Umwelterziehung steht noch bevor. Deshalb stellen wir zunächst die Frage nach relevanten Gegenständen der Umwelterziehung und den entsprechenden Kriterien zur Diskussion (4.1.–4.4.). Dabei bleiben Bildungsrichtlinien, Lehrpläne oder Stoffpläne weitgehend unberücksichtigt, wir konzentrieren uns vor dem Hintergrund empirischer Studien (4.2.) auf didaktische Vorstellungen und Konzepte in der Literatur zur Umwelterziehung; zudem sollen mindestens in Ansätzen Kriterien der Auswahl und Gewichtung von Inhalten der Umwelterziehung als Grundlagen didaktischer Entscheidungen herausgearbeitet und diskutiert werden (4.4.–4.6.). Verschärft wird das Problem der Inhalte in der Umwelterziehung durch Forderungen nach Interdisziplinarität, ökologischem Denken, Vernetzung und Ganzheit (4.5.). Wir optieren für Komplexität, gegen ein mythisches Ganzheitsprinzip, für eine Umsetzung der oben genannten Postulate in Unterrichtsmaterialien und am Ende für ein Lernprogramm in der Umwelterziehung, das sowohl Freiheiten gewährt als auch verbindliche Inhalte festschreibt (4.6.).

4.1. Die Bestimmung und Gewichtung von Inhalten als Problem der Umwelterziehung

Seit Anfang der achtziger Jahre kam das Erarbeiten von allgemeinen didaktischen Konzepten der Umwelterziehung fast zum Erliegen. So nennen Bolscho in einer Literaturstudie (1986, S. 53, Anmerkung 8) und Eulefeld (1990, S. 655) in einem Überblicksartikel keine didaktischen Konzepte, die nach 1982 erschienen. Woran liegt es, dass in der umwelterzieherischen Literatur *kaum didaktische Konzepte* formuliert werden, die das inhaltliche Spektrum der Umwelterziehung eingrenzen und Basiswissen formulieren würden? Für den Mangel an inhaltlicher Konkretisierung sehen wir vier Gründe:
1. Umwelterziehung wird erst seit Beginn der siebziger Jahre betrieben. Ein Konsens über Inhalte muss sich noch herausbilden. Zudem ist die Ökologie als Wissenschaft und Leitdisziplin der Umwelterziehung im Aufbau begriffen und muss ihr ökologisches Grundwissen ebenfalls noch etablieren. Didakti-

sche Mankos werden in der Umwelterziehung teilweise anerkannt, doch nicht konsequent behoben. So spricht Schmack (1982a S. 120) von "Umweltdidaktik – im engen Sinne – als Theorie der Bildungsinhalte und des Lehrplans", die wegen der Fülle inhaltlicher Vernetzung die Auswahl der Umweltthemen klären solle. Selber trägt er wenig zu Klärungen bei und diskutiert im Gegensatz zu Eulefeld et al. (1981) keine Auswahlkriterien für "repräsentative Gegenstände" (a.a.O., S. 120–131).

2. Umwelterziehung definiert sich ziel-, methoden- und wirkungszentriert, sie legitimiert sich weniger über ihre Inhalte als vielmehr über Verhaltensziele und (methodische) Mittel. Die Umwelterziehung steht unter dem Primat der erwünschten Effekte (vgl. 3.4.4.). Da mit den "richtigen" Methoden das "richtige" umweltgerechte Verhalten gelehrt und gelernt werden soll, kann dies dazu führen, dass die Methodik der Umwelterziehung deren Didaktik dominiert. Ob Schülerinnen und Schüler als exemplarische Beispiele die Atemröhre der Culex-Larve in bezug auf den Wasser-Öl-Gehalt oder das veränderte Beutefangverhalten von Spinnen betrachten, ist kaum von Belang; Hauptsache, sie bearbeiten irgendein Umweltthema situations-, problem-, handlungs- und systemorientiert, was – so die umwelterzieherische Annahme – ihr Umweltbewusstsein fördert und schliesslich umweltgerechtes Verhalten nach sich zieht.

3. In der Umwelterziehung wird das Ganzheitsprinzip hochgehalten (vgl. 4.5.2.), oft Wissenschaftskritik geübt (3.2.) und der kognitiven Ebene des Lernens Skepsis entgegengebracht (1.2.1., 1.2.4.). Wenn Erleben und Handeln das A und O sind, ist jeder Inhalt gleich wichtig; wenn alles mit allem irgendwie zusammenhängt, ist jedes Thema "irgendwie" relevant.

4. Umwelterziehung soll als fächerübergreifendes Unterrichtsprinzip und nicht als neues Fach den Weg in die Schulen finden. Ein Unterrichtsprinzip bleibt inhaltlich unbestimmter und weniger verpflichtend als fachgebundene didaktische Konzepte mit fixierten Zeitgefässen (vgl. 8.1.3.).

Eine Auseinandersetzung mit *Fragen der Auswahl und der Gewichtung* von Inhalten ist in der umwelterzieherischen Literatur nicht die Regel. Oft ersetzen Zitate aus Lehrplänen oder Lehrbüchern Reflexionen über Inhalte (was auch beim untersuchten Umwelterziehungsprojekt der Fall war; vgl. Widmer/Keist 1990, Teil B, S. 1–6). Unterrichtsmethoden und didaktische Entscheidungen müssten in der Umwelterziehung stärker aufeinander bezogen werden, es drängt sich eine Verlagerung der Diskussion von Zielen, Methoden und Fallbeispielen hin zu der Verknüpfung von Inhalten mit Methoden und Fragen der Implementation auf (vgl. 5.3., 5.4.). Ausgehend von unseren Untersuchungsergebnissen setzen wir uns dafür ein, dass in der Umwelterziehung für Lehrerinnen und Lehrer eine didaktische Orientierungshilfe in Form eines Basiswissens – das deklarative und prozedurale Anteile enthält (vgl.

1.2.1., 1.2.4.) – zur Verfügung gestellt würde. Denn: Wer inhaltlich alles offenhalten will, *erschwert* eine Etablierung der Umwelterziehung über didaktische Programme.

Bolscho et al. (1980, S. 52) geben zu Recht zu bedenken, dass Umwelterziehung in einem bestimmten Mass einer inhaltlichen Grundlegung bedürfe, bei der die fragmentarische und unkoordinierte Erwähnung von Umweltfragen im fachlichem Zusammenhang systematisch fundiert werde. Eine solche inhaltliche Grundlegung muss erst noch geleistet werden, und dies aus folgenden Gründen:

Einmal ist Umwelterziehung nicht nur, doch sicherlich auch, eine Frage der zeitlichen Ressourcen. Bolscho (1986, S. 21) zitiert drei Überblicksstudien (Tewksbury/Harris 1976, Troicak/Harvey 1976, Pettus/Schwaab 1978), die zeigen, dass meist weniger als eine Wochenstunde Umwelterziehung betrieben wird (der Anteil mit weniger als einer Wochenstunde wird mit 56–76% des gesamten Umwelterziehungsunterrichts beziffert). Laut einer IPN-Studie von Eulefeld, Bolscho, Rost und Seybold (1988) wurden Mitte der achtziger Jahre in Grundschulen der BRD rund acht und in Sekundarschulen zwischen 20 und 24 Unterrichtsstunden pro Schuljahr für Umwelterziehung aufgewendet (vgl. Eulefeld 1991, S. 13), was weniger als einem Drittel eines zweistündigen Nebenfachs entspricht. Wie die Reformpädagogik (vgl. Oelkers 1989d, S. 133) lässt sich die Umwelterziehung kaum auf Auswahlprobleme ein. Ein Beispiel: In einer sorgfältigen Analyse vermittelt uns Kyburz-Graber (1988) einen Überblick über rund 80 schweizerische Lehrmittel zu Geographie, Physik, Chemie und weiteren Fächern, in denen Umweltthemen behandelt werden. In ihrer Lehrmittelkritik führt sie thematische Erweiterungsvorschläge aus (etwa mit den Formulierungen "kein Hinweis auf", "kommen kaum vor", "erst wenig Eingang gefunden" oder "kaum Informationen über", wie Umwelterziehungsthemen ausgebaut und aktualisiert werden könnten), bringt jedoch keine Kürzungswünsche an (a.a.O., S. 98). Wenn für Umwelterziehung im besten Fall eine Lektion pro Woche zur Verfügung steht, sollten *didaktische Prioritäten* festgelegt werden; es müssten Vorschläge unterbreitet werden, welche Inhalte im Verlaufe der schulischen Ausbildung angesichts eines auf rund 20 Jahreslektionen beschränkten Zeitrahmens zu thematisieren wären. Mit einem nachdrücklichen Pochen auf das Unterrichtsprinzip Umwelterziehung lässt sich dieser real beschränkte Zeitrahmen nicht ausweiten. Deshalb müssten für die Umwelterziehung feste Zeitgefässe geschaffen werden (vgl. Kap. 8), die einen "flächendeckenden Unterricht" garantieren und Umweltthemen stärker als bisher in der Schule verankern würden.

Zweitens nimmt, wer in der Umwelterziehung inhaltlich zuviel offenlassen will, Beliebigkeit in Kauf, wie sie Schmack (1982b, S. 145f.) wohl unfreiwillig formuliert hat: "Umweltunterricht folgt dem Zufall, d.h. der aktuellen Gelegenheit; er schliesst sich dem Tagesgeschehen an und kann berechtigt darauf hoffen, dass über Medien immer genügend und interessante Anlässe vorliegen werden." Inhalte der Umwelterziehung dürfen nicht allein durch zufällige Medienangebote bestimmt werden, weil die Medien Umweltthemen nach ihren eigenen und nicht nach pädagogischen Kriterien (z.B. vom Leichten zum Schwierigen) auswählen; das Neueste verdrängt immer das Neue (vgl. Herrsche 1989, S. 164). Aktualität kann *ein* Kriterium für die Auswahl der Inhalte abgeben, aber eben nur eines.

Weiter eignet sich nicht jedes Umweltthema für jede Altersstufe und für jeden Schultyp in gleicher Weise (was beispielsweise in unserer Untersuchung Schwierigkeiten bei der Bearbeitung des Themas Nutzungskonflikte und Siedlungsplanung mit einer siebten Primarschulklasse gezeigt haben, vgl. Berchtold/ Stauffer 1995, Anh., S. 180–187). Es müssten Vorschläge unterbreitet werden, welche Themen in welcher Weise für bestimmte Altersstufen und Schultypen aufzubereiten wären.

Schliesslich wählen Autorinnen und Autoren von Lehrplänen und Lehrbüchern oder Lehrerinnen und Lehrer bei ihrer Unterrichtsvorbereitung umwelterzieherische Inhalte nach ihren Kriterien und Relevanzvorstellungen aus und gewichten diese selbst (beispielsweise wird im EDK-Dossier zur Umwelterziehung in den Schweizer Schulen der Einfluss der Lehrmittel als "heimlicher" Lehrplan als entscheidend eingeschätzt; vgl. EDK 1988, S. 37, 120), sofern keine verbindlicheren didaktischen Konzepte präsentiert werden, die echte didaktische Orientierungshilfen im Umwelterziehungsdschungel zu bieten vermögen.

4.2. Empirische Studien zum Umweltwissen

Obwohl Umwelterziehung in ihrer Kritik an Rahmenbedingungen gerade die Wissensschule im Visier hat (vgl. 3.4.1), wird die Bedeutung der Wissensebene meist anerkannt (vgl. Braun 1983, S. 15; Eulefeld et al. 1981, S. 105). Wissen wird in der Umwelterziehung als eine notwendige, jedoch keine hinreichende Bedingung für umweltgerechtes Verhalten betrachtet, wobei Wissen äusserst restriktiv *als Sachwissen interpretiert* und selten als Handlungswissen thematisiert wird (vgl. 1.2.1.).

Wozu Wissen? Umweltwissen wird zur Lageanalyse und zum Verständnis von Ursache-Wirkungs-Gefügen benötigt, es bietet differenzierte Informationen zur Beurteilung möglicher Lösungswege und Gegenmassnahmen (vgl. Braun 1983, S. 8). Für Kahlert (1990, S. 100) dient Umweltwissen dazu, Umweltrisiken einzuschätzen und zu bewerten, Überlegungen über die Ursachen dieser Risiken anzustellen und die Durchsetzungschancen für angestrebte Massnahmen zu beurteilen. So konkret wie in Kahlerts sozialwissenschaftlicher Analyse von Alltagstheorien in der Umweltpädagogik wird die Wissenskomponente in der Umwelterziehung nicht gefasst (vgl. 1.2.1). Statt dessen wird in der Umwelterziehung entweder Unbestimmtheit oder ein überholter, *eingeschränkter Wissensbegriff* gepflegt, der weder prozedurales Wissen im Sinne von Know-how noch analoges Wissen in Form von Vorstellungsbildern oder mentalen Modellen einschliesst (ebd.). Die Frage nach relevanten Inhalten der Umwelterziehung ist auch daran gebunden, was von einem Umweltwissen erwartet werden kann. Dazu bieten empirische Studien wertvolle Anhaltspunkte, wenn sie Defizite in der Praxis der Umwelterziehung aufzeigen können. In diesen Studien interessieren uns Aussagen über die Qualität des Umweltwissens sowie Zusammenhänge zwischen Wissen, Einstellungen und Verhalten bei Schülerinnen und Schülern.

4.2.1.   Effekte der Umwelterziehung im Wissensbereich unter
         Berücksichtigung der Einstellungs- und Handlungsebene

Noch 1983 nahm Braun ausgehend von einer 1975 erschienenen Bibliographie Maassens an, dass Untersuchungen über "Lernwirkungen der Umwelterziehung in verallgemeinerungsfähiger Form" nicht vorlägen (vgl. Braun 1983, S. 2). Drei Jahre später konstatierten Langeheine und Lehmann (1986, S. 5), dass "so gut wie überhaupt nichts Sicheres" darüber gewusst werde, "wo und wann die Einstellungen, Gefühle und Kenntnisse über die Umwelt aufgebaut werden und wurden". Heute stellt sich das Bild empirischer Forschung etwas aussagekräftiger dar.
In einer Literaturstudie bildete Bolscho (1986) den "Stand empirisch-pädagogischer Forschung in der Umwelterziehung" (d.h. Überblicksstudien, Untersuchungen zu Voraussetzungen der Umwelterziehung, Wirkungen von Umwelterziehung, Ausbildung der Lehrkräfte sowie Schulumgebung und Schulsituation) ab. Zu Veränderungen durch Umwelterziehungsunterricht im Wissens- und Einstellungsbereich analysierte er 24 vorwiegend angelsächsische Studien, da im deutschsprachigen Raum die Wissens- und Einstellungsforschung bei Schülerinnen und Schülern im Umweltbereich eine "äusserst bescheidene Randstellung" einnehme (a.a.O., S. 37). Bezeichnend für die blinden Flecken in der Empirie der Umwelterziehung taucht bei Bolscho (a.a.O., S. 28f.) eine Untersuchung von Towler und Swan (1972, S. 40) auf, die laut ihm bei Langeheine und Lehmann (1986, S. 39) als "Kronzeugen für die Unwirksamkeit schulischer Umwelterziehung" herangezogen wurden. Towler und Swan erhoben ihre Daten 1969, also in den Anfängen schulischer Umwelterziehung, und befragten acht- bis elfjährige Schülerinnen und Schüler in Florida und Indiana. Das Ergebnis – ein Mangel an Wissen über Faktoren, die die Umwelt

beeinflussen – mag bei Alter und Ausbildungsstand der untersuchten Population nicht weiter erstaunen.

Die Studie von Ramsey und Rickson (1976) konnte zeigen, dass hohes Wissen über Natur und Ursachen der Umweltverschmutzung sowie über ökonomische Aspekte der Umweltbelastung mit gemässigten Einstellungen zu Umweltfragen einhergeht – gemeint waren die Einstellungstypen "wohlwollende Einstellung (...), Unterstützung von Umweltprogrammen, die in modifizierter Weise die ökonomischen Kosten gering halten" und "Resignation (...), Unterstützung von Programmen, nur wenn diese die ökonomischen Kosten gering halten" (Bolscho 1986, S. 34). Für uns sind diese Ergebnisse bemerkenswert, weil sie darauf hindeuten, dass ein höheres Umweltwissen mit gemässigteren und differenzierteren Einstellungen zu ökologischen und ökonomischen Fragen einhergeht, was die Wahrscheinlichkeit einer Beeinflussung durch ideologische Argumentationen jeglicher Couleur und völlig ablehnende Haltungen gegenüber Umweltschutz oder Wirtschaft verringert.

Ramsey, Hungerford und Tomera (1981) kommen zum Schluss, dass ein spezifisches Wissen über Handlungsstrategien und dazu vermittelte Kompetenz umweltrelevantes Verhalten fördern. Sie schlagen deshalb ein "spezifisches und anwendungsorientiertes Training zur Vermittlung von Problemlösungs- und Handlungsstrategien" vor (vgl. Bolscho 1986, S. 54). Richmonds und Morgans (1977) Untersuchung ergab, dass von 11 000 englischen Schülerinnen und Schülern – allesamt aus 5. Klassen – 45% Fragen zum faktischen Umweltwissen und 60% Fragen zum konzeptionellen Umweltwissen richtig beantworteten (vgl. Bolscho 1986, S. 28), wobei die Unterscheidung zwischen diesen zwei Wissenstypen laut Bolscho (a.a.O., S. 91) nicht weiter erläutert wurde. Nay und Herbers (1980) fanden heraus, dass bei 9. Klassen in Realschule und Gymnasium kaum differenzierte Kenntnisse über industrielle Schadstoffe und deren Auswirkungen vorhanden sind (vgl. Bolscho 1986, S. 28). Langeheine und Lehmann (1986, S. 41f.) berichten über eine Arbeit Burrus-Bammels (1978), der in Virginia Einflüsse eines einwöchigen Umweltcamps auf Jugendliche untersuchte (1975 insgesamt 55 Jugendliche zwischen 16 und 20 Jahren in Experimental- und Kontrollgruppen, bei der Widerholung 1976 insgesamt 65 Jugendliche). Bei den Experimentalgruppen konnte gegenüber Vortest und Kontrollgruppen ein signifikanter Zuwachs an Wissen und veränderte Einstellungen ermittelt werden, die selbst in einem zweiten Nachtest nach einem halben beziehungsweise eineinhalb Jahren noch erhalten blieben.

Bis heute werden in der Forschung zur Umwelterziehung *Defizite im Wissensbereich* konstatiert. Einen aktuellen Überblick vermittelt Pfligersdorffer (1994, S. 104–124). Hier ein Ausschnitt: "Ähnlich schlechte Ergebnisse brachte eine Umwelt-Umfrage des Chemiedidaktikers Demuth 1989 in Deutschland an 3 200 Schülern. Grosse Defizite wurden im Bereich der

Artenkenntnisse aber auch im Bereich allgemeiner Umweltprobleme und lokaler Umweltgegebenheiten deutlich (Brenner 1989)." Die mangelnde Kenntnis der Umweltaspekte vor Ort erscheint gerade hinsichtlich eines umweltgerechten Verhaltens besonders gravierend und ist ein in Untersuchungen immer wiederkehrender Effekt. So berichten Towler und Swan (1992) aus ihren Erhebungen, dass Schülerinnen und Schüler keine Ahnung hätten, woher ihr Trinkwasser käme und wohin ihr Müll entsorgt würde" (Pfligersdorffer 1994, S. 113).

Nun zu einschlägigen deutschsprachigen Untersuchungen: Eingangs möchten wir festhalten, dass bei Braun (1983) wie bei Langeheine und Lehmann (1986) bezogen auf die Wissensebene im wesentlichen grundlegende Zusammenhänge in Ökosystemen erfasst wurden – und *kein Handlungswissen* oder gar Umweltwissen an sich, was bei Diskussionen dieser Studien in der Umwelterziehung zuwenig beachtet wird (vgl. 3.4.4.; 4.2.).
Für Langeheine und Lehmann (1986, S. 43) war Mitte der achtziger Jahre *Brauns* Arbeit die einzige ihnen bekannte, in der Einflüsse bestimmter unabhängiger Variablen auf Umweltwissen, -einstellungen und -verhalten untersucht worden seien – ein Grund, sie etwas eingehender zu betrachten (vgl. 1.2.1.–1.2.3.). Braun (1983) erhob mit einem Fragebogen in Ostwestfalen bei 600 15–16jährigen Schülerinnen und Schülern Kenntnisse, Einstellungen und Verhalten im Umweltbereich. Sein Hauptinteresse bestand in der Klärung der Frage, ob und inwieweit Schülerinnen und Schüler umweltgerechte Verhaltensweisen praktizierten; umweltbewusstes Verhalten bestand aus den Komponenten eigenes umweltbewusstes Verhalten, Informationsverhalten und umweltpolitische Aktion. Brauns Fragebogen enthielt einen Wissenstest mit 20 Fragen (a.a.O., S. 83–85), die mehrheitlich aus den Bereichen Biologie und Erdkunde stammten (a.a.O., S. 31). Es sollten beispielsweise Erklärungen von Begriffen wie Recycling und Ökosystem beurteilt werden, und es musste zu Behauptungen wie "In der Bundesrepublik Deutschland trägt in erster Linie die Industrie gegenüber dem Verkehr bzw. den Haushalten zur Luftverschmutzung bei" Stellung genommen werden, indem von drei Auswahlantworten eine anzukreuzen war. Der zweite Fragebogen (a.a.O., S. 86–91) enthielt offene Fragen, dort wurden wiederum Behauptungen präsentiert, die den allgemeinen Informationsstand reflektieren sollten – etwa: "Jede Temperaturerhöhung im Wasser führt gleichzeitig zu einer Sauerstofferhöhung." Im Gegensatz zu Langeheine und Lehmann (1986) beschränkte sich Braun (1983, S. 28) bei der Auswertung seiner Daten auf Varianz- und Korrelationsanalysen.
Hier einige Ergebnisse: Die Intensität umweltgerechter Verhaltensweisen hing am stärksten mit der Variablen "politisches Interesse" zusammen; mit den Variablen "Schulart" und "Handlungserfahrungen in der Schule" bestanden

ebenfalls signifikante Zusammenhänge (a.a.O., S. 45). Braun ist der Ansicht, dass der Einfluss der Schule auf die Variablen des Umweltbewusstseins, zu dem bei ihm auch umweltbewusstes Verhalten gezählt wird, evident sei (a.a.O., S. 37). Handlungserfahrungen in der Schule – darunter verstand Braun beispielsweise die Durchführung umweltpolitischer Aktionen, Besuche von Ausstellungen und Veranstaltungen zu Umweltthemen, Gespräche mit Umweltfachleuten – würden sich auf fast alle Variablen des Umweltbewusstseins positiv auswirken, insbesondere auf die Variablen des umweltbewussten Verhaltens. Im weiteren wiesen Schülerinnen und Schüler, welche während des schulischen Unterrichts beispielsweise eine Säuberungsaktion durchführten, einen signifikant höheren Kenntnisstand auf als solche, die diese Handlungserfahrungen nicht besassen (ebd.; wobei hier zu fragen wäre, ob dieses Ergebnis auf die Handlungserfahrungen alleine oder intervenierende Variablen wie das höhere Engagement von Lehrkräften zurückzuführen war). Allerdings nahmen beim Handeln im Umweltbereich die ermittelten Werte vom eigenen umweltbewussten Verhalten über das Informationsverhalten bis zur umweltpolitischen Aktion kontinuierlich und teilweise sehr stark ab (a.a.O., S. 49).

Jetzt zur Frage des Umweltwissens (vgl. 1.2.1.): Im Wissenstest offenbarten sich nach Braun (1983, S. 32f.) bei Schülerinnen und Schülern deutliche Defizite in Umweltfragen. Die mehrheitlich den Fächern Biologie und Erdkunde zuzuordnenden Kenntnisfragen wurden zu 44% treffend beantwortet, was Braun als "wenig ermutigend" bezeichnet, da nur wenige Schülerinnen und Schüler in der Lage gewesen seien, die Komplexität von Umweltproblemen rational zu durchdringen und sich von ideologieträchtigen Argumentationen zu distanzieren; "kognitive Mündigkeit" bleibe deshalb für viele Schülerinnen und Schüler eine Illusion (a.a.O., S. 48). Die Korrelation zwischen Umweltwissen und umweltbewusstem Verhalten betrug r = 0.362 (a.a.O., S. 104). Interessanterweise stellte Braun höhere Zusammenhänge zwischen Wissen und Handeln als zwischen Wissen und Einstellungen fest (a.a.O., S. 46). Die hohen Zusammenhänge – Korrelationen über r = 0.5 – zwischen Einstellungen und Handeln sind nach Braun darauf zurückzuführen, dass umweltverträgliches Handeln nicht beobachtet, sondern bloss erfragt wurde. Zum Vergleich sei angeführt, dass laut Metastudien Korrelationen zwischen Einstellungen und Verhalten in pädagogischen Studien maximal r = 0.30 betragen (vgl. van Buer/Nenninger 1992, S. 448) und Hines et al. (1986/87) in einer Übersichtsanalyse von 17 umweltpsychologischen Untersuchungen eine positive Korrelation von r = 0.30 zwischen Wissen und Handeln ermittelten (vgl. Pfligersdorffer/Unterbruner 1994, S. 85), was Brauns Untersuchungsdesign und seine Ergebnisse etwas *relativiert*. Zusammenfassend bezeichnet Braun (1983, S. 47) die Ergebnisse aus Sicht der Umwelterziehung bei den Einstellungsvariablen als zufriedenstellend, beim umweltbewussten Handeln und der kognitiven Problemlösungskompetenz lokalisiert er deutliche Defizite.

Die methodisch anspruchsvollste, umfangreichste und aussagekräftigste uns bekannte Erhebung im deutschsprachigen Raum zu Wissen, Einstellungen und Handeln im Umweltbereich stammt von *Langeheine und Lehmann* (1986; vgl. 1.2.1.–1.2.3.). In einer Fragebogenuntersuchung befragten sie in Schleswig-Holstein und in Berlin Personen aus einer "Zufallstelefonstichprobe", Naturschutzbundmitglieder, Facharbeiter und Gymnasiasten im Alter zwischen 16 und 40 Jahren (a.a.O., S. 80f.); auswertbar waren 558 beziehungsweise 436 Fragebogen. Im Unterschied zur Mehrheit empirischer Untersuchungen im Umweltbereich gingen Langeheine und Lehmann von einem multivariaten Ansatz aus (a.a.O., S. 63). Als Blöcke unabhängiger Variablen wählten sie Erfahrungen mit naturnaher Umwelt in Kindheit und Jugend, umweltbezogene schulische Erziehung, umweltbezogene Information durch und Nutzung von Massenmedien und klassische Persönlichkeitsvariablen, Einstellungen und demographische Variablen (a.a.O., S. 76–79). Blöcke abhängiger Variablen bildeten die drei Bereiche ökologisches Wissen (Kenntnisse über grundlegende Zusammenhänge in Ökosystemen), ökologische Einstellungen (v.a. Stärke der Affekte gegenüber der Umweltzerstörung) und ökologisches Handeln (unterteilt in verbal-öffentliches ökologisches Handeln und ökologisches Handeln im eigenen Haushalt; a.a.O., S. 92–94). Die Daten wurden zunächst mit einer Regressions-Komponenten-Analyse aufbereitet, welche als Ergebnisse Komponenten (d.h. neue Variablen) ergibt, die aus gewichteten Summen der verwendeten Indikatoren bestehen (a.a.O., S. 85). Anschliessend wurden mit dem Computerprogramm PLSPATH ein multivariates additives Analysemodell entworfen (a.a.O., S. 101) und Pfadanalysen durchgeführt (a.a.O., S. 97).

Bei der Diskussion der Untersuchungsergebnisse Langeheines und Lehmanns konzentrieren wir uns im folgenden auf den Wissensaspekt (vgl. 1.2.1). Langeheine und Lehmann (1986, S. 106) verstanden unter "ökologischem Wissen" Kenntnisse über grundlegende Zusammenhänge in Ökosystemen. In ihrem Fragebogen ging es um "Naturwissen und Umweltkenntnisse" (a.a.O., S. B10–B17). Die Fragestellungen waren etwas anspruchsvoller als diejenigen Brauns. Hier ein Beispiel: "Im folgenden geht es um die Belastung des Gewässers durch phosphat- und nitrathaltige Waschmittel und Düngemittel. Bitte entscheiden Sie, welche der folgenden Sätze richtig oder falsch sind." Drei Antworten wurden zur Auswahl vorgelegt. Erstens: "Diese Stoffe hemmen im Wasser den Pflanzenwuchs, so dass den Tieren die Nahrungsgrundlage entzogen wird." Zweitens: "Diese Stoffe trüben das Wasser so, dass die Tiere orientierungslos und nervenkrank werden." Drittens: "Diese Stoffe beschleunigen das Wachstum von Pflanzen, die viel Sauerstoff erzeugen, so dass zunächst der Sauerstoffgehalt des Wassers steigt" (a.a.O., S. B12). Ökologisches Wissen, das mit 16 Fragen erhoben wurde, konnte in Schleswig-Holstein zu 34% und in Berlin zu 39% durch die oben genannten unabhängigen Variablen erklärt werden. Als stärkster Faktor überhaupt erwies sich der Ausbildungsstatus (beispielsweise rund drei bis viermal bedeutender als "frühe direkte Erfahrungen mit Natur"). Ausserdem, so Langeheine und Lehmann, würden die formalen Ausbildungsinstitutionen ökologisches Wissen nicht nur direkt vermitteln, sondern auch vermehrt zum Lesen von Büchern und dem Besuch von Veranstaltungen zu Umweltthemen anregen (a.a.O., S. 107). Innerhalb der schulischen Variablen zeigten nicht die Faktoren "Intensität ökologischer Themen im Unterricht, Lehrerzentriertheit des Unterrichts oder ökologische Ausrichtung der Lehrkraft" wesentliche Zusammenhänge mit ökologischem Wissen, sondern der Ausbildungsstatus. Im Unterschied zum Ausbildungsstatus scheinen "zumindest die Medien Fernsehen, Radio und Presse (...) beim Aufbau systematischen ökologischen Wissens überhaupt keine Rolle zu spielen" (a.a.O., S. 106), ebensowenig Persönlichkeitseigenschaften wie Neurotizismus, Extraversion, interne Kontrollüberzeugungen und demographische Variablen – ausser das Geschlecht (a.a.O., S. 107). Langeheine und Lehmann zeigten sich "von der Tatsache der Stärke des Einflusses der Schule auf das Wissen überrascht" (a.a.O., S. 106), ein Einfluss, der zustande kam, obwohl die Untersuchungspersonen "zum grössten Teil die Schule seit ein bis zwanzig Jahren beendet" hatten (ebd.), also zu einem beträchtlichen Teil nicht in Genuss eines genuinen Umwelterziehungsunterrichts gekommen waren und ökologische Themen wohl nur am Rande der Schule betrachtet hatten.

Unter Einstellungen zu Umweltfragen verstanden Langeheine und Lehmann in erster Linie die Stärke der Affekte angesichts der Umweltzerstörung (a.a.O., S. 111). Für die Untersuchung in Schleswig-Holstein konnten sie 30% der Varianz klären, für diejenige in Berlin 54%. Weder Effekte der Schule noch der Massenmedien, weder frühkindliche Einflüsse noch ökologisches Wissen hingen mit "Gefühlen gegenüber der Umweltzerstörung" zusammen, sondern andere Einstellungen: Einstellungen zu Wirtschaftswachstum und technischem Fortschritt, regionale Betroffenheit durch Umweltzerstörung und parteipolitische Ausrichtung (a.a.O., S. 111–116). Es ist eben nicht evident, wie Schmack (1982a, S. 93) dies annimmt, dass "tägliche Schlagzeilen" langfristig zu der schon beachtlichen Sensibilisierung in Umweltfragen wesentlich beitragen, skeptisch machen und verhaltensändernd wirken würden. Langeheine und Lehmann (1986, S. 114) bezeichnen denn auch die Erklärung von Einstellungen mit anderen Einstellungen als eine missliche Sache, weil statistisch eine Einstellung immer zu fast 100 v. H. durch eine andere Einstellung erklärt werden könne. Sie ziehen aus ihren Ergebnissen den diskutablen

Schluss, dass Schule und Massenmedien beim Aufbau ökologischer Gefühle bisher versagten (a.a.O., S. 134). Erklärt wird das im Falle der Schule einerseits mit der Hypothese, dass diese keinen einheitlichen Einfluss auf ökologische Gefühle ausübe (ihre Effekte hier also streuen) und andererseits damit, dass die Schule kein ökologisches Konzept besitze, wobei Langeheine und Lehmann einräumen, dass sie nicht von Effekten der Schule an sich sprechen können, sondern bloss von Zusammenhängen zwischen Ausbildungsstatus und ökologischen Gefühlen (a.a.O., S. 115).

Bei den Ergebnissen im Zusammenhang mit ökologischem Handeln betrachten wir weniger verbal-öffentliches Handeln (verstanden wurde darunter ein Engagement für Umweltschutz und die Präferenz ökologisch orientierter Parteien; a.a.O., S. 117–120), als vielmehr ökologisches Handeln im eigenen Haushalt, das Recycling- und Energiesparverhalten beinhaltete (a.a.O., S. 121–124) und als ein eigentlicher Prüfstein gelten kann.

In der schleswig-holsteinschen Stichprobe erwies sich ökologisches Handeln im eigenen Haushalt abhängig von Alter, Ausbildungsstatus, verbal-öffentlichem ökologischem Handeln und (negativ) vom Einkommen, geklärt wurden 10% der Varianz (a.a.O., S. 121f.). In der Berliner Stichprobe gestalteten sich die Zusammenhänge komplizierter. Zu nennen sind als die fünf bedeutendsten Faktoren die Betonung des pfleglichen Umgangs mit Lebewesen und Sachen in der Kindheit, frühe direkte Erfahrungen mit Natur, Stärke der Affekte gegenüber der Umweltzerstörung und (negativ) die Intensität der Behandlung des Unterrichtsthemas Energie; geklärt wurden 26% der Varianz (a.a.O., S. 123).

Die Korrelationen zwischen Wissen und Handeln im eigenen Haushalt betrugen in Berlin 0.14, in Schleswig-Holstein 0.11, diejenigen zwischen Affekten (Einstellungen) und Handeln im eigenen Haushalt 0.23 bzw. 0.05 und diejenigen zwischen Affekten und Wissen 0.27 bzw. 0.13 (a.a.O., S. 137f.). Hier zeigt sich, dass Zusammenhänge zwischen Einstellungen und Handeln nicht wesentlich stärker sind also solche zwischen Wissen und Handeln. Ein "Erziehungsweg" vom Wissen über Einstellungen zum Handeln lässt sich mit diesen Ergebnissen *nicht stützen*.

Obwohl Wissen in Langeheines und Lehmanns Untersuchung keine prozeduralen oder analogen Komponenten beinhaltete (vgl. 1.2.1.), lässt sich als *Fazit* formulieren, dass Stärken der Schule im Aufbau eines systematischen ökologischen Wissens liegen – und weit weniger im Erzeugen bestimmter Einstellungen zur Umweltproblematik. Bei der Interpretation der Ergebnisse ihrer Studie darf behauptet und kann belegt werden, dass *ohne die Schule kein systematisches ökologisches Wissen* aufgebaut werden kann. Bestimmt kann ökologisches Wissen nicht als bedeutsamster Prädiktor für ökologische Einstellungen beziehungsweise für ökologisches Handeln bezeichnet werden (vgl. Langeheine/Lehmann 1986, S. 133), aber Einstellungen für Handeln eben auch nicht, da diese mit verbal-öffentlichem Handeln zusammenhängen (a.a.O., S. 117), jedoch in weit geringerem Masse mit Handeln im eigenen Haushalt (a.a.O., S. 138). Deshalb kann die Empfehlung Langeheines und Lehmanns, dass sich die Schule "mehr auf ökologisches Fühlen und Handeln konzentrieren" solle (a.a.O., S. 141) nicht ganz einleuchten, wohl aber der Vorschlag, die Schule solle sich als eigenständigen Haushalt begreifen und dort Handlungsmöglichkeiten schaffen und einüben (ebd.)

Am Ende dieses Abschnittes über deutschsprachige Studien zum Umweltwissen wollen wir kurz eine Untersuchung Pfligersdorffers betrachten, in der "das ökologische Wissen aller Schulabgänger Salzburgs des weiterführenden Schulwesens" erhoben wurde, indem 1 230 Schülerinnen und Schüler im Alter von rund 19 Jahren einem Wissenstest unterzogen wurden (Unterbruner/Pfligersdorffer 1994, S. 87; Pfligersdorffer 1994, S. 109). Der Test beinhaltete 83 Fragen aus den Bereichen Allgemeine Ökologie, Ökosysteme, Autökologie, Humanökologie, Gefährdungen der Umwelt, Salzburger Umwelt, Freilandbiologie sowie Tier- und Pflanzenarten (Pfligersdorffer 1994, S. 109). Wissenslücken offenbarten sich vor allem beim Verstehen konkreter Zusammenhänge und Abläufe in Ökosystemen; beispielsweise konnten nur 5% der Schülerinnen und Schüler vorgegebene Schritte des "Umkippens" eines Teiches in die richtige Reihung bringen (a.a.O., S. 112f.). Im weiteren wussten 45% der Salzburger Schulabgängerinnen und Schulabgänger nicht, dass die Weltbevölkerung exponentiell wächst; auf die Frage, wohin der Hausmüll zur Entsorgung gebracht werde, konnten 30% keine Antwort geben (Unterbruner/Pfligersdorffer 1994, S. 87f.). Unterbruner und Pfligersdorffer interpretieren die Untersuchungsergebnisse dahingehend, dass Schülerinnen und Schüler ein bruchstückhaftes Wissen aufweisen und auch in jenen Bereichen Defizite zeigen würden, die sich durch eine besondere Lebensnähe zur Welt der Schülerinnen und Schüler auszeichnen und durch ihre Aktualität hervorstechen würden – eine Tendenz, die sich ebenfalls in angloamerikanischen Untersuchungen finde (a.a.O., S. 88).

4.2.2. Didaktische Folgerungen aus empirischen Studien zum Umweltwissen

Die nicht gerade zahlreichen und teilweise über zwanzigjährigen Studien zum Umweltwissen deuten einerseits auf beträchtliche (Sach-)Wissenslücken bei Schülerinnen und Schülern hin, welche auch mit der Komplexität von Umweltfragen zusammenhängen. In überblicksartigen Darstellungen wie derjenigen Bolschos (1986) werden diese Wissenslücken wenig spezifiziert und damit inhaltliche Defizite einer schulischen Umwelterziehung nicht systematisch bestimmt; eine Ausnahme bilden hier Ausführungen Unterbruners und Pfligersdorffers (1994). Andererseits wurden Zusammenhänge zwischen schulischer Bildung (beziehungsweise Erziehung) und Umweltwissen in allen dargestellten Untersuchungen nachgewiesen, und, was besonders aussagekräftig ist, auch bei beträchtlichem zeitlichem Abstand zum Unterricht und multivariaten Untersuchungsdesigns. Die Einschätzung vorhandenen Umweltwissens – klar ersichtliche Wissensdefizite versus befriedigende Effekte der Schule auf der Wissensebene – ist das eine. *Entscheidender* für uns sind Langeheines und Lehmanns (1986) Belege dafür, dass weder Familie noch Massenmedien noch persönliche Eigenschaften zum Aufbau eines systematischen Umweltwissens beitragen, sondern im wesentlichen die Schule (vgl. dazu Unterbruner/Pfligersdorffer 1994, S. 89, die von einer Schlüsselstellung der Schule für die Vermittlung von Umweltthemen sprechen).

Daraus liessen sich unterschiedliche Konsequenzen ziehen: Soll sich die Schule auf das konzentrieren, was sie einigermassen kann, nämlich die Vermittlung von Wissen? Oder soll sie, wie dies in der Umwelterziehung vertreten wird, ihre Bemühungen zur Beeinflussung der affektiven Einstellungen gegenüber der Umwelt intensivieren?

Bolscho (1986, S. 36) zieht aus seiner Literaturstudie den Schluss, dass das Wissen der Schülerinnen und Schüler zu Umweltfragen nicht den hochgesteckten Erwartungen schulischer Umwelterziehung entspreche; die selbstgestellte Frage, ob die Ergebnisse empirischer Studien zum Umweltwissen als Erfolg oder Misserfolg für die Schule zu betrachten seien, beantwortet er ambivalent (a.a.O., S. 29): In den Wissenstests der betrachteten Studien hätten sich "tendenziell mittlere Werte" ergeben, doch das Beziehen des vorhandenen Grundlagenwissens auf konkrete Erscheinungen aus der eigenen Erfahrungswelt erscheine defizitär (a.a.O., S. 36). Dieselbe Folgerung formulieren Unterbruner und Pfligersdorffer (1994, S. 86), indem sie festhalten, dass Wissen über die Umwelt und die Vorgänge in der Natur von bruchstückhafter Art und wenig verhaltenswirksam sei. Weiter fragt Bolscho (1986, S. 36), wodurch denn ein "angemessenes Umweltwissen" gekennzeichnet wäre; eine Frage, die indiziert, dass in der Umwelterziehung der Begriff Umweltwissen bis anhin nicht hinreichend definiert wurde und daher in Untersuchungen unterschiedlich erfasst wurde (vgl. 1.2.1.; 4.2.1.). Zudem ist es nach Bolscho (1986, S. 29f.) "schwer, wenn nicht gar unmöglich, (...) Bezugspunkte für ein "allgemeinbildendes Umweltwissen" auszumachen; d.h. ein Wissen, mit dem Verknüpfungen zwischen grundlegenden Aspekten zur Umweltsituation und konkreten Tatbeständen aus der eigenen Alltagswelt geleistet werden können". Bolscho zweifelt mit anderen Worten an der Existenz eines (Handlungs-)Wissens, das einen Transfer von z.b. grundlegenden Kenntnissen über Ökosysteme zu Energiesparmassnahmen im eigenen Haushalt gewährleisten könnte. Bolschos Zweifel überzeugen jedoch nicht als Begründung für einen Verzicht, ein (Handlungs-)Wissen zu skizzieren, worauf konkrete alltägliche Handlungen beispielsweise zur Abfallvermeidung und -trennung basieren könnten.

Zusammenhänge zwischen und Einflüsse auf Umweltwissen, Umwelteinstellungen und umweltgerechtes Verhalten sind verwickelt und durch eine kausale Betrachtungsweise nicht zu verstehen (vgl. 1.2.4.; 4.2.1.). Fietkau und Kessel (1981, S. 10; 1987, S. 311), die für Umweltverhalten ein Einflussschema entwickelten, gehen davon aus, dass "erst das Zusammenwirken von Wissen, Einstellungen, Verhaltensangeboten, Verhaltensanreizen und der Sichtbarkeit der Konsequenzen der eigenen Handlungen" umweltgerechtes Verhalten wahrscheinlicher macht, wobei wir dem "erst" und ihrer Aussage, dass "umweltrelevantes Wissen" nicht unmittelbar mit dem Verhalten zusammenhänge, aufgrund der Untersuchungsergebnisse von Langeheine, Lehmann (1986) und Braun (1983) nicht vorbehaltlos zustimmen können (vgl. 1.2.4.). In ihrem "Einflussschema für umweltbewusstes Verhalten" bezeichnen Fietkau und Kessel (1981, S. 10; vgl. 1.2.4.) Wissen als indirekteste Komponente, welche das Verhalten nur über den Umweg von Einstellungen und Werten beeinflusse. Mit Verweis auf eigene Forschungsergebnisse behauptet Schahn (1993, S. 33) überdies, dass "umweltrelevantes Wissen" nicht nur im Modell, sondern auch nach den Ergebnissen der psychologischen Forschung nicht unmittelbar mit dem Verhalten zusammenhänge. Dazu im Widerspruch stehen unserer Ansicht nach die zwei diskutierten, einschlägigen deutschsprachigen Untersuchungen, die Umweltwissen, -einstellungen und -verhalten beleuchten. Dort erwiesen sich Zusammenhänge zwischen Wissen und konkretem umweltgerechtem Handeln nicht erheblich geringer als Zusammenhänge zwischen Einstellungen und konkretem Handeln (vgl. 4.2.1). Aus Langeheine, Lehmanns (1986) und Brauns (1983) Forschungsergebnissen lässt sich *nicht eindeutig* herauslesen, dass die Schule hauptsächlich auf das Erzeugen bestimmter Einstellungen zur Umwelt setzen sollte, selbst wenn als "Unterrichtsprodukt" ausschliesslich umweltgerechtes Verhalten intendiert wäre. Bei Untersuchungen, die Zusammenhänge zwischen Wissen, Einstellungen und Verhalten im Umweltbereich klären wollen, sind multivariate Untersuchungsdesigns zu bevorzugen, um Fehlschlüssen vorzubeugen, die durch eine isolierte Betrachtungsweise einzelner Variablen entstehen können; Langeheine und Lehmann (1986, S. 63) führen an, dass die meisten empirischen Untersuchungen zu Determinanten von umweltbezogenen Einstellungen oder Verhaltensweisen nur eine oder sehr wenige Variablen im Blickfeld hätten, was ihre Aussagekraft einschränke. Ausserdem beschränkt sich die Datenauswertung in den meisten Studien auf Korrelationsberechnungen. Die einzige uns bekannte Studie im deutschsprachigen Raum, die Zusammenhänge zwischen Wissen, Einstellungen und Verhalten im Umweltbereich mit einem multivariaten Ansatz und mit Pfadmodellen untersuchte, stammt von Langeheine und Lehmann (vgl. 4.2.1.).

Welche weiteren Überlegungen drängen sich nach der Betrachtung empirischer Studien zum Umweltwissen auf?

– Die Diskussion einiger Studien zum Umweltwissen darf nicht den Eindruck erwecken, dass diese in der Forschung zur Umwelterziehung insgesamt einen überaus hohen Stellenwert einnehmen. Empirische Arbeiten zur schulischen Umwelterziehung beschäftigen sich eher mit dem zeitlichen Anteil der Umwelterziehung am gesamten Unterricht, der Verankerung im Curriculum, den eingesetzten Lehrmitteln, Fragen der Zusammenhänge zwischen eingesetzten Methoden und Effekten sowie Umwelteinstellungen und deren Beeinflussungsgrössen – und deswegen in einem geringen Masse mit Inhalten der Umwelterziehung.

– In Anbetracht von Erfahrungen aus gleichartigen Forschungsfeldern (vgl. 1.2.4.) nehmen wir nicht an, dass zwischen Umwelt(sach)wissen, Umwelteinstellungen und umweltgerechtem Verhalten Zusammenhänge bestehen, die im Durchschnitt wesentlich mehr als 10% der Varianzen klären können (vgl. 1.2.4.; van Buer/Nenninger 1992, S. 448; Unterbruner/Pfligersdorffer 1994, S. 85), obwohl in Einzelfällen, die jedoch nicht generalisiert werden dürfen, geklärte Varianzwerte deutlich höher ausfallen können. So berichten Wortmann et al. (1993, S. 81) von Studien, die wesentlich höhere Varianzklärungen aufwiesen: In US-Untersuchungen (Seligmann 1979) konnte mit dem Ausmass der Überzeugung, persönlicher Komfort und Gesundheit hingen von der Raumklimatisierung ab, 30% der Varianz des sommerlichen Stromverbrauchs aufgeklärt werden. Demgegenüber zeigt eine Übersichtsanalyse von 17 angloamerikanischen umweltpsychologischen Untersuchungen (Hines et al. (1986/87) eine positive Korrelation von r = 0.30 zwischen Wissen und Handeln (vgl. Unterbruner/Pfligersdorffer 1994, S. 85). Wenn in der Umwelterziehung von geringen oder enttäuschenden Zusammenhängen zwischen Umweltwissen, Umwelteinstellungen und umweltgerechtem Verhalten die Rede ist, müssten die zugrundeliegenden *Erwartungen hinterfragt* und mit anderen Forschungsfeldern verglichen werden (vgl. 1.2.4.).

Werden in der Umwelterziehung etwa Korrelationen von r = 0.70 und Varianzklärungen von 50% erwartet?

- Weshalb sich die Schule statt auf (Handlungs-)Wissen auf ein diffus umschriebenes Umweltbewusstsein mit einer ausgeprägten Einstellungskomponente (z.b. Schmack 1982a, S. 69f.) konzentrieren soll, ist nicht zwingend. Überdies existieren deutliche Hinweise, dass Umweltwissen eher handlungsrelevant wird, wenn es Handlungsstrategien beinhaltet (vgl. Ramsey, Hungerford und Tomera 1981; Braun 1983). Nicht zuletzt deshalb kann es für die Schule nicht die vordringliche Aufgabe sein, in der Breite umweltgerechte Einstellungen zu erzeugen (einmal abgesehen davon, dass sie an einer solchen Aufgabe scheitern würde). Empirische Studien zu Zusammenhängen zwischen Wissen, Einstellungen und Handeln sollten in der Umwelterziehung gründlicher zur Kenntnis genommen werden und nicht wie bei Schmack (1982a, S. 64–69) aufgrund von sieben Interviews zu Umweltschutz und Energiesparen Rückschlüsse auf das Umweltbewusstsein gezogen werden.

- Aus empirischen Studien erhalten wir ausser bei Eulefeld et al. (1988) wenig Informationen darüber, welche Inhalte mit welchen Methoden im Umwelterziehungsunterricht bearbeitet werden. Als einen zukünfigen Forschungsschwerpunkt (vgl. 2.2.) sieht Bolscho (1986, S. 17f.) Untersuchungen, die methodische und didaktische Aspekte der Umwelterziehung – etwa die Frage nach den Inhalten und der Realisierung umwelterzieherischer Forderungen wie Problem-, Situations- und Handlungsorientierung im Unterricht – differenzierter beleuchten würden – eine Empfehlung, der wir uns anschliessen. Solche Studien wären insbesondere dann aufschlussreich, wenn Umwelterziehung (wie in unserer Untersuchung) direkt beobachtet und nicht ausschliesslich indirekt erfragt wird (vgl. Kap. 2).

- Pfligersdorffer (1994, S. 113) interpretiert die in seiner Studie ermittelten Wissensdefizite dahingehend, dass mit diesen (unzureichenden) Kenntnissen Vorgänge in der Umwelt nicht mehr begriffen werden könnten und Aussagen über Bedrohungen zu Glaubenssätzen geraten würden. Was soll getan werden, wenn Wissensdefizite im Umweltbereich beunruhigen? Ausgehend von den in seiner Untersuchung lokalisierten Defiziten bei Jugendlichen im Bereich des Umweltwissens fordert Braun (1983, S. 50) eine Akzentuierung der kognitiven Problemlösungskompetenz; in der Umwelterziehung müsse ein Basiswissen definiert werden, "um eine zu starke Aufsplitterung der Lehrziele und -inhalte zu unterbinden". Auch Eulefeld et al. (1981, S. 105) verlangen in ihrem Standardwerk "Ökologie und Umwelterziehung" ein Basiswissen, das nicht Disziplinenwissen vermittelt, sondern Zusammenhänge in Verbindung mit konkreten Themen – mit der Einschränkung, dass die unabdingbare Vermittlung eines systematischen Überblicks und eines grundlegenden Wissens zeitlich nicht überwiegen dürfe.

Es erstaunt, dass in der Umwelterziehung seit mindestens fünfzehn Jahren von verschiedener Seite darauf hingewiesen wird, dass es sinnvoll wäre, ein Grundwissen zu formulieren – und die Resonanz äusserst bescheiden ausfällt. Eine Aufgabe der Umwelterziehung würde nun darin bestehen, einen Konsens über ein systematisch aufzubauendes Basiswissen zu erzielen – und nicht bloss Empfehlungen in diese Richtung abzugeben. Entsprechende Bemühungen und ein Konsens sind nach wie vor nicht in Sicht, obwohl empirische Studien zum Umweltwissen dahingehend zu interpretieren sind, dass komplexe Umweltthemen und damit Umwelterziehung nicht weniger, sondern *mehr* (Handlungs-)Wissen erfordern.

4.3. Didaktische Schwerpunkte in der Umwelterziehung

Welche didaktischen Vorstellungen und Konzepte sind in der Literatur zur Umwelterziehung anzutreffen? Sollen bestimmte Inhalte vermittelt und ein Umweltwissen aufgebaut werden? Wie sähe eine Verknüpfung dieser Inhalte mit methodischen Konzepten der Umwelterziehung aus? Werden Prioritäten gesetzt und Programme formuliert?

Eulefeld (1990, S. 655) nennt in einer Übersicht acht didaktische Konzeptionen für Umwelterziehung, die zwischen 1978 und 1982 publiziert wurden – einige davon (Bolscho et al. 1980, Eulefeld et al. 1981; vgl. 4.4., 4.5.1.) bestimmen bis heute die Diskussion. Seither ist wenig Neues dazugekommen, das Klärungen brächte, da sich die Umwelterziehung ab Mitte der achtziger Jahre in geringerem Masse mit grundlegenden didaktischen Konzeptionen beschäftigte.

Nach Braun (1983, S. 2) liegt in der Umwelterziehung eine Fülle von didaktisch-theoretischen Abhandlungen, Unterrichtseinheiten und -sequenzen sowie Arbeitsmaterialien vor, die Lehrkräften die eigene Standortbestimmung und die praktische Arbeit erleichtern würde. Mit dieser Aussage gehen wir nur bedingt einig, weil Braun unterstellt, dass in der Umwelterziehung überzeugende *und* für die Schule geeignete grundlegende didaktische Konzepte bestehen. Umwelterziehung wäre mehr als eine Aneinanderreihung von Fallbeispielen. Festlegungen von Unterrichtsinhalten scheinen in der Umwelterziehung wenig beliebt zu sein, *inhaltliche Gewichtungen* werden oft *verweigert*. Offenheit dominiert das Feld. Deswegen schlagen wir eine Intensivierung der Arbeit an didaktischen Konzepten der Umwelterziehung vor. Wie unerlässlich dies ist, sollen die folgenden Abschnitte unterstreichen.

Ein krasses Beispiel für inhaltliche Konzeptionslosigkeit bietet Lob (1987). In seinem Beitrag als Mitherausgeber von "Schulische Umwelterziehung ausserhalb der Naturwissenschaften" listet er Umweltthemen auf und weist – immerzu addierend – auf die Flut von Möglichkeiten hin, in verschiedenen Fächern (genannt werden Philosophie, Religion, Geschichte, Politik, Sozialkunde, Wirtschaft, Hauswirtschaft, Textilunterricht, Technik, Sport, Deutsch, Musik und Kunst) Umwelterziehung zu betreiben. Als typische Umweltthemen bezeichnet Lob biologische Kreisläufe, Gewässerschutz, Müllprobleme, Ökosystem Wald und Waldsterben (a.a.O., S. 12). Er ist der Ansicht, dass in der Umwelterziehung der Bildungs- und Erziehungsweg über die philosophisch-moralische Grundlegung zur politisch-ökonomischen Orientierung und weiter zur praktischen Umsetzung im Rahmen einer literarisch-ästhetischen Einbindung führe (a.a.O., S. 13). Und weiter: "In der Schulwirklichkeit muss dies kein zeitliches Hintereinander bedeuten, sondern kann gleichzeitig aufeinander aufbauend und miteinander verknüpfend geschehen" (ebd.). Einmal postuliert Lob einen sogenannten Erziehungsweg, einige Zeilen weiter behauptet er gerade die Beliebigkeit jeder Kombination. In beiden Fällen sollen Verknüpfungen geleistet werden, die aber nirgends ausgeführt werden. Lob fordert Ganzheitlichkeit und Vernetzung der Inhalte (zu deren Problematik vgl. 4.5.), löst aber wenig ein. Schliesslich fragt er: "Wer aber wollte die Inhalte, Arbeitsweisen und Verhaltensziele gewichten und nach ihrem Nutzen bewerten" (Lob 1987, S. 26)? Für Umwelterzieher wie Lob gilt wohl, dass alles, was mit Umwelt zu tun hat, gleich relevant ist; es ist egal, was genau gemacht wird, Hauptsache, es verspricht "irgendwie" eine Förderung umweltgerechten Verhaltens.

Der Breite des Spektrums wegen kann Umwelterziehung in der Tat ein ausuferndes Unterfangen werden. Geht es in der Umwelterziehung in erster Linie darum, das eigene Schulhaus als Umweltvorbild zu gestalten? Sollte innerhalb der obligatorischen Schulzeit ein abgasfreier Schultag oder eine Regenwaldwoche durchgeführt werden? Eignet sich das Thema Abfall besonders gut für den Unterricht? Wären Flussläufe bloss fakultativ mit Bioindikatoren zu untersuchen? Sind Alternativenergien und Energiebilanzen auf jeden Fall zu behandeln? Wurden die Themen Boden und Nutzungskonflikte nicht zu lange vernachlässigt? Müssten im Verlauf der Sekundarstufe II die Ökosysteme Wiese, Wald, Boden, Mauer, Stadt, Bach und See (vgl. Mattey et al. 1989) sowie Moore, Dünengebiete und Ackerlandschaften im Unterricht stets thematisiert werden? Wir denken nicht, dass alle der erwähnten Themen im Unterricht behandelt werden müssten; indessen wären übertragbare exemplarische Elemente herauszuarbeiten und Auswahlprobleme als solche anzuerkennen.

Nach Bolscho (1986, S. 22) geben die Überblicksstudien von Tewksbury/ Harris (1976), Troicak/Harvey (1976) und Pettus/Schwaab (1978) wenig Detailinformationen über die inhaltliche Ausrichtung der Umwelterziehung, wie sie an Schulen betrieben wird. Als Trend wird formuliert, dass Umwelterziehung "weitgehend in naturwissenschaftliche Lernbereiche" wie Biologie eingefasst sei. Als *klassische Themen* der Umwelterziehung bezeichnen Bolscho et al. (1980, S. 55) Wasser, Müll, Luft und Lärm. Im EDK-Dossier zur Umwelterziehung an den Schweizer Schulen (1988) wird bezogen auf schweizerische Verhältnisse bedauert, dass in der Umwelterziehung kein elaboriertes didaktisches Konzept existiere. Erklärt wird dies mit dem unterbliebenen interkantonalen Erfahrungsaustausch und der fehlenden Entwicklungszusammenarbeit (a.a.O., S. 123). Zwei Jahre später konstatiert Zbinden (1990, S. 5) gestützt auf eine Expertenbefragung das Fehlen eines ökologischen Bildungskonzeptes: Bei der Realisierung ökologischer Bildungsangebote herrsche das Prinzip Zufall (a.a.O., S.13), die bestehenden Programme seien fachisoliert, kurzfristig, ad hoc zusammengestellt und in erster Linie auf Informationsvermittlung beschränkt (a.a.O., S. 17). Dennoch enthalten Zbindens Untersuchungsergebnisse (bezogen auf den Aspekt "bestehende und erwünschte ökologische Bildung") bloss die Kategorien Ziele, Methoden, Lehrpersonal und Evaluation – und keine Kategorie "Inhalte" (a.a.O., S. 15).

In zentralen Fragen der Umwelterziehung besteht (im Gegensatz zur Literatur der Umwelterziehung) – wenigstens in schweizerischen Lehrplänen und vermutlich in Schulen überhaupt – *kein Minimalkonsens.* Es bleibt offen, ob Umwelterziehung eher wissenschafts- oder erlebnisorientiert, praxis- oder theoriebezogen, als Fach oder Unterrichtsprinzip, zeitlos neutral oder situations- und problembezogen, objektiv oder subjektiv, regional, national oder global, in oder ausserhalb der Schule, mit totaler Lehrfreiheit oder grundlegenden (auch methodischen) Lernzielen (Meylan 1988, S. 11, 31–34) oder als Konnex ohne ein Entweder-Oder unterrichtet werden soll. Meylan (1988, S. 13) hält im EDK-Dossier fest, dass jede Systematik umweltrelevanter Themen- und Problemschwerpunkte künstlich sei. Trotz der kritisierten Künstlichkeit werden 14 Leitthemen der Umwelterziehung genannt (so die Bereiche Wasser, Luft, Wald, Landwirtschaft, Boden, Siedlungsformen, Energie, Technik, Haushalt, Wirtschaft, Natur- und Artenschutz, Verkehr, Abfall sowie "Wir und die Welt"; a.a.O., S. 13f.). Die Lehrmittel- und Lehrplanrealität zeigt allerdings ein anderes Bild als die EDK-Leitthemen. In den Lehrplänen und Lehrmitteln hätten sich, wie bereits erwähnt wurde, die Themen Natur- und Artenschutz, Wasser, Landschaftsveränderungen und Energie etabliert (EDK 1988, S. 122f.); das Thema Abfall sei deutlicher Schwerpunkt der Umwelterziehung (Meylan 1988, S. 14). Warum ist das so? Eine plausible Erklärung wird im Bericht "Impulse aus dem Langschuljahr" (o.A. 1989, S. 79) geliefert: "Das Thema Abfall wurde ausgewählt, weil es jede Person betrifft; es ist fachlich nicht allzu anspruchsvoll, alle können relativ rasch "mitreden". Es sind keine aufwendigen Apparaturen notwendig, und es ist überall "behandelbar". Zudem ist es politisch aktuell." Anders ausgedrückt: Die Komplexität des Themas Abfall kann so reduziert werden, dass das Thema schulförmig wird. Offensichtlich gibt es Umweltthemen, die sich besser für schulischen Unterricht eignen als andere. Ist es richtig, dass das Thema Abfall in schweizerischen Lehrplänen und Lehrmitteln bevorzugt behandelt wird? Ist das Thema Stadtökologie nun gleich wichtig wie das Thema Kernkraftwerke; sollen beide Themen gleich viel Unterrichtszeit beanspruchen und mit denselben Methoden bearbeitet werden? Ist es legitim, dass globale Themen "zaghaft und nur in den neueren Lehrplänen vorkommen" (Meylan 1988, S. 14)? Wären unterdotierte Themen (siehe oben) nicht speziell zu gewichten?

Gemäss dem EDK-Dossier (1988, S. 129) betrifft Umwelterziehung nicht nur Naturkunde beziehungsweise die Naturwissenschaften, sondern weitere Unterrichtsbereiche wie Staatskunde, Gesundheitserziehung, Verkehr, Energie, Landwirtschaft und Landschaftsschutz. In den Lehrplänen und Lehrmitteln hätten sich die Bereiche Natur- und Artenschutz, Wasser, Landschaftsveränderungen und Energie etabliert, die jedoch "aus neuerer Sicht kritischer beurteilt werden" müssten (a.a.O., S. 122f.): Im Natur- und Artenschutz würden apolitische und sektorielle Anschauungen dominieren und das Bild weltfremder Naturschützer zementieren. Beim Thema Wasser, das als umfassendes Element des gesamten naturwissenschaftlichen Unterrichts gelte, herrsche bei der Frage der Wasserbelastung oft die Darstellung der Symptombekämpfung vor. Ursachenkritische Betrachtungen fehlten. Landschaftsveränderungen würden zu oft als schicksalsartiger Preis des Wachstums dargestellt. Ökonomisch-politische Analysen und Ursachenanalysen fielen häufig weg. Im Bereiche der Energie schliesslich werde der physikalisch-wissenschaftliche Aspekt hervorgehoben. Politisch-ökonomische Aspekte und aktuelle Kontroversen wie diejenige über Kernenergie würden ausgeblendet. "Typische Schwachstellen, Mankos oder blinde Flecken" in Lehrplänen und Lehrmitteln lokalisiert der Bericht bei den Themen Landwirtschaft (weil die Spannung zwischen Ökologie und Ökonomie zuwenig erörtert werde), Technologie (die als dominante, ökonomische Dimension kaum Platz habe), Luftverschmutzung (welche praktisch inexistent sei), Bodenbelastung, -zerstörung und Raumordnung (die zuwenig thematisiert würden), Ökologie urbaner Lebensformen (da Ökologie in Lehrplänen und Lehrmitteln bisher meist nur naturnahe, intakte Lebensräume behandle) und alltagspraktische Erziehung zu umweltgerechtem Verhalten (die besonders in bezug auf Gesundheitsgefährdungen kaum ein Thema sei; ebd.).

Zusammengefasst: Umwelterziehung sollte statt apolitischer Darstellungen kontroverse politische Ansichten abbilden, statt sektorieller Betrachtungsweisen ganzheitlich-vernetzte pflegen, statt Symptombehandlungen Ursachenana-

144

lysen liefern und in Lehrplänen bisher vernachlässigte Themen wie Technologie und Raumplanung betrachten.

An dieser Stelle scheint ein Blick auf die Entwicklung der Umwelterziehung in der Schulpraxis hilfreich. Dazu vermittelt Eulefeld (1990) eine Übersicht und nennt didaktische Schwerpunkte: "Die fachdidaktische Arbeit in Biologie und Geographie richtet sich seit Ende der sechziger Jahren verstärkt darauf, ökologische Zusammenhänge zu verdeutlichen, Umweltbelastungen aufzuzeigen, die Rolle des Menschen in der Natur verständlich und seine Verantwortung für die Folgen seines Handelns bewusst zu machen. (...) Im Chemieunterricht stehen Experimente im Mittelpunkt: Schadstoffnachweise, Recycling, Luftbelastung. Der Physikunterricht konzentriert sich auf die Bearbeitung von Lärmfragen und Energieproblemen. Der Sozialkundeunterricht betont als Ziel politischen Lernens die Befähigung zum problemlösenden Verhalten" (a.a.O., S. 655). Die Schulrealität unterscheidet sich von Desideraten in der Umwelterziehung (beispielsweise vom erwähnten EDK-Themenkanon) und bildet eine Umweltthemen-Hitparade ab – entgegen dem Leitsatz "In der Umwelterziehung ist alles gleich wichtig und bedeutsam".

Krol (1991) erhob 1989 in Nordrhein-Westfalen auf der Sekundarstufe I unter anderem "ausgewählte Strukturdaten zur Umwelterziehung" (a.a.O., S. 25). Nach eigenen Aussagen können seine Ergebnisse "Repräsentativität im streng methodischen Sinne nicht beanspruchen", weil die Rücklaufquote der Fragebogen 18% betragen habe (ebd.), erwähnenswert sind sie dennoch. Krols Daten zeigen, dass im Unterricht die Themen Abfallproblematik (mit 75%), Wasserverschmutzung (mit 73%) und Luftverschmutzung (mit 56%) ungleich intensiver behandelt wurden als etwa die Themen Landschaftsverbrauch (mit 11%), Verkehr (mit 7%) und Lärm (mit 7%; a.a.O., S. 27).

Die breit angelegte Studie Eulefelds, Bolschos, Rosts und Seybolds zur Praxis der Umwelterziehung in der BRD (1988) in 58 Schulen aller Schularten (4., 9. und 12. Klassen) ergab, dass "bestimmte Inhaltsaspekte einen deutlich ersten Rangplatz einnehmen: Ökosysteme in der Biologie, Luft in der Chemie, Umweltprobleme in anderen Ländern in der Erdkunde, Globale Umweltprobleme in der Religion und Energie in der Physik" (Eulefeld 1991, S. 9). Diese Inhaltsbereiche sowie die Bereiche Wasser und Landwirtschaft würden insgesamt 77,9% aller Umweltthemen in der Schule ausmachen (ebd.).

Über die Nachfolgestudie, deren Daten 1990 beschränkt auf die Fächer Sachunterricht und Biologie auf der Primarstufe und Sekundarstufe I in Münster erhoben wurden, berichtet Hellberg-Rode (1991): Im Sachunterricht überwogen als Umwelterziehungsthemen "Wald" mit 23,6%, "Müll" mit 21,8%, "Ökosysteme" mit 14,5% und "Wasser" mit 10,9%; im Biologieunterricht wurden "Wald" mit 61,2% und "Ökosysteme" mit 22,4% bevorzugt. (a.a.O., S. 202).

Ist das eine Gewichtung, die umwelterzieherischen Anliegen und Konzepten entspricht? Falls die in der Schulpraxis existierende (zeitliche) Gewichtung von Umweltthemen *revidiert* werden sollte, wären in der Umwelterziehung entsprechende Vorschläge zu präsentieren. Wenn in der Umwelterziehung so oft und vehement Ganzheitlichkeit reklamiert wird (vgl. 4.5.2.), sollte ein ausgeprägtes Interesse an inhaltlich ausgewogenen Konzepten bestehen. Eines steht fest: Auch wenn in der Umwelterziehung keine Programme formuliert werden, werden solche mindestens ansatzweise entwickelt, beispielsweise von einzelnen Fachvereinen von Lehrkräften, die aus eigener Initiative Regulative oder Empfehlungen für Stoffprogramme ihrer Fächer entwerfen (vgl. EDK 1988, S. 18). Würde gar ein Curriculum für Umwelterziehung ins Auge gefasst, müsste sich dieses nicht auf grundsätzliche Ziele konzentrieren (die sind zur Genüge formuliert worden), sondern Unterschiede von Schulstufen und Schultypen berücksichtigen, spezifische Lernziele formulieren, konkrete Lernbereiche oder Unterrichtsgegenstände festlegen, gliedern und Zusammenhänge aufzeigen – als Grundlage für ein Konzeptualisieren von Unterrichtseinheiten, die in der Schule wie in der Aus- und Fortbildung von Lehrkräften flächendeckend eingesetzt werden könnten.

Unsere Skizze didaktischer Vorstellungen und Realitäten in der Umwelterziehung sollte deren inhaltliche Bandbreite illustrieren und auf den Mangel an konkretisierten didaktischen Konzepten hinweisen. Unseres Erachtens spricht nichts dagegen, dass in der Umwelterziehung im inhaltlichen Bereich ein *Konsens* erarbeitet wird, wie er im methodischen Bereich bereits besteht.

4.4. "Ökologie und Umwelterziehung" – ein didaktisches Konzept von Eulefeld et al.

Das didaktische Konzept von Eulefeld, Frey, Haft, Isensee, Lehmann, Maassen, Marquardt, Schilke und Seybold in Zusammenarbeit mit Bürger, Höhn und Kyburz-Graber (1981) kann neben der Arbeit von Bolscho, Eulefeld und Seybold (1980) für die Umwelterziehung seiner Profundität und Qualität wegen auch heute noch als wegweisend eingestuft werden (vgl. Geiser/Frey 1987, S. 190), es gilt als Standardwerk und versteht sich als Basis für die Entwicklung und Strukturierung von Lehr- und Lernsituationen im Bereich Ökologie und Umwelterziehung. Im Vordergrund steht die Grundlegung einer Strategie und ihrer Rahmenbedingungen für den Curriculumprozess auf der konkreten Ebene (Eulefeld et al. 1981, S. 18) und nicht die Planung und Durchführung eines Curriculums. In Eulefelds didaktischem Konzept wird also bewusst *kein Programm* für die Umwelterziehung vorgeschlagen, vielmehr werden exemplarische Unterrichtseinheiten entworfen und Auswahlkriterien für Umweltthemen formuliert (wobei es sich dabei auch um eine taktische Entscheidung handeln dürfte, um dem Vorwurf einer programmatischen und verschulten Umwelterziehung bereits in Ansätzen begegnen zu können). Rezipiert wird das didaktische Konzept Eulefelds in der Umwelterziehung derart, dass der bewusste Verzicht auf ein konkretes Curriculum nicht als Mangel empfunden wird.
Eulefeld et al. (a.a.O., S. 70–103) nennen drei Komponenten für die Analyse und Entwicklung von Lehr- und Lernsituationen in der Umwelterziehung: gegenständliche Teilsysteme, Aussagesysteme und Thematisierungsgesichtspunkte.

4.4.1. Komponenten für die Analyse und Entwicklung von Lehr- und Lernsituationen in der Umwelterziehung

Als erste Komponente werden "*gegenständliche Teilsysteme*" spezifiziert. Gemeint sind damit "mehr oder weniger gut abgrenzbare Bereiche der Biosphäre, (...) die durch die besondere Beeinflussung durch den Menschen gekennzeichnet sind" (Eulefeld et al. 1981, S. 70) und sich dadurch von Ökosystemen im biologischen Sinne unterscheiden. Bei der Behandlung von Teilsystemen im Unterricht sollen nicht Fakten aneinandergereiht werden, sondern grössere Systemzusammenhänge betrachtet werden; neben dem gegenwärtigen Zustand sollen historische Veränderungen, deren Ursachen und Zukunftsperspektiven von gleicher Bedeutung sein (a.a.O., S. 71). Als Beispiele für Teilsysteme werden Eigenart, Nutzung und Veränderung der mittelamerikanischen Grasweidelandschaften und Probleme der Gewässerver-

147

schmutzung angeführt (vgl. ebd.). Nachfolgend werden Eulefelds Kriterien für die Auswahl von gegenständlichen Teilsystemen zusammengefasst:

1. Teilsysteme müssen Elemente grösserer Systeme sein.
2. Sie sollen Auswirkungen der menschlichen Eingriffe und deren Auswirkungen beinhalten.
3. Teilsysteme müssen von gesellschaftlicher Bedeutung sein.
4. Teilsysteme sollen hohe Konfliktpotentiale und Interessendifferenzen bezüglich der Nutzung von Naturräumen enthalten.
5. Natur- und Umweltschutzthemen sollen prioritär behandelt werden.
6. Teilsysteme müssen für Schülerinnen und Schüler zugänglich und ihnen bekannt sein, damit sie Interesse anregen und zum Handeln auffordern.
7. Teilsysteme beinhalten nach Eulefeld et al. gegenständliche Erscheinungen, sollen Realitäten mit hohem Erfahrungsgehalt abbilden und Aspekte der Natur oder Technik thematisieren.

Als zweite Komponente erläutern Eulefeld et al. *Aussagesysteme* aus unterschiedlichen Wissensbereichen. Aussagesysteme basieren auf begrifflicher Systematik und lehnen sich an traditionelle Wissenschaften an. Dazu werden Aussagen einzelner Disziplinen wie Biologie, Physik, Chemie, Sozialwissenschaften einschliesslich Ökonomie, Geographie, Architektur, Geschichte sowie interdisziplinäre Aussagen – etwa aus Systemtheorie, Organisationstheorie, Ökosystemtheorie und Planungstheorie – gezählt (a.a.O., S. 78). Einzelne Disziplinen sollen daraufhin befragt werden, inwiefern sie Beiträge zu Geschichte, Verlaufsformen, Problematik und Therapierung ökologischer Phänomene zu leisten vermögen (a.a.O., S. 85) . Überdies fordern Eulefeld et al., dass auch ausserwissenschaftliche Disziplinen Aussagen über ökologische Situationen liefern sollen – wie verbalisiertes Bewusstsein aus dem Alltag, historische Traditionen, Diskussionswissen, Erfahrungen aus Freizeit und Berufsbereichen (a.a.O., S. 78). Zusätzlich sollen "Aussageformen" – darunter werden Methoden, Instrumente, Anfangssetzungen, Suchschemata, Technologien verstanden – in den Unterricht einfliessen (a.a.O., S. 81). Im Zusammenhang mit Aussagesystemen betonen Eulefeld et al. den Stellenwert wissenschaftlicher Disziplinen auch im Hinblick auf Methoden und Arbeitstechnik, formulieren aber gleichzeitig die These, dass Ökologieunterricht, der sich ausschliesslich auf Disziplinen stützt, nicht zu ökologisch reflektierter Handlungsfähigkeit führe (a.a.O., S. 82).

Die dritte Komponente für die Analyse und Entwicklung von Lehr- und Lernsituationen in der Umwelterziehung wird als *ökologische Thematisierungsgesichtspunkte* (a.a.O., S. 86–103) bezeichnet. Diese Thematisierungsgesichtspunkte sind Betrachtungs- oder Beschreibungskategorien, die ökologische Themen vorstrukturieren sollen. Die vier Hauptgruppen heissen

1. Vernetztheit ökologischer Systeme: Darin enthalten sind Kreisläufe, multiple Wirkungsnetze, Stabilisierung und Veränderung, Variabilität und Veränderung von Biosystemen, Selbstregulation und Reproduktionszyklen, Beziehungsgefüge in ökologischen Systemen, Regulation und Produktionszyklen in technisch-zivilisatorischen Systemen und Variabilität und Uniformität in zivilisatorischen Systemen.
2. Problemhaftigkeit ökologischer Systeme: Zerstörung oder Erhaltung der Biosphäre, Optimierung von Belastungen, Allgemeinwohl und Lebensqualität der Betroffenen sind die Elemente der zweiten Hauptgruppe.
3. Geschichtlichkeit ökologischer Systeme: Darunter werden historische Entwicklung, Evolutionsprozesse in naturnahen und in technisch-zivilisatorischen Systemen und Eingriffe in Natur und Landschaft verstanden.
4. Prozesshaftigkeit ökologischer Systeme: Zukunftsorientierung ökologischer Prozesse, Verhalten in Wirkungsnetzen sowie die Dialektik von Mensch und Natur gelten als Bereiche der vierten Hauptgruppe.

Eulefeld et al. fordern, dass die Betrachtung komplexer Wirkungsnetze ein Grundelement von Umwelterziehungsunterricht sein müsse, weil so wichtige Voraussetzungen für das Verständnis langfristiger Folgen von Eingriffen in die natürliche Umwelt oder die Entwicklung stabiler ökologischer Gleichgewichte geschaffen würden (a.a.O., S. 91).

4.4.2. Zur Entwicklung einer Unterrichtseinheit, basierend auf Eulefelds didaktischem Konzept

Wir wollen der Frage nachgehen, wie die Eignung von Eulefelds didaktischem Konzept für die Entwicklung einer Unterrichtseinheit zu beurteilen ist. Bereits bei den Kriterien für die Auswahl gegenständlicher Teilsysteme – gemeint sind ökologische Unterrichtsinhalte – stellen sich erste Schwierigkeiten. Als Grundsatz wird festgehalten, dass alle naturnahen Teilsysteme der Biosphäre heute des Schutzes bedürfen (vgl. Eulefeld et al. 1981, S. 72). Bliebe da etwas übrig, das nicht naturnah und folglich schutzbedürftig ist? Wenn aber alle naturnahen Teilsysteme gleichermassen schutzbedürftig sind, stellen Naturnähe und Schutzbedürftigkeit keine trennscharfen Auswahlkriterien dar und Naturschutz- und Umweltschutzthemen müssten notwendigerweise betrachtet werden, womit dieses Kriterium überflüssig würde (vgl. 4.4.1.). Ähnliche Probleme tauchen bei den übrigen Kriterien auf: Welche Teilsysteme wären keine Elemente eines grösseren Ganzen? Existieren Teilsysteme, die von Menschen unbeeinflusst bleiben? Könnte Eulefeld Teilsysteme nennen, die nicht für "eine grössere Anzahl von Menschen aus medizinischen, sozialen oder anderen Gesichtspunkten" (a.a.O., S. 72) relevant sind? Die Kriterien 1, 2 und 3 (vgl. 4.4.1.), die zunächst plausibel und brauchbar erscheinen, können kaum Hilfestellungen für eine Auswahl von Themen bieten, weil sie zu allgemein formuliert sind. Die Kriterien 4 (Konfliktpotentiale) und 6 (Schülerorientierung) können am ehesten zur Auswahl von Umweltthemen dienen. Die Brauchbarkeit des Kriteriums "Konfliktpotentiale" lässt sich damit begründen, dass für die Situation der Schweiz im EDK-Dossier am Ende der achtziger Jahre noch festgestellt wird, dass der weitaus grösste Teil der Umwelterziehung in den Lehrplänen Ziele betreffe, die gesellschaftlich völlig unbestritten und Individualtugenden seien – wie Rücksicht auf Pflanzen und Tiere, Abfalltrennung und -sammlung und Energiesparen. Themen aus den umstrittenen Bereichen Energie, Luft und Verkehr träten weniger häufig als angenommen auf (Meylan 1988, S. 32). Echte Interessendifferenzen und -konflikte im Umweltbereich werden also weit weniger häufig als angenommen in Lehrplänen und damit wohl auch im Unterricht thematisiert. Schülerorientierung – und, so meinen wir, auch eine Orientierung an den Möglichkeiten der Schule bei der Themenwahl – kann deshalb ein Auswahlkriterium abgeben, weil Schülerinnen und Schüler und die Bedingungen der Schule unter dem Primat der Umweltrettung in der Umwelterziehung zu stark in den Hintergrund treten (vgl. 3.4.1., 3.4.2.); Braun (1983, S. 2) äussert sich sogar dahingehend, es sei evident, dass Schülerinnen und Schüler als eigentliche Adressaten der Umwelterziehung ins fachdidaktische Abseits geraten seien.

Ein gegenständliches Teilsystem, so Eulefeld et al. (1981, S. 72) weiter, sei nur aus der Sicht miteinander verbundener, ganz verschiedener Lebensbereiche zu verstehen. Ein problematischer Fall aus dem Bereich Gewässerverschmutzung erfordere zwingend die Einbeziehung und Gewichtung von Variablen aus der Waschmittelindustrie, Klärwerktechnologie, Gemeindefinanzsituation, Psychologie, Pädagogik, Jurisprudenz, Biologie, Chemie, Physik, Wetterkunde (...; ebd.). Ist die zweite Komponente des didaktischen Konzepts dahingehend zu interpretieren, dass in jedem Fall bei jedem ausgewählten Umwelterziehungsinhalt die genannten und die ungenannten Disziplinen einfliessen sollen? Es ist bezeichnend für die Literatur zur Umwelterziehung, dass ein auf Vollständigkeit bedachter *Usw.-Katalog* präsentiert wird, in dem Gewichtungen und ausgeführte Zusammenhänge weitgehend fehlen. Positiv ausgedrückt: Es wäre auf alle Fälle verfehlt, den Vorwurf zu erheben, das didaktische Konzept weise entscheidende Lücken auf und bedürfe grundlegender Ergänzungen. Auch in der Kurzbeschreibung der Inhalte von vier gegenständlichen Teilsystemen – es sind dies Probleme der Wassernutzung, Luftverschmutzung und ihre Folgen, Abfälle und deren Wiederverwertung sowie Hunger in Entwicklungsländern (a.a.O., S. 73–76) – werden "fachliche Inhalte" bloss aufgezählt. Als gegenständliche Teilsysteme gelten u.a. auch extensiver Ackerbau in der Landwirtschaft, Gewässerverschmutzung, Stadtkerne und ihre Sanierung, Wald, Verkehrssituation in einem Wohngebiet, Arbeits- und Wohnsituation in Industriebereichen, Nahrungsproduktion und Gesundheit der Bevölkerung, Grünbereiche in Ballungsgebieten, Erhaltung unverplanter Natur und Landschaft, Autobahnbau, Nationalparks der Schweiz und Rumäniens, Bergwald der Voralpen, Gewässer in Grossstädten, Schädlingsbekämpfung, tropischer Regenwald, Süsswassersee und Karstgebiete Südeuropas. Was von all dem soll nun weshalb im Unterricht behandelt werden? Hier bleibt das didaktische Konzept eine Antwort schuldig, und ein Hinweis auf das Exemplarische der Themen würde daran nichts ändern.

Wir betrachten das didaktische Konzept von Eulefeld et al. als *elaboriertes Maximalkonzept* für die Umwelterziehung. Die Autorinnen und Autoren verzichten bedauerlicherweise bewusst darauf, ein inhaltliches Minimalprogramm für die Umwelterziehung in der Schule zu entwerfen. Überlegungen zu unterschiedlichen Altersgruppen, Schulstufen und -typen werden kaum angestellt. Für die Auswahl von Unterrichtsinhalten bietet das Konzept keine genügend trennscharfen Auswahlkriterien und stellt alle Umweltthemen als gleich relevant dar; Auswahlprobleme werden nicht behandelt. Komplizierend kommt hinzu, dass Interdisziplinarität sehr weit gefasst wird und darüber hinaus ökologische Betrachtungsweisen und in der Methode innovative Wege gefordert werden (vgl. 5.3.).

Das didaktische Konzept richtet sich an einen sehr ausgedehnten Adressatenkreis: Das Konzept könne von "vielen benutzt werden, die sich mit der Realisierung von Umwelterziehung oder deren Voraussetzungen befassen" (Eulefeld et al. 1981, S. 11), speziell für die Unterrichtsvorbereitung und die Curriculumentwicklung. Lehrkräfte werden also ebenfalls dem Adressatenkreis zugerechnet. Ausgehend von unseren Untersuchungsergebnissen (vgl. 2.3.1.3, 2.3.2.) sind wir skeptisch, ob sich dieses Konzept für "durchschnittlich" interessierte und engagierte Lehrkräfte eignet, selbständig eine Unterrichtseinheit zu entwickeln. Die in "Ökologie und Umwelterziehung" beschriebene, exemplarische Geltung beanspruchende Unterrichtseinheit "Die Nutzung des Waldes durch den Menschen" von Kyburz-Graber macht deutlich, dass selbst eine professionelle Umwelterzieherin bei der Auswahl geeigneter Aussagesysteme, d.h. bei der interdisziplinären Integration von Inhalten und Methoden, vor beträchtliche Schwierigkeiten gestellt wurde und "einen riesigen Zeitaufwand" (Eulefeld et al. 1981, S. 141) betreiben musste, obwohl sie drei Jahre zuvor "Versuche zu einem Lehrkonzept über das Ökosystem Wald" veröffentlicht hatte (vgl. Kyburz-Graber 1978). In einem Überblicksartikel berichtet Eulefeld (1991) darüber, dass mit einer Modellunterrichtseinheit zum Thema "Probleme der Wassernutzung" versucht worden sei, "die charakteristischen Merkmale der Umwelterziehung unter normalen schulischen Bedingungen zu realisieren (a.a.O., S. 5). Nachdem sie in mehr als 30 Klassen (8.–10. Schuljahr) erprobt wurde, stuft Eulefeld diese Modellunterrichtseinheit als "durchführbar" ein. Diese zwei Beispiele zeigen, dass das didaktische Konzept "Ökologie und Umwelterziehung" einer professionellen Umsetzung bedarf, damit es in der Schule überhaupt zur Anwendung kommt. Die Hindernisse bei der Umsetzung des Konzepts lokalisiert Kyburz-Graber jedoch nicht bei der Komplexität des Vorhabens, sondern einseitig bei der realen Schulsituation mit Lehrplanzwängen, Lektionentakt, zeitlichen Beschränkungen, mangelnder Interdisziplinarität sowie Methodenunkenntnis bei Schülerinnen, Schülern und Lehrkräften (was dem Standard umwelterzieherischer Schulkritik entspricht; vgl. 3.4.1.). Damit suggeriert sie, dass Eulefelds Konzept umzusetzen wäre, wenn bestimmte organisatorische Bedingungen von Schulen optimaler gestaltet wären. Die im Rahmen unserer Untersuchung durchgeführten Befragungen von Lehrkräften zeigten allerdings, dass zumindest auf der Primarschulstufe Umwelterziehung nicht durch organisatorische Bedingungen behindert wird (vgl. 2.3.1.3.); weitere empirische Untersuchungen zeigen keine eindeutigen und ausschliesslich in eine Richtung zu interpretierenden Ergebnisse (vgl. 3.4.1.). Die "reale Schulsituation" kann eben auch ganz anders sein, das Konzept wohl nicht. Wenn didaktische Konzepte der Umwelterziehung bei der Umsetzung in die Schule zu scheitern drohen, muss dies nicht zwangsläufig an der Schule liegen – ein Grund mehr, auch in Zukunft intensiv an didaktischen Konzepten der Umwelterziehung und daraus abgeleiteten Modellunterrichtseinheiten zu arbeiten.

4.5. Die grosse Vernetzung

Obwohl die häufig und oft synonym verwendeten Begriffe Interdisziplinarität, ökologisches Denken, Vernetzung und Ganzheit in der Literatur zur Umwelterziehung Klarheit vermissen lassen und semantische Überschneidungen kaum thematisiert werden, zielen sie in dieselbe Richtung: Grosso modo wird "die grosse Vernetzung" angestrebt. Bloss: *Was soll vernetzt werden?* Geht es um eine Vernetzung von Inhalten, von Methoden mit Inhalten, von Wissen mit Empfindungen und mit Handeln, am Ende um alles zusammen oder um die Ganzheit? Eine eindeutige Antwort kann nicht gegeben werden, weil in der Umwelterziehung unter Vernetzung recht unterschiedliche Vorstellungen auszumachen sind. Dennoch dürfen wir einstweilen davon ausgehen, dass nach umwelterzieherischem Verständnis der Begriff Ökologie Interdisziplinarität und fächerübergreifenden Unterricht einschliesst und oft mit Ganzheit und Vernetzung in Verbindung steht.

4.5.1. Vernetztes Denken

Ein prominenter Promotor eines vernetzten Denkens ist Vester, auf den auch in der Literatur zur Umwelterziehung verwiesen wird (z.b. Bolscho et al. 1980, S. 19; Dieckhoff 1989, S. 88; Gärtner 1991, S. 75–81; Hatlapa 1991, S. 75); er präsentiert – anders als dies in der Umwelterziehung zu oft nicht geschieht – das Prinzip der Vernetzung in begrifflich klarer und anschaulicher Form.

Vester (1991, S. 7) verlangt angesichts dessen, dass in unserer Industriegesellschaft mit ihren verkorksten Organisationsformen ja fast nichts mehr funktioniere (in diesem Punkt bedient er sich derselben Argumentationsmuster wie die Umwelterziehung; vgl. 3.1.), "eine neue Art des Denkens", welches sich von dem unterscheide, wie wir es in der Schule beigebracht bekommen hätten. Vester ist der Ansicht, dass bei der Herausbildung eines vernetzten Denkens "die offizielle Ausbildung noch weitgehend versagt" habe: "So erleben wir zur Zeit auf erschreckende Weise, wie das realitätsfremde Eintrichtern von Wissensstoff in unseren Schulen jegliche Verarbeitung des Stoffes ausserhalb der Schule, das heisst im Kontakt mit der Realität, verhindert" (Vester 1991, S. 152). An anderer Stelle geisselt er die "perverse Verschulung und Entfremdung von der realen Welt" (Vester 1993, S. 471). Hier besteht wiederum eine Parallele zur Umwelterziehung, diesmal zu deren Schulkritik (vgl. 3.4.1.). Vesters Annahme, dass die Schule vorab in einer und nur einer Richtung wirke, lässt sich empirisch nicht stützen und erfährt in der Folge Relativierungen (Vester 1993, S. 471–478).

Neben dem "neuen Denken" wird auch eine "neue Art des Planens" und eine "neue Art der Entscheidungsfindung" angestrebt (Vester 1991, S. 8); pathetisch ruft Vester nach "einer Art zweiten Aufklärung" (a.a.O., , S. 12). Aber was meint dieses neue Denken? Es gehe, so Vester (1993, S. 12), um "ein Denken in einer neuen Dimension", ein "Denken in offenen, komplexen Systemen, um ein neues Verständnis der Wirklichkeit, die sich eben nicht aus dem Wissen und der Forschung getrennter Fächer zusammensetzt, sondern als ein Gefüge fächerübergreifender Beziehungen" (Vester 1991, S. 8). Als vernetztes Denken bezeichnet Vester beispielsweise die Intuition oder visuelle Wahrnehmungen (a.a.O., S. 9). Er stellt die These auf, dass diese Funktionen des Gehirns "ebenso verlässlich, wenn nicht manchmal verlässlicher als genaue Begriffsdefinitionen und logische Schlüsse (seien), insbesondere dann, wenn es um das Erkennen von Systemen geht" (ebd.). Vester verspricht sich von vernetztem Denken, dem "Denken in Mustern und dynamischen Strukturen" ein Verständnis komplexer Systeme und ihres Verhaltens" (a.a.O., S. 12) und verkündet, dadurch eine "neue Bewusstseinsstufe" erreichen zu können, die es ermögliche, "unsere Umwelt nach biologischen Gesetzmässigkeiten zu gestalten" (a.a.O., S. 11).

Bei Vesters "Unsere Welt – ein vernetztes System" sollen wir unter anderem erfahren, was ein System ist, wie Dinge aufeinander und auf sich selbst zurückwirken, wie Systeme durch Eingriffe zerstört werden können und wie sich Systeme durch Selbststeuerung nutzen lassen. Angenommen, wir wissen das alles, wissen wir auch, was wir angesichts der Umweltprobleme tun können? Wir denken nicht, dass dieses Wissen überflüssig ist und folgenlos bleibt (vgl. 4.2., 4.3.), doch aus dem Wissen über die Funktionsweise der Biosphäre können wir kein Handlungswissen und damit *keine Handlungsregeln* für den Alltag ableiten. Zudem muss ein ganzheitliches Erkennen grösserer Zusammenhänge, z.B. eines Bildes von Escher (vgl. Vester 1991, S. 32), nicht bereits Verstehen bedeuten; ein intuitives Erfassen grösserer Zusammenhänge kann erhellend sein, ist aber im Umweltbereich nicht direkt in Handlungen umsetzbar. Ein Beispiel: Was lernen wir, wenn wir Vesters Computer-Simulationsspiel Ökolopoly spielen? Wir können erkennen, dass wir einzelne Faktoren nicht beeinflussen können, ohne damit nicht auch auf andere Faktoren *und* das Gleichgewicht des Systems einzuwirken. Ausserdem können wir lernen, dass jedesmal, wenn wir ganz nahe an Vesters Rekord von 90 Punkten herankommen, das Programm bereits nach neun statt nach zehn Runden abgebrochen wird. Aber können wir dieses Wissen um die grossen Zusammenhänge beispielsweise auf alltägliche Konsumentscheidungen übertragen, und wenn ja, wie? Vester (a.a.O., S. 90) räumt ein, dass man mit einem Simulationsspiel gewiss nicht gleich die Umweltproblematik lösen könne, aber er behauptet gleichzeitig, dass vernetztes Denken keineswegs aufwendiger als lineares Denken sei und dass wir uns anders verhalten würden, wenn wir wüssten, wie die Biosphäre funktioniert (a.a.O., S. 8), eine These, die voraussetzt, dass ein Transfer des Wissens um die grossen Zusammenhänge problemlos funktioniert und dieses Wissen in jedem Fall eine Grundlage für alltägliches Handeln im Umweltbereich bilden kann.

Wie wird ökologisch-vernetztes Denken in der Umwelterziehung beschrieben? Sicherlich unschärfer, fragmentarischer und abstrakter als bei Vester. Osthoff propagiert (1986, S. 82) mit Bezug auf Schäfer (1981) ein "integrales Denken, welches strenge Fachgrenzen überwinde, mehrdimensional und kompromissfähig sei, historische sowie probabilistische Komponenten beinhalte und einen affektiv-kognitiven Gesamtkomplex darstelle. Darüber, wie dieses Denken gelehrt und gelernt werden soll, wird nur gesagt, dass der Pädagoge zunächst ein assoziatives Umfeld eines Begriffes oder Themas abstecken müsse, bevor eine engere fachliche Betrachtungsweise angebracht sei (a.a.O., S. 82f.).

Bei Schmack (1982a, S. 98) wird vernetztes Denken als "Denken in Zusammenhängen" bezeichnet, gemeint sind in erster Linie Vernetzungen der Inhalte; Umwelterziehung solle Fachziele verbinden, integrieren und Kenntnisse vernetzen, "weil Umweltprobleme sich nicht nach dem Kanon unserer Fachwissenschaften richten, sondern als komplexes Ganzes an uns herankommen". Wenn Schmack in einer Skizze ("Umwelt in der Perspektive neuerer Forschung" in "Chancen der Umwelterziehung", a.a.O., S. 21–49) vierzehn Exkurse zur Umweltsituation bietet und von "hochgradiger Vernetzung der angesprochenen Sachverhalte" (z.B. Ermittlungen zur Ressourcenlage, a.a.O., S. 36f.; Umweltschädigungen von Luft, Wasser und Boden, a.a.O., S. 39–41) spricht, so entbindet ihn dies nicht von der Aufgabe, die Vernetzung dieser Sachverhalte aufzuzeigen. Wohl bezeichnet er das Prinzip der Vernetzung als "tragenden Begriff der Umwelttheorie und Praxis" (a.a.O., S. 96), erschöpft sich dann aber bei Ausführungen in Leerformeln über gemeinsames Lehren, Lernen und Handeln an fächerübergreifenden Aufgaben in Projekten.

Im Vergleich zu den zwei oben angeführten Beispielen Osthoffs und Schmacks können wir beim Studienbuch "Umwelterziehung" von Bolscho, Eulefeld und Seybold (1980) von einem qualitativen Sprung sprechen: Die drei Autoren setzen sich mit Interdisziplinarität, ökologischem Denken und Handeln und Vernetzung nicht in gedrängter Form auseinander, sie erklären ausführlich, was sie darunter verstehen, und bringen exemplarische Veranschaulichungen aus der Schulpraxis; in ihrem fünften und letzten Kapitel beschäftigen sie sich ausschliesslich mit Vorschlägen und Beispielen zu handlungsorientierten Lernprozessen (a.a.O., S. 82–129).

Umwelterziehung, so Bolscho, Eulefeld und Seybold, können sich nicht in Informationen über fachspezifische Erkenntnisse zu einzelnen Umweltbereichen erschöpfen (a.a.O., S. 13); der Anspruch der Interdisziplinarität in der

Umwelterziehung umfasse vor allem die Berücksichtigung natur- und sozial-wissenschaftlicher Erkenntnisse und Denkweisen" (a.a.O., S. 14). Bedauer-licherweise wird ganz im Bewusstsein der hohen Anforderungen (a.a.O., S. 22) nicht alleine die Durchführung, sondern zusätzlich die Planung eines interdisziplinären Unterrichts den Lehrerinnen und Lehrern übertragen, statt auf Modellunterrichtseinheiten zu verweisen. Das *Gewicht* umwelterzieheri-scher Postulate lastet, so scheint es, in ausgeprägtem Masse auf den Lehr-kräften, die mit immensen Erwartungen konfrontiert werden: Als Grundsatz sollen sie Umwelterziehung handlungsorientiert planen (a.a.O., S. 21–51), was eine "interdisziplinäre Unterrichtsplanung" (mit fachspezifisch-koordina-tiver Verknüpfung, thematisch-systematischer Verknüpfung und problem-orientierter Verknüpfung), "handlungsorientierte Lernkonzepte" und "situa-tionsbezogenen Unterricht" einschliesst, ebenso "konkrete Planungsschritte" wie das "Suchen von Handlungsanlässen", das "Gewähren von Handlungs-spielräumen für die Schüler", das "Gestalten von handlungsorientierten Lern-prozessen" und das "Vorbereiten möglicher Handlungsergebnisse" (ebd.).

Zurück zum vernetzten Denken. Als ein Ziel schulischer Umwelterziehung formulieren Bolscho, Eulefeld und Seybold (1980, S. 18), dass sie "die Fähig-keit zum Problemlösen in komplexen Systemen fördern" solle, wobei die "Vernetztheit der Naturerscheinungen und ihre Folgen" zu berücksichtigen seien. Im Zusammenhang mit einem Simulationsspiel Dörners (1975), wo es darum ging, die Lebensverhältnisse der Menschen in einem fiktiven Entwick-lungsland zu verbessern, werden Schwierigkeiten eines vernetzten Denkens nach Dörner (1979) erwähnt: Systeme seien dynamisch und stellten uns vor komplexe wie unübersichtliche Entscheidungssituationen, ohne dass dabei alle wichtigen systemimmanenten Merkmale beobachtet und erfasst werden könnten. Im weiteren würden einzelne Systemkomponenten so zusammen-hängen, dass sie nicht isoliert voneinander verändert werden könnten; die Wirkungen von Veränderungen seien nicht immer voraussehbar, ungewollte Nebenwirkungen also möglich (Bolscho et al., 1980, S. 18f.). Nun sind Bolscho, Eulefeld und Seybold der Ansicht, dass den Schwierigkeiten beim Problemlösen in komplexen Systemen – dem vernetzten Denken – durch ein Untersuchen sogenannter "Grundgesetze lebensfähiger Systeme" nach Vester (1979) begegnet werden könne, "Grundgesetze" wie Stoffkreisläufe, Ein-schaukelungsprozesse und Energieflüsse (Bolscho et al., S. 19). Wie vorher bei Vester wird davon ausgegangen, dass eine Kenntnis von "Grundgesetzen lebensfähiger Systeme" vernetztes Denken an sich erleichtert oder fördert.

Wie können in der Schulpraxis Vernetzungen thematisiert werden? Unserer Erfahrung nach gestaltet sich dies alles andere als einfach. In dem von uns evaluierten Umwelterziehungsprojekt wurde die Förderung eines vernetzten

Denkens angestrebt. Widmer (1989, S. 147) behauptet – an anderer Stelle als in den Unterrichtsmaterialien –, dass ohne vernetztes Denken komplexe Zusammenhänge zwischen Mensch und Umwelt nicht verstanden werden können. Seine These versucht er am Beispiel einiger Alltagsprodukte (wie einer Zeitung, einer Cola-Flasche und einer Walkman-Batterie) und deren ökologischer Problematik zu veranschaulichen. Was eine "Fähigkeit zur Vernetzung der Informationen" im Beispiel beinhaltet und weshalb kausales Denken bei seiner Problemstellung nicht weiterhelfen könnte, wird nicht evident. Dieselbe Schwierigkeit stellte sich in den Unterrichtsmaterialien und in Schulprojekten (vgl. 2.3.2.3.). Was Vernetzung überhaupt bedeutet, wie sie an konkreten Inhalten aufgezeigt werden könnte und weshalb beispielsweise bestimmte Themen und einzelne Ergebnisse der Arbeitsaufträge zusammen-hängen sollten, wurde für Lehrkräfte in den Einführungskursen und für Schülerinnen und Schüler in Projekten kaum ersichtlich. Durch das Fest-schreiben eines Ziels wie "vernetztes Denken" ist für die Praxis noch nichts gewonnen; Vester (1991, S. 9) liegt richtig, wenn er feststellt, dass wir dringend zusätzliche Lehrmittel bräuchten, Lehrmittel, denken wir, in denen Vernetzungen detailliert ausgeführt und nicht bloss postuliert werden.

Im untersuchten Umwelterziehungsprojekt konnten die Unterrichtsmaterialien bereits den Anforderungen einer inhaltlichen Vernetzung nicht genügen, was von den Autoren im Verlaufe der Evaluation erkannt wurde, aber keine Konsequenzen für die Unterrichtsmaterialien nach sich zog: "Es ist für Schüler kaum möglich, ein zusammenhängendes Bild der Entwicklung in Langenthal zu vermitteln. Hauptziel soll deshalb nicht eine inhaltlich umfassende Bearbeitung als vielmehr die selbständige Recherche und die damit verbundenen Erfahrungen und Beobachtungen sein. Es geht darum auf-zuspüren, welche Veränderungen in bezug auf die Lebensqualität mit dem Prozess der Nutzungsverdrängung verbunden sind. Da Lebensqualität eine subjektive Grösse ist, sollen die Schüler dazu auch eigene Erfahrungen machen" (Widmer/Keist 1990, Teil C 1, S. 11). Wer so argumentiert, *kapitu-liert* vor der Komplexität des Gegenstandes *und* den Anforderungen einer Vernetzung und setzt statt dessen auf Erlebnispädagogik. Im Zentrum des Unterrichts kann dann nur das Erleben stehen, das die grosse Vernetzung so nebenbei evozieren soll: Wenn Schülerinnen und Schüler zum Beispiel bei Felderkundungen feststellen sollten, dass die Artenvielfalt der Pflanzen und Tiere in einem bestimmten Gebiet abgenommen hat, wissen sie noch nicht, mit welchen Faktoren die Verminderung der Artenvielfalt zusammenhängt und wie die Artenvielfalt erhalten werden kann. Es ginge auch anders. Wie Vernetzungen aufgezeigt werden können, demonstriert Kyburz-Graber (1978) in ihrer "Ökologie im Unterricht", wo sie "Versuche zu einem Lehrkonzept über das Ökosystem Wald" beschreibt: Sie stellt Beziehungen in der Lebensgemeinschaft Wald in Netzen dar (a.a.O., S. 23), übernimmt vernetzende schematische Darstellungen wie Nahrungsketten eines Waldes und Ursachen der Borkenkäferschäden (a.a.O., S. 25, 29), entwirft Nahrungsnetze (a.a.O., S. 50f.) und entwickelt eine Aufeinanderfolge der Begriffe und Begriffsstrukturen (a.a.O., S. 34). Das von uns evaluierte Umwelterziehungsprojekt kann in bezug auf die Vernetzungsproblematik *nicht als Einzelfall* betrachtet werden. Ein Beispiel: Die vom pädagogischen Zentrum Bad Kreuznach und der Landeszentrale für Umweltaufklärung Mainz herausgegebene "Umwelterziehung – Beispiele aus der Schulpraxis" (1991) enthält eine Auswahl von Artikeln der Zeitschrift "Umwelterziehung praktisch" der Jahrgänge 1985– 1990. Unter anderem zu den Themen Abfall, Artenschutz, Ernährung, Verkehr, Wald und Wasser werden 69 unterrichtspraktische Beispiele abgebildet – Vernetzungen im Sinne Vesters, Bolschos oder Kyburz-Grabers sind indessen Mangelware. Selbst wenn Vernetzungen skizziert werden, werden einzelne Elemente häufig nicht gewichtet, wodurch alle Elemente als gleich bedeutsam erscheinen.

In der Umwelterziehung sollte nicht so getan werden, als ob eine vernetzende Betrachtungsweise von Umweltthemen einfach wäre. Wie anspruchsvoll dieses Unterfangen ist, hat die Diskussion des didaktischen Konzepts "Ökologie und Umwelterziehung" (Eulefeld et al. 1981) gezeigt (vgl. 4.4.). Oelkers gibt zu bedenken, dass Vernetzung – darunter versteht er "die ökologische Grundvorstellung des Zusammenhangs" – eine sehr weitreichende Abstraktion verlange und einer sehr schwierigen kognitiven Operation gleichkomme, die der gewohnten Anschauung und den eingespielten Mustern der Welterklärung widerspreche. Er folgert daraus, dass diese Art Verstehen mehr Theorie und intensiveres Lernen verlange, als dies in anderen Feldern des Wissens erforderlich erscheine: "Sie verlangt, Paradoxien zu ertragen, mit moralisch unhandlichen Dilemmata umzugehen und Einsicht in eine komplexe Realität zu nehmen, die der Lernende wenig oder gar nicht selbst verändern kann" (Oelkers 1989a, S. 81).

Eine hohe Komplexität heisst für uns nicht, dass der Ruf nach Vernetzung falsch und das Vorhaben aufzugeben wäre. Doch Voraussetzungen und Anforderungen, die vernetztes Denken für die Umwelterziehung und die Schulpraxis implizieren, lassen sich nicht einfach – wie bei Mikelskis (1991, S. 226) – mit einem Hinweis auf Vesters Ökolopoly erledigen. Die Forderung nach vernetztem Denken zieht nach sich, dass in Unterrichtsmaterialien Vernetzungen *vordemonstriert* werden, damit Lehrerinnen und Lehrer mit diesem für die Umwelterziehung grundlegenden Postulat nicht auf sich alleine gestellt bleiben.

4.5.2. Zum Mythos der Ganzheit

Während der zweihundert Jahre moderner Wissenschaftsgeschichte verlief ein Prozess der disziplinären Ausdifferenzierung; heute können an die 4 000 Fächer in zwanzig bis dreissig Disziplinen unterschieden werden (Kocka 1987, S. 8). In der Umwelterziehung wird dieser Umstand als Aufsplitterung der Wissenschaft kritisiert und bedauert (vgl. 3.2.2.). Bis anhin Getrenntes soll deswegen wieder zusammengeführt werden, und dies nicht bloss auf der Ebene der Wissenschaften: Vorstellungen von fächerübergreifendem ökologisch-vernetztem Lernen in der Umwelterziehung sind nicht ausschliesslich wissenschaftlich geprägt, sie gehen immer wieder mit dem Begriff der *"Ganzheit"* einher. Es wird darauf vertraut, dass ganzheitliches Erleben in der Natur Informationen aus verschiedenen Fächern und Disziplinen "irgendwie" zusammenführt:

Nach Braun (1983, S. 10) beruhen ökologische Gesetzmässigkeiten und Zusammenhänge auf dem Ganzheitsprinzip. Darunter versteht er Verbindungen zwischen Teilen eines Ökosystems, d.h. vielseitige und mehrdimensional vernetzte Wirkungsgefüge – eine Sichtweise, wo Ganzheit Vernetzung meint. Der erzieherische Wert dieser ökologischen oder "inklusiven" Denkweise sei ohne weiteres einsichtig: "Zunächst muss sich der Schüler ihrer bedienen, wenn er Ökosysteme in ihren Gesetzmässigkeiten und Zusammenhängen begreifen, die menschlichen Eingriffe in den Naturhaushalt in ihren Wirkungen und Konsequenzen verstehen sowie ökologisch orientierte Planungsmassnahmen bewerten und würdigen will" (ebd.). Braun erwartet von ganzheitlichem ökologischem Denken mittelfristig Verhaltensweisen, die nicht mehr vorrangig ökonomischen, sondern ökologischen Zielvorstellungen entsprächen. Paradox ist hier, dass Braun ökologisches Denken als Voraussetzung der Beschäftigung mit Umweltthemen betrachtet, nicht als deren Ergebnis.

Für Mikelskis (1991, S. 225) bedeutet Ganzheit eine "Besinnung auf jene in der Geschichte der Pädagogik vielfach angemahnte und kaum je verwirklichte Einheit von Kopf, Herz und Hand" unter Einbezug der Systemforschung. Ohne Erklärung und ohne einen exemplarischen Transfer zur Umwelterziehung wird Pestalozzis "universale Konzeption" von Verstand, Sittlichkeit und Arbeit (Knoop/Schwab 1992, S. 83) zur Platitüde, zu einem Spiel mit Symbolik ohne Substanz.

Schmack (1982b, S. 142f.) will ein "Lehren und Lernen auf den Weg bringen, das über Wissen, Kenntnisse, Erkenntnisse einen hohen Grad von rationalen und affektiven sowie auch psychomotorischen Fähigkeiten aufbaut". Er setzt sich für eine "holistische Betrachtungsweise" ein (a.a.O., S. 141), bleibt jedoch eine Antwort schuldig, wie diese zu erreichen wäre. Umwelterziehung, so die Arbeitsgruppe Umwelterziehung der EDK (1988), pflege die Ganzheitlichkeit sowie die Betrachtungsweise in Systemen und Regelkreisen und erforsche die Wechselwirkungen verschiedenster Umweltfaktoren: "Sie verbindet und integriert Fachziele, d.h. sie vernetzt Kenntnisse, weil Umweltprobleme sich nicht nach dem Kanon unserer Fachwissenschaften richten, sondern als komplexes Ganzes an uns herankommen" (a.a.O., S. 129; die exakt gleiche Formulierung finden wir bei Schmack 1982a, S. 98). Wie dies zu bewerkstelligen wäre, wird nicht ersichtlich.

In seiner "Skizze zu einer ganzheitlichen Umwelterziehung" will Winkel (1994, S. 176; vgl. 1.3.4.) ein Bildungsziel entwickeln, das von allen unterschiedlichen Weltanschauungen anerkannt werden könne und in der Handlungspraxis alle vereinige. Dieses gemeinsame Bildungsziel nennt Winkel "das Pflegerische" (ebd.); angemahnt werden der pflegerische Umgang mit der eigenen Gesundheit, dem Psychischen, dem Sozialen, den Kulturgütern, Tier- und Pflanzenarten, Ökosystemen, Rohstoffen und Rohstoffvorräten (a.a.O., S. 178f.). Für die Umwelterziehung in der Schule empfiehlt Winkel den Dreischritt "zur Kenntnis nehmen, bewerten und handeln"; es gehe darum, Umweltprobleme zu verstehen, dabei ökologische, ökonomische, ethische, religiöse und historische Fakten einzubeziehen und am Ende "das Pflegerische" als Bewertungsmassstab und als "Wegweiser" für das Handeln zu beachten (a.a.O., S. 179). Als Beispiel einer ganzheitlichen Unterrichtssequenz für eine erste Klasse führt Winkel einen Waldunterricht an, bei dem Schülerinnen und Schüler ausgelassen spielen, Baumnamen kennenlernen, Ameisenhaufen betrachten und bewerten, die Geschichte einer Ameisenkönigin hören und zehn "Haltestellen" von der Distelrosette bis zur moosbewachsenen Stubbe memorieren (a.a.O., S. 180f.). Für die Umwelterziehung skizziert Winkel fünf verschiedene Wege: Den "Weg über die Erfahrungen durch die Sinne", den "Weg der religiösen Erfahrung", den "Weg der künstlerischen Betätigung", den "Beitrag der Naturwissenschaften zur Umwelterziehung" und den "gesellschaftlich-politischen Weg, den Weg der Konflikte" (a.a.O., S. 182–190). Ob alle Wege nach einer bestimmten Reihenfolge zu gehen wären oder erst zusammen Ganzheit ermöglichen, erklärt er nicht. Winkel lanciert einen mystisch anmutenden Superbegriff, "das Pflegerische", welches im Grunde unbestimmt bleibt. Er verkündet, dass die Menschen nicht mehr Ökologie, sondern mehr Moral bräuchten (a.a.O., S. 179), was in einer Assertion gipfeln muss: "Es geht um den neuen Menschen" (ebd.). – Die Ganzheit lässt sich nun einmal nicht überbieten.

Autoren wie Mikelskis, Schmack und Winkel, die ein Ganzheitsprinzip in der Umwelterziehung unterstützen oder vertreten, suggerieren, dass nur die verantwortungsvoll und richtig planen, steuern, handeln könnten, die ganzheitlich-ökologisch denken und vorgehen. Möglichst alle Gefühls-, Erlebnis- und

Wissensbereiche sollen einbezogen werden, Vernunft und Gefühl gelten als gleichberechtigt und sollen verbunden werden, wobei der Rationalität ungleich skeptischer begegnet wird als der emotionalen Ebene.

Ist Ganzheit für die Umwelterziehung ein sinnvolles Konzept? Wir meinen nein. Wenn wir sinnverwandte Wörter für Ganzheit suchen, stossen wir auf die Begriffe Gesamtheit, Totalität, Vollständigkeit. Wie sähe eine vollkommene, lückenlose, komplette Umwelterziehung aus? Kann Ganzheit so vermittelt werden, dass sie in der Schule zu erfahren wäre? Ist es nicht wahrscheinlicher, dass die Schule durch den Universalitätsanspruch eines ganzheitlich verstandenen ökologischen Lernens radikal überfordert wird? Die Schulfächer würden Differenzen pflegen, wo keine "Ganzheit" mehr gestiftet werden könne, meint Oelkers (1989a, S. 79): "Wo keine Einheit des Seins mehr auszumachen ist, da kann auch keine Ganzheit des Lebens mehr beschrieben werden, wenigstens nicht als Ersatz für Selektion und Differenz" (a.a.O., S. 71). Oelkers bezeichnet Ganzheit, wie sie in der Umwelterziehung vertreten wird, als Metaphysik, "als kosmische Hoffnung, die sich nicht wirklich auf eine Handlungspraxis beziehen lässt, sondern nur als Hoffnung in die Zukunft verschoben" werde (a.a.O., S. 79).

Metz (1989, S. 160f.) kritisiert im selben Zusammenhang "die nie einlösbare Forderung nach Ganzheitlichkeit". Ganzheitliches Denken sei "denkunmöglich", weil Denken immer in der Vereinzelung bleibe, an Differenzierungen und Integrierungen von Wissenselementen gebunden sei. Metz argumentiert, dass sich alle Kosten eines Produkts nie berechnen liessen; weder als Individuen noch als Kollektiv könnten je alle Zusammenhänge erforscht und erkannt und zur Handlungsbegründung herangezogen werden. Neben der "Denkunmöglichkeit des ganzheitlichen Denkens" moniert er, dass "die Begriffe des Ganzen, Einen und Alls (...) stark in den mythischen und religiösen Bereich, wo sie berechtigt sein mögen", hineinreichen würden (a.a.O., S. 161).

Wenn Ganzheit in der Umwelterziehung bedeuten soll, dass statt den Zumutungen differenzierter Verstehensprozesse eine Umweltgefühlssuppe gekocht werden soll, ist sie abzulehnen. Kahlert (1991a, S. 110) dazu: "Man kann im Wald seine Sinne schulen, intensive Empfindungen haben, tiefe Betroffenheit erleben, doch das Umweltproblem Waldsterben erschliesst sich nicht über Sinnesschulung, Betroffenheit und handelndes Erleben, sondern durch Interpretation von Informationen, durch theoriegeleitete Analysen, durch gedankliche Kombinationen verschiedener Wissenselemente – kurz, durch Schulung und Gebrauch des Verstandes. Als ein Beispiel für die Problematik ganzheitlicher Betrachtungsweisen führt er die Bilanzierung der Leistungen und Risiken der Chemieindustrie an (a.a.O., S. 110f.). Der Zwang zur differenzierten Analyse mache auch jede Hoffnung auf "Ganzheitlichkeit" zunichte. Ganzheitliche Orientierungen führen nach Kahlert "zur Erlösung von den Zumutungen der Analyse und des Entscheidungszwanges" (a.a.O., S. 111).

Ein Einwand gegen die Kritik am Ganzheitsprinzip in der Umwelterziehung sei erlaubt. Natürlich ist das Ganze in toto nicht wahrnehmbar, nicht verstehbar, nicht steuerbar. Will Ganzheit das ausdrücken, wird das in der Umwelterziehung mit dem Begriff "Ganzheit" wirklich ausdrückt? Steckt nicht eher der Wunsch dahinter, mit einem Prinzip die Unübersichtlichkeit rationaler Differenzierungen zu lichten? Im Falle der Ganzheit muss die Umwelterziehung für ihre Wissenschaftsskepsis *büssen*. Niemand in der Umwelterziehung würde behaupten, alles zu kennen. Die Kritik am Ganzheitsprinzip ist insofern unfair, als sie Ganzheit nur beim Wort nimmt; die unglückliche Begriffswahl und die Kritik daran versperren den Blick aufs Wesentliche: In der Umwelterziehung sollen Ratio und Anima gleichwertig sein und versöhnt werden, angesprochen wird der ganze Mensch, nicht ausschliesslich sein Intellekt. Das mag Ganzheit im Kern meinen und das müsste Gegenstand einer Kritik sein.

4.6. Auf dem Weg zu einem Lernprogramm in der Umwelterziehung

In diesem Kapitel haben wir dargelegt, dass und weshalb die Auswahl der Inhalte und deren Gewichtung ein ungelöstes Problem der Umwelterziehung darstellt; aus diesem Grunde wäre in der Umwelterziehung ein Programm der relevanten Inhalte und die zugrundeliegenden Auswahlkriterien zu formulieren. Da wir im Rahmen der vorliegenden Arbeit weder das eine noch das andere leisten können, möchten wir wenigstens einige pragmatische Anregungen geben.

– Sicherlich wären in der Umwelterziehung beispielsweise die Bereiche Wasser, Luft, Boden, Energie, Abfall und Ökosysteme mit lokalen, nationalen und globalen Bezügen zu betrachten. Die Auflistung dieser Bereiche gibt indessen noch kein Programm ab, dieses müsste erst formuliert werden. Ein solches Programm würde sich Problemen der Auswahl und Gewichtung stellen und ein begrenztes Grundwissen bestimmen, das auch Handlungswissen enthält.

– Ein Umwelterziehungsprogramm könnte Pflicht- und Wahlanteile enthalten. Es wäre auszuhandeln, welche Themen verbindlich und welche fakultativ zu bearbeiten wären und wie das Verhältnis des zeitlichen Anteils von Pflicht- und Wahlthemen gestaltet werden sollte; nicht zuletzt, um adäquatere Unterrichtseinheiten entwickeln zu können, wäre für jedes einzelne Thema der Zeitbedarf abzuschätzen und auf die für Umwelterziehung insgesamt zur Verfügung stehenden zeitlichen Ressourcen der Schule abzustimmen.

– Umwelterziehung hätte vermehrt Unterschiede von Schulstufen und Schultypen zu berücksichtigen, für Umwelterziehung innerhalb der obligatorischen Schulzeit, während der Sekundarstufe II oder an Berufsschulen müssten Konzepte erarbeitet werden, die Entwicklungsstand, Wissen und Erfahrungen der Schülerinnen und Schüler in spezifischer Weise Rechnung tragen.

– Umwelterziehung sollte ein definiertes Zeitgefäss erhalten, das Blockunterricht ermöglicht, beispielsweise institutionalisierte Umweltwochen in Volks- und Mittelschulen (vgl. Kap. 8).

Eine Auswahl und Gewichtung der Inhalte bedingt entsprechende *Kriterien.* Methodische Leitvorstellungen in der Umwelterziehung geben keine Kriterien für die Auswahl und Gewichtung der Inhalte ab, weil sich nahezu jedes Umweltthema situations-, problem-, handlungs- und systemorientiert bearbeiten lässt. Wie schwierig das Herausarbeiten von Auswahlkriterien ist, wurde bei der Diskussion des didaktischen Konzepts von Eulefeld et al. klar (vgl. 4.4.2.). Dennoch einige Überlegungen hierzu:

– In der Umwelterziehung wären Themen zu bevorzugen, die echte Handlungsspielräume für Schülerinnen und Schüler bieten und anhand deren Handlungsstrukturen aufgebaut und Handlungsstrategien reflektiert werden könnten (vgl. 6.3.–6.5.). Im untersuchten Umwelterziehungsprojekt war dies kaum der Fall, weil Schülerinnen und Schüler im günstigsten Fall konsultativ an einer Ortsplanungsrevision teilnehmen oder eine "Velodemo" organisieren konnten (vgl. 2.3.2.; 6.4.).

– Interesse ist ein ambivalentes Auswahlkriterium. Auf der einen Seite gehen ausgeprägte Interessen für bestimmte Umweltthemen mit einer höheren Motivation einher, sich mit diesen Themen eingehend auseinanderzusetzen; auf der anderen Seite sind Interessen Modeströmungen unterworfen und fluktuieren. Dennoch sollten Interessen von Schülerinnen und Schülern für Umweltthemen erhoben werden, ebenso Interessen der Lehrkräfte, welche etwa am Besuch von Weiterbildungsangeboten im Umweltbereich abzulesen sind.

– Prioritär behandelt werden sollten Themen, zu denen bereits Modellehrgänge existieren, die ein elaboriertes methodisch-didaktisches Konzept enthalten, Analysen aus kontroversen Positionen liefern, Fächerverbindungen und Vernetzungspostulate konkret ausführen. Solche Modellehrgänge und Unterrichtseinheiten existieren, wurden allerdings nicht in einem Gesamtkonzept systematisiert. Einige qualitativ hochwertige und anspruchsvolle Unterrichtsmaterialien zur Umwelterziehung werden beispielsweise in der Schriftenreihe "Modelle zur Umwelterziehung in der Bundesrepublik Deutschland" (1990, 1991, 1992) dokumentiert, die von der Deutschen Gesellschaft für Umwelterziehung und dem IPN an der Universität Kiel herausgegeben wird.

Eine *Inkonsequenz* in der Umwelterziehung liegt darin, dass ein ökologisches Denken und ein umweltgerechtes Handeln gefordert wird, ohne überzeugend zu erklären, wie dies zu fassen und zu vermitteln wäre und ohne ein umfassendes Konzept zu liefern, das zudem die Ebene des (Handlungs-)Wissens konkretisieren würde. Lehrkräften wird so vorgemacht, dass in der Umwelterziehung alle bereits genau wissen, was ökologisches Denken und was umweltgerechtes Handeln theoretisch und praktisch genau bedeuten und wie es gelehrt und gelernt werden kann, also bloss ein Vermittlungsproblem besteht.

Seit mindestens fünfzehn Jahren wird die Problematik eines Grundwissens für die Umwelterziehung von namhaften Autoren erkannt (z.B. Bolscho et al. 1980, S. 52; Braun 1983, S. 15), aber nicht angegangen. Weil wenig geschehen ist, bleibt das Thema ein *Dauerbrenner*, der auch in neueren Publikationen auftaucht. Hellberg-Rode (1991, S. VII) konstatiert, dass die Umwelterziehung ihrer eigenen Forderung nach Interdisziplinarität und Vernetztheit nicht gerecht werde. Solange ein "durchgängiges und tragfähiges Konzept für Umwelterziehung" fehle, folgert sie, liessen sich Forderungen an Entscheidungsträger nur mit enormen Reibungs- und Zeitverlusten durchsetzen. Hellberg-Rode spricht auch deswegen von einem "Theorie- und Vollzugsdefizit" in der Umwelterziehung, weil eine "angemessene Lehreraus- und -fortbildung" sowie "fächerübergreifend und problemorientiert strukturierte Curricula" fehlen würden (a.a.O., S. VIIf.). Krol (1991, S. 18) regt an, über eine verbesserte inhaltliche Strukturierung der Umwelterziehung nachzudenken. Er plädiert für ein "Schulcurriculum", das den Zielen der Umwelterziehung verpflichtet sei und spezifische Beiträge einzelner Fächer oder Lernbereiche strukturiere. Hellberg-Rode und Krol sind bedauerlicherweise Ausnahmen, nach Eulefeld (1991, S. 1) beschäftigt sich die Didaktik der Umwelterziehung in erster Linie mit der Organisation von Lernsituationen und weniger mit der systematischen Organisation von Fachwissen. Genau das ist ein springender Punkt.

5. Methodische Aspekte der Umwelterziehung

In diesem Kapitel werden Grundpositionen und die Verknüpfung von Inhalten und Methoden in der Umwelterziehung aus methodischer Sicht erörtert, die darauffolgenden Kapitel wollen am Beispiel der Handlungsorientierung (Kap. 6) und der Projektmethode (Kap. 7) aufzeigen, dass die Umwelterziehung mit dem Verzicht auf ein methodisches Fundament ihre Möglichkeiten ungenügend nutzt und dass dies letztlich, wie das am evaluierten Projekt gezeigt werden kann (vgl. 6.4.; 7.9.), eine Implementierung der Umwelterziehung in die Schule wesentlich behindern kann. Zwei Thesen bilden den Rahmen für die folgenden drei Kapitel:

1. Umwelterziehung hat Schwierigkeiten, sich in der Schule zu etablieren, weil sie ganzheitliche Methoden bevorzugt, dabei theoretische Grundlagen vernachlässigt und deshalb Unterricht ungenügend reflektieren kann.

2. Umwelterziehung hat Schwierigkeiten, sich in der Schule zu etablieren, weil bestimmte Methoden mit beliebigen Inhalten verknüpft werden.

Hohes Umweltbewusstsein muss nicht notwendigerweise zu umweltgerechtem Verhalten führen (vgl. 1.2.4.; 3.4.4.; 4.2.). Die Ursache dieser Diskrepanz sehen viele Umwelterzieherinnen und -erzieher in der mangelnden Qualität der praktizierten Unterrichtsmethoden. Wir referieren Kyburz-Graber, die in einer umfangreichen Lehrmittelanalyse zum Schluss kommt, dass der Umwelterziehung in der Schweiz ein methodisches Fundament fehle. Sie bemängelt, dass Schülerzentrierung, Handlungsorientierung, Situationsorientierung und Interdisziplinarität zu wenig gefördert würden. In der Umwelterziehung herrscht weitgehend Konsens, dass mit herkömmlichen Methoden kaum Verhaltensänderungen herbeigeführt werden könnten (5.1.). Erwartete Effekte dieser Methoden lassen sich empirisch nur zum Teil belegen und basieren auf Annahmen und Interpretationen, die teilweise fragwürdig sind (5.2.). Wir skizzieren deshalb eine Grundlage für ein methodisches Konzept, wie es von verschiedenen Autoren im Umfeld von Eulefeld bereits um 1980 entwickelt wurde und das methodisch eine beachtliche Bandbreite aufweist. Dieses Konzept hat aber vielleicht weil es zu wenig innovativ erscheint bis heute wenig Resonanz in Lehrmitteln gefunden (5.3.). In der Umwelterziehung werden ganzheitliche Methoden bevorzugt und mit wenig klaren Vorstellungen über inhaltliche Präferenzen verknüpft, was eine Etablierung in der Schule erschwert (vgl. 4.3.–4.6.; 5.4.).

5.1. Lehrmittel der Umwelterziehung vermitteln Wissen, entsprechende methodische Hilfen fehlen weitgehend

Diese These stammt aus der Feder von Regula Kyburz-Graber (1988), die über achtzig obligatorische und empfohlene Lehrmittel aus verschiedenen Kantonen der Schweiz analysierte. Sie kommt im EDK-Dossier "Umwelterziehung in den Schweizer Schulen" zu folgendem Schluss: "Es sind im wesentlichen zwei Gründe, warum methodische Hilfen in einem Lehrmittel oft nur marginal oder gar nicht vorkommen:

1. *Lehrerinnen und Lehrer sehen ihre Lehrfreiheit oft in der freien Methodenwahl.* Sie wehren sich weniger gegen inhaltliche Vorgaben als gegen methodische Vorschläge, weil das Interessante und Kreative im Lehrerberuf gerade in der methodischen Unterrichtsgestaltung liege. Bei dieser Abwehrhaltung wird jedoch übersehen, dass sich in den letzten Jahren gerade im methodischen Bereich viele Veränderungen angebahnt haben, die vor allem auch aus der Bildungsarbeit mit Erwachsenen und aus der pädagogischen und psychologischen Forschung stammen. Neuere Methoden wie Gruppenarbeit, Fallstudien, Projekte, Rollenspiele usw. haben viele Lehrpersonen selbst noch nie erlebt. Eine Anleitung dazu würde die Lehrfreiheit nicht einschränken, sondern vielmehr erweitern, weil sie mit grösserer Sicherheit auf ein erweitertes methodisches Instrumentarium zurückgreifen könnten.

2. Ein weiterer Grund, warum methodische Vorschläge in manchen Lehrmitteln kaum vorkommen, ist darin zu suchen, dass solche *Lehrmittel ohne ein genaues didaktisches Konzept entwickelt* worden sind. Nur dort, wo Ziele auf verschiedenen Konkretisierungsstufen formuliert sind (Leitideen, Richtziele, Lernziele), finden in einem Lehrmittel neben den Wissensanteilen auch Aussagen zu Methoden Eingang, welche die Aktivitäten der Schüler und den Aufbau von Werthaltungen betreffen" (a.a.O., S. 37; Hervorhebung Berchtold/ Stauffer).

Im Zentrum der Argumentation bei Kyburz-Graber stehen denn auch methodische Defizite. Lehrkräfte würden vehement ihre Methodenfreiheit verteidigen, kennen aber andererseits nicht immer die "optimalen Methoden", mit denen ein Thema bearbeitet werden könnte. Andere, oft diskutierte Hindernisse für die Umwelterziehung wie ungeeignete Schulstrukturen, überbordende Stofffülle, veraltete Lehrpläne werden weniger ausführlich beschrieben.

Eine Forderung der Umwelterziehung, die ebenfalls im Umwelterziehungsprojekt "Nutzungskonflikte und Siedlungsplanung" als grundlegend galt, *lautet: Erziehung zu umweltgerechtem Verhalten verlangt eine neue Gewichtung der Unterrichtsmethoden, indem vermehrt schülerzentrierter, fächerübergreifen-*

der, situations- und handlungsorientierter Unterricht praktiziert wird. Diese Neuorientierung finde aber, so Kyburz-Graber, in den Lehrmitteln selten statt: "Zu oft sind besonders die naturwissenschaftlichen Lehrmittel didaktisch zu wenig differenziert, dürftig in den Vorschlägen für Methodisches und für neuere Arbeitsformen, unkritisch in der Ursachenerklärung, scheu und pseudo-neutral (unter dem Vorwand der "Wissenschaftlichkeit") bei der Behandlung von kontroversen Themen, blind für soziale, ökonomische und technologische Zusammenhänge" (a.a.O., S. 121; vgl. 3.4.2).

Die Analyse der Lehrmittel und die daraus abgeleiteten Forderungen von Kyburz-Graber decken sich weitgehend mit jenen im untersuchten Umwelter-ziehungsprojekt (vgl. 7.9.). Die Anliegen des didaktischen Konzepts können als typisch für methodische Postulate der Umwelterziehung in den achtziger Jahren bezeichnet werden. Allerdings werden in den Unterrichtsmaterialien dieselben Fehler begangen, die Kyburz-Graber anprangert: Das "didaktische Konzept" umfasst nur gerade eine Seite, das methodische Vorgehen weitere drei (Widmer/Keist 1990, Teil C, S. 1–4); eine fundierte Begründung der Themen- und Methodenwahl ist so nur schlagwortartig möglich. Offenbar wird davon ausgegangen, dass Lehrerinnen und Lehrer problemlos mit handlungsorientierten und schülerzentrierten Methoden arbeiten können. Die Leitfrage einer schulischen Umwelterziehung, wie sie von Kyburz-Graber (1988), Widmer und Keist (1990) und vielen anderen Umwelterzieherinnen und Umwelterziehern angegeben wird, lautet: Mit welchen Methoden können Einstellungen zur Umwelt aufgebaut und verändert werden? Ein ausgeprägter Zusammenhang zwischen Einstellungen und Verhalten wird vorausgesetzt (vgl. 1.2.4.)

Basis aller Ansätze ist das Postulat der Handlungsorientierung. Schülerinnen und Schüler sollen sich selbsttätig mit der Umwelt auseinandersetzen, und dadurch will die Umwelterziehung über Wissen hinaus "Einsichten bewirken, Haltungen formen und Verhalten trainieren" (EDK 1988, S. 129). Der hand-lungsorientierte Ansatz, so analysiert Kyburz-Graber, werde bisher nur in neuen Luzerner und Westschweizer Lehrmitteln zur Heimatkunde konsequent verfolgt: "Der Lehrer findet praktisch keine vorgefertigten Arbeitsblätter, der Unterricht hängt fast nur davon ab, was die Schüler tun, nicht was sie wissen sollen" (a.a.O., S. 51). Die drei Ansätze Situationsorientierung, Schülerzen-trierung und fächerübergreifendes Arbeiten scheinen sich für die Umsetzung dieses Postulats besonders zu eignen und sollten deshalb, so Kyburz-Graber, in Lehrplänen und Lehrmitteln besonders gefördert werden. Sie müssten u.a. folgende Kriterien erfüllen:

– *Situationsorientierter Unterricht* müsse sich vermehrt auf konkrete
Beispiele und die Lebenswelt der Schule beziehen, denn Umwelterziehung,
wie sie sich in den Lehrmitteln präsentiere, geschehe allgemein, wenig
gezielt und orientiere sich nicht an aktuellen Fragen der Öffentlichkeit und
der Umwelt der Schülerinnen und Schüler: "Umwelterziehung soll den
Schülern die verschiedenen Erscheinungsformen ihrer Umwelt erschliessen,
indem sie sich aktiv, durch Erleben und Handeln, vorwiegend mit der
lokalen, aber auch mit der regionalen, überregionalen und globalen Umweltsituation auseinandersetzen" (a.a.O., S. 98). Dabei sollen nicht nur die
kognitiven Fähigkeiten, sondern "ganz besonders die gefühlsmässigen und
handlungsorientierten Fähigkeiten" zum Tragen kommen (a.a.O., S. 40). Ein
wesentliches pädagogisches Ziel dieses situationsorientierten Unterrichts ist
für Kyburz-Graber die Konfrontation mit verschiedenen gedruckten oder aus
Begegnungen erfahrenen, originalen Meinungen. Dies ermögliche Begegnungen mit Wertvorstellungen einer pluralistischen Gesellschaft. Sie wendet
sich gegen einfache Problemlösungen, die es nie gegeben habe. Nur zwei
Lehrmittel legten den Schülerinnen und Schülern originale Zitate aus
verschiedenen Quellen vor, in der Regel aber begegne ihnen "nur der Autor
im Text und damit scheinbar nur eine Meinung" (a.a.O., S. 43). Eine differenzierte Auseinandersetzung mit Umweltthemen könne so nicht stattfinden, originale Begegnungen mit Leuten, die sich mit der Umwelt engagiert
auseinandersetzten, seien dringend nötig (a.a.O., S. 58).

– Die *selbstbestimmte und selbsttätige Auseinandersetzung mit einzelnen
Umweltproblemen* sei wichtig, so Kyburz-Graber, und sie empfiehlt deshalb
jene Lehrmittel, die eine Selbstaktivität der Schülerinnen und Schüler
ermöglichten. Behandelt werden sollen Umweltbereiche, die von Schülerinnen und Schülern unmittelbar erlebt, aufgearbeitet und gestaltet werden
könnten. Diese Lehrmittel sollten den Austausch und die Zusammenarbeit
zwischen den Fächern, Kleingruppenarbeit bei der Durchführung von Fallstudien, projektartigen Unterricht und ausserschulische Erkundungen fördern
(a.a.O., S. 41). Die Selbstaktivität der Schülerinnen und Schüler würde
bisher nur innerhalb des Fachrahmens unterstützt, und Methoden, die nicht
zur Fachwissenschaft gehören, für die Umwelterziehung aber von grosser
Bedeutung seien wie die Beschaffung von Informationen, die Erforschung
politisch-rechtlicher Dimensionen eines Umweltproblems oder Befragungen,
müssten ebenso wie Fallstudien und projektorientiertes Arbeiten verstärkt
berücksichtigt werden.

– Lehrmittel müssten *fächerübergreifenden Unterricht* anregen, Lehrpläne
"ausdrücklich Phasen vorsehen, in denen zwei oder mehrere Fächer zusam-
menarbeiten" (a.a.O., S. 98). Der fächerverbindende Ansatz sei bis jetzt
wenig berücksichtigt worden. Selbst im fächerübergreifend angelegten Fach

Geographie seien in keinem der untersuchten Lehrmittel, weder in den Schulbüchern noch in den Lehrerkommentaren, Querverweise und mögliche Zusammenarbeitsformen mit den tangierten Fächern gefunden worden. Fächerdenken werde so zusätzlich zementiert statt aufgebrochen (a.a.O., S. 58).

Die drei genannten Kriterien Situationsorientierung, Handlungsorientierung und Interdisziplinarität konturieren den Begriff innovative Methoden in der Umwelterziehung; sie können in der Praxis meist nicht getrennt werden und sollen mit ganzheitlichen Verfahren, idealerweise mit der Projektmethode, umgesetzt werden. Ein viertes Element muss genannt werden, weil es keine innovativen Effekte zu erzeugen scheint und möglicherweise deshalb in der Umwelterziehung nicht erwähnt wird: die Orientierung des Unterrichts am umweltspezifischen Wissen und Können. Überzeugende Begründungen für die Integration dieser Elemente geben Eulefeld et al. (1981).

Kyburz-Graber zieht das *Fazit*, dass in vielen Lehrmitteln zwar Erlebnisunterricht als Ausgangspunkt der Unterrichtsaktivitäten propagiert werde, dass jedoch eine fachliche Darlegung der hinter den Werken stehenden Leitideen fehle. Vielmehr orientierten sich die Unterrichtsmethoden an den Wissenschaften der Einzelfächer Biologie, Chemie oder am "streng naturwissenschaftlichen Rahmen" in der Physik (a.a.O., S. 83–90).

Eulefeld et al. haben 1985 in einer Studie zur Praxis der Umwelterziehung in Deutschland 58 Schulen verschiedener Schultypen u.a. Handlungsorientierung, Situationsorientierung und Interdisziplinarität untersucht (Eulefeld 1991, S. 2f.). Ein praktisch identisches Untersuchungsdesign von Hellberg-Rode, mit dem 1990 41 Schulen untersucht wurden, ergab Aufschluss über die Praxis der Umwelterziehung und Veränderungen innerhalb von 5 Jahren. Das Fazit von Hellberg-Rode (1991b, S. 195–225) sei vorweggenommen: "Fast 5 Jahre nach der Überblicksstudie von Eulefeld et al. (1988) hat Umwelterziehungspraxis in der Schule hinsichtlich quantitativer Repräsentanz nicht weiter zugenommen, sondern allenfalls ihre Anteile behauptet." Einige bemerkenswerte Ergebnisse sollen hervorgehoben werden: Handlungsorientiert, d.h. Unterricht mit Schüleraktivitäten *und* mit von Schülerinnen und Schülern hergestellten Produkten, wurden im Sachunterricht 1990 56,4% der Umweltthemen bearbeitet (1985 40%), im Biologieunterricht der Sekundarstufe I waren es 1990 48,7% (1985 26%). Auch der Anteil an interdisziplinärem Unterricht, dessen Anteil 1985 nur 16,1% der Gesamtstichprobe betrug, wuchs 1990 auf 52,5%: An der Grundschule stieg dieser wegen des Klassenlehrerprinzips ohnehin hohe Anteil 1990 auf 72,7%, im Biologieunterricht der Sekundarstufe I immerhin auf 28,3% (a.a.O., S. 203). Andere Merkmale konnten nicht derart zulegen: Situationsorientiert – das meint die Behandlung eines aktuellen Problems von lokaler Bedeutung – wurde 1990 in der Grundschule zu 76,9% (1985 71,7%) unterrichtet, auf der Sekundarstufe I 1990 zu 71,7% (1985 72%). Der Situationsorientierung wurde also weniger Bedeutung beigemessen (a.a.O., S. 203–205). Die Anteile der Umwelterziehung am Gesamtunterricht haben sich kaum verschoben, die Unterrichtsmethoden entwickelten sich hingegen in Richtung handlungsorientierter und interdisziplinärer Unterrichtsverfahren.

Der Überblick zur Studie von Kyburz-Graber kann *zwei aktuelle Tendenzen in der Umwelterziehung* aufzeigen: Erstens wird kritisiert, dass Methoden, die umweltgerechtes Verhalten fördern könnten, zu selten praktiziert würden. Hier sind Entwicklungen im Gange, welche in die von der Umwelterziehung gewünschten Richtung weisen. Dieser quantitativen Erweiterung steht ein Mangel an Studien gegenüber, die sich mit der Qualität der angewandten Methoden auseinandersetzten. Wenig reflektiert wird, was Schülerinnen und Schüler, die mit diesen Methoden arbeiteten, tatsächlich tun und lernen und ob die erwarteten Effekte auch tatsächlich eintreffen; Tendenzen, die in die erwartete Richtung weisen, lassen sich vereinzelt ablesen (5.3.). Wie sollen diese Methoden ein breiteres Echo finden, wenn Effekte nur erwartet, nicht aber nachgewiesen werden können? Lehrpersonen werden ihre Methodenfreiheit dann nützen, wenn sie von der Wirkung einer Methode überzeugt sind. Zweitens wird Wissen als zweitrangig betrachtet. Jene Lehrmittel, die nicht auf Wissen, sondern auf Schüleraktivitäten setzen, werden positiv, jene, die mit vorgefertigten Arbeitsblättern systematisch Wissen aufbauen möchten, negativ beurteilt. Diese Gegenüberstellung von Erlebnispädagogik und strukturierten, "kopflastigen" Lernprozessen fördert die Anliegen der Umwelterziehung nicht. Methoden sind nicht an sich gut oder schlecht, sie sollten nicht zuletzt im Zusammenhang mit der Qualität des aufzubauenden Wissens beurteilt werden.

5.2. Effekte von Unterrichtsmethoden der Umwelterziehung bei Schülerinnen und Schülern

Bolscho (1986, S. 47f.) analysierte 17 Studien, die Effekte von Unterrichtsmethoden im Wissens- und Einstellungsbereich thematisierten. Unabhängig von den ausgewiesenen Methoden (schülerorientiert, lehrerorientiert, medienorientiert, Fallstudien) führte Umwelterziehung in den meisten Untersuchungen zu positiven Einstellungsänderungen. Bei der Interpretation dieses Ergebnisses müsse allerdings, so Bolscho, eine beträchtliche unkontrollierbare Bandbreite der Aktivitäten und Stile von Lehrkräften berücksichtigt werden. Eine einzige der von Bolscho referierten Studien über Effekte von Unterrichtsmethoden kann Aussagen zur Beziehung von Wissen und Einstellungen liefern: Bei Birch und Schwaab (1983) standen bei medienorientiertem Unterricht "positive Einstellungsänderungen" im Umweltbereich im Zusammenhang mit nachgewiesenen höheren Wissenswerten (vgl. Bolscho 1986, S. 48). In der Umwelterziehung gilt Feldarbeit als unverzichtbarer Bestandteil. In 14 von 16 Studien, die von Bolscho genannt werden, geht ausserschulisches Lernen im Vergleich zu Kontrollgruppen mit höherem Umweltwissen einher (a.a.O., S. 60). Weitere Aufschlüsse vermitteln Langeheine und Lehmann (1986, S. 42), die über eine Arbeit Blums (1981) berichten, der Effekte eines einjährigen Umwelterziehungsprogramms untersuchte. Seine Experimentalgruppe umfasste 480 zwölfjährige Schülerinnen und Schüler, die Kontrollgruppe 490. Die Inhalte des Curriculums waren identisch, doch in einer Gruppe dominierten Feldexperimente, in der anderen Gruppe wurde auf Faktenvermittlung gesetzt. Als abhängige Variablen formulierte Blum die Freizeitaktivitäten Lesen, Beobachtungen von Pflanzen, Pflanzenbau und Experimentieren mit Pflanzen. In der Folge zeigte die Experimentalgruppe mehr ausserschulische Freizeitaktivitäten (vgl. Langeheine/Lehmann 1986, S. 43).

Um Erwartungen in Effekte von Unterrichtsmethoden in der Umwelterziehung einschätzen zu können, empfiehlt sich ausserdem ein Blick auf allgemeine pädagogische Forschung: Wenn zwei oder mehrere Unterrichtsmethoden beziehungsweise Lehrverfahren bezüglich des Lernerfolgs der Schülerinnen und Schüler miteinander verglichen werden, verweisen die Ergebnisse in pädagogischen Überblicksstudien in der Mehrzahl auf systematische, insgesamt jedoch geringe Vorteile des einen Verfahrens gegenüber dem oder den anderen (vgl. van Buer/Nenniger 1992, S. 417). Bei der Frage nach den Methodeneffekten muss ausserdem festgehalten werden, dass nur in 2% der Studien Unterricht wirklich beobachtet wurde (a.a.O., S. 415), eine systematische Kontrolle der Lerngegenstände in den meisten Studien nicht gewährleistet war und "durch die Konzentration auf den summativen Aspekt der Schülerlernleistung die möglichen spezifischen Auswirkungen der Lehrbedingungen auf die Struktur des angeeigneten Lehrstoffs wenig beachtet wurden" (a.a.O., S. 417). Kommt hinzu, dass bei der blossen Betrachtung der Effektvariablen Lernleistung andere Effekte beispielsweise im Bereich der Sozial- und Selbstkompetenzen ausgeblendet werden, was zu Verzerrungen beim Vergleich unterschiedlicher Methoden führen kann. Aus diesen Gründen fällt es schwer, bei der Frage der Methodeneffekte verbindliche Aussagen zu formulieren, was ebenso für Untersuchungen zu Unterrichtsmethoden in der Umwelterziehung gilt.

5.3. Das methodische Konzept von Eulefeld et al. –
ein Fundament für die Umwelterziehung?

Dieser Abschnitt soll aufzeigen, dass das *didaktische Konzept von Eulefeld et al. (1981)*, das eine didaktische Grundlagen von Bolscho et al. (1980) aufnimmt und differenziert, aber mit seinen methodischen Forderungen in der Umwelterziehung *eine singuläre Erscheinung* darstellt: Die Autorinnen und Autoren stellten vor 15 Jahren ein Konzept zur Diskussion, das die Kriterien des situations- und schülerorientierten Unterrichts wie auch die Inter-disziplinarität zum Bezugspunkt der Umwelterziehung macht, diese aber in ein Netz unterschiedlicher Methoden einbettet und an Inhalte knüpft. Eulefelds an-spruchsvolle, komplexe Grundlage wird zwar häufig zitiert, jedoch kaum umgesetzt und weiterentwickelt. Es scheint, dass die klar strukturierenden inhaltlichen und methodischen Vorgaben nicht in die Linie jener Umwelt-erzieherinnen und Umwelterzieher passen, die sich einem ganzheitlich orien-tierten Unterrichtsprinzip Umwelterziehung verschrieben haben.

Eulefeld et al. (1981) sind wie Kyburz-Graber der Ansicht, dass Umwelterzie-hung einen schweren Stand habe, weil Methoden wie Rollenspiel, Fallstudien etc. in den Lehrplänen zwar erwähnt, in der Praxis aber kaum berücksichtigt würden. Die Stofffülle bringe die Lehrerinnen und Lehrer ins Dilemma "Ver-mittlung vieler Fakten versus Handlungsorientierung", zudem fehle es ihnen an Erfahrung mit neuen Unterrichtsformen. Die Lehrerrolle müsse neu definiert werden (vgl. 4.4.). Aufgrund der Zielsetzungen, die in den drei Komponenten Gegenständliche Teilsysteme, Aussagesysteme und ökologische Thematisie-rungsgesichtspunkte beschrieben wurden (vgl. 4.4.1.), werden Unterrichts-methoden differenziert und auf ihren innovativen Charakter hin befragt.

1. In gegenständlichen Teilsystemen soll eigenes Handeln und beurteilendes Verstehen gelernt werden.
In gegenständlichen Teilsystemen (vgl. 4.4.1.) sollen zwei Lernarten besonders gefördert werden, nämlich eigenes Handeln und beurteilendes Verstehen. Eule-feld et al. erläutern: "Es genügt nicht, einfach (...) vorzutragen. Nur im Tätig-werden der Lernenden, im aktiven "In-sie-Hineingehen", im eigenen Handeln werden sie erfahrbar" (Eulefeld et al. 1981, S. 104). Handlungen werden auch in diesem Konzept an Situationen im Umfeld der Schülerinnen und Schüler gebunden, explizit werden aber *Methoden* wie Beobachten, Teilnehmen und Experimentieren vorgeschlagen, die sich an *wissenschaftlichen Standards* messen und so letztlich auf beurteilendes Verstehen zielen.
Umwelterziehung soll Schülern die Auseinandersetzung mit der natürlichen, sozialen und gebauten Umwelt erschliessen. Ausgangspunkt und zentraler

Bezugspunkt sei die Erfahrungswelt der Schülerinnen und Schüler, welche die Grundlage für echte Betroffenheit darstelle. Dieser situationsbezogene Unterricht soll Qualifikationen für die Bewältigung echter Lebenssituationen der Kinder vermitteln und Veränderungen darin ermöglichen, nicht einfach Lebenssituationen der Erwachsenen aufbereiten, denn das berge die Gefahr von unverbindlicher Aktivität (vgl. Bolscho et al. 1980, S. 28f). Die Autorinnen und Autoren zeigen an verschiedenen Beispielen, dass der Einbezug dieser Erfahrungswelt in den Lehrplanzielen gefordert werde und nur noch umgesetzt werden müsste. Eulefeld et al. (1981, S. 144) begründen und ergänzen den Situationsbezug, wenn sie formulieren, dass ausserwissenschaftliche Aussagen wie verbalisiertes Bewusstsein aus dem Alltag, historische Traditionen oder Erfahrungen aus der Freizeit oft wichtige Informationen über ökologische Situationen lieferten. Dieses Bewusstsein könne oft aussagekräftiger sein als einzeldisziplinäre, wissenschaftliche Befunde (a.a.O., S. 78f.). Umwelterziehung will *Methoden fördern, die Handlungsstrukturen transparent machen*. Dazu setzt sie auf zeitliche und örtliche Nähe und unmittelbare Rückmeldung zum Verhalten; ein entsprechendes Verstehen sollte sich an Anliegen der Jugendlichen und nicht an Problemen des späteren Lebens orientieren.

2. Handlungserfahrungen und Basiswissen sollen in interdisziplinären Kursen miteinander verknüpft werden

Für die zweite inhaltliche Komponente, die Aussagesysteme (vgl. 4.4.1.) verlangen Eulefeld et al. (1981) ein Basiswissen, das naiven, weltfremden Aktivismus verhindern soll. Basiswissen werde nicht durch einzelwissenschaftliches Wissen vermittelt, sondern "Zusammenhänge werden am besten in Verbindung mit konkreten Objektfeldern (Themenbereichen) erkannt. (...) Stücke systematischer Überblicksvermittlung und kleiner Kurse zur Vermittlung grundlegenden Wissens sind unabdingbar. Sie dürfen jedoch zeitlich nicht überwiegen" (a.a.O., S. 104f.). Nur stellt sich die Frage, weshalb Kurse zur Vermittlung von Basiswissen anteilsmässig nicht überwiegen sollten. Wir denken, dass dies entscheidend von Faktoren wie der Komplexität und der Wahl des Themas, der arbeitstechnischen Voraussetzungen von Schülerinnen und Schülern, von der Klasse, dem Ort und der zur Verfügung stehenden Zeit abhängen wird. Diese Vermittlung kann, müsste aber nicht lehrerzentriert erfolgen. Eulefeld et al. plädieren wiederholt für Methodenvielfalt. Sie begründen die Bedeutung eines interdisziplinären Konzepts damit, dass die biologische Ökologie schon lange die Wechselbeziehungen zwischen Lebewesen und deren Umwelt sowie der Lebewesen untereinander beschrieben habe. Die Erkenntnis, dass eine solche, auf naturwissenschaftlicher Basis beruhende Beschreibung zur Lösung der aktuellen, komplexen Probleme nicht mehr ausreiche, habe sich jedoch erst in den sechziger Jahren durchgesetzt. "Dadurch ergab sich, dass eine wissenschaftliche Analyse der Ursachen grundsätzlich davon ausgehen muss, zumindest die Beziehungen zwischen ökologischen, ökonomischen und sozialen (...) Variablen aufzudecken. Nur aus der Kenntnis dieser Zusammenhänge heraus sind – in jedem Fall politisch intendierte – Massnahmen zu entwickeln, die zu einem möglichen Erfolg führen könnten" (a.a.O., S. 21). Diese Aussagen legt nahe, dass sich eine schulische *Umwelterziehung nicht mehr im Rahmen der bisherigen Curricula durchführen* liesse, dass neue Methoden und Formen der Zusammenarbeit in der Schule gefunden werden müssten.

Die Schule könne einen Beitrag zur *politischen Handlungsbereitschaft* leisten, glauben Eulefeld et al., denn sie sei eine der Hauptsozialisationsbereiche und könne ein kritisch reflektiertes Umweltbewusstsein durch Kenntnisse und Werthaltungen früh entwickeln. Politische Bildung ist denn auch eines der wichtigsten Ziele ihrer Sicht von Umwelterziehung: "Umwelterziehung in der Schule soll dazu beitragen, Schüler für die Beteiligung am politischen Leben zu befähigen." Deshalb habe die Umwelterziehung Grundfähigkeiten wie das "Durchschaubarmachen" gesellschaftlicher Prozesse, das "Bewusstwerden eigener Interessen und Bedürfnisse" im Hinblick auf politische Aktivitäten durch Aktionen auf lokaler Ebene zu fördern. In diesem Sinne sei Umwelterziehung politische Bildung (a.a.O., S. 17–20).

Umweltthemen zeichnen sich durch einen hohen Komplexitätsgrad aus, auch, weil zusätzlich eine Handlungskomponente ins Spiel gebracht wird, und benötigen deshalb spezielle Unterrichtsformen und -inhalte (in diesem Zusammenhang werden oft die Begriffe Handlungsorientierung, Schülerzentrierung oder Situationsorientierung genannt). Doch weder bei Inhalten (Komplexität) noch bei Methoden (Überforderung, weil Erfahrungen mit Projekten fehlen) kann auf sichere Wissensbestände zurückgegriffen werden. Darin besteht eines der Hindernisse für schulische Umwelterziehung.

3. Ökologische Thematisierungsgesichtspunkte enthalten neue Inhalte und verlangen spezielle Methoden, die Handlungskompetenz fördern
Die dritte Komponente, die "ökologischen Thematisierungsgesichtspunkte" (vgl. 4.4.1.) verlangt methodisch zweierlei: "Zum einen akzentuieren sie die Notwendigkeit, mit der Unterrichtsmethode das Verstehen grösserer Zusammenhänge, das ökologische Denken im Sinne von bestimmten Denkfiguren, Anschauungs- und Durchdringungsweisen zu fördern. Auf der anderen Seite enthalten die Thematisierungsgesichtspunkte ein Element der Handlungsorientierung. (...) Die wissenschaftliche Analyse, die Nachfrage nach Ursachen-Wirkungs-Zusammenhängen oder die Suche nach grösseren Ökosystemverbindungen setzen Aktivität des Einzelnen voraus. Diese Aktivität hat mit Kommunika-

tionsfähigkeit und Kooperationsfähigkeit, auch mit Solidarisierung zu tun. Deshalb ist bei der Wahl der Unterrichtsmethoden auf die Befähigung zum eigenen Handeln zu achten" (a.a.O., S. 105).

Während die erste Komponente traditionelle Unterrichtsformen und -inhalte thematisiert, erscheinen in der zweiten Komponente interdisziplinäre, innovative Themen wie Organisationstheorie, Ökosystemtheorie oder Planungstheorie und in der dritten Komponente einige für die Umwelterziehung spezifische Lernbereiche (vgl. 4.4.1.). Mit dem Ziel "Handlungsdispositionen im Sinne ökologischer Handlungskompetenz" wird z.B. im Thematisierungsgesichtspunkt "Vernetztheit ökologischer Systeme" vom Unterricht folgendes erwartet: Kreisläufe; multiples Wirkungsnetz; Stabilisierung und Veränderung; Variabilität und Einmaligkeit von Biosystemen; Reproduktionszyklen in Biosystemen; Regulation und Produktionszyklen in technisch-zivilisatorischen Systemen; Variabilität und Uniformität in zivilisatorischen Systemen. Unter dem Aspekt "Problemhaftigkeit werden beispielsweise diskutiert: Optimierung von Belastungen und unter "Prozesshaftigkeit ökologischer Systeme": Dialektik von Mensch und Natur (a.a.O., S. 98–103).

Was Eulefeld et al. hier fordern, ist in der Umwelterziehung ausserordentlich. Hier werden innovative Methoden genannt, die zudem an Inhalte geknüpft werden, die bisher in der Schule kaum Platz finden konnten. Es scheint, dass diese Forderungen nur in einem eigenen Fach mit dafür qualifizierten Lehrpersonen erfüllt werden könnten.

5.4. Ganzheitlichkeit der Methoden und Beliebigkeit der Inhalte als Problem der Umwelterziehung

"Umwelterziehung soll in unseren Schulen – darin herrscht heute nach langen Diskussionen Einigkeit – kein institutionalisiertes Fach sein. Sie läuft sonst Gefahr, dass sie ihrerseits isoliert geschieht und damit die Zusammenhänge und die Sinnmitte vernachlässigt" (Robert 1989, S. 32). Auch Widmer et al. (1991b) sind der Ansicht, dass sich das "prioritäre Ziel der Umwelterziehung, die Förderung einer lebensbejahenden Einstellung zu Mitmenschen, Umwelt und zu sich selbst, wohl kaum in einem speziellen Fach erreichen lasse. Vielmehr muss dieses pädagogische Prinzip in alle Fächer einfliessen" (a.a.O., S. 8). Und fast identisch heisst es im EDK-Dossier (1988, S. 119): "Obwohl Umwelterziehung heute in der Öffentlichkeit als eines der prioritären Anliegen betrachtet wird, tut sich das Schulwesen als Institution schwer, diese Aufgabe als fächerübergreifendes, erzieherisches Prinzip zu integrieren." Die Problematik ist offensichtlich: Hier wird ein unbestrittenes pädagogisches Prinzip als typisch für die Umwelterziehung postuliert, was die Einführung eines eigenen Faches verhindern soll. Wir denken, dass das eine das andere nicht ausschliessen muss. Umwelterziehung kann dieses Prinzip aufnehmen, müsste aber einen Schritt weiter gehen und mit neuen Inhalten (5.3.) eine neue didaktische Tradition oder ein neues Schulfach aufbauen. Dazu müsste sie aber ein eigenes festes Zeitgefäss erhalten (vgl. 8.1.3.).

Umwelterziehung versteht Ganzheitlichkeit einmal inhaltlich: Alles hängt mit allem zusammen und soll durch Unterricht nicht in Einzeldisziplinen aufgeteilt werden (vgl. 4.5.2.). Ganzheitlichkeit hat aber auch eine methodische Dimension: Ganzheitlich zu betrachtende Lerngegenstände sollen mit ganzheitlichen Methoden angegangen werden. Als ideale ganzheitliche Methode wird die Projektmethode dargestellt (vgl. 7.1.), denn diese stütze sich, anders als übliche wissenschaftlich-analytische Methoden, auf die Ressourcen der Schülerinnen und Schüler und auf die individuelle Herausforderung durch den Lerngegenstand an sich. Einlösen liesse sich diese Ganzheitlichkeit von Inhalt und Methode, so die verbreitete Ansicht, in einem Unterrichtsprinzip Umwelterziehung. Darunter wäre laut dem Konzept für eine Beratungsstelle für Umwelterziehung des Amtes für Bildungsforschung in Bern (1990) eine "Betrachtungsweise, eine Fragestellung und eine Suche nach Antworten" zu verstehen (zitiert nach Criblez 1991, S. 12). Dieses innovationversprechende Unterrichtsprinzip soll wenig praktizierten Methoden wie Projektmethode, Teamarbeit, Fallstudien etc. zum Durchbruch verhelfen.

Umwelterziehung legitimiert sich weitgehend durch ihren innovativen Anspruch: Innovative Impulse können inhaltlicher Natur sein, indem Themen, die in traditionellen Lehrplänen bisher kaum berücksichtigt wurden – wie "Regulation und Produktionszyklen in technisch-zivilisatorischen Systemen, Variabilität und Uniformität in zivilisatorischen Systemen oder Optimierung von Belastungen" (Eulefeld et al. 1981, S. 89f.)–, bearbeitet werden. Wesentlich mehr Diskussionsstoff liefert in der Umwelterziehung aber die Methodenfrage. Innovationen versprechen Ansätze wie Situationsorientierung, Handlungsorientierung, Schülerzentrierung, Interdisziplinarität, die optimal in der Projektmethode, aber auch in Fallstudien, Planspielen u.ä. zum Tragen kommen sollen. Der Ansatz ist zwar nicht innovativ, denn sein Ursprung liegt weit hinter der Reformpädagogik (vgl. Oelkers 1989d, S. 11–19), trotzdem würde er das Schulsystem reformieren, denn wesentliche Kennzeichen der aktuellen Schule würden verändert: Prozessorientiertes Lernen würde vor dem Lernen durch Instruktion stehen, Lernen aus persönlicher Betroffenheit und Erfahrung vor allgemeine gesellschaftliche Fragen treten, fächerübergreifendes und interdisziplinäres Lernen vor Fachlernen, Block- oder Epochenunterricht vor die Stundentafel, ganzheitliches Lernen vor die Zerlegung zentraler Begriffe, wie das in traditionellen Lernverfahren mehrheitlich praktiziert wird. Obwohl methodische Forderungen im Trend der Schulentwicklung liegen und in neuen Lehrplänen z.T. berücksichtigt werden – pikanterweise nicht unbedingt in bezug auf umwelterzieherische Anliegen (vgl. 8.1.3.) –, stehen ihre Durchsetzungschancen schlecht. Warum? In der Literatur zur Umwelterziehung werden unbewegliche Schulstrukturen kritisiert; nicht immer zu Recht (vgl. 3.4.1.). Ein wesentlicheres Problem besteht darin, dass Lehrpersonen den Organisationsformen des Lernens durch Instruktion wesentlich näher stehen als jenen des eigenständigen Lernens aus persönlicher Erfahrung (vgl. Hellberg-Rode 1991b, S. 220; Stipproweit/ Bergemann 1991, S. 184f.). Ein hauptsächlicher Grund dürfte darin zu suchen sein, dass eine Lehrperson ein sachbezogenes Ziel konkret vorbereiten, aufbauen und überprüfen kann, während bei sozialen oder personenbezogenen Lernzielen, die sich wesentlich auf die Motivation des Individuums abstützen, Lernziele schwierig zu definieren und deren Einlösung kaum nachgewiesen werden kann. Ob sich ein Unterrichtsprinzip Umwelterziehung in der Schule durchsetzt oder nicht, hängt nicht wenig von den Lehrkräften ab, denn sie müssten Umwelterziehung fördern, was aber nur auf der Grundlage eines überzeugenden Konzepts der Umwelterziehung geschehen wird.

Innovationen in der Umwelterziehung orientieren sich an ganzheitlichen Methoden, innovative Inhalte werden weniger thematisiert. Diese Methoden werden in der Regel nicht reflektiert. Es wird eher gefragt: Was haben die Schülerinnen und Schüler erfahren? Und nicht im Sinne einer methodischen Selbstreflexion: Konnte der eingeschlagene Weg wesentliche Bildungsprozesse auslösen? Reflektiert werden oft nicht die Wege, eben Methoden, vorgezeigt werden Produkte, die die Methoden rechtfertigen sollen. So entsteht kaum ein neues Bewusstsein für neue Wege und Inhalte – und dies wäre entscheidend für Bildungsprozesse. Dass Inhalte beliebig werden, ist eine direkte Folge der ganzheitlichen Methoden, und das sei, so Oelkers (1989c) das eigentliche Problem der Umwelterziehung und der meisten Reformversuche. Viele Reformversuche enttäuschten, weil sie "zu viel Gewicht legen auf die Art des Lernens und nicht auf die entscheidende Verknüpfung von Methoden und Inhalten" (a.a.O., S. 219). Die Umwelterziehung müsste fragen, ob und mit welchen Mitteln es ihr gelingt, Wissen zu vermitteln, das "das alltägliche Verstehen übersteigt und doch zum Begreifen der heutigen Wirklichkeit notwendig ist" (a.a.O., S. 233). Verstehen zu bilden wäre die Aufgabe der Schule, und diese Aufgabe kann nicht nur eine Methodenfrage sein.

Gäbe es Wege, die in bezug auf Methoden der Umwelterziehung unbefriedigende Situation zu verbessern? In der Umwelterziehung wird ganzheitliche Erfahrung höher gewertet als Wissen und Verstehen (vgl. 1.3.; 3.2., 3.4.; 4.5.2.). Die beiden Seiten sind jedoch voneinander abhängig. Deutlich wird das beispielsweise bei *Wagenschein* (1991). Wie ein Umwelterzieher beklagt er die Wurzellosigkeit des abstrakten Wissens, möchte durch den Prozess des Werdenlassens aus sinnlicher Erfahrung Verstehen entstehen lassen. Wagenschein baut darauf, "dass uns die Betrachtung der Natur zum Denken auffordert" (a.a.O., S. 80). Seine Ideen liegen nahe bei der Projektmethode, steht doch die Lehrperson mit den Schülerinnen und Schülern dem Phänomen gegenüber, erforscht es mit diesen zusammen und begleitet sie auf dem Weg zur elementaren Bildung, die Wagenschein "Formatio" nennt. Der Unterschied zur Projektmethode liegt im Denkprozess, in dem die Lehrperson "die Schüler auf diesen Weg des Selbstdenkens weist und durch den Austausch der Gedanken eine Kontrolle einführt, die der Selbstverblendung entgegenwirkt" (a.a.O., S. 133). Dieser Weg zur Bildung beinhaltet drei nennenswerte Punkte:

1. Die produktive Findigkeit (a.a.O., S. 76), die der unbelastet suchenden Bewegung in der Umwelterziehung nahesteht und mit der Wagenschein auf den "wachen Blick für das Ganze einer, gerade ungewohnten, Situation" zielt.

2. Auch das Prinzip der Einwurzelung (Enraciment, ebd.) findet in der Umwelterziehung Parallelen und meint ein Prinzip der Kontinuität, in der sich der oder die Studierende immer tiefer in eine Fragestellung hineinarbeitet und so mit der Welt als letztlich unteilbarem Gut vertraut werden soll.

3. Der dritte Schritt zur Bildung könnte auch für Umwelterziehungsprogramme ein Leitziel abgeben: Wagenschein möchte mit den beiden ersten Schritten ein "kritisches Vermögen" als Kontrollinstanz fördern, indem die Folgerichtigkeit überprüft wird (a.a.O., S. 78). Auf diesem Weg wird nicht blosses Wissen angehäuft, mit der Verknüpfung von elementarer, ursprünglicher, naiver Wahrnehmung mit Erkenntnis sollen, so Wagenschein, die beiden Wesenselemente der Bildung, Ehrfurcht und Urteilskraft, entstehen. Auf dieser Basis, so scheint es, ist ein Schritt zu verantwortungsvollem Handeln getan. Ganzheitlichkeit bezieht sich bei Wagenschein auf die Begegnung mit einem Phänomen. Dieser forschende Unterricht soll Erfahrungen vermitteln, die über Alltagserfahrungen hinausgehen. Der Gegensatz von Ganzheitlichkeit und Wissen besteht für Wagenschein nur scheinbar, denn die sokratischen Gespräche sind zwar rational, wirken aber oft emotional.

Ganzheitliche Erfahrung und Wissen, Verstehen, Können sollten gezielt als Qualitäten genutzt werden. Eine lebendige, effiziente Unterrichtsorganisation verbindet offene, erfahrungsgeleitete Phasen mit systematisch aufgebauten, geführten Unterrichtsphasen. Die Projektmethode soll ihre Vorteile im Unterrichtsprozess ausspielen, ohne dass ihre Nachteile in Vergessenheit geraten. Umwelterziehung sollte auf Fachunterricht und Projektlernen bauen, weil gesellschaftliche Ansprüche an Lernen und Arbeiten mit einer einzigen Methode nicht erfüllt werden können, Schülerinnen und Schüler so eher ihr individuelles Lernkonzept finden und Unterricht durch den Wechsel zwischen verschiedenen

Unterrichtsformen interessant bleibt. Die Methoden wären den Inhalten entsprechend zu definieren.

Zusammenfassend stellen wir fest, dass Umwelterziehung zu viel aufs Mal erreichen will: Insbesondere konzentriert sie sich auf wenige, nicht immer überzeugend einsetzbare Methoden, für die zudem eine systematische Grundlegung fehlt und für die bei Lehrpersonen wie bei Schülerinnen und Schülern eine schmale Erfahrungsbasis besteht. Mit diesen Methoden will sie vernetzte, interdisziplinäre, systemische Themenkomplexe angehen. Dieses Vorgehen ist problematisch, da die methodische und inhaltliche Komplexität überfordert und deswegen wenig definierte Erlebnisse und Erwartungen resultieren. Letztlich stellt sich die Frage, welche Kompetenzen in bezug auf umweltgerechtes Handeln entstehen könnten (vgl. 6.4.; 7.9.).

Was Eulefeld et al. (1981) wohltuend vom Mainstream der Umwelterziehung abhebt, ist die differenzierte didaktische Analyse, auf deren Grundlage methodische Forderungen formuliert werden. Diese Forderungen sind an sich nicht neu, akzentuieren aber durch ihre Verbindung von Inhalten, Methoden sowie ein Offenlegen der dahinterstehenden Absicht umwelterzieherische Fragestellungen. Die Fixierung auf ganzheitliche Methoden, wie sie in der Projektmethode angestrebt wird (vgl. Kap. 7), bekommt dann Bildungswert, wenn Lernprozesse reflektiert und Konsequenzen für folgende Lernprozesse gezogen werden. Ein Festhalten an einem Unterrichtsprinzip Umwelterziehung verpflichtet zu nichts, zielt weniger auf die Förderung von bestimmten umweltgerechten Verhaltensweisen als vielmehr auf eine generelle Schulreform, dank der glückliche Schülerinnen und Schüler, die selbstbestimmt und sorgenlos lernen könnten, die Umwelt weniger zerstören würden. Inhalte wären nebensächlich und Schule als Institution, die Dispositionen verändern will, die im Alltag nicht verändert werden, auch.

6. Chancen und Grenzen handlungsorientierter Methoden in der Umwelterziehung

In der Literatur der Umwelterziehung erscheint der Begriff der Handlungsorientierung als gemeinsames Band durch unterschiedliche methodische Präferenzen. Ob Projektunterricht, schülerzentriertes Lernen, Felderkundungen – gemeinsam ist Methoden der Umwelterziehung die Handlungsorientierung, die meist nicht als Methode, sondern als Grundlage oder Leitidee des Unterrichts verstanden wird. Darüber, was Handlungsorientierung sei, herrscht in der Umwelterziehung nur auf den ersten Blick ein Konsens vor (vgl. 6.1.).

Bei näherer Betrachtung bestehen aber *Differenzen in der Strategie* von handlungsorientiertem Unterricht: Sollen Schülerinnen und Schüler durch intensives Erleben und Wahrnehmen der Umwelt zu umweltgerechtem Verhalten motiviert werden, oder steht der Aufbau von Wissen und Verstehen durch handelndes Lernen und ein entsprechender Aufbau von Handlungsstrukturen im Zentrum des Unterrichts? Beide Strategien orientieren sich an Unterrichtsmodellen, die über verschiedene Stufen zur Handlungsfähigkeit und -bereitschaft führen sollen. Entscheidende Unterschiede lassen sich in der Betonung der einzelnen Stufen zu dieser Handlungskompetenz ausmachen (vgl. 6.2.).

Handlungsorientierung umfasst in der Umwelterziehung beinahe jedes Tun vom Erleben bis hin zu Handlungsprodukten wie das Säubern von Bachläufen. Weiter werden an den handlungsorientierten Unterricht in der Umwelterziehung diffuse, oft zu hohe Erwartungen geknüpft; handlungsorientierter Unterricht soll zugleich umweltgerechtes Verhalten und Verstehen ermöglichen. Der handlungsorientierte Ansatz könnte mit guten Gründen als strukturierendes Unterrichtsprinzip der Umwelterziehung praktiziert werden, wenn auf klarer begrifflicher Basis Handlungsziele konsequenter verfolgt und reflektiert würden (vgl. 6.3.1.–6.3.4.). Da in der Literatur zu Umwelterziehung auf eine pädagogische Begründung des handlungsorientierten Ansatzes verzichtet wird, referieren wir vor allem Gudjons und Fend. Sie begründen nicht nur die Bedeutung dieses Ansatzes, sondern könnten gleichzeitig zur Abgrenzung geeigneter Themenfelder beigezogen werden (vgl. 6.3.5.). Die Folgen des weitgehenden Verzichts auf Definitionen und Lernziele werden am Beispiel des evaluierten Projekts veranschaulicht (vgl. 6.5.). Dabei erweist sich die Gleichsetzung von Erleben und Handeln als besonders problematisch.

6.1. Handlungsorientierter Unterricht als Konstitutivum der Umwelterziehung

Handlungsorientierter Unterricht ist aus der Umwelterziehung nicht wegzu-denken, er zielt auf eine ökologische Handlungskompetenz als "Fähigkeit und Bereitschaft zum Handeln unter Berücksichtigung ökologischer Gesetz-mässigkeiten" (Bolscho et al. 1980, S. 15). Der Begriff der Handlungsorien-tierung wird in der Umwelterziehung sehr weit gefasst: Es geht um praktisches Lernen, forschenden Unterricht, Projektunterricht, Selbsttätigkeit, Lebensnähe, Erfahrungslernen, Situations- und Aktualitätsbezug, Emotionalität (vgl. 6.5.). Uns interessiert hier die Frage nach den Zielen der handlungsorientierten Umwelterziehung. Soll Handeln Umweltprobleme direkt lösen, produkt-orientiert sein, oder geht es um ein Handeln, das die Beziehung zur Natur stärken soll?

Das handlungsorientierte Lernkonzept von Bolscho et al. (1980) stellt *konkrete Handlungsprodukte* ins Zentrum von Umwelterziehungsunterricht und wendet sich *gegen operationalisierte Lernziele*, weil die Gefahr bestehe, dass sie zu wissensorientierten Lernzielen umfunktioniert würden, die dann im Verbalis-mus steckenblieben. Im Gegensatz zum lernzielorientierten Unterricht solle die Umwelterziehung "nicht nur auf Wissensaneignung ausgerichtet sein, sondern gleichermassen auf konkrete Ergebnisse des Handelns von Schülern und Lehrern abzielen" (a.a.O., S. 45). Die Autoren fordern, dass konkrete Ergebnisse bewusst vor Wissensziele gestellt werden sollen, und erklären dies mit einigen Beispielen. Das "Lernen in und an der konkreten Erfahrungswelt der Schüler, die zur Situationsveränderung herausfordert", sei entscheidend (a.a.O., S. 29), denn "um bei konkreten, die Schüler selbst betreffenden Umweltproblemen handeln zu können oder im Rahmen politischer Willens-bildung Entscheidungen als Bürger mittragen zu können, bedarf es über das erworbene Wissen hinaus der Fähigkeit und Bereitschaft zur Erkennung und Bearbeitung konkreter Probleme. Um die Schüler hierzu zu befähigen, sollte der Unterricht handlungsorientiert sein" (a.a.O., S. 26). Bolscho et al. weichen dem eigentlichen Problem der Lernziele aus, liessen sich doch aus dieser Beschreibung offene Lernziele im Bereich der Fähigkeiten und Fertigkeiten wie auch operationalisierbare kognitive Lernziele angeben (vgl. 4.3. und 6.5.). Zimmermann (1989) wendet sich ebenfalls gegen überhöhte Hoffnungen in lernzielgerichtete Umwelterziehung, denn diese beruhten auf alten Denkmu-stern und Gesellschaftsentwürfen, sie seien auf herkömmliche Werte und Nor-men fixiert, logische Lösungsverfahren seien wegen einer unsicheren Zukunft aber fragwürdig. Diese "Katastrophen-Pädagogik" könnte "mitverantwortlich sein für die weitverbreitete No-Future und Null-Bock-Haltung" vieler

Jugendlicher, argumentiert Zimmermann (a.a.O., S. 20). Anders als bei Bolscho et al. stehen deshalb nicht Handlungsprodukte im Vordergrund der Aktivitäten; der Misere müsse mit einer *ganzheitlichen Angehensweise des Lernens im Handeln* begegnet werden. Die sinnliche Wahrnehmung als Grundlage von Bildung und Motivation sei zu schärfen, denn das sei für ein umweltgerechtes Verhalten entscheidend. Zimmermann zitiert eine Studie des Bundesamtes für Umwelt, Wald und Landschaft, die besagt, Ökologielernen sei "ein Prozess, der erlebt werden muss". Die Studie, die ökologische Bildungsprozesse von Erwachsenen untersuchte, habe gezeigt, dass "positive und tiefe Naturerlebnisse sowie physische Kontakte mit den Naturelementen" zentrale Elemente für ein späteres Engagement für die Mitwelt seien. Folgende Schlagworte als offen formulierte Lernziele mögen die handlungsorientierten Schwerpunkte unterstreichen: "Wir entdecken und erfahren unsere Mitwelt mit unseren Sinnen und unserem Körper, (...) wir nehmen die Bedrohung auch emotional wahr, (...) wir reflektieren unser persönliches Verhältnis zur Schöpfung" (a.a.O., S. 21f.).

Die Unterrichtsvorschläge in der Reihe "Praxisnahe Umwelterziehung" zielen wie jene Zimmermanns auf die *elementaren Erfahrungen als Ausgangspunkt* jeder Umwelterziehung. "Seit den 50er Jahren findet Umwelterziehung in den Schulen statt. Bei den SchülerInnen ist ein *zunehmendes Wissen über Umwelt-probleme* vorhanden, dagegen ist die Fähigkeit, langfristig umweltverträglich zu handeln, nur selten festzustellen" (Marek 1993, S. 11). Marek hält fest, dass das vorhandene Wissen die Schülerinnen zunehmend verängstige und die Schule in dieser Situation helfen müsste, indem sie vorhandenes Wissen durch handelnden Umgang mit der Umwelt *erfahrbar mache* und vertiefe (a.a.O., S. 7). Für die Veranschaulichung dieses Handelns, das die Lernenden letztlich motivieren solle, sich "für eine Gesundung" ihrer Umwelt einzusetzen, zitiert Marek die Schautafel zu einem Naturerlebnispfad in Hessen: "Am besten barfuss und mit verbundenen Augen durch Gebüsch, an Bäumen vorbei (...), den Duft von Kräutern und Beeren aufnehmen (...). Vogelstimmen, Laubge-raschel, aber auch Lärm von Autos, Menschen, Maschinen erfahre ich anders und oft neuartig. Diese vielseitigen Eindrücke hinterlassen vielseitige Spuren bei meinen Gefühlen, in meinem Denken und Handeln" (a.a.O., S. 27).

Auch Pfaffrath und Wehnert (1982) kritisieren in ihrem praxisorientierten Buch für die Sekundarstufe wie Zimmermann die *blosse Darstellung von Tatsachen*: "Gerade in der Entfremdung von der Natur liegen entscheidende Wurzeln für die ästhetische, ethische, ja die gesamte physische Verelendung des Zivilisa-tionsmenschen" (a.a.O., S. 9). Umwelterziehung müsse sich deshalb wieder vermehrt *auf das Innen-leben des Menschen konzentrieren*, ein positives Erle-ben sei wichtig (a.a.O., S. 10 und 32; vgl. dazu 1.3.4.).

Eine These von Dieckhoff (1989) fasst die Erwartung der zitierten Autorinnen und Autoren zusammen: Je enger die *emotionale Bindung an die Natur* sei, desto mehr schmerze eine Zerstörung oder gar ein Verlust der natürlichen Umwelt. Braun (1983) hat als einziger uns bekannter Forscher im deutschsprachigen Raum Effekte von Handlungserfahrungen in der Schule erfasst. Er zieht aufgrund seiner Studie den Schluss, dass Handlungserfahrungen in der Schule "besonders nachhaltig" wirkten (a.a.O., S. 37) und dass die "persönliche Konfrontation mit Verantwortlichen und Betroffenen sowie die dabei erfahrene starke Ich-Beteiligung" aktuales Handeln förderten (a.a.O., S. 44f; vgl. 4.2.).

Die Beispiele zeigen auch die Breite dessen auf, was unter handlungsorientierter Umwelterziehung verstanden wird. Bolscho et al. entdecken Defizite in der *Umsetzung von Wissen in Handeln* und möchten diese Schwelle mit einem von Schülerinnen und Schülern geplanten Produkt abbauen; Zimmermann, Marek, Pfaffrath und Wehnert legen den Schwerpunkt einer praxisorientierten Umwelterziehung in die motivationale Phase an den Anfang des Lernprozesses. Elementares Erleben durch ein Tun, das sich auf die Wahrnehmung stützt und nicht auf ein Handlungsziel oder -produkt, erhält zentrale Bedeutung. Für die Autorinnen und Autoren liegt das hauptsächliche Problem in der mangelnden Wahrnehmungsfähigkeit, die schon bei Kindern ungenügend entwickelt werde. Umwelterziehung müsste diese Fähigkeiten wiederentdecken lassen und weiterentwickeln, denn ohne sie sei umweltgerechtes Verhalten kaum möglich. Ermert (1993) stellt fest, dass die umweltdidaktische Diskussion in den Folgerungen "bemerkenswert konsensuell" geführt würden (a.a.O., S. 7)

In der Umwelterziehung herrscht Konsens über das Ziel von handlungsorientiertem Unterricht: Die Fähigkeit und Bereitschaft zum Handeln soll gefördert werden. Von einem handlungsorientierten Unterrichtsprinzip verspricht man sich ein ganzheitliches Lernen, das Zusammenspiel von Kopf, Herz und Hand wird oft und gerne angesprochen. Grosse Unterschiede lassen sich allerdings in der Gewichtung dieser drei Elemente ausmachen, das Spektrum reicht von erlebnisbetontem Unterricht bei Zimmermann (1989) bis hin zu stark kognitiv orientierten Unterrichtsvorschlägen bei Matthey et al. (1989). Die Ursache für diese Unterschiede sind u.E. nicht nur der Themenwahl oder der Berücksichtigung des Alters der Schülerinnen und Schüler zuzuschreiben, sondern liegen wesentlich in der fehlenden, mangelnden oder doch sehr verschiedenen Vorstellung dessen, welche Ziele mit welchen Mitteln erreicht werden sollen. Es entsteht der Eindruck, dass auf begriffliche Klärung der Mittel, die zur Realisierung des Ziels der Fähigkeit und Bereitschaft zum umweltgerechten Handeln führen könnten, wegen eines intuitiven Konsenses verzichtet wird (vgl. 6.4., 6.5.).

In der Umwelterziehung wird nicht nur Emotionalität mit umweltgerechtem Handeln verknüpft, *Erleben wird zu oft mit Handeln gleichgesetzt*, was fragwürdige Schlüsse ergeben kann (vgl. 6.5.). Das Schlagwort Handlungsorientierung kann mit beliebigen Erwartungen verknüpft werden. Eine weitere Schwäche der Erlebnispädagogik liegt in ihrer Einseitigkeit: Emotionale Begegnung ist nicht immer Voraussetzung für umweltgerechtes Handeln (vgl. 5.2.); zudem gibt es viele Umweltprobleme wie etwa der Treibhauseffekt oder leicht erhöhte Radioaktivitätswerte, die sich kaum durch Wahrnehmungsschulung, sondern durch Messinstrumente nachweisen und dann allenfalls angegangen werden können.

Die diskutable Interpretation von Studien, etwa bei Zimmermann (1989), widerspiegelt einen emotionalen Umgang mit Wissen. Es werden wenig gesicherte Untersuchungsergebnisse zur Belegung vager Behauptungen herangezogen. Andere Studien wie jene von Langeheine und Lehmann verwenden multivariate Ansätze und differenzieren gegen zehn zentrale Faktoren, die späteres Engagement beeinflussen können, beispielsweise wird nur eine schwache Korrelation zwischen frühkindlichen Naturerlebnissen und umweltgerechtem Verhalten festgestellt (vgl. 4.2.). Das zeigt, dass pauschalisierende Behauptungen keineswegs zutreffen müssen, sondern, dass Studien in bezug auf die zugrundeliegende Qualität der Handlungserfahrungen differenzierter referiert werden müssten.

Auf eine weitere Schwäche eines auf Handlungsprodukte fixierten Unterrichts weist Hassenpflug (1991) hin: *Handlungskonsequenzen* seien *nur im Lokalraum* direkt erfahrbar, im Lokalraum könnte das zukünftige Verhalten des Handelnden allenfalls konditioniert werden (a.a.O., S. 167). Hassenpflug macht darauf aufmerksam, dass ein Engagement für Lokales immer in Gefahr sei, sich mit global Unerheblichem zu befassen (a.a.O., S. 172). Er beurteilt mögliche Effekte optimistischer als etwa Keller (1991), der darlegt, dass Individuen nur unter beträchtlichen Schwierigkeiten beurteilen könnten, wie ein komplexes System auf verschiedene Eingriffe reagiere. Deshalb komme es zu einer Überforderung, weil kaum mehr überschaut werden könne, "welche positiven oder negativen Folgen und Risiken (...) Handeln mit sich bringt" (a.a.O., S. 92). Diese Beschreibung trifft ein Problem des evaluierten Projekts in zweifacher Weise: Die Komplexität des Themas Raumplanung stellte für die Projektleitung derart hohe Anforderungen, so dass es nicht erstaunen kann, wenn auf der Ebene der Schülerinnen und Schüler Handlungszusammenhänge meist nicht einmal aufgezeigt wurden (vgl. 6.5.).

6.2. Modelle einer handlungsorientierten Umwelterziehung

Die Vorstellung von Handlungsorientierung im evaluierten Umwelterziehungsprojekt von Widmer et al. (1991, S. 2) orientiert sich am didaktischen Modell Salzmanns (1984), Leiter des schweizerischen Zentrums für Umwelterziehung SZU. Wir stellen dieses Modell, das umweltgerechtes Handeln als Ziel des Unterrichts festlegt (und damit auch vorgibt zu wissen, was umweltgerechtes Handeln ist), an den Anfang unserer Darstellung, da es in ähnlicher Form in vielen Konzepten der Umwelterziehung erscheint.

"1. Motivation: Um für etwas Sorge zu tragen, es schützen zu wollen, müssen wir es zuerst einmal schätzen. Es gilt also, die Liebe zur Natur, die in jedem normalen Menschen als Grundgefühl vorhanden ist, wahrnehmen und erleben zu lernen. Es gilt, die Vorteile einer intakten Umwelt erkennen und anerkennen zu lernen. Bei diesem Schritt spielen Sinne und Emotionen die grösste Rolle.

2. Beobachtung: Sind die positiven Beziehungen zur Umwelt einmal hergestellt, muss die Erkenntnis folgen, dass eine gesunde Umwelt nicht selbstverständlich ist, dass sie von vielen Seiten unter Druck steht und dass dies Folgen hat. Diese Erkenntnis stellt sich bei dem am schnellsten ein, der gelernt hat, genau zu beobachten. Nur er wird von Umweltverschlechterungen nicht erst überrascht werden, wenn es schon unabänderliche Geschichte geworden sind.

3. Zusammenhänge: Um gegen Umweltgefährdungen wirksam etwas unternehmen zu können, müssen ihre Ursachen bekannt sein. Es gilt also in der dritten Stufe, die Zusammenhänge zu erfassen und aufzudecken.

4. Massnahmen: Die vierte Stufe besteht darin, die richtigen und effizientesten Massnahmen vorzubereiten, mit denen die Gefahren für die Umwelt beseitigt oder abgewehrt werden können. Dazu braucht es Phantasie, Versuche, Modelle, Erfahrungen.

5. Massnahmen: Die schönste Theorie nützt nichts, wenn sie nicht angewendet wird (...). Gerade beim Umweltschutz lässt ein Missverhältnis zwischen Theorie und Handeln oft den Verdacht aufkommen, das Umsichwerfen mit Ideen sei die Droge, mit der man sich über das Fehlen von Taten und Erfolgen hinwegtröstet. Die Schwelle zum Handeln ist grösser als gemeinhin angenommen wird. Betroffenheit, Erfolgserlebnisse, gestärktes Selbstvertrauen, Gemeinsamkeit im Auftreten können über diese Schwelle helfen. Diese fünf Stufen bilden die Treppe, die von völliger "Umweltnaivität" zu erfolgreichem Umweltschutz führt" (Salzmann 1984, S. 524f.).

Emotionen, Instinkt sowie Informationen und Erfahrungen sollen jene Energie liefern, die auf die oberste Stufe der Treppe führt. Der Mensch müsse diese fünf Stufen durchlaufen, damit verantwortungsvolles Handeln gegenüber der Umwelt nicht nur bewusst, sondern konkret werde. Auffallend ist dabei die Verknüpfung von Emotionen und Informationen, die nach Salzmann eine unabdingbare Voraussetzung für verantwortungsvolles Handeln gegenüber der Umwelt darstellt. Salzmann setzt Handeln nicht nur als Ziel, sondern als Mittel des Verstehenlernens im Lernprozess ein (a.a.O., S. 527).

Salzmann begründet sein Modell bewusst nicht mit theoretischen Überlegungen. Er will eine praktische Anleitung bereitstellen, deshalb wird das Ziel nur sehr knapp mit "umweltbewusste und vor allem umweltverantwortlich handelnde Menschen" beschrieben, was für viele Umwelterziehungsmodelle typisch ist; auf eine Handlungstheorie wird verzichtet, eine Zielvorstellung von umweltgerechtem Handeln wird nur unzureichend erklärt (vgl. 1.2.3.). Die Umwelterziehung habe als "Zwischenhändler" zwischen den Umweltwissenschaften und dem "hilfesuchenden Publikum" zu dienen. Handelndes Lernen stehe deshalb vor theoretischen Ausführungen, denn "ein Beispiel bewirkt sehr viel mehr als eine noch so sorgfältige und ausführliche theoretische Erklärung" (a.a.O., S. 527). Dieses Vorgehen lässt sich verstehen, dient das Modell doch der Ausbildung von Laienerzieherinnen und -erziehern in der Umwelterziehung allgemein. Für die Schule müsste allerdings ein professionelleres, d.h. begründbares Vorgehen erwartet werden. Aber gerade dieser Unterschied wird zu wenig beachtet.

Abgesehen vom didaktischen Konzept Eulefelds et al. (1981) ist *das Modell und das Vorgehen typisch für viele Umwelterziehungsprojekte*. So skizziert Janssen (1988) ein ähnliches Schema, das über sechs Stufen zur Handlungsebene führen soll (a.a.O., S. 6). Auch Braun (1983), der Ergebnisse der Belgrader Umwelttagung (1975) darstellt, skizziert fünf fast identische Schritte auf dem Weg zum Handeln im Alltag (a.a.O., S. 6), Marek (1993) benennt in ihrem Konzept einer lokalen, handlungsorientierten Umwelterziehung drei Schritte, die ebenfalls jenen Salzmanns nahestehen: Am Anfang des Lernprozesses steht "ganzheitliches Wahrnehmen und Erfahren", es folgt "vernetztes Denken und Verstehen von Sachverhalten", bevor die Bewertung der Situation das Handeln einleiten soll (a.a.O., S. 11f; zur Problematik des vernetzten Denkens vgl. 4.5.). Schmack (1982a) schliesslich fordert allgemein: "Wir müssen ein Lehren und Lernen auf den Weg bringen, das über Wissen, Kenntnisse, Erkenntnisse einen hohen Grad von rationalen und affektiven sowie auch psychomotorischen Fähigkeiten aufbaut und auf Zuständigkeitsfindung, Zuständigkeitsausübung und Zuständigkeitsbewahrung zielt" (a.a.O., S. 142f.). Oft wird mit plakativen Aussagen gearbeitet, an die Stelle von theoretischen Klärungen werden Beispiele aus der Praxis gestellt. Zwei gegensätzliche Beispiele mögen das veranschaulichen: In "Umdenken lernen – Praktische Hilfen für eine Erziehung zum Überleben" von Hansen und Pausewang (1982) werden auf 40 Seiten aktuelle Umweltprobleme dargestellt, es folgen weitere 45 Seiten zum Thema "notwendige Veränderungen und ihre gesellschaftlichen Konsequenzen", bevor auf den letzten rund 100 Seiten – wiederum mit vielen Beispielen belegt – pädagogische Konsequenzen gefordert und mit allgemeinen Aussagen angereichert werden wie "zukünftige Situationen werden erfordern, dass man sich weniger auf Führung verlässt", weshalb pädagogische Massnahmen Intuition aufbauen und verstärken müssten (a.a.O., S. 109). Oder: "Wir müssen dafür sorgen, dass das Kind Natur wahrnehmen und im Detail erfassen kann", dass es eine "emotionale Beziehung zur Natur aufbauen" könne (a.a.O., S. 126). Die Autoren nehmen für sich in Anspruch, durch kritisches Nachdenken "die Erziehung in einem allgemein gesellschaftlichen Zusammenhang zu sehen und jegliches Handeln in einen weltweit- und zukunftsorientierten Bezug" zu stellen (a.a.O., S. 16). Auf 200 Seiten werden keine Begriffsbestimmungen aufgeführt und empirische Befunde nur kursorisch wiedergegeben. Matthey et al. (1989) wählen in ihrem Buch "Praktische Ökologie", das sich an Lehrerinnen und Lehrer der Sekundarstufe II wendet, den naturwissenschaftlichen Weg und demonstrieren handlungs-orientierten Unterricht. Auf rund 300 Seiten wird ein Ökosystem zuerst theoretisch und dann praktisch durchgearbeitet. Das didaktische Anliegen wird auf drei Seiten erläutert: Auf der Grundlage des "Wahrnehmens und Ent-deckens" sollen Schülerinnen und Schüler "Interessen entwickeln und so auf der Lernzielebene der Bewertung zu einer positiven Naturhaltung gelangen und ein Umweltgefühl entwickeln" (a.a.O., S. 2). Auf ein elaboriertes didaktisches Konzept wird verzichtet.

Gelänge es, so die Erwartung in der Umwelterziehung, Einstellungen nicht durch Wissen, sondern erfolgversprechender durch Handeln zu verändern, so könnte mit schulischem Unterricht Wesentliches zur Verbesserung der Umweltsituation beigetragen werden, wie das z.B. auch Fietkau/Kessel (1981) fordern: Die direkte Natur und Umwelterfahrung des Menschen solle durch unmittelbare Anschauung und handlungsorientiertes Lernen erfolgen, damit umweltgerechtes Handeln und Verständnis für ökologische Systemzusammen-hänge entwickelt werden könnten. Umlernen beziehe sich auf kognitive, emotionale und aktionale Bereiche des Menschen. Etwas überspitzt könnte man von einem Glauben an die Macht des handlungsorientierten Ansatzes sprechen, der sich auf die Formel "Verknüpfung von Umweltwissen und Emo-tionen mit Handeln ergibt umweltgerechtes Verhalten" stützt. Theoretischen Überlegungen und Ergebnisse empirischer Untersuchungen, mit denen Bedin-gungen dieses Ansatzes reflektiert werden könnten, interessieren kaum.

Salzmann will mit seinem fünfstufigen Modell Handlungskompetenz fördern. Von Herbart über Dewey bis heute werden für den Unterrichtsprozess ähnliche Modelle aufgezeichnet, allerdings mit einem entscheidenden Unterschied: Die erwähnten Autoren möchten mit ihren Unterrichtsmodellen gezielt kognitive

Prozesse unterstützen und Haltungen aufbauen (vgl. 7.3.3.). In der Umwelterziehung sollen Erfahrungen eine sehr offen formulierte Handlungskompetenz aufbauen, Sachkompetenz wird eher negiert zugunsten von möglichst vielen Erfahrungen im Umgang mit der Umwelt. Es ist zu bedauern, dass die beiden Ansichten einander oft gegenübergestellt werden, schliesst doch handlungsorientiertes Vorgehen den systematischen Aufbau von Kenntnissen und Fertigkeiten keineswegs aus.

6.3. Definition und Merkmale handlungsorientierten Unterrichts

Überzeugende Klärungen des Begriffs Handlungsorientierung lassen sich in der Literatur zur Umwelterziehung kaum finden, Merkmale des handlungsorientierten Unterrichts werden oft plakativ dargestellt. Es fehlt an der für die Unterrichtsplanung und Durchführung hilfreichen Präzision: Stoff handelnd begreifbar machen, Selbsttätigkeit, auf konkrete Ergebnisse zielend, gegen die psychische Verelendung kämpfend (vgl. 6.2.). Eulefeld et al. (1988) stellen an eine handlungsorientierte Unterrichtssequenz bloss folgende Anforderungen: Wenn mindestens eine Schüleraktivität wie Feldarbeit oder Befragungen *und* ein Produkt von Schülerinnen und Schülern mitentwickelt worden sei, dürfe man von handlungsorientiertem Unterricht sprechen (a.a.O., S. 84f.). Trotz dieser geringen Anforderungen wurden Umweltthemen in der Schule laut Untersuchungen nur zu etwa 15% handlungs-, system- oder problemorientiert behandelt, Tendenz steigend (a.a.O., S. 94, vgl. auch Hellberg-Rode 1991, S. 204f.). Über die Qualität dieses Unterrichts werden keine Aussagen gemacht.

6.3.1. Unterscheidung von Handeln und Verhalten

Um den Handlungsbegriff kümmern sich die Umwelterzieherinnen und -erzieher zu wenig (vgl. 6.3.2.). In diesem Abschnitt referieren wir Aeblis Handlungstheorie, die eine geeignete Grundlage für die Diskussion des Begriffs Handlungsorientierung in der Umwelterziehung bildet, hebt sie doch nicht die trennenden, sondern die verbindenden Elemente zwischen Handlungen und Wissen hervor. Diese anregende Perspektive stellt Handeln erstens in den Dienst des Denkens, des Aufbaus von Strukturen und Begriffen. Zweitens kann Denken Handeln ersetzen und so zu einem sparsamen Umgang mit der knappen Unterrichtszeit beitragen. Nach Aeblis Handlungstheorie stellen wir in Abschnitt 6.3.2. drei für die Umwelterziehung und das Projekt "Nutzungskonflikte und Siedlungsplanung" problematische Schwerpunkte des handlungsorientierten Ansatzes dar.

Der *Verhaltensbegriff* umfasst das ganze Spektrum der menschlichen Reaktionen, ob sie willkürlich oder unwillkürlich, bewusst oder unbewusst sind. Aebli (1980) versteht unter *Handeln* jene Tätigkeiten "mit hohem Grad der Bewusstheit und der Zielgerichtetheit, auch im einzelnen" (a.a.O., S. 20). Jede Teilhandlung im Hinblick auf ein grösseres Ziel bediene sich bestimmter Mittel, der Anteil von Automatismen an einer Handlung sei gering. Sie träten erst auf der untersten Stufe der Realisierung der Handlung auf: beim Sprechen, Schreiben, Gehen, Stehen. Für Aebli sind auch kognitive Prozesse Handlungen. So treten in der Sprechhandlung die gleichen Beziehungen auf, die auch in der wirklichen Handlung vorkommen. Kognition steht im Vordergrund des Lernprozesses: "Kognition hat zum Ziele, die Struktur des Handlungsablaufes zu sichern und mögliche Dissonanzen zu beheben. Es ist abstraktes, formales Bemühen. Das ist das Wesen der Kognition" (a.a.O., S. 21). Im Prozess dieser formalen Strukturierung würden neue Begriffe gebildet und damit die Wirklichkeit objektiviert. Diese Begriffsbildung sei Voraussetzung für die weitere Verknüpfung und damit die weitere Strukturbildung (a.a.O., S. 23). Nach Dorsch (1976) bedeutet Verhalten "jede physische Aktivität eines lebenden Organismus" (a.a.O., S. 646). Es ist wichtig, zwischen "Handeln" und "Verhalten" zu unterscheiden: Die Handlung ist bloss ein Ausschnitt des Verhaltens, eben jener bewusste, zielgerichtete Teil des gesamten menschlichen Verhaltens. Unter Handlung verstehen wir eine "komplexe Abfolge von koordinierten und umweltbezogenen Bewegungen, die ein Individuum ausführt. Von dem blossen Verhalten hebt sich die Handlung dadurch ab, dass sie auf die Erreichung eines Zieles ausgerichtet ist. Das Ziel kann in einer Veränderung der Umwelt oder in einer Veränderung des Individuums in seiner Umwelt liegen" (a.a.O., S. 240). Diese "Bewegungen" seien nicht unbedingt direkt beobachtbar und psychologisch erforschbar. Sie seien vielmehr das Resultat von inneren, psychologischen Grundlagen wie kognitiven Prozessen (z.B. Informationsaufnahme, Speicherung und Verarbeitung) oder emotionalen Faktoren. Handlungen entstünden aus dem Zusammenwirken dieser beiden Prozesse.

In der Umwelterziehung müsste *Handeln als kognitives Konzept* verstanden werden. Gelänge es der Umwelterziehung, sich von einem wenig präzisen, auf allgemeines Umweltverhalten abzielendes Erfahren von Umwelt angelegten Konzept zu trennen und Umwelthandeln kognitiv zu verankern, so könnte das eine Implementation der Umwelterziehung in der Schule wesentlich erleichtern. Oder positiv ausgedrückt: Die Umwelterziehung müsste versuchen, Handlungsschemata als Konzepte des praktischen und kognitiven Handelns aufzubauen und damit über Handlungswissen nachdenken (vgl. 1.2.1.; 4.2.).

6.3.2. Bedingungen für den Aufbau von Handlungsschemata

Ausgangspunkt der Argumentation ist Aeblis Handlungstheorie. Diese Theorie geht davon aus, dass Handlungsschemata *wiederholbar, auf neue Situationen übertragbar* sind sowie eine im Kern *invariate Struktur* besitzen (vgl. Aebli 1980, S. 84f.). Nun dürfen diese Schemata nicht als starre Gebilde gedacht werden, vielmehr als Rahmen (*frames*, nach Minsky), die viele Leerstellen besitzen, an denen sich neue Informationen angliedern können. Die Handlungsschemata werden je nach Handlungsziel aktiviert und miteinander in Beziehung gebracht. Die Anzahl und Qualität der vorhandenen Handlungselemente, so Aebli, bestimme das Ergebnis einer Handlung (a.a.O., S. 87–94). Handlungskompetenz, das vielbeschworene, magische Wort in der Umwelterziehung, heisst übertragen auf Handlungstheorien, über möglichst viele Handlungsschemata verfügen. Aebli drückt das so aus: "Das Handlungsschema ist ein Stück Handlungswissen des Handelnden. Es ist zugleich ein Sachwissen in dem Sinn, dass in ihm die herzustellende Struktur schematisch vorgeformt ist" (a.a.O., S. 98). Analogien zwischen Umwelterziehung und Aeblis Handlungstheorie bestehen darin, dass es, um aktiv zu werden, nicht nur Handlungskompetenz, sondern als zweites Element auch einen Beweggrund, ein Motiv, mit dem der Handelnde einen Handlungsplan realisieren möchte, braucht. Der Mensch als Akteur erhält eine zweifache Rolle: Er ist "Initiator der Handlung" und selbst "Träger einer sachlich definierten Rolle", die auch von einem psychologischen Umfeld geprägt wird (a.a.O., S. 100f.).

Ein Problem in der Umwelterziehung besteht darin, dass sich die Gewichtung innerhalb dieser beiden Faktoren des Handelns von der Wissensebene, insbesondere von Handlungswissen, hin zur Motivationsebene verschoben hat. Schülerinnen und Schüler werden motiviert, sich für eine gesunde Umwelt einzusetzen, ohne jedoch über die Mittel – gefestigte Handlungsschemata – zu verfügen, die zur Realisierung von Handlungsplänen nötig wären. Die Umwelterziehung geht zu Recht davon aus, dass allein schon durch das Handeln an sich Handlungsschemata entstehen können. Diese werden aber oft nicht reflektiert und gefestigt, so dass die Gefahr besteht, dass Aktivitäten nicht viel mehr als "Eintagsfliegen des Handelns" bleiben.

Als Grundlage der Kritik des handlungsorientierten Ansatzes in der Umwelterziehung betrachten wir drei Aspekte, die wir am Beispiel des untersuchten Projekts "Nutzungskonflikte und Siedlungsplanung" diskutieren: *Handlungen sind zielorientiert, implizieren ein Veränderungspotential und lassen dem Handelnden Entscheidungsfreiheit.* An dieser Stelle nicht diskutiert werden sollen weitere bedeutungsvolle Aspekte wie der Einfluss von kulturell-gesellschaftlichen Lebensformen oder die Auswirkungen von Handlungszwang auf das individuelle Verhalten (vgl. Werbik 1978, S. 18–29). Dietrich (1984) stellt fest, eine Handlung sei "provokative bzw. reaktive Auseinandersetzung mit einer Abfolge von Situationen. (...) Auf der Grundlage mehr oder weniger komplexer Situationsdeutungen stellt die Person den Grad der Handlungsdringlichkeit und das Ausmass der Ermöglichungschancen der Zielrealisierung fest. Demgemäss handelt sie" (a.a.O., S. 58).

1. Mit Handlungen verfolgen wir bewusst ein Ziel
Werbik (1978) schlägt wie Aebli vor, dass nur dann von Handlungen gesprochen werden soll, wenn eine Person mit vollem Bewusstsein und absichtlich etwas tut. Unwillkürliche Verhaltensweisen sollten grundsätzlich nicht Handlungen genannt werden: "Dementsprechend sagen wir, dass Handlungen zielgerichtet und sinnvoll sind, während wir das für jedes beliebige Verhalten nicht sagen können" (a.a.O., S. 18). In der schulischen Umwelterziehung sollten wir demnach nur dann von handlungsorientiertem Unterricht sprechen, wenn die Schüler das definierte, umweltrelevante Ziel kennen und dieses als sinnvoll einschätzen. Aebli (1980) legt ebenfalls Wert auf diese Zielorientierung, weil sie doch den "Zusammenhang von Handlungsziel und Handlungsstrukturen" ausdrücke. Die Beziehung zwischen den einzelnen Handlungselementen mache den Kern der Handlung aus. Dieses zielgerichtete Stiften von Beziehungen könne durch reales Tun, aber auch durch geistige Handlungen erfolgen (a.a.O., S. 87f.). Wir denken, dass die Schule gerade im Bewusstmachen dieser Beziehungen einzelner Handlungselemente eine wichtige Aufgabe zu erfüllen hat.
Ein besonderes Problem stellt sich in der Umwelterziehung insofern, dass selten klar wird, ob Schülerinnen und Schüler (wie etwa in der Projektmethode) oder Lehrpersonen (wie im Werkstattunterricht) die Handlungsziele stecken sollen. Der Verzicht auf eine Benennung konkreter Handlungsziele bringt es mit sich, dass in der Umwelterziehung ein wesentliches Element von Handlungstheorien – die Transparenz des Handlungsziels – aufgegeben wird.

2. Handlungen verändern einen Sachverhalt oder verhindern eine solche Veränderung
Werbik spricht dann von Handlung, wenn "jemand mit Absicht eine *Veränderung* eines Sachverhaltes herbeiführt. Aber Handeln kann auch heissen, das Eintreten von (unerwünschten) Veränderungen zu verhindern" (Werbik 1978, S. 18). Das bedeutet, dass wir beim Handeln bewusst wählen können zwischen Tun und Nichttun. So könnten Anregungen zum Nichttun in der Umwelterziehung intensiviert werden, da umweltgerechtes Handeln oft als Nichthandeln zu thematisieren wäre. Werbik beschreibt diesen Entscheidungsprozess wie Aebli als geistigen Akt: "Man kann den Handlungsbegriff nicht mit

dem des bewussten, zielgerichteten Tuns gleichsetzen. Umgekehrt ist auch nicht der Ausdruck "nicht handeln" durch den Ausdruck "nichts tun" ersetzbar. Denn wir sagen auch von jemandem, der absichtlich nichts tut, obwohl er durchaus imstande wäre, etwas Bestimmtes zu tun, dass er handelt" (ebd.). Gerade im untersuchten Umwelterziehungsprojekt hat sich gezeigt, dass mit Ausnahme einer Unterrichtssequenz kaum sichtbare Veränderungen herbeigeführt oder verhindert werden konnten, sondern bloss nachvollzogen. Handlungsprodukte waren meist ausgefüllte Arbeitsblätter oder schulinterne Ausstellungen, die Schulprojekte dokumentierten. Diese Darstellungen sind Resultate kognitiven Handelns und nicht geringzuschätzen. Sie entsprechen indessen nicht den hohen Erwartungen mancher Umwelterzieherinnen und Umwelterzieher, die in der Regel konkrete Veränderungen vorweisen möchten. Hier werden Grenzen einer handlungsorientierten Umwelterziehung deutlich, denn was könnte Handeln im Bereich der Raumplanung für Schülerinnen und Schüler bedeuten? Die Handlungsmöglichkeiten wurden in einigen Projekten dokumentiert, mit einem Leserbrief zu einer Umfahrungsstrasse (Berchtold/ Stauffer 1995, Anh., S. 173) oder mit der Anregung zu einem Jugendcafé zuhanden des Gemeinderats (a.a.O., Anh., S. 165). Im allgemeinen blieben die Handlungsmöglichkeiten sehr beschränkt.

3. Handeln bedeutet abwägen zwischen Handlungsalternativen
Umweltgerechtes Verhalten kann durch die Existenz der Möglichkeit, konkret zu handeln, positiv beeinflusst werden. Diese Verhaltensangebote werden im Einflussschema von Fietkau und Kessel (1987, S. 312; vgl. 1.2.4.) beschrieben. Sie verstehen darunter im wesentlichen von der Öffentlichkeit bereitgestellte Angebote, die umweltgerechtes Handeln erst ermöglichen, wie öffentliche Verkehrsmittel und Sammelstellen. Hier liegt eine besondere Schwierigkeit der Umwelterziehung, auf die z.B. Braun (1983) hinweist: "Wenn der Schüler umweltbewusstes Handeln auf breiter Ebene praktizieren soll, müssen ihm die verschiedenen Handlungsmöglichkeiten theoretisch wie praktisch zugänglich sein. Zur Zeit nimmt das eigene umweltbewusste Verhalten eine nicht gerechtfertigte Sonderstellung ein; Handlungsalternativen sind oft nicht einmal bekannt" (a.a.O., S. 51). Die Möglichkeit zu konkretem Handeln ist eine Bedingung für die didaktische Auswahl von Umweltthemen, erst recht, wenn sie handlungsorientiert behandelt werden sollen. Gerade im untersuchten Projekt sind Handlungsalternativen schwer eruierbar. Und selbst wenn Handlungsalternativen bestehen, werden diese nicht ohne weiteres genutzt, es müssten alternative Handlungsmöglichkeiten aufgezeigt werden (vgl. 1.2.4.). Nach Schahn (1993) kann die Handlungsbereitschaft gefördert werden, wenn Handlungen z.B. mehr Vor- als Nachteile bringen, finanziell belohnt oder bestraft werden (z.B. Kehrichtsackgebühr), öffentlich anerkannt werden (z.B.

Preisverleihungen) und bequemer oder schneller sind (z.B. Nahverkehr). Motivierend wirken auch Verhaltensänderungen, die Konsequenzen umweltgerechten Verhaltens sichtbar werden lassen, indem z.b. viele Menschen ähnliches Verhalten zeigen oder wenn das veränderte Verhalten Rückmeldungen ermöglicht (a.a.O., S. 33–35).

Schahn betont, dass auch der umgekehrte Weg wirkungsvoll sein könne, dass also ein Verhalten die Einstellung präge. Der Weg vom Verhalten zur Einstellung sei jedoch nur dann erfolgversprechend, wenn die handelnde Person das Verhalten nicht ablehne (a.a.O., S. 36). Diese Möglichkeit der Einstellungsänderung wird von Aktivistinnen und Aktivisten der Umweltschutzorganisation Greenpeace genutzt und findet auch immer mehr Zugang in die Schulen, etwa bei Altpapiersammlungen, Putzaktionen oder auch bei der Teilnahme an Demonstrationen.

Zurück zu den Handlungsalternativen: Werbik macht drei Konstitutiva im Handlungsprozess aus, nämlich "das *Feststellen* mehrerer Handlungsmöglichkeiten, das (zumindest rudimentäre) *Abwägen* zwischen alternativen Handlungsmöglichkeiten und schliesslich den *Entschluss*, eine bestimmte Handlungsalternative auszuführen" (Werbik 1978, S. 18f.; Hervorhebung Berchtold/Stauffer). Dieser Prozess erlaube es, einen Plan aufzustellen und ihn zu verfolgen. An anderer Stelle kritisierten wir bereits, dass in der Umwelterziehung ein Wissen darüber vorgegeben wird, was richtiges Umweltverhalten sei, jedoch oft, ohne es zu konkretisieren (vgl. 1.2.1.). Nun motiviert eine einzige Handlungsmöglichkeit kaum, umweltbewusste Menschen möchten mindestens Alternativen besitzen und die eigene Reaktion wählen können (zum selben Schluss kommen auch Langeheine/Lehmann 1986, S. 75 – aufgrund einer Studie von Arbuthnot 1977). Wir sehen, die Entscheidungsfindung ist eine delikate Angelegenheit.

Im evaluierten Projekt war es schwierig, Handlungsmöglichkeiten auszumachen. Ungleich schwieriger wird es beim Thema Raumplanung sein, Handlungsalternativen für Schülerinnen und Schüler zu finden. So betrachtet erstaunt es wenig, wenn als Produkt meist eine Ausstellung resultierte, die das darstellte, was die Jugendlichen auf ihren Exkursionen betrachtet hatten. Handlungsalternativen der Erwachsenen wurden allenfalls in einer abschliessenden Diskussionsrunde thematisiert (vgl. Berchtold/Stauffer 1995, Anh., S. 162, 178).

6.3.3. Definition von handlungsorientiertem Unterricht – ein schwieriges Unterfangen

In der "Enzyklopädie Erziehungswissenschaft" (Lenzen 1984) wird der Begriff der Handlungsorientierung wie folgt definiert: "Mit dem Begriff handlungs-orientierter (...) Unterricht wird ein Unterrichtskonzept bezeichnet, das den Schülern einen handelnden Umgang mit den Lerngegenständen und -inhalten des Unterrichts ermöglicht. Die materiellen Tätigkeiten der Schüler bilden dabei den Ausgangspunkt des Lernprozesses" (a.a.O., S. 600). Handlung wird als Ausgangspunkt und Hilfe für den Verstehensprozess benutzt. Der kritische Punkt dieser Definition liegt in der letzten Aussage: Welche Qualitäten sollen mit diesem Lernprozess gefördert werden?

Bei Dewey und Aebli dienen Handlungserfahrungen dem Aufbau von Hand-lungsschemata (vgl. 6.3. und 7.4.), die als bewegliche Instrumente des Pro-blemlösens in ähnlichen Situationen dienen sollen. In der Umwelterziehung entsteht hingegen der Eindruck, dass Handeln an sich ausreichend sei für eine Legitimierung des Ansatzes; Handlungsorientierung soll zu umweltgerechtem Handeln im Unterricht, im täglichen Leben, in der Zukunft befähigen und dieses Handeln auch üben (vgl. 6.1.; 6.2.). Der Strukturierung und Festigung von Erfahrung wird meist wenig Beachtung geschenkt. Eine Ausnahme bildet das didaktische Konzept von Eulefeld et al. (1981), die klagen, dass der Be-griff Handlungsorientierung zwar inflationär häufig gebraucht, in der Regel aber nicht klar definiert und in Lehrplänen nicht konkretisiert werde. Sie definieren den Begriff Handeln so: "Veränderung der Umwelt als auch des eigenen Verhaltens bewirkende Aktion mit wichtigen Konsequenzen für viele Menschen wollen wir Handeln nennen" (a.a.O., S. 83). Handlungsorientierter Unterricht beschleunige den Erkenntnisfortschritt durch "handelndes Einwirken auf Objekte". Die Objekte seien Teil von menschlichen Handlungen und könnten nicht wie im disziplinären Unterricht isoliert betrachtet werden (a.a.O., S. 83f.).

Bolscho et al. (1980) berufen sich bei der Definition eines handlungsorien-tierten Unterrichts auf Meyer (1979), für den *Handlungsorientierung auf ein Produkt ausgerichtet* sei und sich durch drei Merkmale auszeichne:
"1. Unter Beteiligung aller Sinne soll ein gemeinsames Handlungsprodukt entstehen, das für die Schülerinnen und Schüler Gebrauchswert hat wie z.B. eine Kartierung und entsprechende Berichte über wilde Mülldeponien.
2. Handlungsprozess und Handlungsprodukt sollen in gemeinsamem Vorgehen und in immer grösser werdender Selbstbestimmung entstehen. Die Selbstbe-

stimmung soll Qualitäten wie Teamfähigkeit, eigene Recherchen und Einsicht in die eigene Betroffenheit fördern.

3. Die Handlungsprodukte sollen ausserhalb des Klassenraums, in reale gesellschaftliche Entwicklungen eingreifend, erfahren und z.T. auch erprobt werden, z.B. durch Zusammenarbeit mit Berufsleuten" (a.a.O., S. 27f.). Wir vermissen in dieser Definition den Bezug zum Aufbau von prozeduralem Handlungswissen, das sich auf persönliches Umweltverhalten im eigenen Lebensbereich beziehen müsste (vgl. 1.2.1.).

Während Bolscho et al. nur die Komponente des handelnden Tuns in Meyers Konzept herausheben, stellt *Meyer* in "Unterrichtsmethoden" (1990) die Orientierung an einem Handlungsprodukt als zentrales Element des Unterrichtsprozesses dar. Er *zieht den Begriff des handlungsorientierten Unterrichts jenem des handelnden Unterrichts vor, weil in einem handelnden Unterricht kognitive Prozesse tendenziell zweitrangig betrachtet würden.* Das Problem stelle sich auch bei den weniger griffigen (und in der Literatur zur Umwelterziehung häufig anzutreffenden) Begriffen wie erfahrungsbezogenem oder schüleraktivem Unterricht. Den Begriff des handelnden Unterrichts (oder des handelnden Lernens) definiert Messner (1981, S. 25–32) als Darstellung und Realisation einzelner Denkschritte und Operationen durch konkrete Tätigkeiten. Nicht das Hantieren mit konkreten Gegenständen, sondern das einsichtige Operieren mit diesen Gegenständen sei entscheidend, so wie das schon Kerschensteiner 1911 gefordert habe. Dieses Verständnis von handelndem Lernen gehe aus Piagets Entwicklungspsychologie hervor, nach der Denken aus dem Handeln entstehe. Später löse sich Denken immer mehr vom Handeln durch Vorstellungen und Sprache (Messner 1981, S. 31).
Der Unterschied von handelndem Lernen und handlungsorientiertem Unterricht erscheint deshalb bedeutend, weil handlungsorientierter Unterricht nicht nur das Handeln in den Dienst aufzubauender Denkschemata stellt, sondern sich auch an den Handlungsprozessen selbst orientiert und die Operationalisierung, das Bewusstwerden dieser selbst zum Ziel des Unterrichtsprozesses macht. In diesem Sinne versteht auch Meyer (1990) handlungsorientierten Unterricht, wenn er betont, dass nicht nur Handeln gelernt werden soll, sondern an drei Bedingungen zu knüpfen sei: Erstens müsse der handlungsorientierte Unterricht in *lehrgangmässig* organisierten Phasen ablaufen; zweitens seien Lernen und Handeln zwar eng miteinander verknüpft und gingen ineinander über, gleichzeitig sollten aber *kognitive Prozesse,* die von Handlungen befreit sind, *gefördert* werden; schliesslich orientiere sich handlungsorientierter Unterricht zwar an gesellschaftlichem Handeln, sei aber nicht das Leben selbst, weil die Trennung von gesellschaftlichem Leben, Arbeiten und Lernen in fortgeschrittenen Gesellschaften fest verankert sei (a.a.O., S. 215).

Meyer betrachtet den handlungsorientierten Unterricht als Schritt zum schülerorientierten Unterricht, der stärker die subjektiven und objektiven Bedürfnisse und Interessen der Schülerinnen und Schüler berücksichtige. Gleichzeitig grenzt er die beiden methodischen Ansätze gegeneinander ab, denn die Ziele des schülerorientierten Ansatzes seien im handlungsorientierten Unterricht nur ansatzweise und widersprüchlich zu verwirklichen (a.a.O., S. 23f; vgl. 8.1.2.). Wir denken, dass diese Abgrenzug in der Umwelterziehung notwendig wäre, ist doch das von den Umwelterzieherinnen und -erziehern formulierte Ziel der Fähigkeit und Bereitschaft zu umweltgerechtem Handeln vom Aufbau von Handlungsstrukturen und -kompetenzen abhängig, der nicht immer den momentanen Interessen der Schülerinnen und Schüler entspricht, sondern von pädagogisch begründbaren Aufgaben und Absichten der Lehrkraft bestimmt wird.

Anders als bei den Umwelterziehern Bolscho und Eulefeld muss handelnde Projektarbeit nach Frey (1993, vgl. 7.7.) nicht in gesellschaftliche Systeme eingreifen und Veränderungen anstreben: "Die Teilnehmer an einem Projekt verstehen ihr Tun als Probehandeln unter pädagogischen Bedingungen" (a.a.O., S. 15). Der Handlungsbegriff wird breiter interpretiert und umfasst *materielle wie auch geistige Aktivitäten* der Schülerinnen und Schüler (vgl. a.a.O., S. 65, 195). Frey legt dar, dass Erkenntnis nicht absolut an Handeln gebunden ist, im Gegensatz zu vielen Umwelterziehungskonzepten, die wohl als Reaktion auf die "Wissensschule" Erkenntnis an praktisches Handeln binden.

Definitionen in der Umwelterziehung hängt jeweils derselbe Makel an: Handlungsorientierter Unterricht bezieht sich nicht auf kognitive Lernprozesse bei Schülerinnen und Schülern, sondern gibt sich stets mit einer Handlungserfahrung zufrieden, die im besten Fall reflektiert, aber nicht notwendigerweise strukturiert wird. Diese Aufgabe der kognitiven Vertiefung müsste Unterricht aber erfüllen. In der Umwelterziehung müsste handlungsorientierter Unterricht auch in dem Sinne interpretiert werden, dass es um einen Unterrichtsprozess ginge, der sich am umweltgerechten Handeln orientiert und sich als Lernprozess versteht, bei dem auf dem Weg zu einem Handlungsprodukt *Dispositionen im Lernenden verändert und bewusst gemacht* werden. Der Handlungsprozess, strukturiert und reflektiert, wäre dann das Lernergebnis und in dem Sinne ein Anliegen, das schon bei Dewey auftauchte (vgl. 7.4.). Dieser Begriff würde sich nicht nur am enaktiven, sondern ebenso am ikonischen und symbolischen Handeln orientieren.

6.3.4. Probleme der Lernziele und der Schülerzentrierung im handlungsorientierten Unterricht

Gudjons (1987) formuliert zehn Merkmale des handlungsorientierten Unterrichts. Das erste betont die Ganzheit des Lernprozesses: "Im handlungsorientierten Unterricht werden geistiges und sinnlich-körperliches Tun wie Denken und Handeln, Schule und Leben vereinigt." Die Merkmale zwei bis sechs befassen sich mit Aspekten des schülerzentrierten und lernzielorientierten Handelns. Die nächsten drei betonen das gemeinsame, kreative und exemplarische Lernen, das "im Idealfall in gesellschaftliche Prozesse eingreift" (a.a.O., S. 11–13). Das letzte Merkmal schliesslich weist darauf hin, dass sich nicht alle Lerninhalte handlungsorientiert unterrichten lassen.

Vergleichen wir die 10 Merkmale mit jenen des Projektunterrichts (vgl. 7.8.), so fällt auf, dass sie im Grunde identisch sind. Unterschiede lassen sich allenfalls in der Betonung des Handelns auf ein meist materielles Ziel hin feststellen, im Gegensatz zum Projekt, das meist Prozesse in den Vordergrund stellt. Wir befassen uns mit den Lernzielen des handlungsorientierten Unterrichts, weil sie uns für die Umwelterziehung allgemein und aufgrund der Erfahrungen mit dem Projekt "Nutzungskonflikte und Siedlungsplanung" im speziellen problematisch erscheinen. Probleme des schülerzentrierten Ansatzes werden im Zusammenhang mit der Projektmethode erörtert (vgl. Kap. 7).

1. Lernziele im handlungsorientierten Unterricht
Gudjons fordert: "Handlungsorientierter Unterricht ist zielgerichtet. Ziele von LehrerInnen und SchülerInnen sollten verbunden werden. (...) Handlungsorientierter Unterricht soll am Ende ein Produkt vorzeigen können. Dieses Produkt kann sichtbar und/oder auch innerlich sein" (Gudjons 1987, S. 12).
Handlungsprozesse seien wichtiger als Kenntnisse und Fertigkeiten, wird in der Umwelterziehung immer wieder betont (vgl. 6.2. und 6.3.). "Mit der Bezeichnung Handlungsprozess soll zum Ausdruck gebracht werden, dass es nicht nur um eine handelnde Auseinandersetzung mit der Umwelt geht, sondern auch um das eigene Entscheiden über das Handeln" (Gudjons 1987, S. 12); Bolscho et al. (1980) schlagen drei fachspezifische Methoden vor, mit denen dieses eigene Entscheiden besonders gut gefördert werden könne: "1. Die naturwissenschaftliche Erkenntnismethode am Experiment. 2. Exkursionen und Felduntersuchungen im Erdkundeunterricht. 3. Die Fallanalyse im Sozialunterricht" (a.a.O., S. 43).
Die Autoren geben zu bedenken, dass nicht wie in der Forschung wissenschaftliche Erkenntnis im Vordergrund stehe; die Erkenntnis reiche von Kenntnissen und Fertigkeiten sowie Bildung von Einstellungen bis hin zum "Mittel

zum Zweck: Die kranke Umwelt zu heilen für eine gesündere Welt von morgen" (a.a.O., S. 83f.). Die drei Methoden werden differenziert und stellen hohe Anforderungen an das eigenständige Handeln der Schülerinnen und Schüler wie "Formulieren von Hypothesen", "Interpretieren von Daten", "Datensammlungen durch Messen abiotischer Faktoren mit chemischen und physikalischen Methoden", "Ursachen- und Wirkungsanalysen" usw. 21 solche Teilmethoden werden als Beispiele genannt. Als entscheidend erachten wir, dass Schülerinnen und Schüler im handlungsorientierten Unterricht spezifische Methoden zur Beurteilung ihrer Aufträge kennen oder entwickeln. Obwohl hier konkrete Methoden und Arbeitstechniken erwähnt werden, scheinen diese nicht systematisch aufgebaut und geübt zu werden, denn sonst stellte sich das unten diskutierte Problem der Überprüfung von Lernzielen nicht.

Mit einem handlungsorientierten Lernkonzept wenden sich Bolscho et al. gegen einen behavioristischen Verhaltensbegriff und gegen die von der Schule bevorzugten operationalisierten Lernziele, weil diese zu bloss wissensorientierten Lernzielen verleiten könnten. Die handlungsorientierte Unterrichtsplanung müsse "neben notwendigen Lernzielen Handlungsspielräume für Schüler öffnen", indem mit Lernzielen nur Minimalforderungen beschrieben werden sollten, die jedoch nicht mehr alleine Inhalte und Verlauf des Unterrichts bestimmten, sondern die weitgehend auf die Interessen der Schüler abgestimmt seien (a.a.O., S. 40f.). Soll sich die Schule tatsächlich weitgehend an den Interessen der Schülerinnen und Schüler orientieren? Menschen vertiefen sich in der Regel in Sachgebiete, die sie ohnehin schon kennen (vgl. Iselin 1988, S. 14). Viele Lerngegenstände der Umwelterziehung treten aber erst durch die Thematisierung im Unterricht ins Bewusstsein und stossen dann auf Interesse. Wie wäre ein breites Interesse für einen Gegenstand wie die Raumplanung zu gewinnen, wenn nicht durch die Institution Schule? Der handlungsorientierte Unterricht hätte die Aufgabe und böte die Chance, Erfahrungen zu ermöglichen, die, so Oelkers (1989b, S. 82), "weder im Schulalltag noch in der passiven Rezeption der Medien vorkommen".

Das Problem der Lernzielformulierung wird deutlich, wenn Bolscho et al. (1980) dem lernzielorientierten Unterricht konkrete Ergebnisse des Handelns gegenüberstellen, was die Lernzielkontrolle "bewusst zweitrangig" erscheinen lasse. Im Gegensatz zum lernzielorientierten Unterricht soll der handlungsorientierte Unterricht "nicht nur auf Wissensaneignung ausgerichtet werden, sondern gleichermassen auf konkrete Ergebnisse des Handelns von Schülern und Lehrern abzielen" (a.a.O., S. 45). Das bedeute, dass handlungsorientiertes Lernen in der Umwelterziehung sich in konkreten Produkten niederschlagen solle, die den Schülerinnen und Schülern in der augenblicklichen Situation eine Befriedigung über ihr Handeln gäben. So könne verhindert werden, dass – wie beim Wissenserwerb – die Umsetzung in Handlungen in die Ferne zukünftiger

Lebensbewältigung verlagert werde (a.a.O., S. 46). Bolscho et al. äussern sich in der Frage des Wissenserwerbs zwiespältig, behaupten sie doch zu Beginn ihrer Ausführungen, Umwelterziehung lebe von der Auseinandersetzung zwischen "subjektiver Sozialwissenschaft" und "objektiver Naturwissenschaft" (a.a.O., S. 8) – später wird eine Objektivierung von Handlungsprozessen und Handlungsergebnissen für weniger wichtig als eine innere Befriedigung über das Handeln an sich erachtet.

Was in handlungsorientiertem Unterricht von den Schülerinnen und Schülern geleistet werde, könne nicht mit operationalisierten Lernzielen erfasst werden. Das wird deutlich, wenn die Überprüfung des Lernerfolgs beschrieben wird, etwa bei Bolscho et al. (1980): "Die Lernerfolgskontrolle dient der Rückmeldung der eigenen Lernleistung *an den einzelnen Schüler*, d.h. sie zeigt *ihm* seinen Fortschritt im Unterricht an (...). In einem solchen (handlungsorientierten) Unterricht spielt nicht das vom Einzelnen erworbene Wissen die Hauptrolle, sondern vielmehr Gruppenlernprozesse und das Hinarbeiten auf Handlungsprodukte" (a.a.O., S. 50f.). Wissen wäre aber in der Umwelterziehung weiter zu fassen und sollte sich nicht nur im negativen Sinne auf die Reproduzierbarkeit naturwissenschaftlicher Ergebnisse und Fakten beziehen, sondern auch Kenntnisse über Gruppenlernprozesse wie etwa Regeln eines Brainstormings oder Aufgaben einer Gesprächsleitung umfassen (vgl. 1.2.1.). Solche Lernziele werden wohl intendiert, kaum aber als Lernziele von Umwelterziehungsprojekten ausgewiesen.

Es ist erstaunlich, mit welcher Hartnäckigkeit sich viele Umwelterzieherinnen und -erzieher gegen Wissensziele wenden (vgl. 4.1., 4.3., 4.4.). Erklärbar ist das u.a. durch antipädagogische Einflüsse und als Reaktion auf die vor allem seit 1965 von Mager geforderte Operationalisierung der Lernziele im Hinblick auf den programmierten Unterricht. Dieser verlangte die exakte "Beschreibung eines Katalogs von Verhaltensweisen, die der Lernende äussern können soll". Klar definierte Ziele böten die "sichere Grundlage für die Auswahl geeigneten Materials und angemessener Inhalte und Unterrichtsmethoden" (Mager 1971, S. 3). Die beste Qualität habe das Lernziel, das "die meisten vorstellbaren Alternativen ausschliesst" (a.a.O., S. 10), die "Art des Verhaltens (ist) eindeutig bestimmt" (a.a.O., S. 13). Mit dem Lernziel verknüpft werden von Beginn weg die Beurteilungsmassstäbe. Hier tritt ein zweifacher Konflikt zutage. Erstens gibt die Umwelterziehung vor, nicht auf vorgegebene Lösungen und Verhaltensweisen zu bauen mit der Begründung, dass die gesellschaftlichen Formen der Problembewältigung bisher versagt hätten. In einem kreativen, möglichst offenen, suchenden Lernprozess müssten die Lernenden deshalb eigene Lösungen vorbereiten und ausprobieren können. Jede Vorschrift oder Erwartung könnte diesen Prozess lähmen, wird befürchtet. Schmack (1982b) beschreibt diesen Prozess so: "Sie (die Heranwachsenden) müssen herausfinden, warum umweltgemässes Verhalten notwendig ist und wie sich aus Beispielen, Fällen und Erfahrungen Einsichten und Verständnis bilden, die zu selbständigen Schlüssen befähigen" (a.a.O., S. 143). Mit liberalen Methoden werden die meist vorgegebenen Ziele kaschiert (vgl. 3.4.3.). Zweitens soll durch den Verzicht auf Beurteilungsmassstäbe im kognitiven Bereich der Konkurrenz- und Leistungsgesellschaft begegnet werden. Die Umweltkrise wird als Ausdruck der Leistungsgesellschaft verstanden; mit der Forderung von lernzielorientierten Leistungen werde ein "fataler Machbarkeitsglaube" gestützt, und so könnten grundlegende Änderungen, die die bestehende Umweltkrise fordere, nicht durchgesetzt werden (vgl. Zimmermann 1989, S. 20). *Umwelterziehung kann*, wie letztlich jeder Unterricht, *nur als zielgerichtetes Geschehen verstanden werden*, und darin hat Handeln als zielgerichtete Aktivität seine Bedeutung. Das Ziel kann, wie etwa in der Projektarbeit nach Frey, nicht in vorgegebenen Verhaltensweisen, sondern im selbstgewählten Weg zur Bildung stecken. Ein solches Vorgehen widerspricht Magers Absicht tatsächlich, weil dieser von vorgegebenen Zielen ausgeht, Schülerinnen und Schüler erhalten die Aufgabe, die Lernziele der Lehrperson zu erfüllen. Aber auch in einem offenen Lernprozess müssten immer wieder Ziele definiert werden (wie aufeinander hören, indem man Bezug nimmt auf das zuletzt Gesagte); nach dem gegangenen Weg müssten allerdings auch Erkenntnisse konkret genannt werden können. Wird dieser Prozess vernachlässigt, so droht der Umwelterziehung in ein zufälliges Tun abzugleiten, die Schülerinnen und Schüler würden auf dem Gebiet der Inhalte, Methoden und Auswahl der Materialien kaum Lernfortschritte machen. Mit Intuition, Glaube oder einem guten Gefühl lassen sich Methoden der Umwelterziehung nicht legitimieren.

2. Der schülerzentrierte Ansatz

Der schülerzentrierte Ansatz im handlungsorientierten Unterricht entspricht weitgehend jenem in der Projektmethode (vgl. Kap. 7). So fordert Gudjons (1987) in seinen Merkmalen zwei bis vier des handlungsorientierten Unterrichts: "Handlungsorientierter Unterricht versucht, an die Interessen von LehrerInnen und SchülerInnen anzuknüpfen. Handlungsorientierung sucht Kontakt mit der Wirklichkeit, ist deshalb im Idealfall interdisziplinär. Handlungsorientierter Unterricht ermöglicht den SchülerInnen Mit- oder Selbstorganisation und damit auch Mit- oder Selbstverantwortung ihres Tuns. Solcher Unterricht orientiert sich an einem Handlungsplan" (a.a.O., S. 13). Gudjons arbeitet mit kognitiven Konzepten, Handlungsplänen. Er strebt damit, wie Oelkers (1989b) kritisch und positiv formuliert, eine Synthese von Selbsttätigkeit und Wissen an: "Das methodische Prinzip der Selbsttätigkeit ist daher sowohl geeignet, die Erfahrungen von Schulstress durch Langeweile aufzulösen als auch Alternativen erfahrbar zu machen, dass und wie Lernen nicht nur

Buchlernen ist und praktisches Können gleichen Wert besitzt wie abstraktes Wissen" (a.a.O., S. 82).

Handlungsorientierung und Situationsorientierung gehören nach Bolscho et al. (1980, S. 29) eng zusammen: "Lernen in und an der konkreten Erfahrungswelt der Schüler, die zur Situationsveränderung herausfordert." Die Autoren wollen mit dem schülerzentrierten Situationsbezug verhindern, dass nur Lebenssituationen von Erwachsenen aufbereitet werden, weil so Handlungsprodukte allgemein bleiben könnten. Handlungsorientierung und Situationsorientierung "erhält ihre Begründung (...) durch die Überzeugung, dass eine Anleitung zu einem eigenständigen, ökologisch vernünftigen und auch politisch durchsetzbaren Handeln nur an und in den Lebenssituationen möglich ist, für die der Schüler handlungskompetent werden soll" (ebd.). Die Bemühungen müssten an der eigenen Lebenssituation ansetzen, "denn nur dort kann eigene Betroffenheit erlebt, können Interessenkonflikte unmittelbar studiert, Umweltschutzmassnahmen erprobt und Auswirkungen eigenen Handelns erfahren werden" (a.a.O., S. 30).

Diese Ausrichtung von Handlungs- und Situationsorientierung birgt Widersprüche: Einerseits soll der Lebensbezug der Schülerinnen und Schüler Ausgangspunkt und Wirkungsort von Umwelterziehung sein, gleichzeitig liegt das geforderte Ziel, das umweltgerechte Verhalten und die politische Mitsprachefähigkeit bei Raumplanungsfragen, Verkehrsproblemen oder Luftverschmutzung in weiter Ferne. Vor diesem Dilemma standen bereits die Reformpädagogen: Wie kann die Schule dem späteren Leben dienen und gleichzeitig den aktuellen Bedürfnissen des Kindes gerecht werden? Dieser Punkt wird in der Umwelterziehung kaum thematisiert.

6.3.5. Pädagogische Begründung eines handlungsorientierten Ansatzes in der Schule

In der Literatur zur Umwelterziehung wird der handlungsorientierte Ansatz – wenn überhaupt – nur rudimentär begründet. Die folgende Darstellung orientiert sich deshalb an pädagogischer Literatur. Diese Begründungen lassen sich nur teilweise auf die Umwelterziehung übertragen, weil dort echte Handlungsmöglichkeiten für Schülerinnen und Schüler beschränkt sind; sie würden aber eine zielorientierte Unterrichtsvorbereitung erleichtern.

Weshalb handlungsorientierter Unterricht in Zukunft an Bedeutung gewinnen könnte, wird in der Umwelterziehung nicht erklärt. Der Didaktiker Gudjons (1986), der sich in seinen Aussagen auf neuere didaktische und methodische Forschung und Reformpraxis stützt, führt aus, dass Handlungsorientierung "keine methodische Wunderwaffe" und auch "kein neuer Modetrend" sei, sondern vor allem reformpädagogische Bestrebungen wiederaufnehme. Handlungsorientierter Unterricht könne helfen, wichtige Intentionen des Lehrplans zu realisieren: "Forderungen wie selbständiges Urteilen und verantwortliches Handeln, Beteiligung (...) an der Gestaltung von Unterricht" würden einen Unterricht fordern, der Schülerinnen und Schüler als selbstbestimmte, sozial lernfähige Menschen begreife, die an der Wirklichkeit orientiert arbeiten möchten (a.a.O., S. 8–19).

Die Dringlichkeit eines handlungsorientierten Ansatzes untermauert Gudjons mit aktuellen Problemen der Gesellschaft und der Schule. Ein wesentlicher Unterschied zwischen der heutigen Situation und jener zur Zeit der Reformpädagogik erwähnt Gudjons nicht: Umwelterzieherinnen und -erzieher gehen davon aus, dass die Umweltsituation die moderne Gesellschaft beispielsweise zu einer Abkehr vom Ressourcenverschleiss zwinge. Reformpädagogen hingegen reagierten vor allem auf den gesellschaftlichen Wandel zu Beginn einer tiefgreifenden Modernisierung fast aller Lebenskreise.

1. Sozialisationstheoretische Begründung

Gudjons (1986) argumentiert mit demographischen Befunden, weshalb ein "Verlust von anregender sinnlich-mittelbarer Erfahrung im tätigen Umgang mit Dingen und Menschen" stattgefunden habe. So würden die sozialen Erfahrungsmöglichkeiten der Menschen nicht nur in der Grossstadt immer kleiner resp. auf einen beschränkteren Kreis eingeengt, weil die Kleinfamilie, bestehend aus Eltern und Kind(-ern) die Grossfamilie abgelöst habe, etwa jeder dritte Haushalt sei ein Einpersonenhaushalt. Auch die technische Entwicklung im Haushalt (Tiefkühler, Abwaschmaschine etc.) und vorfabrizierte Spiele, die immer mehr selbsterfundene oder -hergestellte Spielzeuge verdrängten, hätten zu diesem Verlust beigetragen. Dem stellt Gudjons einen Gewinn durch die kulturelle Freisetzung von Lebensentwürfen gegenüber (a.a.O., S. 12f.). Weitere Argumente für den handlungsorientierten Unterricht sieht Gudjons darin, dass die "gegenständliche Ausstattung von Kindheit" sich grundlegend gewandelt habe: Wirkliche Freiräume seien praktisch verschwunden und hätten sich in Spezialräume wie das Kinderzimmer, Spielplätze und Sportanlagen verlagert. Urbanisierung und Industrialisierung hätten Lebensräume zu Inseln reduziert, dazwischen befänden sich erlebnisarme Zwischenräume, die in der Regel mit Verkehrsmitteln überbrückt würden. Die Raumerfahrung, die für die Entwicklung der Persönlichkeit der Kinder bedeutend sei, sei durch ein schnelles, "panoramatisches" Raumerleben aus dem Autofenster abgelöst worden (a.a.O., S. 13f.). Ein weiteres, die Kindheit stark veränderndes Element stelle die Dominanz der Massenmedien dar: Vor allem das Fernsehen vermittle eine ausgewählte, vorweggedeutete symbolische Welt und verdränge ursprüngliches Erleben, Anfassen, Ausprobieren, Erkunden. Problematisch sei dies, wie verschiedene Studien belegten, weil Bilder definitiver seien als etwa das Wort, das eigene Umsetzungsarbeit verlange, die präsentierte Logik würde tendenziell als Realität verstanden (a.a.O., S. 14–17). Die Argumentation von Gudjons entspricht weitgehend jener in der Literatur der Umwelterziehung, seine Thesen werden aber differenzierter dargestellt und belegt.

Fend (1988) zeichnet ein tragischeres Bild der Probleme, die sich aus den Bedingungen des Aufwachsens in der heutigen Zeit ergeben. Er bedauert wie Gudjons den zunehmenden Rückgang von Erfahrungen, die auf Konsequenzen des eigenen Handelns beruhen. Diese fehlende Erfahrung von selbstverantwortlichem Zusammenleben – Kinder erlebten nur noch selten, dass sie zu etwas tauglich seien – wirke sich z.B. besonders bei den sieben Millionen Jugendlichen in Westeuropa konfliktfördernd aus, die 1987 arbeitslos waren. Sie hätten die Erfahrung gemacht, dass sie gesellschaftlich unnütz seien und dass sie nicht für ihren eigenen Lebensunterhalt sorgen könnten. Es werde damit sowohl die Erfahrung der Selbstverantwortlichkeit geschwächt als auch die Möglichkeit untergraben, Erfahrungen sozialer Nützlichkeit zu machen. Die moralische Zerstörung, die damit verbunden sein könne, sei wohl kaum unterschätzbar (a.a.O., S. 38). Dieses Argument Fends könnte zur Legitimierung eines handlungsorientierten Unterrichts, wie er in der Umwelterziehung angestrebt wird, herangezogen werden.

Schule erhält sowohl bei Gudjons wie auch bei Fend eine bemerkenswerte Aufgabe zugewiesen: Sie soll gesellschaftlichen Tendenzen entgegenwirken; Grundfähigkeiten wie Verantwortungtragen gegenüber der Gesellschaft, soziale Integration aller Bevölkerungsgruppen, Arbeit an aktuellen Problemen etc. im Unterricht üben und so einer Konsumkultur, die auf sekundärer Erfahrungen aufbaue, entgegenwirken: "Wenn die Schule dieser Entwicklung nicht hilflos gegenüberstehen will, muss sie ein korrigierendes, ergänzendes Gegengewicht setzen (...): *statt Sekundärerfahrungen – unmittelbare Erfahrungen* (mit allen Sinnen), *statt Konsumorientierung – Eigentätigkeit und selbstverantwortliches Handeln"* (Gudjons 1987, S. 9). Wir denken, dass die Schule Gegengewichte setzen kann und soll; an Gudjons Argumentation stört ihre Absolutheit. Wann welche Erfahrung angebracht wäre, müsste im Lehrplan konkretisiert oder von der Lehrkraft abgeklärt werden.

2. Schulpädagogische Begründung

Die Schule befindet sich nach Gudjons (1987) in einer Sinnkrise: Die Zukunft sei unsicher, die Schule verliere eines ihrer wichtigen Ziele: Sie könne nicht mehr auf eine gesicherte (Berufs-)Zukunft hinarbeiten. Die Krise der Schule sei heute nicht primär verursacht durch Autoritätskonflikte oder den Kampf um Freiheit oder Demokratisierung (wie es noch für die beginnende Bildungsreform nach der 68er-Bewegung kennzeichnend gewesen sei), sondern "eine

Krise fehlender zukunftsrelevanter Handlungsperspektiven und damit des Sinns der Schule" (a.a.O., S. 17f.). Handlungsorientierter Unterricht habe hier anzusetzen, um die Diskrepanz zwischen Zukunftsorientiertheit und Unmittelbarkeit von Erfahrungen in der Gegenwart zu überwinden, die Schule habe Aktivität, Spontaneität, Lebendigkeit durch Auseinandersetzung mit Erfahrung und Gegenwart zu ermöglichen. Schule könne so für die Heranwachsenden motivierender sein und legitimiere sich vor einer unsicheren, immer bedrohteren und gefährdeteren Zukunft der Gesellschaft (ebd.). Dieser Punkt entspricht der Argumentation in der Umwelterziehung.

Eine weitere Begründung für die Wichtigkeit von handelndem, Verantwortung förderndem Unterricht gibt Fend (1988, S. 30): Jugendliche sitzen immer länger auf der Schulbank, aber auch unter Altersgleichen und in der Familie werde die Umwelt zunehmend pädagogisiert, was "die sukzessive Einübung in verantwortliches Handeln und die Erfahrung des eigenen Wertes auf der Grundlage der sichtbaren Nützlichkeit" erschwere. Die Schule müsse deshalb Lebensräume anbieten, die für reife und verantwortungsbewusste Persönlichkeiten unerlässlich seien. Das Problem bestehe allerdings darin, "dass die *Erfahrungsbereiche, die für persönliche und soziale Reifungsprozesse unerlässlich sind, genauer benannt* und den tatsächlichen Edukatopen in Schule, Familie und Gesellschaft" gegenüberzustellen seien (a.a.O., S. 32). Fend erwähnt konkrete Beispiele, die den umwelterzieherischen Vorstellungen von handlungsorientiertem Unterricht nahe kommen wie Tätigkeiten, die Selbsttätigkeit und soziale Verantwortung erfordern, Arbeitserfahrungen oder Erfahrungen mit ernsthaften Tätigkeiten in der grösseren lokalen Gemeinschaft. Auf die Umwelterziehung übertragen, könnte diese Forderung die vermehrte Auseinandersetzung mit Menschen, die im Umweltbereich tätig sind oder die von Umweltbelastungen betroffen sind, bedeuten.

Braun (1983) misst der Schule, die eine Lebensform darstellt, bezogen auf Handlungserfahrungen besondere Bedeutung bei: "Besonders nachhaltig wirken sich Handlungserfahrungen in der Schule aus: Versuchspersonen mit entsprechenden Qualifikationen erreichten durchgängig höhere Messresultate. Auch politisches Interesse trägt (...) zu einer stärkeren Bewusstseinsbildung bei" (a.a.O., S. 37). Die Politisierung des Umweltproblems sei nicht ganz einfach, denn "solange sich aber die Umweltzerstörung nur schleichend und z.T. mit kaum erkennbaren Wirkungen für den Einzelnen vollzieht, stellt sich allzu leicht ein Gefühl relativer Sicherheit ein, das sich entpolitisierend auswirkt" (a.a.O., S. 44). Der Konfrontation mit Situationen aus dem Alltag misst Braun deshalb grosse Bedeutung zu: "Aufschlussreich ist es, dass Handlungserfahrungen in der Schule von grossem Einfluss auf die Variablen des aktualen Handelns sind. Die persönliche Konfrontation mit Verantwortlichen und

Betroffenen sowie die dabei erfahrene starke Ich-Beteiligung fördern offensichtlich aktuales Handeln" (a.a.O., S. 44f.; vgl. 4.2.1.).

3. Kognitionspsychologisches Ziel von handelndem Unterricht: Neue Handlungsschemata aufbauen

Gudjons (1987) zitiert Witzenbacher, wonach wir 20% vom Gehörten, 30% vom Gesehenen, aber 80% vom selber Gesagten und 90% vom selber Getanen behalten. Diese Zahlen mögen den Stellenwert des Handelns für unser Denken unterstreichen. Gudjons unterlässt es aber an jener Stelle, auf die Grenzen dieser Aussage hinzuweisen, kann doch nur ein Teil des Wissens etwa in der Literatur oder in den Naturwissenschaften (z.b. Gentechnologie, Elementarteilchenphysik) handelnd aufgebaut werden. Ein handelnder Nachvollzug, etwa in Rollenspielen, wäre manchmal möglich, jedoch mit grossem zeitlichem Aufwand verbunden. Deshalb unterstreicht Gudjons (1987), dass der handlungsorientierte Unterricht trotz seiner unbestrittenen Vorteile weiterhin auf sein Gegenstück, den systematisch aufgebauten Unterricht angewiesen sei. Viele Fähigkeiten und Fertigkeiten seien handlungsorientiert kaum vermittelbar und deshalb schrittweise aufzubauen. In diesen Fällen solle das Lernen aus dem Leben herausgenommen werden und pädagogisch-didaktisch geordnet den Schülerinnen und Schülern gelehrt werden (a.a.O., S. 11).

Im wenig systematischen Aufbau von Wissen, Fähigkeiten und Fertigkeiten sehen wir das zentrale Problem der Umwelterziehung, allerdings nicht als Gegenstück, sondern als unverzichtbaren Bestandteil eines handlungsorientierten Unterrichts. Gudjons unterliegt hier dem Irrtum, den auch viele Umwelterzieherinnen und -erzieher begehen, wenn er dem systematischen den handlungsorientierten Unterricht gegenüberstellt und nicht den einen Ansatz grundsätzlich in den Dienst des andern stellt. Denn handlungsorientierter Unterricht soll letztlich immer auch dem Aufbau von systematisch definierten Kompetenzen dienen. Diese Verknüpfung ist keine theoretische Konstruktion, sondern ist auf der Basis eines Verständnisses von Handeln als zielgerichtetes Tun weitgehend gegeben, wie der nächste Abschnitt zeigen wird.

Wir haben darauf hingewiesen, dass Denken aus dem Handeln hervorgeht (vgl. 5.4.2.). Aebli betont in diesem Zusammenhang, dass es wichtig sei, Begriffe be-greifend aufzubauen, und stellt den handlungsorientierten Unterricht pragmatisch in den Dienst von aufzubauenden neuen Denkschemata. Er liefert zudem eine psychologische Begründung für den handelnden Unterricht: "Ein Handlungsschema kann auf neue Situationen und Gegenstände übertragen (angewendet, transferiert) werden (...). Man kann auch sagen: Ein Handlungsschema enthält Leerstellen, in die verschiedene Elemente oder Argumente eingesetzt werden können" (a.a.O., S. 90). Gegenstände können in einem so konstruierten Handlungsschema ausgetauscht werden. Will die Umwelterziehung dauerhafte Handlungsschemata aufbauen, so muss sie wichtige Handlungselemente definieren und auch entsprechend gewichten. Umwelterziehung beachtet in der Regel kognitionspsychologische Argumente wenig, sondern stützt sich allenfalls auf handlungstheoretische Erkenntnisse, was zu bedauern ist. Obwohl handlungsorientierter Unterricht gewichtige Vorteile mit sich bringen kann, wird laut Eulefeld et al. (1988) in den Schulen nur 15% handlungsorientiert, der Rest verbal, abstrakt, kognitiv unterrichtet (vgl. 6.3.). Aufgrund der gleichen grossangelegten Studie zur Umwelterziehung in neun Bundesländern stellt Eulefeld (1991, S. 14) fest, dass an 64% der Schulen keine didaktischen Anleitungen für eine handlungsorientierte Umwelterziehung vorhanden sind.

6.4. Handlungsorientierung in der Praxis

Ausgangspunkt der anschliessenden Überlegungen ist der Anspruch der Umwelterziehung, Handlungskompetenz aufzubauen. Wir haben die These formuliert, dass Umwelterziehungsprojekte diese Kompetenz wenig erfolgreich fördern, weil sie auf eine kognitive Verankerung der Handlungsprozesse weitgehend verzichten und so kaum Denkschemata und Handlungswissen aufbauen (vgl. 1.2.1.), die auch handlungsrelevant sein könnten. Als entscheidende Faktoren haben wir die Ähnlichkeit von Funktion, Ziel und Struktur von Handlungen und Denken genannt (6.3.).

Nach einem Einblick in die didaktischen Ideen in den evaluierten Unterrichtsmaterialien diskutieren wir basierend auf den Evaluationsergebnissen zwei Fragen des handlungsorientierten Ansatzes: Werden erstens Lehrkräften durch die Unterrichtsmaterialien Instrumente zur Verfügung gestellt, mit denen bei Schülerinnen und Schülern im Bereiche der Raumplanung Handlungskompetenz aufgebaut werden könnte (6.4.1.)? Und zweitens, welche Handlungsziele verfolgen Schülerinnen und Schüler mit ihren Aktivitäten? Werden insbesondere neue Handlungsstrukturen bewusst gemacht (6.4.3.)?

Wir konzentrieren uns hier exemplarisch auf den Aspekt "Aufbau von Denkschemata, die Handlungskompetenz fördern könnten". Der Aspekt "schülerzentrierte Arbeitsformen" sowie eine Übersicht zu weiteren Merkmalen des handlungs- und schülerorientierten Unterrichts werden im Abschnitt 7.9. erörtert. Es soll aufgezeigt werden, dass konventionelle Vorstellungen von Umwelterziehung verändert werden müssten, wenn sie sich in der Institution Schule etablieren wollen. Eine gründliche Analyse sei dringend nötig, meinen auch Eulefeld et al. (1981), wenn sie schreiben, dass "unreflektiertes Erleben oder naive Aktionsbereitschaft (...) nicht als Hauptziele des Ökologieunterrichts Bestand haben" können (a.a.O., S. 76).

6.4.1.   Methodische Vorstellungen im Projekt "Nutzungskonflikte und
         Siedlungsplanung"

Widmer und Keist (1990) stützen sich für ihr Konzept auf den bernischen
Lehrplan und versuchten mit Lehrplanbezügen aufzuzeigen, dass ein Unterricht
mit dem vorliegenden Arbeitsmittel im Rahmen des bestehenden Lehrplanes
möglich sei (a.a.O., Teil B, S. 1). Es wird argumentiert, dass nicht nur die
handlungsorientierte Auseinandersetzung mit dem Thema möglich sei, nein, sie
zwinge sich geradezu auf, wenn die mündigkeitsfördernden Faktoren Selbst-,
Sozial- und Sachkompetenz gestärkt werden sollen. Unter innovativen Methoden verstehen die Autoren Schülerzentrierung, Handlungsorientierung, Situationsorientierung und fächerübergreifenden Unterricht.
Das methodisch-didaktische Credo des Projekts "Nutzungskonflikte und Siedlungsplanung" wurde wie folgt festgelegt: "Umwelterziehung ist ein Unterrichtsprinzip, das fächerübergreifend wirken muss. Entscheidend ist nicht nur
das bearbeitete Thema (z.B. Abfall, Luftverschmutzung etc.), als vielmehr die
Art und Weise, mit der diese Bearbeitung geschieht. Das Projekt Nutzungskonflikte und Siedlungsplanung versucht, eine handlungs-, situations- und
schülerorientierte Bearbeitungsform am Beispiel eines brennenden Umweltthemas zu fördern und deren Wirkung zu evaluieren" (a.a.O., Teil C1, S. 2).
Umwelterziehung wird hier zum unverzichtbaren, fächerübergreifenden Unterrichtsprinzip erhoben und mit bestimmten methodisch-didaktischen Vorstellungen verknüpft: "Die Unterlagen sollen (...) nicht in erster Linie einer
abschliessenden Behandlung eines raumplanerischen Themas, als vielmehr der
Förderung eines schülerzentrierten und situationsorientierten Unterrichts
dienen", und weiter unten schreiben die Autoren, "dass die vorgelegten Beispiele möglichst viele konkrete Elemente eines Ideentopfs bilden, aus dem
gemäss der Situation in der eigenen Schulumgebung eigene Arbeitsaufträge für
Feldarbeit und Projekte geschöpft werden können" (a.a.O., S. 1).
In der Einladung der Projektleitung zu den Einführungskursen über Unterrichtsmaterialien hiess es: "Das Projekt liefert einen Beitrag zur Förderung der
handlungsorientierten Umwelterziehung und der für dieses Unterrichtsprinzip
wichtigen projektartigen Unterrichtsformen." Die Unterrichtsmaterialien zum
Thema "Nutzungskonflkte und Siedlungsplanung" verstehen sich als Anleitung
zur Projektmethode, letztlich mit dem Ziel, im Bereiche der Raumplanung
einen Beitrag zur Erziehung mündiger Menschen zu liefern. Damit ist die
Erwartung verknüpft, ein exemplarisches Beispiel könne Umweltverhalten
beeinflussen.

Das didaktische Konzept der Unterrichtsmaterialien wird so eingeleitet: "Der NUK-Führer soll als Grundlage für die handlungsorientierte Bearbeitung von Fragen der Raumplanung im Unterricht dienen. Handlungsorientierung heisst dabei:
– den Schülern die Möglichkeit zum eigenen Handeln im Unterricht geben,
– den Schülern eine Kompetenz zum eigenen Handeln im Alltag vermitteln. Diese Zielsetzung entspricht den im Rahmen des Lehrplans vorgegebenen allgemeinen Leitlinien. Ziel einer handlungsorientierten Unterrichtseinheit Nutzungskonflikte und Siedlungsplanung kann nicht nur die Sachkompetenz in Raumplanungsfragen sein, sondern vielmehr auch die Förderung einer Sozial- und Selbstkompetenz der Schüler. Es ist deshalb ebenso wichtig, dass die Schüler selbständig draussen an einem Nutzungskonfliktbeispiel arbeiten und recherchieren dürfen, wie dass sie eine annähernde Übersicht über die komplexe Thematik eines ausgewählten Konfliktes erhalten. Es gilt Fähigkeiten zu entwickeln wie: Beobachten, Vergleichen, Schlüsse ziehen, Übertragen etc." (a.a.O., Teil C, S. 1). Weitere Angaben zur Handlungsorientierung fehlen in den Unterrichtsmaterialien.

An anderer Stelle, am Symposium zum Thema "Ist Ökologie lehrbar?" stellte Widmer (1989) sein Verständnis von Handlungsorientierung in drei Thesen differenzierter dar: "Umwelterziehung muss handlungsorientiert sein. Sie braucht Handlungsanlässe, Lern- und Erfahrungsorte. Sie muss in die alltägliche Umwelt eingebettet sein" (a.a.O., S. 147). Widmer erläutert seine These wie folgt: "Handlungsorientiert heisst für mich einerseits, auf eine Handlungskompetenz und -bereitschaft hinführen, andererseits hat Handeln aber auch eine eigene Dimension: draussen etwas gefühlsmässig erleben oder in einem Prozess kreativ herstellen" (a.a.O., S. 148). In einer zweiten These beklagt Widmer, dass auf höheren Schulstufen der Handlungsorientierung mehr Hindernisse in den Weg gestellt würden als auf der Volksschulstufe. Ursache sei der 45-Minutentakt der Schulstunden und das Fachlehrersystem. Das führe zu einer "Massierung der Widerstände im organisatorischen Bereich" (a.a.O., S. 149, 152). Diese These enthält eine Schulkritik, die dem umwelterzieherischen Common sense entspricht (vgl. 3.4.1.). Drittens behauptet Widmer: "Die heutige Schule kann die Anforderungen einer handlungsorientierten Umwelterziehung nicht erfüllen" (a.a.O., S. 153). Das liege nicht nur an einer Überforderung der Lehrerinnen und Lehrer, sondern vor allem an der ganzen Institution Schule, die das Bild der Lehrkraft als Einzelkämpfer begünstige. Wir versuchen an dieser Stelle, die gegenteilige These zu belegen: Vorgaben einer handlungsorientierten Umwelterziehung können der Institution Schule oft nicht gerecht werden, weil der Begriff Handlungsorientierung disparat umschrieben, wenig überzeugend definiert und wenig konkretisiert wird.

Soviel zu Widmers Thesen zur Handlungsorientierung. Dass seine beiden letzten Thesen nicht den Erfahrungen der projektbeteiligten Lehrerinnen und Lehrer entsprachen, haben wir im zweiten Kapitel dargestellt (vgl. 2.3.). Einmal mehr wird hier der Mythos von der unfähigen Schule, die Umwelterziehung verhindere, zelebriert (vgl. 3.4.1.). Mit dieser Kritik an der Schule und mit der Forderung nach einer sich am Alltag orientierenden Umwelterziehung werden Postulate der Reformpädagogik aufgenommen, aber in der Literatur zur Umwelterziehung kaum als Bezugspunkt erwähnt. So werden schon in Deweys Projekten Probleme aus dem alltäglichen Leben bearbeitet. Interessant ist bei Deweys Konzept insbesondere, dass er sich auf die empirischen Wissenschaften als Vorbilder für das Handeln stützt und deshalb von klaren Vorgehensweisen im Arbeitsprozess ausgeht: Das Problem wird zuerst präzisiert, dann wird ein Lösungsansatz entworfen, die Lösung im nächsten Schritt simuliert und schliesslich experimentell überprüft. Mit dem zielgerechten, planvollen Arbeiten an der Aufgabe soll letztlich auch eine bestimmte innere Haltung der Schülerinnen und Schüler erzeugt werden (vgl. 7.4.). Auch im Projekt "Nutzungskonflikte und Siedlungsplanung" wird ein Verlauf einer Unterrichtseinheit skizziert, allerdings als didaktischer Vorschlag im Baukastensystem mit Elementen, die je nach Bedarf in irgendeiner Phase des Unterrichts eingebaut werden können (Widmer/Keist 1990, Teil B, S. 25).

Handlungsorientierung strebt nach Widmer et al. "eigenes Handeln im Unterricht" an, das auch "eine Kompetenz zum Handeln im Alltag vermitteln" sollte (Widmer et al. 1991, Teil C1, S. 2), was mit einer gezielten Förderung von Sach-, Sozial- und Selbstkompetenz erreicht werden soll. Die erste Forderung wurde im evaluierten Projekt in der Dimension "draussen etwas gefühlsmässig erleben" umgesetzt; ob das Ziel Handlungskompetenz und -bereitschaft erreicht wurde, bleibt zweifelhaft, und die Frage nach der Qualität dieses Handelns muss aufgeworfen werden: Welche Handlungskompetenzen haben Schülerinnen und Schüler im Umgang mit dem Thema erworben? Werden beim Lernen insbesondere Strukturen aufgebaut, die als Handlungsschemata weitere Handlungen beeinflussen könnten? Hier hätte die Umwelterziehung Konzeptarbeit zu leisten.

Ziele der Umwelterziehung sollen in der Regel in einem wenig deutlich formulierten Unterrichtsgang vom emotionalen Erleben zur umweltgerechten Handlungskompetenz führen. Auf einen gezielten, systematischen Aufbau von (Handlungs-)Wissen verzichten die Autoren bewusst, was sich als Fehler herausstellte. Aspekte der Zielorientierung sind Gegenstände der Kritik an den von uns untersuchten Unterrichtsmaterialien und für eine kritische Reflexion des handlungsorientierten Ansatzes in der Umwelterziehung allgemein.

6.4.2. Eignung der Unterrichtsmaterialien für die Umsetzung des handlungsorientierten Ansatzes

Das Konzept gibt vor, konkrete Hilfen für die zielorientierte Durchführung eines handlungsorientierten Unterrichts zur Verfügung zu stellen (vgl. 6.4.1.). Diese allgemeinen Zielsetzungen werden im didaktischen Konzept des dritten und umfangreichsten Teils der Unterrichtsmaterialien dargestellt. Widmer und Keist (1990a) wollen mit ihrem Konzept möglichst konkrete und situationsbezogene Arbeitsaufträge bereitstellen, die zu sichtbaren Resultaten führen sollen. Genannt werden Mitwirkungsverfahren in der Gemeinde, Heckenpflanzungen und Umgebungsgestaltung (a.a.O., Teil C, S. 3). Ein konkreter Anlass soll in einer dreiteiligen Unterrichtseinheit, bestehende aus Einführungsphase, Feldarbeit und Auswertung, erarbeitet werden.

Während der Einführungsphase soll das Konfliktpotential einer kritischen Situation bewusst werden; entsprechende Fragen und mögliche Antworten wären zu diskutieren. Aus einer Fülle von rund 40 Arbeitsaufträgen soll die Lehrperson jene auswählen, die den selbstgesetzten Zielen dienen könnten. Das bedinge, dass das Ziel, nicht aber das Resultat klar sei. In der Phase der Feldarbeit werden ausgewählte Arbeitsaufträge in etwa zwei Stunden bearbeitet. Arbeitstechniken werden nicht explizit vorausgesetzt, die Lehrperson soll die Schülerinnen und Schüler einzig zu einer sauberen Protokollführung anhalten. Schliesslich sollen die Partnerarbeiten in Gruppen und in der Klasse ausgewertet, unter der Leitung der Lehrkraft diskutiert und die Ergebnisse präsentiert werden (ebd.).
Die *wenig zusammenhängenden Aufträge* sollen ein individuelles Bild einer Region vermitteln, die von uns geforderte Transformation dieser Erlebnisse und Erfahrungen muss nicht stattfinden, und strukturbildende Lernprozesse werden vernachlässigt. Das Unterrichtskonzept wird an genau jener Stelle nicht zu Ende gedacht, wo der entscheidende Punkt der Unterrichtseinheit läge: in der kognitiven Aufarbeitung von Erlebnissen. Eine Chance der Aufbereitung böte das Planspiel, in dem Erfahrungen, die im Verlaufe der Feldarbeit gesammelt werden, zu Argumenten in einem demokratischen Entscheidungsprozess verdichtet werden könnten. Bezeichnenderweise wird aber vorgeschlagen, das Planspiel als Motivationselement vor die Feldarbeit zu stellen (a.a.O., Teil B, S. 25). In dieser Unterrichtsphase werden die wenigsten Schülerinnen und Schüler zu Problemen der Raumplanung begründet Stellung beziehen können. Das didaktische Konzept kann die Forderungen einer handlungsorientierten Umwelterziehung nicht erfüllen, weil es nur Schüleraktivitäten anregt. Mit dem Schema von Salzmann (vgl. 6.2.) veranschaulicht, bedeutet das: Die Unterrichtseinheit bleibt oft schon auf der zweiten Stufe, dem Beobachten,

stecken, oder sie lässt Stufen aus und konzentriert sich auf konkretes Tun. Im zweiten Fall müsste in der schulischen Umwelterziehung allerdings noch eine sechste, entscheidende Stufe angeschlossen werden: An Handlungserfahrungen, sei es ein Mitwirkungsverfahren oder die Gestaltung des Pausenplatzes, müsste eine Reflexion der Handlungen anschliessen mit dem Ziel, Handlungsprozesse zu strukturieren und in Handlungswissen zu überführen, damit bei ähnlichen Problemen Muster aufgegriffen und Transfers angestellt werden könnten. Ohne diesen weiterführenden Schritt könnte die Aktivität eine Eintagsfliege bleiben. Aus dem Fehlen jeglicher Strukturierungshilfen in den Unterrichtsmaterialien schliessen wir, dass das Kernstück eines handlungsorientierten Unterrichts, der Aufbau von Handlungswissen, nicht als wesentlich erachtet wird.

Eine Möglichkeit einer solchen Vertiefung wäre, wie erwähnt wurde, ein am Ende einer Unterrichtseinheit eingesetztes Planspiel. Lehrerinnen und Lehrer beurteilten das Planspiel realitätsnah und entsprechend komplex. Wir denken, dass das Planspiel, wie es ein Lehrer formulierte, "durch den lokalen Ansatz auf der Oberstufe zu einem gewissen Erfolg führen" könnte (vgl. Berchtold/Stauffer 1995, Anh., S. 123). Dass diese Chance nur in einem von neun evaluierten Projekten eingesetzt wurde, veranschaulicht die Problematik eines Planspiels zu komplexen Fragestellungen. Probleme werden in der Aufgabenstellung, Formulierung und Durchführung gesehen, die "eindeutig zu kompliziert, zu schwierig" seien. Grundbegriffe und Zusammenhänge fehlten den Schülerinnen und Schülern (Berchtold/Stauffer 1995, Anh., S. 124). Trotz dieser Bedenken erwartet eine Mehrzahl der Lehrerinnen und Lehrer ein positives Echo auf das Planspiel, vor allem, weil diese gerne spielten (vgl. Berchtold/ Stauffer 1995, Anh., S. 125; vgl. 2.3.2.2.).

Die Strukturierung von Lernprozessen setzt ein Erkennen von Zusammenhängen im Lerngegenstand voraus. Das Fehlen von fächerübergreifenden Bezügen und wenig relevante Lernziele werden von Lehrerinnen und Lehrern als Schwäche des Unterrichtsmittels betrachtet. In keiner der in der Praxis untersuchten neun Unterrichtssequenzen fand eine Vernetzung der Schüleraufträge statt. Als Gründe wurden genannt: zu wenig konkrete Hilfen für eine Vernetzung der Ergebnisse in den Unterrichtsmaterialien, ein exemplarisches Vernetzungsbeispiel fehle; der zeitliche Aufwand einer solchen Vernetzung sei zu gross; nach der Feldarbeit sei der Höhepunkt der Unterrichtseinheit überschritten, was zu Motivationsproblemen führe; Zusammenhänge würden auch ohne explizite Vernetzung erkannt. Die Auswertung der Arbeitsaufträge beschränkte sich auf Ausstellung und Vorträge zu Einzelthemen sowie auf einen Leserbrief (vgl. Berchtold/Stauffer 1995, Anh., S. 148f.). Die Aussagen stützen unsere Kritik, dass kaum bewusst Handlungsstrukturen aufgebaut wurden, die meisten Projekte haben nicht einmal Stufe drei in Salzmanns Schema, das

Klären von Zusammenhängen, erreicht. Wenn schon diese Stufe nicht erreicht wird, bleibt zu fragen, ob überhaupt überzeugende handlungsrelevante Denkschemata entstehen konnten (vgl. Berchtold/Stauffer 1995, Anh., S. 149f.). Trotzdem *wird auf eine intuitive Wirkung der Unterrichtseinheit vertraut*: Hervorgehoben werden in der Befragung der Lehrkräfte nach Abschluss des Unterrichts zur Raumplanung die bewusstere Wahrnehmung der Umgebung und die gute Motivation bei der Feldarbeit; überprüfbare Ergebnisse seien allerdings kaum feststellbar gewesen.

Die Evaluation bestätigte, dass das Projekt "Nutzungskonflikte und Siedlungsplanung" den Schülerinnen und Schülern den Zugang zur Raumplanung erleichterte, dass Schülerinnen und Schüler "draussen etwas gefühlsmässig erlebten" und eindrückliche Erfahrungen sammelten. Sie zeigte aber auch, dass neben der Erfahrung der zweite Aspekt einer Handlungsorientierung, der bewusste Aufbau von Handlungswissen, nicht überzeugend gelungen ist.

6.4.3. Eignung von Arbeitsblättern zur Umsetzung des handlungsorientierten Ansatzes

Im vorangegangenen Abschnitt wurde die Frage diskutiert, ob die Unterrichtsmaterialien didaktischen Ansprüchen an einen handlungsorientierten Unterricht genügten. Lehrerinnen und Lehrer verzichteten aus unterschiedlichen Gründen auf einen bewussten, systematischen Aufbau von Wissensstrukturen. Gleichzeitig wurden die Anregungen in den Unterrichtsmaterialien für eine handelnde Auseinandersetzung mit Lerngegenständen der Raumplanung vorwiegend positiv beurteilt. Es stellt sich die Frage: Was haben die Jugendlichen in der Feldarbeit gelernt? Was haben sie erlebt, erfahren, erforscht? Welche weiterführenden Lernprozesse könnten die Aktivitäten – in bezug auf die Raumplanung – ausgelöst haben? Die vermuteten Wirkungen aus der Sicht der Lehrpersonen wurden im letzten Abschnitt dargestellt, deshalb reflektieren wir ausschliesslich die Aktivitäten der Schülerinnen und Schüler bei der Feldarbeit. Die schmale Datenbasis – wir begleiteten nur vier Gruppen – lässt eine Verallgemeinerung der Beobachtungen nicht zu (vgl. 2.3.2.2.); wir verstehen sie als exemplarischen Hinweis auf Probleme, die sich bei der selbständigen Umsetzung von Arbeitsaufträgen ergeben können. Erstaunlich ist, dass wir in der Literatur zur Umwelterziehung keine Beobachtungsstudien über selbständig arbeitende Schülerinnen und Schüler finden konnten. Hier besteht Forschungsbedarf.

Wenn wir die wenigen zur Verfügung stehenden empirischen Daten interpretieren, führt selbst das Praktizieren problem-, situations- und handlungsorientierter Methoden nicht zu den in der Umwelterziehung erwünschten Effek-

ten. Zwei Beispiele mögen andeuten, dass methodische Postulate der Umwelterziehung nicht ohne weiteres in die Schulpraxis umzusetzen sind.
1. Beispiel: Eine Gruppe bestand aus drei Schülerinnen einer 7. Klasse. Sie bearbeiteten den Auftrag "Grünflächen und Erholungsräume" (Widmer/Keist 1990, Teil C, S. 24). Die drei zeichneten auf einem Plan die Grünflächen, Spielplätze und Ruhebänke mit den Farben Grün, Rot und Blau ein. Hier eine Sequenz aus dem Beobachtungsprotokoll:
"Wo müssen wir überhaupt durch?" "In der Nähe hat es kein Maisfeld. Das ist schade." "Wo ist die Wiesenstrasse?" (Die Mädchen schauen gemeinsam den Plan an und entdecken die Wiesenstrasse.) "Wer darf die Flächen anmalen?" "Ich." "Nein, ich." "Das ist lässig. So können wir selbständig werden und nicht erst, wenn das Thema abgeschlossen ist."
Etwas später: "Ist eine Schaukel eine Spielfläche?" "Ja, da kann man spielen" (Es entstehen Definitionsschwierigkeiten bei Begriffen, die im Auftrag erwähnt werden). "Haben wir diese Zone schon eingetragen?" "Zum Glück müssen wir die Blumen nicht noch anmalen" (Berchtold/Stauffer 1995, Anh., S. 184f.).
Die Frage, was die drei Schülerinnen bei ihrer Auftragsbearbeitung gelernt haben, ist schwer zu beantworten. Lernten sie die Notwendigkeit begrifflicher Abgrenzung kennen? Am Ende war ihre Karte grün eingefärbt; bedeutete das für sie, dass in ihrer Gemeinde für Kinder und Jugendliche genügend Grünflächen zur Verfügung stehen? Wurden sie zu "bodengerechtem Verhalten" angeregt?
2. Beispiel: In einem Schulprojekt beklagten sich Seminaristinnen darüber, dass sie in drei Fächern mit Gruppenarbeiten beschäftigt waren. Sie hätten den Eindruck, dass ihre Lehrerinnen und Lehrer gerne Projektarbeit betreiben würden, weil sie dann nichts vorbereiten müssten. Aus diesem Grunde waren die Seminaristinnen nicht sonderlich motiviert; intensives Interesse oder Begeisterung entstand in keiner Phase der Auftragsbearbeitung.
Das Gespräch mit einer Hausbewohnerin zeigte, dass Exkursionen und selbständige Schülerarbeiten nicht notwendigerweise mit Handlungsorientierung verbunden sein müssen: Die Gesprächsanteile der Seminaristinnen beschränkten sich auf einige Fragen; sie hörten dem Monolog von Frau S. zu, die mit der Sachlage bestens vertraut war und diese äusserst kompetent erläuterte. Es entstand der Eindruck, dass im Wohnzimmer eine "konventionelle Schulstunde" abgehalten wurde. Dies war auch dadurch bedingt, dass die Seminaristinnen ihre Fragen ohne inhaltliche Gliederung und Schwerpunkte stellten: Einmal ging es um die Waschmaschine, dann um die Behindertenfreundlichkeit der Siedlung, anschliessend um soziale Aktivitäten, Schulen und Tiefgarage. Über Ziele ihrer Befragung schienen die Seminaristinnen im unklaren zu sein (a.a.O., Anh., S. 192).

Als einen wesentlichen Problembereich des handlungsorientierten Ansatzes betrachten wir das *Fehlen von Arbeitstechniken*. Dass handlungsorientierter Unterricht solide Arbeitstechniken voraussetzt oder solche in der Folge der Auftragsbearbeitung zu entwickeln wären, wurde in beiden Projekten unterschätzt. Im ersten Beispiel bestanden weder Grundlagen im Umgang mit (einfachen) Bestimmungsbüchern und Ortsplänen, noch wurde begriffliche Klarheit verlangt oder geübt. Die Schülerinnen wurden sich unter Umständen bewusst, dass Definitionen von Begriffen wichtig sein könnten, aufgearbeitet wurden auftretende Probleme allerdings nicht. Auch im zweiten Projekt fehlten den Seminaristinnen elementare Techniken wie die Gestaltung von Interviewleitfäden. Zweifellos erlebten die Schülerinnen gruppendynamische Prozesse wie Kompromisse aushandeln. Diese Prozesse sind wertvoller Bestandteil des Unterrichts, wenn sie reflektiert werden. Wenn aber die Ergebnisse wegen mangelnder arbeitstechnischer Kenntnisse wenig aussagekräftig oder gar beliebig werden (a.a.O., Anh., S. 183f.), dann kann ein handlungsorientierter Unterricht nicht befriedigen.

6.4.5. Zusammenfassende Überlegungen

Die Evaluation hat gezeigt, dass ein handlungsorientierter Unterricht in den heutigen Schulstrukturen durchgeführt werden kann. Der Ansatz könnte Schülerinnen und Schüler unter anderem von rezeptiven Mustern lösen, eigene Erfahrungen ermöglichen und gruppendynamische Prozesse auslösen. Die Erfüllung der einen Zielsetzung des Projekts "Nutzungskonflikte und Siedlungsplanung", die Förderung von Sozial- und Selbstkompetenz, ist schwierig nachweisbar und wurde von uns nicht näher evaluiert, aber von den Lehrpersonen weitgehend positiv beurteilt. Inwieweit diese Kompetenzen sachbezogen erweitert werden konnten, wäre abzuklären.

Nach der Arbeit mit dem Unterrichtsmittel müssten Lernfortschritte von Schülerinnen und Schülern wie auch der Lehrpersonen überprüfbar sein (vgl. 6.4.2.). Gerade das untersuchte Projekt weist in diesem Punkt ein beträchtliches Defizit auf, basiert es doch auf einer eher intuitiven Pädagogik der Autoren und ist deshalb von Lehrpersonen nur schwer nachvollziehbar.

Das von der Umwelterziehung geforderte Prinzip der Handlungsorientierung kann sich nur dann wirkungsvoll entfalten, wenn es eingebettet ist in einen systematisch aufgebauten Lehrgang. Handlungsorientierter Unterricht hat in der heutigen Schulstruktur durchaus seinen Platz und sollte gefördert werden (vgl. 6.3.5.). Dies kann jedoch erst dann effizient geschehen, wenn theoretische Grundlagen eines handlungsorientierten Unterrichts gelegt worden sind und ein entsprechendes überzeugendes Konzept vorliegt. Umwelterziehung wird sich in Unterrichtsmaterialien nur dann durchsetzen können, wenn sich Unterrichtsmaterialien vermehrt an wissenschaftlichen Theorien und empirischer Forschung orientieren und die Intentionen eines Projekts interessierten Lehrpersonen verständlich gemacht werden können.

6.5. Bedingungen für einen handlungsorientierten Unterricht in der Umwelterziehung

Umwelterziehung kann mit guten Argumenten mehr Handlungsorientierung im Unterricht fordern, um den Handlungsbegriff selbst kümmert sie sich zu wenig. Das ist insofern nicht erstaunlich, als die Handlungsforschung wie die Umwelterziehung erst in jüngerer Zeit vermehrt beachtet wird (vgl. Werbik 1979, S. 7; Zinnecker et al. 1975, S. 8). Das enthebt die Umwelterziehung allerdings nicht von der Verpflichtung, sich in ihrer zentralen Forderung nach handlungsorientiertem Unterricht vermehrt an Handlungstheorien und empirischen Befunden zu orientieren und diese in die Unterrichtsorganisation einfliessen zu lassen.

Handlungsorientierter Unterricht bietet eine Chance, Jugendlichen die Umwelt und ihre Aufgaben in dieser Umwelt verständlicher zu machen, indem sie anhand aktueller Probleme aktiv werden und für ihr Handeln Verantwortung tragen. Auf diese Weise würde die Schule ihre Berechtigung in einer Gesellschaft verstärken, indem sie verschiedene Verhaltensweisen thematisieren, Erfahrungen kognitiv verarbeiten, Handlungsmöglichkeiten aufzeigen lässt und Handlungswissen aufbaute. Nipkow spricht treffend von einer "Sinnstiftung durch Gegenwartserfüllung", die sich aber nicht nur auf die materielle Welt erstreckt. Schliesslich kann der handlungsorientierte Ansatz auch noch positive Auswirkungen auf die Leistungen von Lernenden haben (vgl. 6.3.5.).

Die kritischen Aspekte einer handlungsorientierten Umwelterziehung in der Schule liegen im Handeln als Basis und Ausgangspunkt für das Denken, die aus aktivem Lernen Bildung machen könnte. Der Titel von Aeblis Buch "Denken – das Ordnen des Tuns" (1980) trifft diese Vorstellung von handlungsorientiertem Unterricht. Aebli beschreibt den Zusammenhang von Handeln und Denken wie folgt: "Wenn das Denken aus dem Handeln hervorgeht, muss schon dieses wesentliche Züge des Denkens enthalten. Wir sehen sie in einer gemeinsamen Funktion, einer gemeinsamen Zielsetzung und in Gemeinsamkeiten der Struktur. Die gemeinsame Funktion ist die Stiftung von Beziehungen zwischen vorgefundenen und laufend erzeugten Elementen" (a.a.O., S. 13). Auf die Umwelterziehung übertragen, hiesse das, der handelnde Unterricht müsste jenen Funktionen, Zielen und Strukturen folgen, die in einer späteren Phase des Unterrichts in strukturiertes, zielgeleitetes Denken umgesetzt werden könnten. Folgt der handelnde Unterricht jedoch wenig zielgerichteten, von Gefühlen dominierten zufälligen Erlebnissen, so sind diese zwar nicht wertlos, jedoch nur schwer in Denkschemata (und damit in Handlungswissen) überführbar, die gleichzeitig dauerhaft und beweglich sein sollten und später von Schülerinnen und Schülern für eine überzeugende Argumentation gebraucht werden könnten. An die Stelle von fundiertem und strukturiertem (Handlungs-)Wissen könnte Halbwissen und Intuition treten. Die Schule kann nicht auf den gezielten Aufbau von Handlungsschemata und von kognitiven Strukturen verzichten. Denk- und Handlungsstrukturen können ferner nicht nur durch Handeln und Anschauung aufgebaut werden, sondern auch das Resultat von kognitiven Prozessen selbst sein. Oelkers (1989c, S. 67) gibt zu bedenken, dass Anschauung seit Grafe (1845) nicht mehr der Königsweg des Unterrichtens sei, sondern nur noch Grundlage. Dazu kämen Vorstellungen und Begriffe.

Vom handlungsorientierten Ansatz verspricht sich die Umwelterziehung auch eine Intensivierung des Lernprozesses, weil handlungsorientiertes Lernen Interesse wecken und Aufmerksamkeit besser mobilisieren könne. Oelkers (a.a.O., S. 203) weist auf einen Widerspruch in dieser scheinbar einleuchtenden Argumentation hin. Er gibt zu bedenken, dass mit verbesserten Methoden, vor allem durch mehr Selbsttätigkeit, letztlich Schule intensiviert werden soll. Er fragt sich, ob eine Intensivierung nicht eine Überforderung für die Schülerinnen und Schüler darstelle und jenen Forderungen widerspreche, die einen Abbau der Belastung der Schülerinnen und Schüler verlangen. Umwelterzieherinnen und -erzieher würden wohl entgegnen, dem könne mit exemplarischem Unterricht, wie er etwa von Wagenschein (1991, vgl. 5.4.) gefordert wird, begegnet werden. Ein exemplarisches Handlungsprodukt könnte als Eintagsfliege erscheinen, wenn die für den Bildungsprozess typische Reflexion, das Bewusstwerden und die Sicherung der Ergebnisse, nicht geleistet wird (vgl. Frey 1993, S. 23–25). Die Umwelterziehung muss sich vermehrt mit Kritik am Aktivismus auseinandersetzen. Sie müsste erklären, wo der Unterschied zwischen alltäglichem Handeln im Umweltbereich und schulischer Umwelterziehung liegt.

Es fehlt nicht an pädagogischen Argumenten für einen handlungsorientierten Unterricht, was nicht bedeutet, dass dieser Ansatz zum einzigen Prinzip des Unterrichts werden müsste – handlungsorientierter Unterricht ist eine anspruchsvolle Methode, die gut geplant, eingeführt, durchgeführt und ausgewertet sein will; deshalb bedarf sie reflektierter Inhalte, die zunächst ausgewählt und gewichtet werden sollten (vgl. Kap. 4.). Wir denken, dass handlungsorientierter Unterricht (wie er bisher in der Umwelterziehung verstanden wurde) und "intuitive Pädagogik" eine schwache Basis für schulische Umwelterziehung bilden.

Die methodischen Konzepte der Umwelterziehung müssten transparenter und theoretisch elaborierter werden und sich an pädagogischen Zielen orientieren. Von dieser Grundlage aus wäre(n) handlungsorientierte Umwelterziehung zu konkretisieren und Kernfragen zu stellen wie: Welche Bedeutung hat umweltgerechtes Handeln für Schülerinnen und Schüler? Welche Handlungsspielräume bietet handlungsorientierte und schülerzentrierte Arbeit? Wann und wo wären kognitive Methoden einzusetzen? Kriterien für eine Auswahl könnten folgende Stichworte liefern: schülerrelevante Themen; Themen, die nicht ohnehin im Bewusstsein verankert sind; Reifungsprozesse in der Auseinandersetzung mit dem Thema; überdauernde Wirkung der Resultate – nach Abschluss der Aktivität sollte das selbstverantwortliche Handeln immer wieder reflektiert werden können; Verknüpfung von Erleben, Handeln und Strukturierung von Planung und Reflexion sowie Sicherung der entsprechenden Ergebnisse. Schliesslich müsste sich handlungsorientierte Umwelterziehung auch ihrer Grenzen bewusst werden: Keller (1991, S. 92) legt dar, dass Individuen nur unter beträchtlichen Schwierigkeiten beurteilen können, wie ein komplexes System auf verschiedene Eingriffe reagiert. Deswegen komme es zu einer Überforderung, weil kaum noch überschaut werden könne, welche positiven und negativen Folgen und Risiken Handeln mit sich bringe. Dies gilt vor allem bei komplexen Umweltphänomenen, die wenig im Bewusstsein der Schülerinnen und Schüler verankert sind – wie etwa der Raumplanung. Solche Themen lassen sich in geringerem Masse handlungsorientiert bearbeiten als zum Beispiel das Thema Abfall, mit dem Schülerinnen und Schüler täglich konfrontiert werden. Differenzierungen des handlungsorientierten Ansatzes nach Thema, Alter und Schulstufe sind notwendig.

Möglichkeiten des praktischen Handelns finden sich in erster Linie auf der lokalen Ebene. Globale Umweltprobleme müssten aber vorwiegend kognitiv bearbeitet werden, was im Slogan "lokal handeln – global denken" zum Ausdruck kommt. Eine lokal beschränkte Umwelterziehung würde globale Themen aus den Augen verlieren.

7.   Projektunterricht als Ideal? Ein historischer Vergleich

Der Begriff Projekt steht schon zu Beginn dieses Jahrhunderts als eigentliches Zauberwort für Schulreformen. Die Schule wird auch heute oft als Projekt, in dem demokratische Regeln erfahren werden, verstanden (vgl. von Hentig 1987, S. 50–54). Die Richtung dieser Schule kann mit Erziehungszielen wie Emanzipation, rücksichtsvollem Umgang mit Menschen und Umwelt, Selbstbestimmung, Kommunikationsfähigkeit oder den methodischen Schlagworten Projekt, Handlungsorientierung, Schülerzentrierung umschrieben werden. In diesem Kapitel werden einige Stationen in der Entwicklung des Projektbegriffs erörtert, verknüpft mit der Aufforderung, mit dem Begriff sparsamer und differenzierter umzugehen. So lässt sich eine *Privilegierung der Projektmethode in der Umwelterziehung nur in einigen Fällen begründen*, der Begriff stellt oft nicht viel mehr als ein populäres Schlagwort dar.

So wie sich die Handlungsorientierung als Unterrichtsprinzip in allen Entwürfen der Umwelterziehung wiederholt (vgl. 6.1.), so wird auch die Projektmethode als das ideale, wenn auch nicht einzige Mittel zur Verwirklichung umwelterzieherischer Forderungen angesehen. Ausgehend von den verschiedenen Hoffnungen, die mit dieser Methode verknüpft werden (7.1.), fragen wir, was denn diese Methode so attraktiv machen könnte. Es scheint die grenzenlose Freiheit zu sein, die diese Methode verspricht (7.2.). Es ist eine Freiheit, die in elaborierten Konzepten, etwa bei Dewey (7.4.), nicht gegeben ist und die, so wird eine unserer Folgerungen sein, für die Umwelterziehung wenig fruchtbar ist und, so eine These, mit dazu beigetragen haben könnte, dass die Umwelterziehung in der Schule kaum Fuss gefasst hat (7.9.). Nach einem Überblick zur Entwicklung der Projektidee seit 1879 (7.3.) bilden die beiden Projektkonzepte von Dewey (7.4.) und Frey (7.7.) die Schwerpunkte. Während bei Dewey der pragmatische Anspruch auf eine direkte Mitgestaltung der (sozialen) Umwelt persönlichkeitsbildende Prozesse unterstützen soll, messen neuere Konzepte wie das von Frey der Kommunikation und gruppendynamischen Prozessen zentrale Bedeutung bei. Die Wende in der Bedeutung des Projektbegriffs lässt sich bei Kilpatrick lokalisieren (7.5.), der Projekte zum Unterrichtsprinzip erhob und in diesem Verständnis von der Umwelterziehung weitgehend übernommen wird (7.6.). Die Evaluation des Projekts "Nutzungskonflikte und Siedlungsplanung" legte den Schluss nahe, dass dieses Umwelterziehungsprojekt weder die ursprünglich von Dewey intendierten Qualitäten der Projektmethode noch jene Freys erfüllt, der mit der Projektmethode eine Neuorientierung in der heutigen Bildungslandschaft anstrebt (7.8.).
Zum Argumentationsgang: Sowohl Dewey als Vertreter einer ursprünglichen, pragmatisch ausgerichteten Projektmethode wie auch Frey als Vertreter einer

modernen Projektauffassung bauen ihre pädagogischen Leitideen in eine Zeit, die von ihnen als sich rasch verändernd erlebt wird. Beide wollen die Qualität von Erfahrung vertiefen, entwickeln jedoch zwei verschiedene methodisch-didaktische Projektkonzepte. Die beiden Konzepte von Dewey und Frey betrachten wir als wichtige Bausteine in der Entwicklungsgeschichte der Projekt-methode und ergänzen sie mit Kilpatricks Ansatz, der sich besonders intensiv auf die Umwelterziehung ausgewirkt haben dürfte.

Der historische Vergleich wird aus zwei Gründen angestellt: Erstens *arbeiten Umwelterziehungskonzepte historische Erfahrungen selten auf*, Postulate aus der Reformpädagogik werden kaum reflektiert, und die Möglichkeiten dieser auch heute noch aktuellen reformpädagogischen Konzepte werden nicht aus-geschöpft (vgl. 3.4.1.; 7.8.). Und zweitens *zeichnet sich in jüngster Zeit ein Trend vom Projektunterricht zum Projektlernen ab*. Die Änderung in der Wortwahl könnte beträchtliche Auswirkungen auf die Gestaltung des Lernens haben. Die pädagogischen Aufgaben und mit ihnen die methodischen Schwer-punkte haben sich hin zu "inneren Werten der Schule" verschoben, was sich beispielsweise in einer *verstärkten Gewichtung gruppendynamischer Prozesse* ausdrückt. In der Methodik zum Projektlernen zeichnet sich ein Wandel ab von produktorientierten und/oder pragmatisch-politisch motivierten Projektmodel-len (vgl. Bolscho et al. 1980; Eulefeld et al. 1981) hin zu Konzepten mit kommunikativen Schwerpunkten. Die Abkehr von pragmatisch-politischen Modellen lässt sich auch in der Umwelterziehung feststellen (7.1. und 7.7.).

In den achtziger Jahren erscheinen Umwelterziehungsprojekte, die auf sinn-liche Sensibilisierung ausgerichtet sind (z.b. Pfaffrath und Wehnert 1982, Zimmermann 1989, Cornell 1990 und 1993), in letzter Zeit tauchen vermehrt wissensorientierte Lehrmittel auf, die sich ebenfalls der Projektmethode verschreiben (z.B. Matthey et al. 1989, Marek 1993). Bei Marek ist interes-sant, dass sie für Feldforschungen zwar viele Projektelemente verwendet, den Begriff Projekt selbst jedoch (absichtlich?) vermeidet. Statt dessen spricht sie von Seminarien, an denen Erfahrungen und Wissen vernetzt werden sollen (Marek 1993, S. 2–4).

Es stellt sich die Frage, ob die Projektmethode für die Umwelterziehung die geeignetste Methode ist. Ein Schwerpunkt unserer Erörterungen bildet das in der Projektmethode allgemein und im evaluierten Projekt im besonderen als zentral erachtete Element der Schülerzentrierung. Die Evaluationsergebnisse des Projekts "Nutzungskonflikte und Siedlungsplanung" legen den Schluss nahe, dass Umwelterziehung optimaleren Zugang zur Institution Schule finden könnte, wenn sie sich von idealisierten, fast uneinlösbaren und auch nicht überzeugenden Vorstellungen des Projektlernens trennen könnte, im Unterricht einzelne projektartige Schwerpunkte setzen und diese vertiefen würde (vgl. 7.9.; 8.1.2.).

7.1. Die Projektmethode als ein Konstitutivum der Umwelterziehung

Umwelterziehung ist eine Herausforderung für die Schule, die nur mit neuen, offenen Unterrichtsformen zu bewältigen sei – dies ist eine weitverbreitete Meinung in Kreisen der Umwelterziehung. Dieckhoff (1989) verweist auf die Studie von Langeheine/Lehmann (1986; vgl. 4.2.1.), die zeige, dass es einen positiven Zusammenhang gebe zwischen "pfleglichem Umgang mit Sachen" in der Kindheit und der späteren Rücksichtnahme auf die Umwelt (eine Aussage, die so nicht richtig ist, vgl. 4.2.). Es stelle sich deshalb die "konkrete und zugleich unbequeme Frage, auf welche Weise es möglich ist, (...) eine Situation herzustellen, in der die Dinge einen solchen Eigenwert gewinnen können" (Dieckhoff 1989, S. 98). Die Projektmethode sei die bedeutendste solche Weise, und in der Umwelterziehung werde ihr deshalb besondere Bedeutung beigemessen. "Einerseits kommt sie dem Handlungsbedürfnis engagierter Umweltschützer entgegen und deren Bereitschaft, sich entsprechende Kompetenzen zu erwerben, und andererseits schafft sie (eine offiziell genehmigte und insofern auch beruhigende) Ausnahmesituation, die das beteiligte Lehrpersonal in mehrfacher Hinsicht entlastet" (ebd.). Genannt werden die selbstverständliche Öffnung der Schule, der Abbau bürokratischer Kontrollmechanismen, die Überwindung von Fachgrenzen, Kooperation statt Konkurrenz sowie die Rechtfertigung der Leistungsanforderungen durch die Sache und anstelle der Autorität des Lehrplans (a.a.O., S. 98f.). Die beschriebenen Möglichkeiten und Freiheiten machen die Projektmethode in der Tat attraktiv.

Über das allgemeine Ziel der Projektmethode herrscht weitgehend Einigkeit. In den Unterrichtsmaterialien des evaluierten Umwelterziehungsprojekts heisst es: "Die Volksschule trägt zur Heranbildung von Menschen bei, die sich mit demokratischen Mitteln für die Lösung von Aufgaben in Staat und Gesellschaft einsetzen" (Widmer/Keist 1990, Teil B, S. 2). Dieses Zitat, aus dem Berner Lehrplan übernommen, gibt die zentrale Absicht der Unterrichtsmaterialien wieder (vgl. 2.1.3.): Schülerinnen und Schüler sollen nach der Schulzeit *fähig sein, an demokratischen Prozessen* im Zusammenhang mit Raumplanung *teilzunehmen*, und das sei durch die Erprobung demokratischer Spielregeln möglich. Was genau das Lernziel sein soll, wird nicht ersichtlich: "Lernziele beziehen sich nicht nur auf das zu erarbeitende Wissen, sondern auch auf den Lernprozess", der Persönlichkeitsbildung fördern soll, indem der Lernende z.B. eigene Entscheidungen treffen lerne, schreibt Widmer (1989, S. 149) an anderer Stelle. Wie welche Qualifikationen erreicht werden sollen, wird oft in allgemeiner Form dargestellt wie etwa bei Schmack (1982a), der mit Worthülsen wie "Umstellungsbereitschaft", "Lebenswerte neu bedenken und in Frage stellen", "immerwährende Sachaufklärung räumt Pauschalurteile aus, strukturiert sich im Wissen und Können und wirkt so fundamental" hantiert (a.a.O., S. 85f.).

Die Handlungsorientierung als wesentliches Prinzip der Umwelterziehung scheint durch die Projektmethode optimal gewährleistet zu sein. "Das Ziel der Handlungsorientierung und der interdisziplinäre Charakter des Bereiches Ökologie und Umwelterziehung legen eine Behandlung in Form von Projektunterricht nahe", schreiben auch Eulefeld et al. (1981, S. 108). Der Projektunterricht sei deshalb besonders gut geeignet, weil er von Bedürfnissen, Problemen oder Lebenssituationen der Schülerinnen und Schüler ausgehe. Schülerinnen und Schüler sollen sich im Projektunterricht weitgehend selber organisieren, was die höchste Anforderung sei, die man an Schülerinnen und Schüler stellen könne (ebd.). An anderer Stelle betonen die Autorinnen und Autoren, dass die konsequente Anwendung des didaktischen Konzepts im Unterricht in einen Projektunterricht münden müsse, "mit selbständigen Gruppenarbeiten und darin eingebauten erlebnishaften Lernsituationen, im Ernstfall (ausserschulische Erkundungen) und im Spiel (Rollen- und Simulationsspiele)" (a.a.O., S. 147). Eulefeld et al. erachten vier weitere Methoden (Fallstudie, Simulationsspiel, Gruppenarbeit und Rollenspiel) als besonders geeignet für die Umwelterziehung, präzisieren aber: "Projektunterricht wird hier als Idealtypus der Strukturierung von Lehr- und Lernprozessen angesehen, da er den Zielen des didaktischen Konzepts am besten entspricht. Dem steht seine geringe Realisierungschance in der Schulpraxis gegenüber" (a.a.O., S. 107). Ein Merkmal im Konzept von Eulefeld et al. soll hervorgehoben werden: Mit dem Projektbegriff sind nicht einfach schülerzentrierte Aktivitäten gemeint, ebenso wichtig ist die Reflexion der laufenden Lernprozesse, die durch lehrerzentrierte, analytische und aufbauende Unterrichtsphasen gestützt und weiterentwickelt werden solle mit dem Ziel, Lehr- und Lernprozesse zu strukturieren. Diese Ansicht widerspricht modernen Projektkonzepten, denn in diesen werden keine Ziele aus didaktischen Konzepten vorgegeben und verfolgt (vgl. 7.7.).

Der Projektbegriff bei Nickel und Rohde (1992) geht ebenfalls davon aus, *Wissen und Können zu strukturieren,* und orientiert sich im Gegensatz zu den meisten Vorschlägen in der Umwelterziehung am Aufbau von theoretischem Wissen. Die Autoren zeigen aufgrund einer Projektwoche an einem Gymnasium auf, wie "deduktiv-holistisch (...) Grundlagenwissen als Fundament zum Aufbau einer ökologischen Planungskompetenz" vermittelt werden könnte. Damit solle den "Negativeffekten der Modewelle Umwelterziehung" wie Oberflächlichkeit und Verschleiss von Kräften entgegengewirkt werden. Im Vordergrund habe der Erwerb ökologischen Wissens gestanden.

Suin de Boutemard (1976, S. 25) erachtet Projektunterricht als wesentliche methodische Grundlage, denn "anders als im fachsystematischen Unterricht" erlaube ein Projekt, "an Umweltproblemen oder interessanten Vorgängen der Natur anzusetzen und diese sachbezogen in eigenständiger Arbeit so lange weiterzuverfolgen, bis das gesetzte Ziel erreicht ist. Vorbilder für Projektunterricht sind Arbeits- und Lernprozesse in der sozialen Alltagswelt" (ebd.). An anderer Stelle wird bei Suin de Boutemard (1986) deutlich, was im Projektunterricht zu lernen wäre, nämlich "die destruktive, demoralisierende Apathie und Lethargie verursachenden Wirkungen von Konsumterror, Arbeitslosigkeit und Frührentnerdasein zu überwinden", indem gelernt werde, "die Arbeit ausserhalb bezahlter Arbeit selbstbestimmt und planvoll zu gestalten" (a.a.O., S. 74). Projektunterricht wird in der Literatur zur Umwelterziehung und zur *Projektmethode* häufig dem Frontalunterricht eines *auf Passivität gerichteten Fachunterrichts gegenübergestellt* (vgl. Petri 1991, S. 54; Schweingruber 1984, S. 34). Im Projektunterricht scheint all das möglich, was durch Fachunterricht verhindert wird. So versteht Marek (1993, S. 14f.) Umwelterziehung als "fächerübergreifendes Prinzip", das projektorientiert unterrichtet werden sollte, weil sie so langfristig in den Mittelpunkt des Schulalltags rücken und sich "nach aussen in den Stadtteil" öffnen müsse. Schule als Einrichtung der Gesellschaft könne der nachwachsenden Generation helfen, "jetzige und künftige Lebenssituationen zu bewältigen". Das bedinge, so ein allgemeiner Konsens, veränderte Zeitstrukturen: "Günstige Voraussetzungen für projektartiges Lernen ergeben Schulheimaufenthalte über eine Woche oder eine Arbeitsgemeinschaft, die sich über zwei Tage erstreckt" (Eulefeld et al. 1981, S. 109).

Wir sehen, der Projektbegriff ist attraktiv, nicht zuletzt, weil mit dem Begriff nahezu jede Tätigkeit der Schülerinnen und Schüler umschrieben werden kann, was mit hohen Erwartungen einher geht. Ob diese in der Projektmethode erfüllt werden können, ist nicht nachgewiesen, fehlen doch empirische Daten auf der Basis von Schülerbeobachtungen weitgehend. Petri (1991; vgl. 5.2.) stellt zwar aufgrund einer breit angelegten österreichischen Untersuchung in 160 resp. 175 Schulen fest, dass in zwei Schuljahren 1782 Projekte gemeldet wurden, es aber sehr schwierig gewesen sei, zwischen echten und unechten Projekten (wie Filmvorführungen, Exkursionen) zu unterscheiden. Es könne davon ausgegangen werden, dass pro Klasse etwa alle vier Jahre ein "echtes Projekt" durchgeführt werde. Ein solches dauerte durchschnittlich etwa 20 Stunden, was 0,5% der gesamten Unterrichtszeit ausmache (a.a.O., S. 64–80). Eulefelds (1981, S. 108) Feststellung, dass der grossen Attraktivität von Projekten eine geringe Realisierungschance gegenüberstehe, wird nicht nur von Petris Untersuchung gestützt (vgl. 5.1.), sondern auch durch Untersuchungen zur Umwelterziehung belegt: Hellberg-Rode (1991b) beziffert den Anteil von Projekten in der Umwelterziehung mit 0,8%, also nicht wesentlich höher als die von Petri genannte

Zahl (vgl. 5.2.). Das wirft Fragen auf: Warum werden nicht mehr Projekte durchgeführt? Die bestehenden Schulstrukturen können das nur zum Teil erklären und wären zumindest auf der Primarstufe nicht derart ungünstig wie angenommen (vgl. 2.3.1.3.). Warum setzt die Umwelterziehung dennoch auf diese Methode?

Die Erfüllung des handlungsorientierten Postulats mit Projektunterricht wird meist mit wenig differenzierten Vorstellungen darüber verknüpft, was denn Projektunterricht eigentlich sei: Ist es die selbständige Strukturierung eines Lernfeldes durch die Lernenden wie etwa bei Frey (vgl. 7.7.), oder muss die Lehrkraft die Schülerinnen und Schüler zur Arbeit motivieren und sowohl Inhalte als auch Methoden weitgehend vorstrukturieren, wie das im untersuchten Unterrichtsmittel vorgeschlagen wird: "Den Grad der verlangten Selbständigkeit bestimmen letztlich die LehrerInnen mit ihrer Planung" (Widmer/ Keist 1990, Teil C, S. 2)? Der Grad der Freiheit und der Strukturierung hänge von Alter, Geschlecht, Projekterfahrung, Thema u.ä. ab, würden Umwelterzieherinnen und -erzieher zu Recht argumentieren. Aber mit diesen Freiheiten und eingrenzenden Festlegungen müsste in der Umwelterziehung bewusst gearbeitet werden, will sie sich nicht dem Vorwurf der Beliebigkeit aussetzen (vgl. 7.7.4.). Die von vielen Umwelterzieherinnen und -erziehern und auch im untersuchten Umwelterziehungsprojekt bevorzugte Projektmethode steht im Spannungsfeld zwischen reformpädagogischen Projektideen und heutigen Vorstellungen vom Lernen in Projekten. Der in diesem Kapitel geführte Exkurs zur historischen Entwicklung der Projektmethode könnte dieses Bewusstsein schärfen.

7.2. Eine erste Annäherung an den Projektbegriff

Mit der Projektmethode werden Hoffnungen und hohe Erwartungen verknüpft, von der Umwelterziehung verspricht man sich innovative Impulse für die Institution Schule und Effekte auf das Umweltbewusstsein allgemein. Dem steht ein wenig kohärentes Bild über Bedingungen gegenüber, die an ein Projekt geknüpft sind. Die Vorstellung, dass mit Projekten nicht nur fast alle gesellschaftlichen Wünsche erfüllt werden können, ist leicht verständlich, wird doch mit dem Hoffnungsträger Projekt auch fast jedes Tun verknüpft, wie die folgenden *Gegensätze aktueller Projektbeschreibungen* aufzeigen mögen: Der projektbezogene Arbeitsaufwand von Lehrkräften wird von Kaiser (1993, S. 1378) im Vergleich zum "konventionellen" Unterricht als zeitaufwendiger und anstrengender eingeschätzt. Frey (1990, S. 2) hingegen schreibt: "Nur im Werkstattunterricht müssen sie (die Lehrkräfte) so wenig arbeiten wie im Projekt" (a.a.O., S. 2). Eine erfolgreiche Selbstorganisation des Lehr- und

Lernprozesses verlangt nach Kaiser (1993), "dass der Lehrer mit seiner Planungskompetenz sich für die Handlungsmöglichkeiten der Schüler mitverantwortlich fühlt und auch Entscheidungs- und Planungsverfahren vermittelt", was eine stufenweise Einführung in die Mitplanung und Mitgestaltung verlange (a.a.O., S. 1279). Frey (1993) hingegen sieht von einer didaktischen Leitung der Lehrperson im Projektunterricht ab, denn "weder soll ein bestimmtes Kulturgut vorausgesetzt sein, das erst Bildungsinitiativen ermöglicht, noch soll die Didaktik selbst als Oberkulturgut den tätigen Menschen in den Stand der Bildsamkeit versetzen" (Frey 1993, S. 61).

Nicht nur die Lehrerinnen- und Lehrerrolle wird sehr verschieden interpretiert, eine Liste der Gegensätze liesse sich fortsetzen (vgl. 7.1.). Bevor jedoch einige Projektkonzepte skizziert werden, versuchen wir eine allgemeine *Annäherung an den Projektbegriff.* Die allgemeine Bedeutung von Projekt wird mit "Entwurf, Plan, Vorhaben" umschrieben, der Begriff selbst geht auf das lateinische "proicere" (vorwerfen, entwerfen) zurück. Methode bedeutet "Untersuchungs-, Forschungsverfahren; planmässiges Vorgehen", das griechische Wort méthodos meint den Weg oder Gang einer Untersuchung, ein nach festen Regeln oder Grundsätzen geordnetes Verfahren. Die Ableitung "methodisch" bedeutet entsprechend *planmässiges, durchdachtes, schrittweises Vorgehen* (vgl. Kaiser 1993, S. 1275f.). Nach diesen Definitionen könnte man die Projektmethode als einen zukunftsgerichteten Entwurf für ein planmässiges, nach festen Regeln oder Grundsätzen geordnetes Vorgehen beschreiben.

Diese Definition orientiert sich an einem traditionellen Projektverständnis, von dem sich neuere Vorstellungen deutlich unterscheiden. Vorerst skizzieren wir eine *Übersicht über* diesen in der Literatur zur Umwelterziehung kaum thematisierten, aber *folgenschweren Wandel* (differenzierte Darstellungen folgen in 7.4.–7.7.).

Nach Richards muss sich der Schüler im Werkunterricht "mit einer wirklichen Aufgabe auseinandersetzen, indem er seinen eigenen Plan und den Weg zu dessen Ausführung in allen Einzelheiten selber ausarbeitet. Unzureichend ist es, wenn er nur Arbeitsanweisungen zu befolgen hat" (zit. nach Bossing 1970, S. 113). Wichtig waren in diesen ersten schulischen Projekten, die sich an einer 300jährigen Projektkultur von Architekturakademien orientierten, die Schülerorientierung als *selbstverantwortetes Lernen,* die *Wirklichkeitsorientierung* als Öffnung der Schule nach aussen und die *Produkteorientierung,* wobei der Unterricht systematisch aufgebaut wurde und von der "Instruktion" zur "Konstruktion" (Woodward) führte (vgl. Knoll 1993, S. 59f.).

Diese Vorstellungen, die sich auf Werkunterricht bezogen, wurden von Dewey weiterentwickelt und mit einer pragmatisch-pädagogischen Theorie gestützt. An *Problemsituationen aus dem sozialen Umfeld* wurden lernend Erfahrungen gesammelt. *Das Ziel der Erziehung veränderte sich mit der Erfahrung und war letztlich Erfahrung an sich.* Dewey löste sich mit dem Projektgedanken von einem seiner Ansicht nach lehrplanorientierten und lehrerzentrierten Herbartianismus sowie von den produkteorientierten ersten Werkprojekten Woodwards und Richards. Charakteristisch war bei Dewey der *vollständige Denkakt*, der vom Lehrer und Schüler stets detailliert geplant und durchgeführt werden sollte. Die Schülerinnen und Schüler mussten letztlich über den Weg und das Resultat Auskunft geben können, was kritisches Denken schulen sollte (vgl. 7.4.3.2.; 7.5.1.).

Für Kilpatrick bedeutete Projekt "*jedes absichtsvolle Handeln von ganzem Herzen, das in einer sozialen Umgebung stattfindet*". Vom Inhalt her wollte er die Differenz zwischen Schule und Leben aufheben; alles konnte Projekt werden, was im Alltag von Bedeutung war (Kilpatrick 1935, S. 161–164). Ziel war wie bei Dewey der kritisch denkende Bürger, "sich selbst vertrauend, bereit zur Anpassung an die neuen sozialen Bedingungen, die bevorstehen" (a.a.O., S. 178). Trotz ähnlicher Erziehungsziele sind die Methoden von Dewey und Kilpatrick so verschieden, dass wir sie einander gegenüberstellen werden. Kilpatrick stellt nicht (wie auch viele Umwelterzieherinnen und -erzieher) die didaktische Anordnung des Lernstoffes ins Zentrum des Unterrichts, sondern die Einstellung der Schülerinnen und Schüler zur Arbeit; das Empfinden wurde der Art des Tuns vorangestellt (vgl. 7.4.3.). Kilpatricks Projektkonzept dürfte die ersten methodischen Ansätze in der Umwelterziehung stark beeinflusst haben, z.B. explizit bei Schweingruber (vgl. 7.6.2.).

Kaiser (1993) differenziert die oben angegebene, etymologische Definition der Projektmethode und zeichnet damit die Richtung aktueller Projektkonzepte auf: "Das Wort Projekt (...) wird im heutigen Sprachgebrauch im Sinne von Plan, Entwurf, Vorhaben verwendet, wobei immer zugleich mitgedacht wird, dass der Plan auch tatsächlich realisiert werden soll" (a.a.O., S. 1272f.). In Projekten solle Lernen so organisiert werden, dass Schülerinnen und Schüler befähigt werden, komplexe Aufgabenstellungen und Lebenssituationen zu bewältigen. Kaiser stützt sich auf die Projektdefinition von Bossing, der vier bestimmende Kriterien eines Projekts ausmacht: "*Das Projekt ist eine bedeutsame praktische Tätigkeit, die Aufgabencharakter hat, von Schülern in natürlicher Weise geplant und ausgeführt wird, die Verwendung physischer Mittel in sich begreift und die Erfahrung bereichert*" *(ebd.)*.

Wie ein Projekt idealerweise verlaufen könnte, beschreibt Behr (1976) wie folgt: "Die gruppe bestimmt selbst nach abwägung ihrer bedürfnisse und interessen ihr ziel, entwirft selbst den plan zur verwirklichung, wählt selbst die mittel, korrigiert selbst fehlentscheidungen, führt das projekt selbst durch, bestimmt selbst die verwendung des ergebnisses und beurteilt selbst den gesamterfolg des projekts sowie die leistung des einzelnen" (a.a.O., S. 68). Diese Vorstellung Behrs entspricht weitgehend jener Freys (vgl. 7.7.2.).

Wir sehen, dass sich Projektdefinitionen und Projektmerkmale in der Literatur stark unterscheiden. Hier wird deshalb auf eine allgemeine Definition verzichtet. Als Leitziel des Projektunterrichts nennt Petri (1991) aufgrund umfassender Studien "die aus der Auseinandersetzung mit Unzulänglichkeiten des herkömmlichen Schulbetriebs hervorgegangene Idee eines ganz anderen, nicht lehrer- und stoffzentrierten, sondern schülerorientierten Unterrichts: Der Schüler soll unmittelbar seinen eigenen Interessen und Bedürfnissen folgend lernen" (a.a.O., S. 20). Wichtig sei dabei, "ein von ihm selbst gewünschtes Ziel zu verfolgen" (ebd.).

7.3. Ursprung der Projektmethode in Europa und in den USA

Knoll (1993) beschreibt die ersten Projekte, die *1593 an der Kunsthochschule San Luca in Rom* realisiert wurden. In Wettbewerben legten fortgeschrittene Architekturstudenten originelle, nicht für die Realisation bestimmte Entwürfe einer Jury vor. Ziel dieser Wettbewerbe war die Vorbereitung auf den Beruf und die Umsetzung von Kenntnissen aus der Vorlesung. Während rund drei Jahrhunderten sollten die Kennzeichen dieser "progetti" bestimmend bleiben: Schülerorientierung durch Selbstverantwortung, Wirklichkeitsorientierung anhand praktischer Probleme und Produkteorientierung. Diese an technische Konstruktionen gebundene Idee verbreitete sich in Deutschland, Österreich und in der Schweiz, in der Mitte des 19. Jahrhunderts schliesslich auch in den USA. Mit Projekten sollte schon damals der Verschulung entgegengewirkt werden. S.H. Robinson, Professor für Maschinenbau in Illinois, vertrat die Meinung, Studenten müssten auch Handwerker sein, um gute Ingenieure zu werden. Er begründete Projektarbeit pädagogisch und demokratisch, würde sie doch begabten Jugendlichen der Arbeiterklasse Möglichkeiten zum wirtschaftlichen Aufstieg eröffnen, gleichzeitig könne dank der manuellen Tätigkeit ein Student besser begreifen, wie etwa ein Mechaniker denke (a.a.O., S. 58f.). Die Anfänge von Projekten in der Schule liegen weit vor der Reformpädagogik. Frey (1993, S. 29–33) weist darauf hin, dass bereits Rousseau, Pestalozzi oder Fröbel projektähnliche Skizzen entworfen hätten. Als Geburtsstunde der "progressive education" und parallel dazu der Projektmethode bezeichnet Knoll (1988, S. 503) eine Ausstellung in Philadelphia. Damals liess sich der Präsident vom Institut of Technology in Boston, J.D. Runkles, von einem russischen Modell begeistern. Knoll nennt dieses Moment "epochemachend", sei es mit projektähnlichen Arbeiten doch gelungen, die Distanz zwischen Schule und Leben durch "Instruktion" und "Konstruktion" überzeugend zu überwinden, indem man Jugendlichen in Gruppen "handwerkliches Wissen systematisch und in besonderen Lehrwerkstätten" beibringen konnte. Epochemachend war nicht der Umstand, dass nützliche Arbeiten mit pädagogischen Intentionen verknüpft wurden, denn das wurde schon im 18. Jahrhundert in Heimarbeiter- und Industrieschulen realisiert, sondern dass staatliche Schulen sich von der humanistischen Tradition einer bloss Wissen vermittelnden Institution abkehrten und als Erweiterung auf handwerkliches, alltagsorientiertes Arbeiten setzten. Die pädagogische Distanz von Schule und Leben im Alltag blieb dennoch gewahrt, baute Schule doch weiterhin auf ein Curriculum, auf systematisches Wissen und Fertigkeiten.

Die zeitliche Beanspruchung der Ingenieure in Projekten konkurrenzierte die Vermittlung von Wissen stark, weshalb die *"Instruktion"* ein systematisch aufgebautes Repertoire an Arbeitstechniken, *vor die "Konstruktion"*, eine Anwendung der Technik im praktischen Zusammenhang, gestellt wurde. Woodward gründete 1879 in St. Louis die erste Manual Trading School. Auf der Basis von technischem Können wurden von Schülern der oberen Schulklassen in drei Schritten – geistiger Entwurf, konkreter Plan, Konstruktion – Werkstücke hergestellt, die "vom Lehrer sorgfältig ausgewählt und bewusst geplant" wurden. "Doch bei passender Gelegenheit und in vernünftigem Masse – nicht zu früh und nicht zu oft – dürfen die Schüler ihre eigenen Pläne entwickeln und durchführen" (Woodward 1890, S. 206; zitiert nach Knoll 1988, S. 507). Erst am Ende der Ausbildung wurden auch umfangreiche Projekte verwirklicht. Für diese Projektpioniere hing der Erfolg von Projekten von einem Lernen ab, das "nicht nur systematisch, sondern auch gründlich" aufgebaut wurde. Schon für Woodward war nicht der Inhalt der Projekte entscheidend, Ziel der ständigen Übungen war vielmehr das Anregen "geistiger Kräfte" wie Wahrnehmung, Gedächtnis und Urteilsvermögen. Die Schule sollte sich nach Woodward an Prozessen, nicht an Produkten orientieren. Am Ende des letzten Jahrhunderts war "manual training", so Knoll, fester Bestandteil des High-School-Curriculums (a.a.O., S. 509).

Zum Inbegriff der "progressiven Erziehung" ausserhalb des technischen Werkens und künstlerischen Gestaltens wurde die Projektmethode nach 1910, als R.W. Stimson in Massachusetts Lehrer von akademischen Fächern im "Home Project Plan" vorerst mit der landwirtschaftlichen Praxis konfrontierte. Ab 1915 entstand eine eigentliche "Projektbewegung" in den USA (vgl. Knoll 1992, S. 91f.).

Die Anfänge des Projektunterrichts in den USA liefern uns mögliche *Gütekriterien für Projekte: Prozessorientierung*, nicht Produkteorientierung, stand im Vordergrund; Projekte wurden *sorgfältig geplant, systematisch und gründlich aufgebaut* und dann *am Gegenstand geprüft*; eine methodisch gründliche Vermittlung ermöglichte die *Rationalisierung des Unterrichtsprozesses durch Gruppenarbeiten*. Inwieweit das auch heute Gütekriterien sein könnten, wird in 7.8. diskutiert.

7.4. Die Projektmethode bei Dewey: mit planvollem Lernen zum kritischen Denken oder "kindorientierter Pragmatismus"

In Konzepten der Umwelterziehung wird erstaunlicherweise selten auf Deweys Unterrichtskonzept verwiesen; Dewey legte zusammen mit Kilpatrick die Basis zur Projektmethode (vgl. Schweingruber 1984, S. 24). Schülerzentriertes Lernen, das meist auch ein "Learning by doing" mit einschliesst, wird zwar in der Umwelterziehung oft gefordert; dass man sich dabei wenig um das historische und pädagogische Umfeld von Deweys und Kilpatricks Ideen und um deren Kritik kümmert, ist bedauerlich, weil für die Umwelterziehung wesentliche Impulse verlorengehen (vgl. 7.4.3.4.). Deweys Konzept ist anregend, weil er nicht wie eine Mehrzahl der Reformpädagogen einen "Mythos Kind" in den Mittelpunkt der Erziehung stellt; Ausgangspunkt für den Unterricht bildet die soziale und entwicklungsgemässe Situation des einzelnen Kindes, in die sich der Erzieher eindenken soll. Oelkers (1989d) misst dieser neuen Sichtweise grundlegende Bedeutung bei: *Die Schule soll vom Kinde aus organisiert werden,* und das, so Dewey, komme einer kopernikanischen Wende gleich, weil nämlich der Schwerpunkt der alten Schule "ausserhalb des Kindes" gelegen habe und nicht der Ort war, wo das Kind tatsächlich leben und lernen durfte (a.a.O., S. 101).

7.4.1. Das gesellschaftliche Umfeld als Basis für pädagogische Forderungen zu Beginn des 20. Jahrhunderts

Dewey beschreibt ein gesellschaftliches Umfeld, das sich in eine nicht absehbare Richtung entwickle: "Unsere Zeiten sind im Wandel begriffen, und zwar in einer Weise – wenigstens zum Teil – wie sich Zeiten vorher niemals gewandelt haben. Dieser Wandel stellt neue Forderungen an die Erziehung. Und unsere Erziehung muss sich hauptsächlich deswegen ändern, weil sie der neuen Situation begegnen muss" (Dewey 1935a, S. 8). Diese Veränderungen zeigten sich in der "steigenden Zahl von Verbrechen", dem "allgemeinem Anwachsen moralischer Laxheit", dem "Bevölkerungswachstum", dem "Riesenwachstum an maschineller Produktion", und es wachse "der Krieg an Umfang und in gewisser Hinsicht an Vernichtungsfähigkeit" (a.a.O., S. 9).
Besonders die moderne Demokratie werde durch die moderne Industrie vor schwierige "Zivilisations- und Lebensprobleme" gestellt. Es sei zu bedenken, dass "entweder der Mensch lernen muss, die Industrie zu beherrschen, oder dass die Industrie ihn beherrschen und unterdrücken" werde (a.a.O., S. 22). Aber man könne wohl mit Sicherheit sagen, dass der Mensch auf die Dauer sich mit keiner Gesellschaftsordnung zufriedengeben werde, welche im Grund-

satz das Wesen der Demokratie leugne. Diese neue gesellschaftliche Ausrichtung treffe zwei für die Erziehung wichtige Bereiche: "Das Schwinden des Autoritativismus, d.h. der Autoritätsgläubigkeit und den Wandel in unserer Lebensauffassung" (ebd.). Dewey beschreibt 1915 in seinem Werk "Democracy and Education", dass die *Demokratie durch Erziehung lebendig gehalten werden solle*. Es sei wichtig, dass "eine Gesellschaft, die nicht nur im Wandel begriffen ist, sondern diesen Wandel – zum Besseren – als ihren Lebenszweck betrachtet, andere Normen und Methoden der Erziehung haben muss als eine, die lediglich ihren unveränderten Fortbestand" anstrebe (Dewey 1964, S. 113). Die Erziehung von "unreifen Menschen" bedinge deshalb selbstbestimmtes Arbeiten in einer sozialen Umgebung, damit Alltagserfahrungen reflektiert und Fehlentwicklungen angegangen werden könnten.

Der von Dewey als rasch wahrgenommene *gesellschaftliche Wandel*, der bedenkliche Zerfallserscheinungen, aber auch die Chancen für eine lebenswerte, demokratische Gesellschaft mit sich bringe, *stelle die Schule vor völlig neue Aufgaben, denen das vom Herbartianismus geprägte amerikanische Schulsystem um 1900 nicht genügen könne*. Mit der gesellschaftlichen Verunsicherung gehe eine "grosse pädagogische Ungewissheit" einher, "die wahrscheinlich ohne Parallele irgendwo in der Vergangenheit" sei (Dewey 1935a, S. 85). Dewey greift die herbartianischen Konzepte der formalen Stufen und der Disziplin an, denn das Hin- und Herschwanken zwischen geistlosem Drill zum Zwecke der Steigerung äusserlicher Leistungen und der Anhäufung von Wissen um des Wissens willen bedeute, dass die Erziehung die gegenwärtigen sozialen Verhältnisse anerkenne und die Verantwortung für ihre Erhaltung selbst übernehme. Herbarts Fehler habe darin bestanden, dass er die "dauernde Wechselwirkung und die beständige Veränderung unterschätzt" habe. Erziehung sei die "beständige Erneuerung der Erfahrung" und habe nichts zu tun mit der "Wiederholung der Vergangenheit" und "äusseren Formen" (a.a.O., S. 112). Bereits 1902 setzte sich Dewey vehement für Reformen ein: "Es scheint mir unbestreitbar, dass Ursachen für eine Reaktion, ja eine Revolte vorhanden waren. Die Übel des traditionellen, konventionellen Schulzimmers sind fast völlige Isolierung vom tätigen Leben und die tödliche Depression des Geistes, die das Gewicht des formalen Materials verursachte, alles schrie nach Reform." Gleichzeitig warnte Dewey, dass viele reformfreudige Lehrerinnen und Lehrer sich mit "mehr Enthusiasmus als Verstehen" gegen alles wendeten, dass manche Reformschulen aber kein Programm hätten und "ohne irgendwelche gut durchdachten Vorstellung und Ziele" unterrichteten (Dewey 1935d, S. 199f.).

Deweys Schulreform ist sozial motiviert und zielt – wie dargestellt wurde – *auf eine bessere Gesellschaft.* In "ruhenden Gesellschaften" geschehe dies durch die "Aufrechterhaltung der geltenden Sitten", in den "fortschreitenden", d.h. sich rasch entwickelnden, zivilisierten Gesellschaften Anfang des 20. Jahrhunderts hingegen müsse die Erziehung sich bemühen, die "Erfahrungen der Jungen so zu gestalten, dass sie nicht die laufenden Gewohnheiten erneuern, sondern dass bessere entstehen, damit die zukünftige Gesellschaft der Erwachsenen besser sei als die gegenwärtige", denn "offensichtliche soziale Übel" seien abzustellen. In diesem Sinne versteht Dewey die Schule als ein "Mittel zur Verwirklichung der menschlichen Hoffnungen auf eine bessere Zukunft" (Dewey 1964, S. 111).

Das gegenwärtige Schulsystem könne diese Hoffnung nicht erfüllen, denn das Kind müsse sich immer mehr als Nummer vorkommen, was zu "Aussichtslosigkeit für das Denken wie für den Einfluss" führe. Das Leben des Kindes, sein sozialer Kontext und seine individuelle Entwicklungsstufe müssten deshalb den Ausgangspunkt des Lernens bilden. Das *Lernen sei an selbsttätige Erfahrung gebunden*, an dessen Ende die *Bewährung* im sozialen Umfeld stehe (Dewey 1935a, S. 45f.). Weil Deweys Schulreform sozial motiviert ist, eignet sich die Betätigung in einem sozialen Umfeld am besten für die lernende Erfahrung, dank ihr könne sich ein Mensch in einer zunehmend komplizierteren Gesellschaft noch zurechtfinden. Das soziale Umfeld übe echte Erziehungswirkung aus in dem Grade, in dem ein Individuum Anteil an einer gemeinsamen Beschäftigung habe (Dewey 1964, S. 42). Der *erzieherische Wert der Umwelt* bestehe in drei Aufgaben: "*Die Vereinfachung und die Ordnung der einzelnen Faktoren derjenigen Anlagen, deren Entwicklung erwünscht ist; die Reinigung und Idealisierung der existierenden sozialen Gewohnheiten; die Schaffung einer reicheren und besser ausgeglichenen Umwelt als derjenigen, unter deren Einfluss die Jugendlichen wahrscheinlich stehen würden, wenn sie sich selbst überlassen blieben*" (ebd.; Hervorhebung Berchtold/Stauffer).

Dewey verlangt mehr als blosses Wissen über Dinge, denn das könne jeder, der der Sprache mächtig sei, selber erwerben. "Um Erkenntnis des Sinnes der sprachlichen Zeichen aber sieht es ganz anders aus. Sie setzt Arbeit und Spiel in der Gemeinschaft mit anderen voraus" (a.a.O., S. 457). Diese Erkenntnis könne sowohl innerhalb der Schule als sozialem Mikrokosmos wie auch ausserhalb der Schule stattfinden. Abgeschlossene Schulen, etwa Klosterschulen oder Schulen mit traditioneller humanistischer Bildung, orientierten sich mehr an der Vergangenheit. "Eine idealisierte Vergangenheit wird Zuflucht und Trost des Geistes; die Angelegenheiten des Tages gelten als gemein und wenig beachtenswert. (...) Diese Trennung der Schule vom Leben aber ist es, die das Schulwissen für das Leben unbrauchbar und damit unfruchtbar macht" (a.a.O., S. 458).

Die Verehrer der Geschichte blickten immer in die Vergangenheit, weil für sie das "aufgestellte Zukunftsziel fern und leer" sei (a.a.O., S. 107f.). Diese Aussagen bedeuten nicht, dass Schule und Alltag identisch werden sollen. Im Gegenteil, Dewey betont mit der Schulreform diesen Unterschied, indem er Fragen des Alltags thematisiert, Probleme gedanklich strukturieren lässt und erst dann praktisch zu lösen versucht. Soziale Probleme werden durch wissenschaftliche Methoden angegangen und deren mögliche Lösung auf einer höheren, eben kognitiv-strukturierten Ebene antizipiert. Die reflektierten Erfahrungen dienen als Ausgangspunkt für das nächste Problem. Das Vorhandensein wissenschaftlicher Methoden und systematischen Wissens schütze vor "Gefahren sklavischer Abhängigkeit, die sich in Nachahmung auswirkt", und befreie den Einzelnen, der fähig werde, "neue Probleme zu sehen, neue Verfahren vorzuschlagen", was eher "Veränderung als starre Einförmigkeit" erzeuge. Dewey stellt wissenschaftliche Methoden in der Schule in einen geistigen oder psychologischen Rahmen, damit sie als intellektuelle Werkzeuge sinnvoll gebraucht werden können (Dewey 1935b, S. 104f.).

Dewey hat seine Ideen einer modernen Schule an der Universität von Chicago erprobt, wo er 1896–1904 die "Laboratory School" leitete. Technisches Werken spielte an dieser Schule eine zentrale Rolle. Dewey kritisierte die alte Werkschule, weil sie mit vorgegebenen Themen entweder unterfordert habe und die Schülerinnen und Schüler aus Fehlern nicht hätten lernen können oder aber überfordert habe, was eine wenig hochstehende Qualität der Arbeiten ergeben habe. Die "Laboratory School" sollte deshalb neue Wege eines integrierten Werkunterrichts aufzeigen. Dieses Experiment verlief erfolgreich, weil sich Erziehungstheorie, pädagogische Forschung und politische Zielsetzung optimal unterstützten (Oelkers 1989d, S. 105).

Die folgende Erläuterung von Deweys Projektmethode bedarf einer Ergänzung: Dewey publizierte während vieler Jahre über Schulreformen. Seine ersten Beschreibungen über Erfahrungen an der Laboratory School um die Jahrhundertwende sind geprägt von Fortschrittsoptimismus, vom Glauben an eine neue Schule, die Anliegen der Schülerinnen und Schüler zum Thema macht und sich daraus eine gesellschaftsverändernde Wirkung verspricht. Gegenüber der Projektmethode nahm Dewey später, vielleicht als Reaktion auf Kilpatricks Auslegung der Methode (vgl. 7.5.3.), eine differenziertere und distanziertere Position ein. Die folgende Darstellung wird diesem Wandel nicht immer gerecht, wird doch Deweys Schaffen aus verschiedenen Lebensabschnitten abgebildet.

7.4.2.   Der Projektbegriff bei Dewey

Dewey gebraucht den Projektbegriff erstmals 1916 in "Democracy and Education"; Knoll (1992) belegt, dass sich Dewey bereits als Direktor der Laborschule in Chicago mit dem Begriff befasste. Dewey beschrieb damals die Auseinandersetzung der Schülerinnen und Schüler mit ihrer sozialen Situation als "einzig wahre Erziehung". Knoll hebt den Unterschied zwischen "Problemlösemethode" und "Projekt" hervor, eine Unterscheidung, die auch der heutigen Projektdiskussion Klärungen bringen könnte: *Mit der "Problemlösemethode" soll ein theoretisches, mit "Projekt" ein praktisches, konstruktives Handeln erfahren und geübt werden.* Die sozialen Beschäftigungen habe Dewey, so Knoll, von seiner Definition bewusst ausgenommen (a.a.O., S. 94). Neben dem Lernen im Projekt verwendete Dewey auch andere Unterrichtsmethoden wie Erkundung, Experiment oder Vorträge. Er betrachtete die traditionellen Unterrichtsmethoden nicht als hindernde Mächte in der Entwicklung des kritischen Denkens, sondern als Mittel zur wirksamen Vermittlung eines Stoffes. Sie stünden im "Gegensatz zum zufälligem und schlecht überlegten Handeln" (Dewey 1916, S. 172, zitiert nach Knoll 1992, S. 99f.). *Dewey entwickelte Woodwards Projektkonzept (vgl. 7.3.) weiter, indem er die Projektidee, die er im ursprünglichen Sinn als praktisch-konstruktives Tun versteht, nicht ans Ende, sondern ins Zentrum seines Unterrichts stellte.* Der Lehrgang wurde dem Werkunterricht nicht vorangestellt, sondern in diesen integriert, d.h. die Schülerinnen und Schüler eigneten sich neue Techniken und neues Wissen während des Prozesses des Problemlösens in einer sozialen Situation an. Den Ausgangspunkt des Unterrichts an der Laborschule bildeten theoretische oder praktische Probleme aus der sozialen Lebenswelt der Kinder – und nicht der Lehrplan. Die nicht an Altersstufen orientierten Lerngruppen sollten Familiencharakter annehmen (vgl. Knoll 1992, S. 94).

Für Dewey ist die Projektmethode eine Alternative zu traditionellen Methoden, die aber eine begründbare Stoffauswahl bedinge, und er warnt: "Viele sogenannte Projekte sind von einer solchen kurzen Zeitspanne und aus solch zufälligen Gründen angefangen worden, dass die Erweiterung des Wissens an Tatsachen und Grundsätzen minimal ist. Kurz gesagt, sie sind zu trivial, um bildend zu sein." Der Pädagoge müsse Verantwortung übernehmen und Stoffe finden, "die in den Bereich und die Fähigkeiten des Lernenden treten und eine genügend lange Spannweite haben, so dass sie neue Fragen aufwerfen, neue und verwandte Unternehmungen herbeischaffen und ein Verlangen nach neuem Wissen erzeugen". Die Hauptfrage müsse wie ein Magnet wirken, um das sich Tatsachen sammelten (Dewey 1935a, S. 97). Dewey knüpft an die Projektmethode viel Bildungsoptimismus: "Einer Neuorganisation des Stoffes, die die Auswirkung auf die weite Welt der Natur und des Menschen, der Wissenschaft und der gesellschaftlichen Interessen und Anwendungen in Betracht zieht, kann es nicht misslingen, dauerndes Interesse und Wissbegier zu erwecken" (a.a.O., S. 100).

Dewey bettet die Projektmethode in einen Lehrplan, in systematisch aufgebautes Wissen ein und orientiert sich keineswegs nur an den kindlichen Bedürfnissen, denn die Welt des Kindes sei "eher eine Welt der Personen mit ihren persönlichen Interessen als ein Bereich der Tatsachen und Gesetze. Nicht Wahrheit im Sinne der Übereinstimmung zur äusseren Tatsache, sondern Zuneigung und Sympathie sind sein Grundton. Demgegenüber bietet der Lehrgang, dem es in der Schule begegnet, Stoff dar, der sich in der Zeit unbeschränkt rückwärts und nach aussen unbegrenzt in den Raum erstreckt." Das Kind sei ein "Ganzes, eine Totalität", in der es "keine bewusste Isolierung, kaum bewusste Unterscheidung" gebe (Dewey 1935c, S. 142f.). Deshalb seien klassifizierende Fächer, Systematisierung – als Ergebnis der Wissenschaft von Zeitaltern – nötig und könnten nicht den Kindern überlassen werden (a.a.O., S. 144). *Die Projektmethode könne nicht nur von den Interessen der Kinder ausgehen*, da diese "nur Einstellungen zu möglichen Erfahrungen", aber keine Leistungen seien; ihr Wert liege in der Hebelkraft, die die Interessen gewährten (a.a.O., S. 150). Für die Umsetzung des Interesses in eine pädagogische Dimension bedürfe es der Führung, die erst die "Befreiung des Lebensvorganges zur eigenen vollständigen Erfüllung" ermögliche (a.a.O., S. 151). Mit der Methode soll Erfahrung geordnet, verallgemeinert und klassifiziert werden und so im Wachstumsprozess eine kritische Stellung einnehmen, letztlich "als Mittel zur Bewahrung und Entdeckung der Wahrheit. Sie sind Werkzeuge, mit denen der Mensch am sichersten und weitesten in die unerforschten Bezirke vorstösst" (a.a.O., S. 153f.). Methoden sind bei Dewey das Resultat der kulturellen Entwicklung und dienen als Instrumente der Führung und Hilfsmittel zur Differenzierung von Wahrnehmung in einem Wachstumsprozess. In dieser Hinsicht unterscheidet er sich deutlich von modernen Projektkonzepten (vgl. 7.7.).

Zusammenfassend kann Deweys Projektidee begrifflich bestimmt werden als angeleitetes, planvolles Vorgehen, das die Interessen und die soziale Situation der Schülerinnen und Schüler aufnimmt, aktiv verarbeitet, ausserhalb der Fach- und Schulgrenzen Erfahrungen ermöglicht, sich dabei an der Anwendung von Wissen orientiert und diese im Leben überprüft.

7.4.3.   Ausgewählte Merkmale des Lernens in Projekten nach Dewey, ihre Kritik und mögliche Impulse für die Umwelterziehung

Obwohl Deweys Projektkonzept nicht für die Umwelterziehung geschaffen wurde, stellt sich die Frage, wo die Umwelterziehung Impulse aus Deweys Konzept erhalten könnte. Dewey erlebte seine Zeit problembeladen wie Umwelterzieherinnen und -erzieher die heutige Zeit. Den sozialen Problemen, hervorgerufen durch die von der Industrialisierung ausgelösten Veränderungen um die Jahrhundertwende, sollte die Schule durch die Vermittlung entsprechender Qualifikationen begegnen. Mit ähnlichen Problemen befasst sich auch die Umwelterziehung. Im Zentrum steht jedoch eine Furcht vor der Zerstörung der Lebensgrundlagen, was die Lebensqualität des Menschen vermindere. Dieser Analogie in der Problemsituation stehen bemerkenswerte Divergenzen im methodischen Ansatz gegenüber. Unsere Darstellung nimmt jene Merkmale der Projektmethode auf, die in aktuellen Projektkonzepten (vgl. Kilpatrick in 7.5. und Frey in 7.7.) verändert erscheinen.

Zuerst reflektieren wir Deweys Leitidee der Aufgabe der Schule und diskutieren anschliessend methodische Schwerpunkte eines schülerzentrierten Unterrichts nach Deweys Vorstellungen, die "innovativ" für die aktuelle Diskussion der Projektmethode und die Entwicklung von Methoden in der Umwelterziehung sein könnten. Für Dewey ist schülerzentrierter Unterricht

– bestimmt durch Handlungen, die aber nur dann erzieherischen Wert haben, wenn gleichzeitig das theoretische Wissen vorangetrieben wird.
– Interaktion im Sinne eines ständigen Auf- und Umbaus alter Vorstellungen durch neue Erfahrungen.
– ein prozessorientierter, aktiver Lernprozess. Die Schülerinnen und Schüler sollten den Stoff nicht passiv-rezeptiv, sondern entwicklungsgemäss in Selbsttätigkeit erarbeiten.
– auf "reife Menschen", professionelle Lehrkräfte als Vermittler angewiesen.

7.4.3.1. Die Bedeutung des handlungsorientierten Unterrichts

Für Dewey lebt die Schule ein Stück bessere Gesellschaft vor, indem in einem pädagogisch geschützten Rahmen das Wachsen und Werden der Gesellschaft durch Handeln mitvollzogen und positiv beeinflusst werden kann. Dieses Hineinwachsen in das demokratische Zusammenleben geschieht durch ständiges, gemeinsames Experimentieren mit der Wirklichkeit und nicht durch Belehrung. *Im handelnden Eingreifen in gesellschaftliche Prozesse finden wir eine Parallele, in der Zielrichtung des Tuns eine Differenz zur Umwelterziehung.* Und in beiden Anliegen lassen sich kritische Punkte eruieren.

Dewey behauptet, dass ein Mensch, der nicht handelnd lerne, sich innerlich nie für eine Sache werde engagieren können. Wer hingegen handelnd lerne, sei "mit den Vorgängen innerlich verknüpft" und tue darum, "was in seinen Kräften steht, um den Lauf der Dinge zu beeinflussen" (Dewey 1964, S. 168). Diese Haltung eines Beteiligten berge zwei Vorteile: Der Handelnde habe "Interesse an den Folgen, die die Zukunft bringen wird – Hoffnungen und Befürchtungen –, und ist bereit zum handelnden Eingreifen, um die erwünschten Folgen sicherzustellen, die unerwünschten zu vermeiden" (a.a.O., S. 169). Ausgehend von dieser Annahme unterscheidet Dewey sehr fein zwischen den eher objektiven, intellektuell belegten Begriffen "Ziel, Absicht und Ergebnis" und den die persönliche Beteiligung an einer Sache betreffenden Begriffen "Interesse und Anteilnahme". Die beiden Seiten der Beteiligung an einer Sache seien nicht isolierbar, in der Sachlage liessen sie sich nicht trennen. Jede Motivation, jedes Interesse habe eine subjektive und eine objektive Seite (a.a.O., S. 169f.).

Dewey begründet seine handlungstheoretischen Vorstellungen psychologisch mit der vorrationalen Entwicklungsphase des Kindes, in welcher es Dinge im Handeln erkenne. In diesem Handeln sei das Kind eine Ganzheit. Die Ganzheit des Engagements, die Ganzheit des Tuns als Prozess und die Ganzheit des Ergebnisses bildeten eine Einheit. Darin unterscheide sich auch die Einheit der kindlichen Welt von jener der Erwachsenen: Die kindliche Welt sei irrational, instinktiv, emotional, imaginativ; die Erwachsenenwelt hingegen bewusst und rational. Beide Anschauungsweisen bildeten eine Ganzheit (Dewey 1935c, S. 142f, S. 150). Soweit entsprechen sich die Vorstellungen eines handlungsorientierten Unterrichts bei Dewey und in der Umwelterziehung. Überzeugend ist Deweys differenzierte Vorstellung von Prozessen, die sich im Kind abspielen. Anregend für die Umwelterziehung könnten Deweys Folgerungen aus dieser Analyse sein: Dewey betont den Aspekt der Ganzheit im Handeln, Ganzheit verstanden als Synthese der kindlich-irrationalen, imaginativen Welt und der rationalen Welt der Erwachsenen. Mit Unterricht soll dieser Dualismus überwunden werden, indem der Erzieher bewusst mit dieser Spannung, die Dewey "Interesse" nennt, arbeitet. Das Wort "Interesse" drücke aus, dass zwischen zwei Dingen ein zeitlicher Abstand bestehe, an dem der Schüler seinen Willen, seine Ausdauer schärfen könne. Der geschulte Wille zeichne sich durch die Fähigkeit aus, "sorgfältig zu überlegen, planmässig zu handeln, (... und) auch angesichts von Ablenkungen, Schwierigkeiten und Verwirrung bei einem verständig gewählten Wege des Vorgehens zu beharren" (Dewey 1964, S. 171–174). Treibende Kraft der Erziehung sei nicht die Lehrperson, sondern alleine das Interesse. Das Interesse solle nicht mit künstlichen Mitteln geweckt werden, sondern es gehe in der Erziehung darum, einen Stoff zu finden, der die

Schülerinnen und Schüler zu Betätigungen veranlasse, für den sie Interesse haben und der als Mittel zur Erreichung von Zielen diene (a.a.O., S. 178). Die spontane, intuitive Handlung wird durch den projizierenden Denkakt zeitlich hinausgeschoben, was, so Dewey, den Willen und die Ausdauer stärke (a.a.O., S. 172). Wir denken, dass diese Differenzierung auch der Umwelterziehung eine Hilfe im Hinblick auf ein projizierendes und reflektierendes Handeln sein könnte. Damit könnte dem Vorwurf des Aktivismus begegnet werden, wobei eine spontane, intuitive, ganzheitliche (was auch immer darunter verstanden wird) Naturbegegnung nicht von vornherein ausgeschlossen werden soll. Diese Aktivität hat in einer ersten Phase der Begegnung mit einem Phänomen und als Gestaltungselement im Lernprozess durchaus ihren Platz und lässt sich auch lernpsychologisch begründen (vgl. Kap. 5; 6.4.). Dewey will wie die Umwelterziehung mit einer handelnden Auseinandersetzung der Verschulung entgegenwirken, oder positiv ausgedrückt, Schule nimmt Probleme aus dem Leben auf und möchte so ein Stück bessere Gesellschaft erfahren lassen. Dewey glaubt an die Vernunft des Menschen und an die Macht von Aufklärung und Erziehung (vgl. 7.4.1.).

Eine *Kritik an Dewey* betrifft die Zielorientierung des handlungsorientierten Unterrichts: Dewey möchte durch Erfahrungen soziales Verhalten fördern und Impulse für eine bessere Gesellschaft geben, strebt Chancengleichheit durch das Verstehen industrieller Prozesse an und will zu demokratieförderndem Denken erziehen. Die entsprechenden Erfahrungen werden im Moment gemacht und reflektiert. Ein fernes, inhaltlich definiertes Ziel strebt Dewey nicht an, er fördert lediglich ein Instrumentarium, Methoden und Mittel, mit denen Schülerinnen und Schüler gesellschaftliche Probleme bearbeiten könnten. Die Handlungsergebnisse dienen als Basis für die folgenden Erfahrungen, sind also ständig wandelbar (vgl. 7.4.3.2.). Das werde von Lilge kritisiert, schreibt Bohnsack (1976, S. 538), denn das Offenlassen der letzten Werte und Ziele berge die Gefahr einer Überhöhung zur "quasi-religiösen Gemeinschaft", die Erziehungsarbeit erhalte den Charakter eines "Kreuzzuges" der Gläubigen gegen die Ungläubigen. Wir teilen diese Kritik nicht, denn Dewey verzichtet zwar wie viele Autorinnen und Autoren in der Umwelterziehung auf eine inhaltliche Festlegung, lässt aber die Schülerinnen und Schüler kognitive Strukturen aufbauen, die durch die geforderte präzise Denkarbeit gerade nicht in intuitiv-religiöse Richtung driften sollten. Diese Gefahr besteht und ist gerade in der Umwelterziehung nicht zu unterschätzen, vor allem, wenn Affekte höher eingestuft werden als der Aufbau von strukturiertem (Handlungs-) Wissen und wenn diese mit der Vorgabe von richtigem Umweltverhalten verknüpft werden (vgl. 4.1., 4.2.; 5.4.).

Die liberale Haltung Deweys steht in einem Konflikt, der auch für Umwelterziehungsprojekte typisch ist: Soll ein Verhaltensziel definiert werden und damit die freie Entfaltung der Kräfte der Schülerinnen und Schüler eingeschränkt werden zugunsten eines fernen Zieles – oder nicht? Abzulehnen ist eine Haltung, die Schülerinnen und Schüler als Instrument der Lösung von Umweltproblemen ansieht und sich gleichzeitig gegen deren eigene Interessen und Bedürfnisse richtet (vgl. 7.5.2.). Weil die Umwelterziehung mit projektartigen Unterrichtsmethoden Schülerinnen und Schüler zu umweltgerechtem Verhalten erziehen will, kann sie nicht im Sinne Deweys demokratisch sein, da sie keinen Dissens in Form eines umweltschädigenden Verhaltens zulassen darf. Anders Dewey, der explizit eine solide Basis für die Entwicklung weiterer Erfahrungen legen will, zielt Umwelterziehung auf definierte Verhaltensmuster, die jetzt und in Zukunft wirksam sein sollen (vgl. 1.2.).

7.4.3.2. Lehr- und Lernmethoden zwischen strukturiertem Problemlöseverhalten und ständiger Neugestaltung von Erfahrung

Lernen ist bei Dewey ein Prozess, der sich zwischen strukturiertem Lernen auf der Grundlage wissenschaftlich orientierter Methodik und suchender Bewegungen im weiten, wenig strukturierten sozialen Umfeld der Schülerinnen und Schüler entwickelt. *Diese Lösungssuche zwischen Struktur und Freiheit ist eine ideale Form des Lernens* und könnte auch in der Umwelterziehung wegweisend sein – diese These wird im folgenden erörtert.

1. Die Analyse des Denkaktes als Kernstück der Projektmethode
Wir referieren das Projektverfahren von Dewey, weil gewisse Projektverläufe in der Umwelterziehung eine ähnliche Struktur zeigen (vgl. 6.2.). Auffallend ist, mit welcher Sorgfalt Dewey den Denkakt pflegt, wie entscheidend für ihn die klare Trennung der einzelnen Schritte ist. Damit will er kritisches Denken schulen, d.h. vorschnelles Urteilen über eine Situation verhindern. Gegenstand des Denkprozesses ist nicht mehr wie in der herbartianischen Schule ein für die Zukunft wichtiges Thema, das vorsorglich bearbeitet wird, sondern ein praktisches Problem aus dem Umfeld der Schülerinnen und Schüler. Diese Methode ist projektartig, d.h. die Lehrkraft nimmt Anlässe aus dem sozialen Umfeld der Schülerinnen und Schüler auf, lässt sie Wege zu deren Lösung planen und anderes mehr, aber die Lehrkraft verzichtet nicht auf ein methodisches Rüstzeug, das sie den Schülerinnen und Schülern vermittelt und dessen korrekte Anwendung sie überwacht.
Die Lösung eines Problems ist bei Dewey nicht, wie das etwa in der Umwelterziehung vielfach angestrebt wird, das Ziel der Erziehung, sondern nur ein

Mittel, eine Hilfe, mit der neue Probleme angegangen werden können. Der Bildungsprozess verläuft in Kreisen, gewonnene Erkenntnisse, der Stoff der Fächer, soll "wieder zu der Erfahrung zurückgebracht werden, von der er abstrahiert wurde" (Dewey 1935c, S. 154). Schulbildung ist zunehmende Einsicht in und Selbstverantwortung für die Entwicklung der Erfahrung. Diese Erfahrung soll an neuen Problemen stetig wachsen. Deweys pädagogisches Ziel liegt in der Steigerung der Erfahrungsqualität, indem eine *Problemsituation sorgfältig analysiert* wird, Ziele, Hindernisse und Mittel zu deren Lösung diskutiert werden, anschliessend wird nach ökonomischen Gesichtspunkten eine Reihenfolge im Vorgehen bestimmt. Erst dann werden Mittel einer Aktion ausgewählt (Dewey 1964, S. 139f.). Dieses Vorgehen entspricht dem in Handlungstheorien skizzierten Prozess (vgl. 6.3.).

Am Beispiel eines Typhusprojekts veranschaulicht Dewey den Denkakt, der sich bei der Projektmethode abspielt. Zusammenfassend sehen die einzelnen Schritte dieses strukturierten Problemlöseverhaltens wie folgt aus:

1. "A felt difficulty": Ohne diese "wahrgenommene Schwierigkeit" kann ein echter Denkakt bei Schülerinnen und Schülern nicht entstehen.

2. In einer Darbietung werden ältere Vorstellungen lebendig gemacht, d.h. sie müssen "über die Schwelle des Bewusstseins gehoben" werden. In der Umgrenzung und Bestimmung werden Ursachen und Schwierigkeiten eines Problems festgestellt. Dewey betont, dass das Hinausschieben der Beurteilung Kernpunkt des kritischen Denkens sei. Phase 1 und 2 können ineinander übergehen.

3. Die Wechselwirkung: Alte und neue Vorstellungen werden einander gegenübergestellt, deren Wechselwirkung betrachtet und mögliche Lösungen gesucht.

4. Die Brauchbarkeit der Lösungen wird diskutiert, bis sich eine mögliche Lösung herauskristallisiert. Der Denkakt wird hier vorläufig abgeschlossen, in der handelnden Praxis soll nun über die Brauchbarkeit der möglichen Lösung entschieden werden.

5. Durch Beobachtungen und Versuche wird die mögliche Lösung verifiziert oder falsifiziert. Das Resultat dieses Schrittes ist eine wahrscheinliche Lösung.

6. In Anschlussprojekten werden Konsequenzen für das praktische Handeln gezogen. Die neugeformten Inhalte sind Ausgangspunkt für das Lösen einer neuen Aufgabe. Das Produkt selbst ist zweitrangig (nach Collings 1935, S. 180–189).

Dieses Problemlöseverhalten Deweys gleicht dem urprünglichen Projektschema von Woodward (vgl. 7.3.). Allerdings ist Deweys Vorgehen wesentlich differenzierter, der analytische Denkakt steht im Zentrum. Das mehrmalige und jeweils differenziertere Wiederholen dieses Problemlösevorganges begründet Dewey mit den drei Merkmalen seiner Idee von Erziehung als Aufbau,

Wiederholung und Rückschau sowie Umformung. Mit diesem Prozess will Dewey ein Verhalten ("Gewohnheit") als Folge erfolgreichen Tuns aufbauen. Mit der Projektmethode ermöglicht Dewey seinen Schülerinnen und Schülern, Probleme aus dem eigenen sozialen Umfeld in einem selbstverantwortlichen, selbsttätigen Lernprozess zu erforschen und nach Lösungen zu suchen. In dieser schülerzentrierten Atmosphäre bildet der "vollständige Denkakt", ein aus den Naturwissenschaften abgeleitetes Verfahren, das Kernstück des Unterrichts. Im Ertragen der zeitlichen Spanne, die zwischen der gedanklich präzisen Vorwegnahme eines Weges zu einer möglichen Lösung und der Lösung selbst liegt, sieht Dewey den wesentlichen Unterschied zwischen Alltagshandeln und Bildung und hofft, dass mit dieser Methode Halbwahrheiten aufgegriffen und deren Ursachen geklärt werden könnten. Der Fortschrittsoptimist Dewey denkt, dass sozialen Problemen mit Rationalität begegnet werden könne. Diesen Optimismus teilen wir nicht ungebrochen. Umweltprobleme lassen sich nicht alleine mit rationalen, positivistischen, sich an naturwissenschaftlichen Methoden orientierenden Mitteln lösen. Dennoch besticht Deweys Konzept durch das starke kognitive Element: Dem Denkakt als zentralem Element stehen in Projekten der Umwelterziehung oft gefühlsbetonte, kommunikative Prozesse gegenüber, die Gefahr laufen, sich in zufälligen, bisweilen belanglosen Naturbegegnungen zu erschöpfen (vgl. 1.3.4.). Emotionale oder sinnliche Erfahrungen müssten in der Umwelterziehung vermehrt methodisch aufgearbeitet und reflektiert werden. Dewey arbeitete zwar auch mit aktuellen Problemen, im vollständigen Denkakt verlangte er aber eine klare geistige Analyse des Problems im Hinblick auf strukturierte Lösungswege. Umwelterziehungsprojekte müssten sich vermehrt auf diesen projizierenden Aspekt in der Projektmethode konzentrieren.

2. Lernen aus Erfahrung als ständige(r) Aufbau, Wiederholung und Rückschau sowie Umformung

Jede handelnd aufgebaute Erfahrung habe, so Dewey, Vorbildcharakter für weitere Tätigkeiten und Erfahrungen: "Jede Vorstellung, die einmal erzeugt worden ist, besteht weiter; sie kann unter die Schwelle des Bewusstseins gedrängt werden von neuen und stärkeren Vorstellungen, die durch die Reaktion der Seele auf neues Material erzeugt werden; aber ihre Fähigkeit dauert unter der Oberfläche des Bewusstseins fort infolge einer ihr selbst innewohnenden Kraft. Was als Fähigkeiten bezeichnet wird – Aufmerksamkeit, Gedächtnis, Denken, Wahrnehmung, Gefühle –, sind Anordnungen, Verbindungen und Gruppierungen von Vorstellungen, die durch die Wechselwirkung dieser untergesunkenen Vorstellungen untereinander und mit neuen Vorstellungen zustande kommen" (Dewey 1964, S. 99f.). Mit anderen Worten: Ein exemplarischer "Aufbau des Geistes" kann von folgenden Handlungen immer wieder verändert werden. Die Erzieherin oder der Erzieher gibt Hilfestellungen, damit dieser Erfahrungsschatz der Schülerinnen und Schüler neu geordnet, verstärkt und gesichert werden kann.

Das zweite Merkmal, "Wiederholung und Rückschau", wendet sich gegen einen von der Gegenwart isolierten Geschichtsunterricht. Geschichte sei "eine grosse Hilfsquelle der Phantasie". Es sei aber nicht Aufgabe der Bildung, Geschichte als das "Ergebnis von Wachstum" nachzuvollziehen. Ausgangspunkt der Bildung sei vielmehr die Gegenwart, sie "gebiert die Probleme, die uns leiten, die Vergangenheit nach Winken und Wegen zu ihrer Lösung zu durchsuchen; die Gegenwart verleiht dem, was wir dabei finden, Bedeutung und Sinn" (a.a.O., S. 107).

Die Umformung als drittes Merkmal befasst sich mit dem Unterschied zwischen dem Lernen im Alltag und dem Lernen in der Schule. Die Schule müsse Erfahrungen umformen, denn die Erfahrung allein bedeute nicht unbedingt, dass Erziehung wirkungsvoll sei. Das Ziel der Erziehung sei nicht bloss die "Entfaltung latenter Kräfte von innen her" oder das "Hineinbauen von aussen her", sondern "die unmittelbare Umgestaltung der Qualität der Erfahrung". Wachstum sei ununterbrochene "Rekonstruktion und Reorganisation von Erfahrung, die die Bedeutung der Erfahrung erhöht und die Fähigkeit, den Lauf der folgenden Erfahrung zu leiten, vermehrt" (a.a.O., S. 108). Handeln ist somit nur der Ausgangspunkt eines Prozesses, der das eigentliche Lernen ausmacht. Eine Handlung bekomme dann mehr Bedeutung, wenn sie "der vermehrten Wahrnehmung der Beziehungen und Zusammenhänge der Tätigkeiten, in die wir verwickelt sind", entspreche. Eine derartige Erfahrung diene auch der Zukunft, weil sie "eine vermehrte Fähigkeit zur Lenkung oder Beherrschung" ermögliche. Man könne besser voraussehen, wenn man wisse, was man tue (a.a.O., S. 109).

Den wesentlichen Fortschritt gegenüber Herbarts Formalstufen sieht Dewey darin, dass bei Herbart das "Vorhandensein bestimmter aktiver Funktionen in einem Lebewesen unbeachtet" geblieben sei. Dieser habe dem "Einfluss der intellektuellen Umgebung auf den Geist" zu viel Bedeutung zugemessen und den "persönlichen Anteil an gemeinsamer Erfahrung" vernachlässigt (a.a.O., S. 101f.). Erfahrung werde zur bildenden Erfahrung, wenn auf unmittelbares Handeln verzichtet werde zugunsten der oben dargestellten wissenschaftlichen Methode eines ganzen Problemlösungsgangs, ein Zeit beanspruchendes, methodisches Vorausdenken – eben ein die Projektmethode charakterisierendes Projizieren.

Oelkers (1989d, S. 96) misst Deweys Vorstellung eines sich ständig neu organisierenden Unterrichts besondere Bedeutung bei, verfolge dieser doch im Gegensatz zu vielen reformpädagogischen Modellen keine zielgerichtete Einwirkung auf das Kind, keine festgelegten Abfolgen von Erziehungsschritten. Die Erzieherinnen und Erzieher arbeiteten also nicht mit einer Vorstellung der wünschenswerten Vollkommenheit eines Kindes, der Bezugspunkt sei einzig die lernende Erfahrung; sie stehe anstelle von pädagogisch definierter Vollkommenheit. Das Ziel der Erziehung sei sie selbst, weil sie sich wie die Erfahrung mit dem Ziel des Tuns ständig ändere.

Alle drei Merkmale des Lernens aus Erfahrung könnten für Umwelterziehungskonzepte Hilfen darstellen: Erfahrungen werden zwar als exemplarische Beispiele im Gedächtnis festgehalten, sind aber nicht als Ganzes überdauernd (vgl. 6.3.2.), müssten immer wieder neu geordnet, verstärkt und gesichert werden. Folgen Erfahrungen in der Umwelterziehung jedoch dem Zufallsprinzip oder aktuellen Anlässen (vgl. 4.1.), so ist diese Sicherung von Erfahrungsstrukturen nicht gewährleistet. Die Integration der Geschichte, wie sie Dewey im zweiten Merkmal fordert, erscheint auch in manchen Umwelterziehungskonzepten. Dass zwischen dem Lernen in der Schule und im Alltag ein Unterschied besteht, wird aber zu wenig beachtet: Nach Dewey müsste die Schule die Qualität der Erfahrung steigern durch unmittelbare Umgestaltung derselben. Dadurch werde ein eigentlicher Lernprozess ausgelöst, der nachfolgende Erfahrungen durch eine differenziertere Wahrnehmungsfähigkeit beeinflussen könne. Leisten Umwelterziehungskonzepte diese Qualitätssteigerung? Im evaluierten Projekt beispielsweise wurden Erfahrungen der Feldarbeit nicht unmittelbar reflektiert und vertieft (vgl. 2.3.2.).

7.4.3.3. Die Rolle der Lehrperson bei der Auswahl von Lerninhalten

Die Lehrperson erhält in der Laborschule eine neue Rolle. Wir beziehen uns im weiteren Verlauf auf die Analyse von Bohnsack (1976), der auf die Aktualität des Themas hinweist, denn das Postulat Deweys, dass Lehrkräfte Expertinnen und Experten für Schulerziehung sein müssten, sei noch nicht eingelöst. Dewey kritisiere die traditionelle Trichter-Belehrung und die dazugehörige Dominanz der Lehrerinnen und Lehrer. Ihr Verhalten eines "Cicerone und Diktators" passe nicht mehr zur neuen Schülerrolle, die sich vom passiven Rezipienten zum aktiv Fragenden und experimentierend Lernenden entwickeln sollte; die Lehrkraft müsse sich zum "Beobachter und Helfer" wandeln. Auf zwei Merkmale, die diese Lehrerrolle als "freundlichem Teilnehmer und Reiseführer in einer gemeinsamen Unternehmung" (Dewey) kennzeichnen, wollen wir uns konzentrieren: *Die Lehrkraft definiert bei Dewey eine bildungsrelevante Stoffauswahl und wirkt als Vermittler zwischen Schülerinnen/Schülern und Stoff.* Denn die Lehrkraft trage, so Dewey, durch die grössere pädagogische

Reife, Lebensreife sowie Sachkenntnis besondere Verantwortung in der Erziehungssituation (a.a.O., S. 490f; vgl. 7.4.2.).

Der soziale Kontext und die Entwicklungsstufe der Kinder stellen Kriterien für die Auswahl von Lerninhalten dar; das Interesse für den entsprechenden Stoff wurde nicht künstlich erzeugt – die Lehrperson hatte die Aufgabe, diesen Stoff zu entdecken. Es konnte also nicht jedes Interesse der Schülerinnen und Schüler zum Projektthema werden; nur die vier Gruppen Forschen und Erkunden, Soziales, Kunst und Konstruktion förderten nach Deweys Vorstellungen Wachstum optimal. Der erzieherische Wert wurde unabdingbar an die Entwicklung kognitiver Fähigkeiten geknüpft. Die Auswahl der Inhalte und der Stoffe war also keineswegs zufällig "kindzentriert", sie wurden von der Lehrperson genau analysiert und geplant. Weiter hatte die Lehrperson objektive Bedingungen wie materielle Ausrüstung und soziale Zusammensetzung der Lernumwelt auszuwählen (vgl. Bohnsack 1976, S. 492f.).

Die zweite Aufgabe der Lehrkraft habe, so Bohnsack, darin bestanden, im traditionellen Sinne zwischen Wissenschaft/Lehrbuch und den individuellen Bedürfnissen der Schülerinnen und Schüler zu vermitteln. Die Wirkung von Unterricht habe bisher wesentlich vom Vorbild der Lehrkraft abgehangen. Diese Fixierung des Inhalts an eine Person müsse mit zunehmdem Alter der Schülerinnen und Schüler abgebaut werden. Der sich einstellende Tätigkeitsdrang werde von der Lehrkraft gelenkt, trete aber nach Deweys Vorstellungen in den Projektphasen des Unterrichts zugunsten des sozialen Ganzen und der Situation zurück. Das bedeute aber nicht, dass sie nur noch stiller Beobachter sein solle, die das Unterrichtsgeschehen vollständig in die Hände der Schülerinnen und Schüler lege. Die Qualitäten der Lehrperson würden in Anspruch genommen als Person mit Erfahrungsvorsprung, "Beobachter und Helfer", als "Vermittler zwischen Wissenschaft und Schüler" (a.a.O., S. 494f.). Für die Lösung der Probleme konnten Deweys Schülerinnen und Schüler also auf die Hilfe und auf Vorerfahrungen reiferer Menschen, auf Fach- und Buchwissen, auf wissenschaftliche Methoden zurückgreifen. Die Lehrperson achtete darauf, dass im Lösungsprozess ein wissenschaftlicher, ganzer "Akt des Denkens" genau eingehalten wurde. Dewey folgt mit seinem Erziehungskonzept also keineswegs zufälligen Tagesaktualitäten, wie das in der Umwelterziehung vorgeschlagen wird (vgl. 4.1.). Bei Dewey wächst die Erfahrung in klar vorgegebenen Strukturen, die die Lehrperson durch eine gründliche didaktische Analyse vorbereitet.

Dass diese Aufgaben neue hohe Anforderungen an die Erzieherin und den Erzieher stellten, habe Dewey erkannt und deshalb eine neue, professionellere Lehrerbildung gefordert, die auf fundierten psychologischen Kenntnissen aufbauen müsse; Elemente wie Kooperationsfähigkeit im Kollegium und Elternzusammenarbeit – in Deweys Schule war systematische Elternerziehung integriert

– gehörten daher selbstverständlich zur Ausbildung von Lehrerinnen und Lehrern (a.a.O., S. 496f.).

7.4.3.4. Mögliche Bedeutung von Deweys Projektmethode für die Umwelterziehung

Deweys Unterrichtskonzept besticht durch präzise Vorstellungen der psychologischen und pädagogischen Prozesse im Lehr- und Lernvorgang. Jede Erfahrung beeinflusst die folgenden Erfahrungen, durch ständigen Umbau alter Vorstellungen werden neue Vorstellungen konstruiert. Wesentlich ist, wie dargestellt wurde, der vollständige Denkakt, in dem nicht das Handlungsprodukt den Zielpunkt des Unterrichts darstellt, sondern die Entwicklung eines *präzisen und gleichzeitig durch die ständige Umformung beweglichen Instrumentariums zur Analyse von Problemen im Alltag.* In dieser liberalen Haltung unterscheidet sich Dewey von jenen Umwelterziehungskonzepten, die Schülerinnen und Schüler ein bereits gefälltes Urteil nachvollziehen lassen (vgl. 3.4.3.). Die Verknüpfung von Flexibilität im Erfahrungsraum mit vorgegebenen methodischen Mustern könnte für die Umwelterziehung geeignet sein. Der Verzicht auf eingeübte, kontrollierbare Methoden hat im von uns untersuchten Umwelterziehungsprojekt bedenkliche Effekte gezeigt. Es entstand der Eindruck, dass in der Feldarbeit durch mangelnde Arbeitstechnik plötzlich jedes Untersuchungsergebnis möglich war und damit alles gleich (un-)wichtig wurde (vgl. 2.3.2.3.).

Dewey stützt sich bei der Problemlösung auf vorhandenes *Fach- und Buchwissen* sowie auf *Führungsqualitäten der Lehrperson.* Der Projektunterricht wird durch systematische Lehrgänge, die mit traditionellen Unterrichtsmethoden vermittelt werden, ergänzt. Damit eröffnet sich auch die Möglichkeit und Aufgabe der Schule, Interesse für Unbekanntes zu erwecken. In der Umwelterziehung wird die Projektmethode als zentrales Element dargestellt und auf eine systematisch aufgebaute Methodik verzichtet (vgl. 7.5., 7.9.). Wir denken, dass dieser Verzicht mit einem unzulänglichen Verständnis der Funktion von Methoden begründet wird: Methoden werden als Mächte betrachtet, die für mechanisches Denken und geistloses Handeln stehen und nicht im ursprünglichen Sinn von Kräften, die der Erschliessung von Inhalten dienen.

Drei Elemente der *Kritik an Dewey* dürften auch für die Diskussion zum Projektunterricht in der Umwelterziehung anregend sein: Die *Determinierung des Erziehungszieles*, die enge *Verknüpfung von Wahrheit mit Handeln* und Erkennen sowie der *schülerzentrierte Ansatz*. Schwerdt (1959) bemängelt die einseitige Ausrichtung des Erziehungszieles auf das sinnvolle soziale Handeln, das die Schüler rastlos in Anspruch nehmen solle. Dewey verneine ein ausserhalb des Menschen liegendes Erziehungsziel und widerspreche so der angestrebten Dynamik des Erziehungsziels. Für Dewey sei der Lerngegenstand lediglich ein Mittel, mit dem die Tätigkeit gelenkt werden könne. Schwerdt glaubt nicht, das manuelles Tun an sich vernünftig ist. Dinge hätten auch ein Wesen, seien Kreatur. Der Mensch werde durch die Kreatur zum Kreator und könne so zu letzten Erkenntnissen über das Wesen der Dinge und so zur Wahrheit gelangen (a.a.O., S. 343–345). Diese Kritik Schwerdts ist nicht auf die Umwelterziehung übertragbar, wird dort doch gerade das Schöpferische, Wesenhafte, Kreative des Handelns betont und vor die kognitiven Lernleistungen gestellt. Als problematisch erweist sich die daran geknüpfte Hoffnung, dass Schülerinnen und Schüler durch entsprechende Erfahrungen zu einer persönlichen Wahrheit gelangten, die schliesslich umweltgerechtes Handeln fördern werde (vgl. Pfaffrath und Wehnert 1982, S. 7; Zimmermann 1989, S. 22; 6.1.). Zwei Argumente sprechen gegen diese Hoffnung: Erstens lässt sich empirisch nicht nachweisen, dass eine positive Einstellungen zur "Kreatur" auch tatsächlich verhaltenswirksam ist (vgl. 5.2.). Zweitens ist die vermeintliche Schwäche von Deweys säkularer Pädagogik gleichzeitig deren Stärke: Dewey setzt auf Aufklärung und nicht auf Glaube und Hoffnung, wenn er Schülerinnen und Schüler mit der oben beschriebenen Methode handeln lässt. Und dies bedingt auch, dass kein letztlich begründbares Erziehungsziel gesetzt wird, weil dieses nur metaphysisch bestimmt werden könnte.

Dewey verkenne, so kritisiert Schwerdt (1959, S. 353) weiter, den Stellenwert von Vorstellungen, wenn er schreibe, "eine für sich bestehende, von jeder Handlung losgelöste Erkenntnis taugt nichts". Während in Herbarts Pädagogik alte Vorstellungen mit neuen verknüpft werden sollen, sei in Deweys pragmatischer Lehre *Erkennen an Handeln geknüpft*. Vorstellungen seien aber weitgehend von der Handlung lösgelöste Erkenntnisse. Die pragmatische Erkenntnistheorie habe nicht erkannt, dass es durchaus Wahrheiten gebe, die vom Handeln lösgelöst seien. Dewey verfolge eine biologistisch fundierte Erkenntnistheorie, das Erkennen als reine Funktion des Nervensystems reiche aber nicht aus für "die philosophische Fundierung der pädagogischen Aufgabe, den Schüler auf den Weg der Wahrheit" zu führen (a.a.O., S. 351). Dieser Kritik muss sich auch die Umwelterziehung stellen. Schon aus Gründen des ökonomischen Umgangs mit der Zeit kann sich die Umwelterziehung nicht nur auf handelnd erworbene Erkenntnisse abstützen. Die Idee, nur handelnder Umgang mit Umweltproblemen könne zu umweltgerechtem Verhalten führen, entspringt wohl der irrigen Annahme, dass Menschen vor allem handelnd lernten. Eine Pauschalisierung dieser Ansicht müsste dort aufgehoben werden, wo Erkenntnisse auch durch Denkprozesse, die geistiges Handeln sind (vgl. 6.4), erworben werden können.

Anregend sei, so Bohnsack (1976, S. 545), eine Kritik Grays (1952), der darauf hinweise, dass sich, wenn nur noch von den Interessen des Kindes ausgegangen werde, keine "Atmosphäre des Protests" entwickeln könne. Dieser *Widerstand sei aber Voraussetzung für die Reife als Freiwerden von Autorität*. In ähnliche Richtung ziele auch Weinstocks Kritik, der in diesem Zusammenhang eine Harmonisierungstendenz bei Dewey feststelle, die er als Anpassungspädagogik bezeichne (ebd.). Dass die Meinungen in diesem Punkt geteilt sind, wird bei Semmerling (1987, S. 20f.) deutlich, der vermehrt Projekte fordert, weil diese gerade die Konfliktfähigkeit, den Widerstand und die notwendige Protesthaltung stützten, und auch Schweingruber (1984, S. 110) sieht im Projektunterricht eine Chance, der Konfliktarmut der traditionellen Schulkultur entgegenzuwirken (vgl. 7.6.2).

7.5. Die Projektmethode bei Kilpatrick: "kindzentrierter Sentimentalismus"?

Kilpatrick hat mit seinem 1918 publizierten, "epochemachenden" Aufsatz "The Project Method" Wesentliches zum Projektboom in den USA, der um 1920 seinen publizistischen Höhepunkt erreichte, beigetragen: *Fast jede Tätigkeit im Unterricht wurde als Projekt deklariert*, seit Kilpatrick provozierend ein Projekt als "absichtsvolles Tun aus ganzem Herzen" definierte (vgl. Knoll 1988, S. 510–514). Bedingungen der Projektmethode sind neben dem absichtsvollen Tun ein starkes individuelles Interesse und schülergerechte Handlungsmöglichkeiten. Wertvolles Leben ergebe sich am besten aus "zweckvollen Tätigkeiten", die "ausreichend schwierig" seien (Kilpatrick 1935, S. 74).

7.5.1. Der Projektbegriff bei Kilpatrick

Kilpatrick wird zu Unrecht als Vertreter und Umsetzer von Deweys Projektphilosophie angesehen. Wie Knoll (1992) belegt, besteht zwischen Deweys und Kilpatricks Projektidee ein Gegensatz, der "grösser kaum sein könnte" (a.a.O., S. 105), an einer Stelle nennt er Dewey einen "kinderorientierten Pragmatisten", Kilpatrick aber einen "kindzentrierten Sentimentalisten" (a.a.O., S. 99). Einige Punkte dieses Gegensatzes werden hier zusammengefasst wiedergegeben, denn die vermeintliche Identität der Konzepte von Dewey und Kilpatrick hat auch für die Umwelterziehung und das untersuchte Projekt tiefgreifende Folgen, wird doch eine auf Intuition basierende Absicht vor ein kognitives Konzept gestellt (vgl. 7.8.). Vorerst wird aber Kilpatricks didaktisches Konzept mit den Schwerpunkten Gesellschafts- und Schulkritik, Kindzentrierung, Aufgabe des Lehrplans und des Erziehers aufgrund der Ausführungen in seinem Werk "Der Projekt-Plan" (1935) dargestellt.

7.5.2. Kilpatricks Erziehungsideal

Ähnlich wie Dewey beklagt Kilpatrick die mangelhafte Erziehung in der modernen Industriegesellschaft und fordert deshalb: "Da das natürlich erziehende Leben verlorengegangen ist, muss jetzt eine Erziehung in natürlichen Lebensformen beschafft werden." Kilpatrick glaubt, dass der Mensch Weltverstehen brauche, um "soziale Probleme in dem Masse zu sehen, in dem sie wirklich bestehen" (Kilpatrick 1935, S. 60). "Erziehung", so fasst Kilpatrick seine Schulkritik zusammen, "ist der Vorgang gewesen, durch welchen diejenigen, welche zur Zeit das Heft in der Hand hatten, bestimmten, was die kommende Generation denken und tun sollte" (a.a.O., S. 38). Erziehung solle deshalb den jungen Leuten ermöglichen, "ihren Kurs inmitten des Wandels beizubehalten". Deshalb müssten die Jugendlichen fähig werden, über ihre "Angelegenheiten selbst weise zu entscheiden. Wir, als die Älteren, müssen schliesslich auf allen und jeden Anspruch der Souveränität verzichten. Die eine Generation kann die nachfolgende nicht mehr an ihre Lösungen binden" (a.a.O., S. 55).

Wie könnten die individuellen Erfahrungen intensiviert werden? Kilpatrick nennt drei Bedingungen: Vorerst müsse eine freundliche, *gesellige und nützliche Lerngelegenheit* geschaffen werden; dann gelte die Lernregel, dass Üben nicht unbedingt Lernen bewirke, *entscheidend sei der Erfolg beim Lernen*: "Wir lernen nur das, was gelingt"; schliesslich sei der wichtigste Faktor für die Anwendung des früher Gelernten die *deutliche Ähnlichkeit zwischen Altem und Neuem*, wobei die Tendenz der Erinnerungsassoziation um so stärker sei, "je gefühlsbetonter die Verbindung (...) war". Darum müsse das Schulleben möglichst ähnlich dem Leben ausserhalb der Schule gestaltet werden (a.a.O. S. 62–65).

Vor diesem Hintergrund fordert Kilpatrick eine konsequente, die freie Entfaltungsmöglichkeit der Kinder fördernde Erziehung, die demokratische Tugenden wie Selbständigkeit, Vorstellungskraft und Handlungskraft am besten steigern könne (a.a.O., S. 61). Die *Projektmethode wird als Unterrichtsprinzip ausgegeben*, Lehrmethoden, die Unterrichtsstoff systematisch aufbauen, werden geringgeschätzt. Persönliche Erfahrung gebe dem Menschen Freiheit, weil er das, was andere geschaffen und gelehrt hätten, anwende und es zu eigenen Zielen, für Zwecke, die er fühle und wolle, verwende (a.a.O., S. 71).

Erzieherinnen und Erzieher könnten den Schülerinnen und Schülern einen "wirksamen Zugang zu unserem Vorrat an nützlichen Tatsachen geben. Insbesondere können wir ihnen einen klugen Überblick über unsere besten Angriffsmethoden geben einschliesslich der Methode, Methoden zu kritisieren" (a.a.O., S. 55). Die Lehrkräfte müssten vieles bereithalten, was gebraucht werde wie etwa Kenntnisse, Quellen für Kenntnisse oder besondere Methoden (a.a.O., S. 78). Dieses Wissen und Können solle den Schülerinnen und Schülern aber nicht in speziellen ergänzenden Lehrgängen vermittelt werden, sie seien integraler Bestandteil der einzig richtigen Unterrichtsmethode, des Projekts. Die Lehrkraft hat lenkende Funktion im Unterricht: "Schülerunternehmungen, die richtig gelenkt werden, rufen Nachdenken hervor, und sie üben und sichern es, wie nichts anderes" (a.a.O., S. 74). Absicht und Einstellung zum Lernen gedeihten dann am besten, "wenn die Schüler tätig an Unternehmungen teilnehmen, die sie als ihre eigenen empfinden und für die sie Verantwortung übernehmen". Aus "zweckvollen Tätigkeiten", die "ausreichend schwierig" seien, entwickle sich wertvolles Leben (ebd.).

7.5.3. Vergleich von Dewey und Kilpatrick: Der verhängnisvolle Wandel vom "planvollen" zum "absichtsvollen" Tun

Nach Knoll (1993) beruhen Kilpatricks und Deweys Forderungen auf den Lerngesetzen Thorndikes, die besagen, dass befriedigendes, den Neigungen der Lernerinnen und Lerner folgendes, handelndes Lernen eher wiederholt werde und bessere Lernerfolge zeige als Handeln unter Zwang und Ärger; Kilpatrick lehne also wie Dewey jeglichen Zwang und Disziplinierungsmassnahmen ab (a.a.O., S. 61). Vergleichen wir Kilpatricks Ideen eines schülerzentrierten und lebensbezogenen Unterrichts mit jenen Deweys, so ist die bisher gebräuchliche Auslegung einer konzeptionellen Nähe der beiden Pädagogen verständlich. Es ist ein Verdienst Knolls, einige für die Interpretation der Projektmethode entscheidenden Unterschiede zwischen den beiden Autoren erarbeitet zu haben, weswegen Kilpatrick von Knoll, der sich auf Bode bezieht, schliesslich wenig schmeichelhaft als "kindzentrierter Sentimentalist" bezeichnet wird.

Auffallend sei zunächst Kilpatricks pauschalisierende Wortwahl: Die Schule solle "natürlich erziehen", "Weltverstehen" fördern, "Leben, wirkliches Erfahren" ermöglichen. Im Lernprozess sei die "gefühlsbetonte Verbindung von Altem und Neuem", seien Unternehmungen, die Schülerinnen und Schüler "als ihre eigenen empfinden", wichtig. Knoll (1992) bringt den Unterschied zu Dewey auf den Punkt: "Bei Kilpatrick meint Projektieren "Beabsichtigen", d.h. das Bedürfnis haben, etwas zu tun. Bei Dewey dagegen bedeutet Projektieren

248

"Planen", d.h. zu überlegen, wie ein Problem gelöst werden kann. Dewey und Kilpatrick beziehen den Begriff also auf verschiedene Phasen des Denkprozesses. Während ihn Kilpatrick mit der ersten Phase, der Phase der Bereitschaft und Motivation verknüpft, verbindet ihn Dewey mit der zweiten Phase, der Phase der Reflexion und Planung. Dies festzuhalten ist wichtig, denn hier offenbart sich der – fundamentale – Unterschied zwischen den Erziehungsvorstellungen von Dewey und Kilpatrick. Im Gegensatz zu Kilpatrick, der die Motivation des Kindes zum eigentlich pädagogischen Moment erklärt, rückt Dewey das methodische Denken und das intelligente Handeln ins Zentrum des Unterrichts" (a.a.O., S. 98). Knoll präzisierte 1993 diese Bruchstelle zwischen Dewey und anderen Projektkonzepten wie jenem Kilpatricks. Der Projektbegriff setze sich über traditionelle Bedingungen des Lernens hinweg (Lehrkräfte, Lehrpläne und Instruktion) und psychologisiere ihn so, dass nur noch die Schülerorientierung entscheidend sei. Die beiden traditionellen Bedingungen des Projekts, Wirklichkeitsorientierung und Produktorientierung, würden so bedeutungslos (vgl. Knoll 1993, S. 61). Weshalb dieser fundamentale Unterschied nicht längst aufgedeckt worden sei, erklärt Knoll mit der unzutreffenden deutschen Übersetzung von Kilpatricks Definition des "Projekts" im Aufsatz "The Project Method", 1935: "hearty purposeful act" sei nicht als "herzhaft absichtsvolles Tun", sondern unverständlicherweise als "herzhaftes planvolles Tun" übersetzt worden. Was Kilpatrick als motivationalen Ansatz verstanden habe, erscheine in der Übersetzung von Wiesenthal als kognitives Konzept (Knoll 1992, S. 98).

Gemeinsames Element von Dewey und Kilpatrick sei, so Knoll, die Verknüpfung von Inhalt und Methode; trennend der fundamentale Unterschied in der Art, wie dies geschehen solle: Dewey wolle den Dualismus von alter und neuer Erziehung überwinden und setze das Projekt als eine Möglichkeit unter vielen ein, Kilpatrick mache aus dem *Projekt ein didaktisches Prinzip*, das durch freies und selbstbestimmtes Handeln demokratische Prozesse verstärken solle: Das absichtsvolle Handeln sei "die typische Einheit des wertvollen Lebens in einer demokratischen Gesellschaft". Es müsse darum zur "typischen Einheit des Schulverfahrens gemacht werden" (a.a.O., S. 104).

Kilpatricks Konzept unterscheidet sich nach Knoll aber auch in anderer Hinsicht von dem Deweys: Kilpatrick verlange eine Neuorientierung des Unterrichts. Während Dewey das Projekt als spezielle Methode neben anderen sehe (vgl. 7.4.3.2.), erkläre Kilpatrick das Projekt zur generellen Methode (Knoll 1992, S. 101). Unter dieser Optik erschienen auch Kilpatricks Vorstellungen in "The Project Method" in einem neuen Licht: Kilpatrick (1935) denkt, dass die natürliche Erziehung mit dem traditionellen Lehrplan nicht möglich sei. Die Schülerinnen und Schüler müssten fähig werden, eigene Werte, eine eigene Kultur aufzubauen, denn die Erwachsenen könnten nicht länger als Vorbilder gelten. Wie Dewey ist Kilpatrick nicht der Meinung, dass der Lehrplan den Bedürfnissen der einzelnen Schülerinnen und Schüler gerecht werden könne, weil sie sich immer mehr als eine Nummer vorkommen müssten. Das führe zu "Aussichtslosigkeit für das Denken wie für den Einfluss" (Kilpatrick 1935, S. 45f.). Der selbst festgesetzte Lehrplan bestehe aus einer Abfolge von Schülererfahrungen, "die am besten den kontinuierlichen Aufbau der wirklichen Erfahrung herbeiführen und begründen". Die Schülerinnen und Schüler müssten sich selber einen Weg zurechtlegen, der ihnen erlaube, "ihren Kurs inmitten des Wandels beizubehalten" (a.a.O., S. 76).

Bei der Projektmethode unterscheiden sich die beiden nach Knoll ebenso grundlegend: Dewey wolle mit der Methode den Denkprozess innerhalb eines Curriculums fördern, Kilpatrick setze sich über den Lehrplan hinweg und stelle die Absichten des Kindes an den Anfang und das Ende des Lernprozesses. Dewey, so Knoll, habe diese Unterschiede erkannt und sich deshalb in seinen Werken nach 1918 immer häufiger und vehement gegen diese Art von progressiver Erziehung – und so indirekt gegen Kilpatrick – gewendet (vgl. Knoll 1992, S. 104f.). Das Konzept Kilpatricks, so Knoll (1993, S. 61f.), sei bereits von dessen Freund Bode kritisiert worden, weil Kilpatrick das zentrale Element, nämlich das "planvoll, zielgerichtete Vorgehen", die Ziel-Mittel-Relation, einer methodischen Anleitung entrissen und durch die "Einstellung", einen psychologischen Begriff, ersetzt habe. Denn, so argumentiert Knoll mit Bode, anders, als Kilpatrick erwarte, garantiere die vollständige Psychologisierung des Unterrichts jedoch keineswegs, dass das Kind systematisch und logisch denke, ehe es seine Absichten praktisch durchführe. Damit der Unterricht die Erfahrungen und Fähigkeiten hervorbringe, die sich nicht einfach durch freies und spontanes Handeln einstellen, müsse das Kind vielmehr einem Curriculum unterstellt werden, das wissenschaftlich und methodisch aufgebaut sei (vgl. 7.4.2.).

Knolls Kritik an Kilpatrick zeigt auf, dass die reformpädagogischen Projektkonzepte von Dewey und Kilpatrick keineswegs übereinstimmen. Im weiteren Verlauf der Darstellung stützen wir uns auf die Konzepte von Dewey und Frey, weil beide gut fundiert sind und Kilpatricks Projektmethode, so einflussreich sie auf Projektideen seit Beginn des Projektbooms auch gewesen sein mag, in vielen Bereichen eine Stellung zwischen Dewey und Frey einnimmt: Kilpatrick verlegt den Schwerpunkt des Projekts wie Frey in die Anfangsphase, indem er jedes absichtsvolle Tun als bildungswürdig einstuft, unterscheidet sich jedoch deutlich in seiner Ausschliesslichkeit von Frey und Dewey, da für ihn die Projektmethode der beste Weg zur Bildung schlechthin ist.

7.5.4. Mögliche Bedeutung von Kilpatricks Projektmethode für die Umwelterziehung

Kilpatricks Projektmethode hat Spuren in Projekten der Umwelterziehung hinterlassen, deutlich wird das bei Schweingruber (1984), der Dewey mit zwei Sätzen erwähnt, bevor er ausführlich auf Kilpatricks Projektmethode eingeht (a.a.O., S. 24–27). Es entsprach wohl der Stimmung nach 1968, wenn Kilpatricks Projektmethode als ideale Unterrichtsmethode rezipiert wurde. Deweys Methodenpluralismus wäre kaum als ideologisches Instrument zur Schulreform zu verwenden gewesen. Folgende Merkmale aus Kilpatricks Projektmethode sind auch häufig in der Umwelterziehung anzutreffen:

– Das absichtsvolle Tun tritt anstelle von Deweys planvollem Tun. Methodisches Denken und intelligentes Handeln tritt in den Hintergrund. Der Wert von systematisch aufgebautem Wissen wird negiert, was problematisch ist, weil so die Türen für ideologische Argumentationen und einfache, fundamentalistische Lösungen geöffnet werden (vgl. 1.2.1.; 4.2.)

– Dewey und Kilpatrick verknüpfen Inhalt und Methode. Kilpatrick erklärt die Projektmethode aber zu einem didaktischen Prinzip, während Dewey auch andere Methoden im Unterricht einsetzt.

– Ausgangspunkt und Ziel der Projektmethode Kilpatricks sind, im Gegensatz zu Dewey, alle möglichen Interessen der Kinder. Sie bestimmen Inhalt und Verlauf der Projekte (vgl. 7.7.4.).

– Die Lehrkraft ermöglicht den Schülerinnen und Schülern die Realisierung jeglicher Anliegen, lenkt deren Aufmerksamkeit unauffällig. Eine didaktische Analyse und der konsequente Aufbau von Methoden und Erfahrungen wird, anders als bei Dewey, vernachlässigt.

7.6. Beginn des Projektbooms in Westeuropa nach 1968: basisdemokratisch und emanzipatorisch

Der Projektboom in Europa beginnt mit der in weiten Zügen wenig veränderten Übernahme von Kilpatricks Projektmethode. Dasselbe gilt auch für viele Umwelterziehungsprojekte zu Beginn der siebziger Jahre. Suin de Boutemard (1986) macht auf eine interessante Entwicklung bei Kilpatrick in den vierziger Jahren aufmerksam, der die "Didaktik des Projektverfahrens" nicht mehr in der Schule, sondern besser in der Sozialarbeit aufgehoben sah (a.a.O., S. 60). Lebt die Projektbewegung in Europa einem Projektideal nach, das vom Urheber selbst aus der Schule genommen wurde?

7.6.1. Das politische Umfeld

Im Umfeld der Studentenbewegung von 1968 entwickelte sich in Westeuropa (ausser in Frankreich und Italien) ein aussergewöhnliches Interesse für die Projektmethode. Bis zu jenem Zeitpunkt wurde diese Unterrichtsmethode kaum diskutiert und publiziert, auch nicht während der amerikanischen oder sowjetischen Projektblüte. Den Höhepunkt erreichte der Boom publizistisch um 1980. Petri (1991) erklärt sich dieses Phänomen wie folgt: "Der mit der basisdemokratisch-emanzipatorischen Studentenbewegung verbundene tiefgreifende Mentalitätswandel sowohl unter den wissenschaftlichen Pädagogen als auch unter den Lehrern, insbesondere der jüngeren Generation, hat vielfach eine radikale Wendung weg vom lehrergeleiteten, "eintrichternden" Frontalunterricht hin zu Formen des schülergesteuerten, bedürfnisorientierten, lebensweltbezogenen Lernens bewirkt" (a.a.O., S. 273).

In den siebziger Jahren standen Kontakte der Schule mit der Realität, der Aussenwelt im Vordergrund: "Projektorientiertes Lernen signalisiert eine neue Art von entschultem schulischem Lernen, das das Leben, gesellschaftliches Handeln, mit einbezieht und zum Ausgangspunkt für Erkenntnisprozesse und Qualifizierung macht" (Schweim 1976, S. 7). Neu war in den Forderungen der siebziger Jahre die Verstärkung der politischen Dimension der Projektarbeit: "Es muss gefragt werden: Welche Erfahrungen und welche Interessen bestimmen Schule und Unterricht? Ein politisch verstandener Projektunterricht kann sich nicht auf einen allgemeinen Begriff von Emanzipation berufen, sondern muss sich, auf klassenspezifische Erfahrungen einlassend, auf einen parteilichen Standpunkt beziehen", projektorientierter Unterricht richte sich damit "gegen die bürgerliche Klassenschule und Arbeitsteilung" (Scholz 1976, S. 84f.).

Es wird schwierig sein, ein einheitliches Projektbild der letzen drei Jahrzehnte aufzuzeichnen. Frey (1993) referiert Suin de Boutemard, für den der Projektgedanke 1973 "als Symbol der Hoffnung auf mehr Demokratie, mehr Gerechtigkeit und höheren Gewinn für das Leben" gestanden habe. Der Projektgedanke, so Frey, habe ein "Programm gegen die Verkalkung von Institutionen und die Versteinerung von Inhalten" abgegeben (a.a.O., S. 47). Wir skizzieren stellvertretend für diese Zeit die Projektideen Schweingrubers als Beispiel eines Autors, der vor allem Kilpatricks politisches Anliegen auf die siebziger und achtziger Jahre überträgt.

7.6.2. Schweingrubers Konzept als Beispiel für basisdemokratisch-emanzipatorisch verstandenen Projektunterricht

Der Berner Projektbuchautor und Primarlehrer Schweingruber gestaltete 1969 sein erstes Projekt mit Schülerinnen und Schülern und verfasste 1973 ein Projektarbeitsbuch, darf also zu den Projektpionieren in der Schweiz gezählt werden. Projektarbeit bedeutet für den Anhänger Kilpatricks "Erziehung für eine sich wandelnde Kultur". Schweingruber (1984): "Den Titel dieses Abschnittes sowie die anschliessenden Gedanken entnehmen wir einer Arbeit von William H. Kilpatrick. Obwohl sie schon vor rund fünfzig Jahren publiziert wurde, ist sie noch heute von erstaunlicher Aktualität" (a.a.O., S. 20). Diese Aktualität wird mit den Schlagworten "soziale Verdichtung", "Gleichgültigkeit der Massen", "selbstsüchtiger Individualismus", "Beherrschung durch die Industrie" umschrieben, und deshalb wird eine Abkehr von "alten Lösungen" gefordert (ebd.). Schweingruber zitiert wiederum Kilpatrick, wenn die Schule kritisiert werden soll: "Im grossen und ganzen haben unsere Schüler nicht Demokratie, sondern Gehorsam geübt, um nicht zu sagen Unterwürfigkeit gegenüber der Autokratie." Die Schülerinnen und Schüler sollten deshalb "Angriffsmethoden (...) entwickeln, die zur Lösung von Problemen führen, die sie selbst erkannt und abgesteckt haben" (a.a.O., S. 21). Schweingruber verzichtet wohl angesichts der Parallelität der Forderungen auf eine eigene Analyse von Gesellschaft, Schule und deren Aufgabe.

Im folgenden wird das Projektkonzept Schweingrubers in groben Zügen wiedergegeben:

"1. Die Schülerinnen erkennen und formulieren selbständig das Problem, welches sie als Gemeinschaft lösen wollen." Dies sei ein Resultat eines langen, von Vertrauen gekennzeichneten Prozesses.

"2. Das Problem muss aktuell und von sozialer Bedeutung sein", z.B. ein aktuelles gesellschaftliches Problem (Energiekrise), ein Vorfall an der Schule (Drogen), eine dem Lebensalter entsprechende Frage (Pubertät).

"3. Die SchülerInnen organisieren ihre Arbeit selbst" mit Zeitplan, Arbeitsgruppen, Arbeitsverteilung und -koordination und sollen diese zu einem befriedigenden Abschluss bringen.

"4. Die Lehrperson wird zum kooperierenden Beobachter" und trage letztlich die Verantwortung für sämtliche Handlungen der Klasse.

"5. Die Synthese (der Höhepunkt, die Lösung des Problems, das Resultat der Arbeit) äussert sich in einer Form, zu der jeder Schüler stehen kann." Die Leistung werde solidarisch verantwortet.

"6. Die Synthese ist in positiver Weise über die Klasse hinaus wahrnehmbar und wirksam." Die Öffnung nach aussen geschehe nach und nach und solle nicht sensationell sein (a.a.O., S. 29f.).

Schweingruber erhofft sich vom Projektunterricht Emanzipation: "Emanzipatorische Erziehung versucht, Fremdbestimmung zugunsten von Selbstbestimmung abzubauen. Dabei bezeichnet Fremdbestimmung jede Form von Herrschaft und jede Form ungerechtfertigter, unvernünftiger und irrationaler Abhängigkeit (...). Emanzipatorische Erziehung stellt sich bewusst und vordringlich die Aufgabe, in der heranwachsenden Generation das Potential gesellschaftlicher Veränderungen hervorzubringen" (a.a.O., S. 110). Emanzipatorische Erziehung bemühe sich, "den schulischen Freiraum zu überschreiten und in anderen gesellschaftlichen Bereichen und Institutionen im Sinne der Aufdeckung und des Abbaus von Fremdbestimmungen politisch handelnd wirksam zu werden" (ebd.). Im weiteren soll Projektunterricht konfliktfördernd statt konfliktvermeidend sein, kritisches Bewusstsein und Ich-Stärke statt Anpassung fördern, in einem repressionsfreien Raum das Potential gesellschaftlicher Veränderungen schaffen, das die Reproduktion gesellschaftlicher Verhältnisse, vermeidet und schliesslich die Demokratisierung und Chancengleichheit durch das Aufzeigen von Widersprüchen zwischen Staatsverfassung und gesellschaftlichen Verhältnissen ermöglichen. Bei der Umsetzung dieser Ideen legt Schweingruber grossen Wert auf strukturiertes Vorgehen: Jeder Projektschritt wird ausführlich dargestellt und diskutiert (a.a.O., S. 39–89). Ein weiteres Merkmal sind die auf die einzelnen Projektphasen bezogenen Übungen, mit denen projektspezifisches Verhalten und Arbeitsmethoden eingeübt werden sollen (a.a.O., S. 91–108).

Schweingrubers Werk "Das Projekt in der Schule" (1984) lässt sich etwa so charakterisieren: basisdemokratisch, als Schulunternehmen vom Lehrer akribisch genau durchstrukturiert, den Arbeitsgruppen viel Selbständigkeit und Verantwortung für ihr Produkt übertragend und gruppendynamischen Prozessen Raum bietend. Eine Anlehnung an Dewey besteht allenfalls in der klaren Strukturierung, die jedoch nicht auf jene hohe kognitive Qualität zielt, sondern eher wie Kilpatrick den gruppendynamischen Prozessen hohe Beachtung schenkt. Das Resultat eines Projekts ist denn auch nicht ein präziser Denkvorgang wie bei Dewey, sondern das gemeinsame Erlebnis einer sich nach aussen öffnenden Schule. Das hier vermittelte Bild der Projektmethode ist wohl exemplarisch für viele Projekte zu Beginn der siebziger Jahre, die Frey (1993) wie folgt kennzeichnet: "Ohne Belastung durch Theorie und Administration sollen alternative Schulen und Bildungsmodelle entwickelt werden. Die Gestaltung von Lernsituationen verstand sich nicht primär als Geschäft des Nachdenkens, sondern als tätige Erscheinung, als Innovation" (a.a.O., S. 46f.). Typische Methodenmerkmale jener Zeit sind:
– ein selbständig formuliertes, aktuelles soziales Problem wird gemeinsam geplant und gelöst,

– die Problemlösung ist der Höhepunkt des Projekts. Sie wird solidarisch verantwortet und wirkt nach aussen,
– die Lehrkraft ist kooperierender Beobachter und sorgt dafür, dass sich die Schülerinnen und Schüler an ein strukturiertes Vorgehen halten (ebd.). Hier wird der Methodenansatz Schweingrubers aus zwei Gründen nicht differenziert kritisiert: Erstens ist sein Werk praxisorientiert; die geschichtliche Einordnung auf 20 Seiten (a.a.O., S. 19–38) beruht auf Kilpatricks Projektverständnis, das Erziehungsziel Emanzipation soll durch "autoritative, d.h. lenkende Erziehung" erreicht werden (a.a.O., S. 109–111). Schweingrubers Werk kann als typisches Beispiel in der Linie von Schulreformprojekten verstanden werden, die sich zwar an historischen Vorbildern orientieren, diese aber kaum kritisch reflektieren, sondern aus der Praxis der Schulrealität verändernde Impulse geben möchten. Diese Impulse wurden offensichtlich aufgenommen, denn das Buch erschien schon ein Jahr nach der Ersterscheinung in einer zweiten Auflage. Der Ansatz von Schweingruber, der, wie aufgezeigt wurde, Parallelen zu jenem Kilpatricks aufweist, wird zweitens bei Frey weiterentwickelt und soll deshalb dort diskutiert werden.

7.7. Die Projektmethode nach Frey: Projekt als idealer Curriculumsprozess

Als aktuelles Konzept einer Projektmethode referieren wir Frey, weil er Mitarbeiter der ersten Umwelterziehungskonzepte bei Bolscho, Eulefeld et al. (1981) war, als Kritiker im evaluierten Umwelterziehungsprojekt beigezogen wurde, zahlreiche Schulprojekte (z.B. "Drei Höfen" im Kanton Solothurn) begleitete und dokumentierte und schliesslich in der fünften Auflage seines Buches "Die Projektmethode" (1993) vorhandene Projektkonzepte aktualisierte.

7.7.1. Das gesellschaftliche Umfeld als Basis für erzieherische Forderungen um 1990

Fend (1988) belegt *wachsende Verwahrlosung und Verantwortungsdefizite bei Jugendlichen.* Er folgert daraus, dass innere Werte wieder gepflegt werden müssten. Fend beschreibt die schwerwiegenden Probleme, die sich aus den Bedingungen des Aufwachsens in der heutigen Zeit ergeben, und bedauert insbesondere den zunehmenden Rückgang von Erfahrungen, die auf Konsequenzen des eigenen Handelns beruhen (vgl. 6.4). Die Ursache für den Verlust an Werten schiebt Fend, Flitner referierend, der Schule selber zu: Die Schule habe sich selbst, der industriellen Tendenz von ständiger Differenzierung und Verfeinerung der Arbeitsteilung folgend, in immer höherem Masse differenziert: "Kinder und Jugendliche sind damit einerseits immer stärker aus dem Gesamtzusammenhang sinnvollen und verantwortlichen Lebens ausgegliedert worden (...), und zum andern sind innerhalb der Institutionen alle möglichen Erfahrungen reglementiert worden" (a.a.O., S. 37). Die Schule müsse deshalb, so die Konsequenz Fends, "wieder vermehrt so organisiert sein, dass Heranwachsende eine überschaubare Anzahl von Erwachsenen erleben, mit denen sie über längere Zeiträume verantwortlich zusammenleben" (ebd.).

Fend erhofft sich von Kontakten der Kinder und Jugendlichen mit verantwortlich handelnden Erwachsenen eine Ausbildung innerer Werte. Diese Aussage könnte als Vorwurf an Lehrkräfte verstanden werden, denen es offenbar wegen der Fixierung auf analytische Methoden nicht gelingt, einen ausreichend verantwortlichen Umgang mit und im gesellschaftlichen Leben zu vermitteln. Trotzdem setzt Fend klar auf die Schule, die im Moment die einzige Institution sei, die Schülerinnen und Schüler kontinuierlich begleite.

Semmerling (1987) stellt ähnliche *negative Veränderungen in der Gesellschaft* fest wie Fend und fordert deshalb vermehrtes Projektlernen in der Schule. Seine Argumente bestehen darin, dass
– Schule sich immer mehr von der Gesellschaft entkopple;
– eine längere Schulzeit, Weiterbildung, Umschulung "junge Menschen immer länger von selbstverantworteter gesellschaftlich honorierter Erwerbstätigkeit" fernhalte. Als Folge nennt er grosse Identitätsschwierigkeiten, da die Zukunft mit Selbstverantwortung weit weg liege und der persönliche Nutzen des Fachunterrichts nicht mehr erkannt werde;
– die Jugendphase immer länger, die Kindheit hingegen wegen der früher einsetzenden Pubertät kürzer werde. Kennzeichen der Jugendphase seien: Kritikbereitschaft, Spontaneität, Emotionalität, Individualisierung, Suche nach sozialer Nähe, Grenzerfahrungen, Protestbereitschaft, Subjektivierung. Das heisst, die Jugendlichen suchten Mitbestimmung, Eigeninitiative. Ja, so folgert Semmerling, letztlich trenne die Schule (vor allem der analysierende Fachunterricht) die Jugendlichen von ihrer eigenen Kultur!
– die Medien künstliche Wirklichkeiten schafften, die das Leben "entsinnen" würden. Davon sei die Gesamtpersönlichkeit betroffen (a.a.O., S. 19–23).
Semmerling fordert aufgrund der besonderen Probleme der modernen Gesellschaft zwei Handlungsbereiche, die in Projekten gefördert werden sollten: Durch *kommunikative Verständigung* sucht eine Klasse/eine ganze Schule Rahmenbedingungen für die gemeinsame und individuelle Arbeit. Und zweitens soll der/die Einzelne durch das *Leben, Lernen, Arbeiten in einzelnen Pro-*

jekten mit persönlichem Interesse bei Aufgaben und Problemlösungen lernend teilnehmen (ebd.).

Semmerling beschuldigt die mit falschen Methoden arbeitende und viel zu lange dauernde Schule, für Identitätsprobleme der Jugendlichen verantwortlich zu sein. Gleichzeitig setzt auch er wie Fend auf die Schule, aber eben eine andere. Dabei bleibt diskutabel, ob mit den beiden erwähnten Handlungsbereichen gerade jene Defizite behoben werden können, die er kritisiert. Denn wer garantiert, dass Jugendliche durch kommunikative Verständigung in selbstgewählten Themenbereichen Identitätsprobleme angehen können? Semmerlings Vorschlag tendiert in die Richtung einer konfliktarmen Schule und weicht damit möglicherweise den Kennzeichen der Jugendkultur wie Protest- und Konfliktbereitschaft oder der Suche nach Grenzerfahrungen gerade aus. Es stellt sich auch die Frage, wie die Schule in diesen Gebieten überhaupt Erfahrungen ermöglichen könnte und ob sie das tun sollte.

Frey (1993) kritisiert die Schule nur am Rande, fragt sich aber, ob die herkömmliche Schule den Anforderungen der modernen Gesellschaft genügen könne, und zitiert als Beispiel eine Studie von Nuthall und Snook aus dem Jahr 1977, die die Schüleranteile am Unterricht thematisierte: 18 bis 22% des Unterrichts gestalte der Lehrer alleine, 20 bis 30% der Zeit finde in Frage-Antwort-Form statt, 14 bis 24% der Zeit würden die beiden ersten Formen kombiniert und in 25 bis 45% der Zeit würden die Schülerinnen und Schüler bei individueller Arbeit beaufsichtigt. Frey folgert: "Insgesamt fehlt vor allem das Tun der Schüler, das sie selbständig durchführen und mitverantworten müssen" (a.a.O., S. 58).

Unsere Darstellung sollte aufzeigen, dass die Projektmethode sowohl mit gesellschaftlichen wie auch pädagogischen Argumenten legitimiert werden kann, ermöglicht sie doch vor allem auf dem Gebiet der Sozial- und Selbstkompetenz Qualifizierungsmöglichkeiten, die sonst kaum zu erreichen wären. Die Projektmethode muss aber im Bereich der Sachkompetenz mit Zielkonflikten leben, vor allem, wenn sie als *das* Mittel der Schulreform angesehen wird.

7.7.2.   Der Projektbegriff bei Frey

Frey (1993) besinnt sich in der neuesten Ausgabe des Buches "Die Projektmethode" auf die *inneren Aufgaben der Schule*, ohne den Anspruch auf Kontakte nach aussen zu negieren. Der Unterricht in Projekten, wie man den Weg Schweingrubers auch bezeichnen könnte, wandelt sich zur Projektmethode: Nicht mehr die von Lehrerinnen und Lehrern intendierten Inhalte und politischen Absichten stehen im Vordergrund des Projekts, sondern vielmehr die Prozesse, die sich während der Projektarbeit abspielen. Projektlernen wird zu einer auf Interaktion bauenden Unterrichtsmethode, die methodische und gruppendynamische Prozesse ins Zentrum rückt. Wichtige Elemente sind deshalb neu die dialogischen Prozesse, die in den "Fixpunkten" und der "Metainteraktion" stattfinden. In den Fixpunkten betrachtet die Gruppe die inhaltlichen und methodischen Prozesse während des Projekts, in der Metainteraktion werden die gruppendynamischen, vom Projektthema unabhängigen Prozesse innerhalb der Lerngruppe betrachtet. Im Mittelpunkt des Unterrichts steht nicht wie etwa bei Dewey ein Gegenstand, ein Sachthema, sondern das Lernen an sich, genauer: Das eigentliche Thema des bildenden Lernens ist das "Bewusstmachen von individuellen und gemeinsamen Lernprozessen". Im Vordergrund steht bei Frey der Weg zur Bildung. Wie sieht Frey diesen Weg zur Bildung?

Ein idealer Weg liegt für Frey wie erwähnt in der Projektmethode, der nach ihm offensten aller Lernmethoden, die aus den Interessen der Teilnehmerinnen und Teilnehmer heraus ein Betätigungsfeld entwickle. *Die Qualitäten und Fragen der Teilnehmerinnen und Teilnehmer bestimmen weitgehend den Projektverlauf.* In seiner Begründung der Projektmethode stützt sich Frey auf seine Auffassung der Curriculumstheorie, die besagt, dass alles Bildung werden kann. "Der einzige Weg, über den Bildung bestimmt werden könnte, ist die Entstehung von Bildung – genauer: die Art und Weise, wie es zu dem kommt, was man eine Bildungsveranstaltung oder an deren Ende Bildung nennen könnte. Oder als Formel: die Qualität der Generierung von beabsichtigten Lehr- und Lernsituationen" (a.a.O., S. 23f.). Da die Entstehung von Bildung aufgrund der dargestellten Projektmerkmale das Entstehen von Fähigkeiten ins Zentrum der Überlegungen stellt, stellt sich die Frage, weshalb nicht von Beginn weg jeder Lernstoff projektartig vermittelt wird. Denn: "Idealerweise sind die zu Bildenden schon in die Beratung solcher Anfänge einbezogen", wie das bei der Projektarbeit vorgesehen sei (a.a.O., S. 24).

Nach Frey kennzeichnen vier Elemente den Bildungsprozess und unterscheiden so alltägliches Handeln von Bildung: erstens die *Zielorientierung* wie Solidarität, Autonomie oder Verantwortung als Bürgerinnen und Bürger; zweitens die *Interaktion* in einem vorher vereinbarten Rahmen; drittens die *situative Distanz*, d.h. die kritische verbale wie nonverbale Auseinandersetzung mit dem Gegenstand, und schliesslich die spezifische Reflexion des ablaufenden curricularen Prozesses (a.a.O., S. 25–28).

Alle vier Elemente des Bildungsprozesses sind durch zwischenmenschliche Auseinandersetzungen geprägt. Nach Frey steht "Metainteraktion" im Zentrum der Projektmethode, denn "erst wenn man sich von der blossen Routine löst, entsteht Bildung" (a.a.O., S. 25). Die folgenden für die Projektmethode typischen Aktivitäten können jenen Prozess veranschaulichen, die aus alltäglichem Handeln bildendes Handeln machen sollen: "Liegt eine Initiative für ein Projekt vor, setzt eine Diskussion über die Wünschbarkeit ein. Die Teilnehmer äussern ihre Bildungsinteressen (...), erörtern Sinn und Nutzen der Initiative" und "versuchen, sich über die Vorhaben und Vorschläge zu verständigen." Es entstünden dialogische Prozesse, denen "eine Auseinandersetzung in einem vereinbarten Rahmen" folge. In der unmittelbaren Projekttätigkeit sollen die Teilnehmerinnen und Teilnehmer in "regelmässigen Abständen innehalten" (a.a.O., S. 23–28). Eine betonte, projektspezifische Reflexion spiegle vor allem "die gruppenbezogene Ausprägung" der Projektmethode wider (a.a.O., S. 28). Frey verfolgt damit jene Linie, die auch Semmerling mit "kommunikativem Verständnis und an persönlichen Interessen lernend" gefordert hatte (vgl. 7.7.1.)

Frey legt eine allgemeine Definition des Begriffs *Projektmethode* vor: *"Der Begriff meint den Weg, den Lehrende und Lernende gehen, wenn sie sich bilden wollen."* Entscheidend sei dabei, "dass sich die Lernenden ein Betätigungsgebiet vornehmen, sich darin über die geplanten Betätigungen verständigen, das Betätigungsgebiet entwickeln und die dann folgenden verstärkten Aktivitäten zu einem sinnvollen Ende führen. Oft entsteht ein vorzeigbares Produkt" (Frey 1993, S. 13f.). Das Handeln sieht Frey nicht als zentrales Element, das Projekt brauche Probehandeln als Bindemittel in einem "erzieherischen Raum" und einen "Erzieher im Hintergrund" (a.a.O., S. 129). Die sieben von Frey aufgeführten Projektkomponenten beinhalten vor allem verbale und nonverbale Kommunikationsanlässe, zu denen auch Übungen angeboten werden (a.a.O., S. 70–169).

Für Frey umfasst der Begriff Projektmethode sowohl Inhalte (das Was) wie auch Methoden (das Wie). So umfasse die Projektmethode den weitgefassten Weg, den "Lehrende und Lernende gehen, wenn sie sich bilden wollen". Weiter sei "das konkrete Lernunternehmen, das eine Gruppe aushandelt, plant, anpackt, durchhält oder auch abbricht", gemeint. Unter dem Begriff "projektartiges Lernen" versteht Frey jene Projekte, die sich nur auf wenige Komponenten der Projektmethode stützen würden (a.a.O., S. 14).

Die letzte Einschränkung sei nötig, weil es bei der Vielzahl von Projektmerkmalen kaum möglich sei, eine allen Ansprüchen der Projektmethode genügende Form eines Projekts zu finden. Da die Projektmethode einen offenen Lernprozess darstelle, müsse jede Aufzählung von Projektmerkmalen unvollständig ausfallen.

In der Einschränkung offenbaren sich Schwächen in Freys Begriffsbestimmung, suggeriert sie doch, dass es echte Projekte gebe, die den Weg zur Bildung vollständig in die Hände der Lernenden legten. Weil aber alles Bildung werden kann, müsste eine Auswahl der schulrelevanten Stoffe getroffen werden (vgl. 4.1.). Und wer, wenn nicht auch die Lehrkraft, soll das tun, damit die Inhalte auf einem qualitativ hohen Niveau bearbeitet werden können und nicht von Zufälligkeit zu Zufälligkeit driften? Die Einschränkung zeigt noch eine zweite Schwäche: Ein Unterricht, der nicht auch einige Komponenten der Projektmethode enthält, ist kaum vorstellbar, wie Frey selbst eingesteht – denn sonst hätte nicht-projektartiger Unterricht keinen Bildungswert. Schon immer nahm Unterricht auch Impulse von Schülerinnen und Schülern auf, wurden Kommunikationsregeln diskutiert, wurde ein zeitlicher Rahmen für eine Unterrichtssequenz vereinbart. Mit andern Worten: Unterricht wäre an sich projektartig.

7.7.3. Der Konflikt zwischen schülerzentriertem Unterricht und einem Projektschema

Frey befürchtet, dass die Vorgabe von Projektstrukturen den prozessorientierten Charakter des Lernens im Projekt behindern könnte. Nur den Leserinnen und Lesern zuliebe, die in der ursprünglichen Fassung seines Buches Mühe mit der Übersicht bekundeten, skizziere er "halb widerwillig ein Schema" (Frey 1993, S. 60).
Warum will Frey auf ein Schema verzichten? Die Projektmethode ziele auf Selbstorganisation: "Weder soll – wie in den meisten deutschen Didaktiken – ein bestimmtes Kulturgut vorausgesetzt sein, das erst Bildungsinitiativen ermöglicht, noch soll die Didaktik selbst als Oberkulturgut den tätigen Menschen in den Stand der Bildsamkeit versetzen" (a.a.O., S. 61). Diese Aussage schliesst an Kilpatrick an, wonach die Erwachsenen die Jugend nicht an ihrer Kultur bilden könnten (vgl. 7.5.2.), und unterstreicht die Zielrichtung der Projektmethode: Anstelle von Bildungsinhalten treten Prozesse, die sich aus der Gruppe und den individuellen Wünschen entwickeln. Mit anderen Worten: Das Curriculum wird mit der Projektmethode neu definiert, definiert durch die Interessen der Teilnehmenden.
Das Grundmuster der Projektmethode (wider Willen) enthält folgende Komponenten:
1. Projektinitiative
2. Auseinandersetzung mit der Projektinitiative in einem vorher vereinbarten Rahmen, der von den direkt und eventuell indirekt Beteiligten ausgehandelt wird. Das Ergebnis wäre eine Projektskizze. Nach dieser Phase wie auch nach jeder der folgenden Phasen wäre ein Abschluss des Projekts denkbar, wenn die Gruppe das wünscht.

3. Die gemeinsame Entwicklung des Betätigungsgebietes. Ergebnis wäre ein Projektplan.

4. Verschiedene Aktivitäten im Betätigungsgebiet/in der Projektdurchführung, die in Einzel-, Partner- oder Gruppenarbeit stattfinden können.

5. Abgeschlossen wird das Projekt durch ein bewusst gesetztes Ende, durch Rückkopplung zur Projektinitiative oder durch Auslaufenlassen. Das Ergebnis kann von den direkt und indirekt Beteiligten oder aber von neuen Adressaten weiterverfolgt werden.

Projektkomponenten sechs und sieben bilden die im Verlaufe des Projekts immer wieder eingeschobenen "Fixpunkte und Metainteraktionen/Zwischengespräche" (Frey 1993, S. 63).

Im folgenden werden einige auch für die Umwelterziehung bemerkenswerte Punkte differenziert dargestellt. Frey charakterisiert die Projektinitiative mit den beiden Merkmalen der offenen Ausgangssituation, die alle Gegenstände zu einem Projektthema machen können, sowie dem nicht vorgegebenen Bildungswert: "Die Projektinitiative wird für die Beteiligten erst allmählich zur Bildung, indem sie sich mit ihr in einer bestimmten Weise auseinandersetzen (Komponente 2) und zu einem Betätigungsfeld entwickeln (Komponente 3)" (a.a.O., S. 62). Während des Entwurfs einer Projektskizze stecken die Teilnehmenden selbst einen Projektrahmen ab. Wesentlich sei in dieser Phase, dass sich die Teilnehmerinnen und Teilnehmer sozial durch eine Vielfalt von Kommunikationsmöglichkeiten und inhaltlich durch das Äussern von Wünschen engagierten (a.a.O., S. 64f.). Im dritten Schritt arbeiten die Teilnehmerinnen und Teilnehmer aus der Vielzahl von Vorschlägen die bildungsbedeutsamen Punkte heraus. Nicht das Resultat sei entscheidend, sondern die persönliche Färbung des Projektverlaufs. Durchführung und Abschluss des Projekts lassen sich aus der obigen Projektskizze lesen und werden hier nicht weiter kommentiert. Die Fixpunkte verstehen sich als "organisatorische Schaltstellen" und werden bei Bedarf eingeschoben. Grosse Bedeutung misst Frey der Metainteraktion bei: "Die Projektmethode sieht vor, Fragen der Zusammenarbeit in der Gruppe in gleicher Weise zu thematisieren wie die Klärung von sachlichinhaltlichen Fragen. In der Metainteraktion beschäftigen sich die Projektteilnehmer mit dem Normalgeschehen in der Gruppe, mit aufgetretenen und mit vorhersehbaren Problemen im Umgang miteinander" (a.a.O., S. 69). Mit anderen Worten entwickelt Frey die Projektmethode in die Richtung eines erweiterten Verständnisses von Handeln: Jegliche Auseinandersetzung innerhalb der Gruppe erhält dieselbe Bedeutung wie das eigentliche Handeln mit und am Gegenstand.

7.7.4. Mögliche Bedeutung von Freys Projektmethode für die Umwelterziehung

Ein Fazit sei vorweggenommen: *Zentrale Ziele der Umwelterziehung lassen sich mit der Projektmethode nach Frey nicht erreichen.* Bei der Definition der hauptsächlichen Faktoren beziehen wir uns auf das didaktische Konzept von Eulefeld et al. 1981 (vgl. 4.4.). Wir diskutieren nicht Freys Vorstellungen zur Projektmethode an sich, denn sein Konzept wurde nicht im Hinblick auf die Umwelterziehung niedergeschrieben, sondern Auswirkungen einer Privilegierung dieser Auffassung der Projektmethode in der Umwelterziehung.

Die Projektmethode erfährt nach den Vorstellungen Freys eine entscheidende Wende: Es steht nicht mehr eine schülerzentrierte Bearbeitung eines Lerngegenstandes im Vordergrund der Bildungsprozesse, sondern die Bildungsprozesse an sich. So werden etwa Methoden- und Wissensdefizite und Entwicklungen in den Fixpunkten von Projektteilnehmern dargelegt, gemeinsam diskutiert, Erfahrungen mit dem Thema ausgetauscht, nach Lösungen gesucht. In der Metainteraktionsphase werden gruppendynamische Prozesse ins Bewusstsein gehoben. Die Lehrkraft soll sich zurückhalten, möglichst keine strukturierenden Impulse geben (vgl. 7.7.1.)

Die Auffassung Freys als Grundlage der Umwelterziehung ist aus folgenden Gründen problematisch:

1. Wenn *schulische Inhalte beliebig* werden, wird die Qualifikationsfunktion (Wissensvermittlung) und die Legitimationsfunktion (Tradierung gesellschaftlicher Normen und Werte) der Schule untergraben. Da alles Bildung werden kann und die Projektteilnehmerinnen und -teilnehmer Bildungsinhalte selbst bestimmen, würden sich Schülerinnen und Schüler in der Umwelterziehung bloss mit Themen beschäftigen, die ihnen bereits bekannt sind.

2. Die Projektstrukturen werden von den Teilnehmerinnen und Teilnehmern selbst fortlaufend entwickelt. Ein wesentliches Resultat dieses Prozesses besteht in der Erfahrung des Gelingens und Misslingens von Ideen. Diese Erfahrung soll hermeneutisch in die Tiefe von Problemlösungsprozessen führen. Die Projektmethode wird in der Umwelterziehung als ideales Mittel für die Erzeugung von Umweltbewusstsein bezeichnet und überschätzt so die Möglichkeiten der Methode. Die Umwelterziehung widerspricht auch ihren eigentlichen inhaltlichen Zielen, da *umweltgerechtes Verhalten bereits vorgegeben* ist (3.4.3.) und nicht erst in einem kommunikativen Prozess bestimmt werden müsste.

3. Der Ausgangspunkt sei, so Frey, in einem idealen Projekt offen, es gebe *keinen vorgegebenen Bildungswert.* Die Form der Interaktion sowie die individuellen Bedürfnisse werden von den Beteiligten diskutiert (vgl. Frey 1993, S.

62). Diese Ausgangslage trifft für die Umwelterziehung nicht zu, der Ausgangspunkt ist stets die aktuelle Umweltsituation.

4. Des *Resultat eines Projekts* sei nicht entscheidend, meint Frey. Diese Aussage stimmt so für die Umwelterziehung nicht. In der Umwelterziehung sollen spezifische Qualitäten wie Denken in komplexen ökologischen Systemen geschult werden, und entsprechende Ziele sind mit der Projektmethode nach Frey nicht automatisch erreichbar. Die Methode scheint eher für die Thematisierung gruppendynamischer Prozesse in der Erwachsenenbildung geeignet und kann Wissens- und Methodendefizite kaum ins Bewusstsein holen.

Es scheint, dass Frey denselben Fehler wie Kilpatrick begeht: Nicht Methoden, Fertigkeiten oder Inhalte sind gefragt, nur Prozesse. Alles ist gleich (un-) wichtig, Hauptsache, es steckt eine Absicht dahinter (vgl. 7.5.3.). Allerdings muss erwähnt werden, dass Frey die Projektmethode nicht als den einzigen – wenn auch den idealen Weg – zur Bildung sieht. Diese Methode solle neue Bildungshorizonte erschliessen, die nicht mit traditionellen Bildungsinhalten und Methoden zu tun haben. Die Probleme und Grenzen der Projektmethode werden dann offensichtlich, wenn sie wie bei Kilpatrick zum Unterrichtsprinzip gemacht wird. Diese Tendenz ist auch in der Umwelterziehung feststellbar (vgl. 7.1.).

7.8. Die Entwicklung des Projektgedankens: Zusammenfassung und Methodenkritik

Der Projektboom an Publikationen und wohl auch an Schulprojekten begann in den USA, wie bereits erwähnt, um 1915, den Höhepunkt erreichte er um 1920, nach 1930 war die Projektmethode publizistisch und wohl auch praktisch unbedeutend geworden, was bei Petri, der 1991 eine umfassende Analyse zu "Idee, Realität und Entwicklungsmöglichkeiten des Projektlernens" publizierte, Erstaunen auslöst: "Das fast totale und endgültige Abklingen der ersten amerikanischen Projektwelle erscheint besonders überraschend, wenn man bedenkt, dass die im Vergleich etwa zu den österreichischen oder deutschen Schulen weniger zentralistisch verwalteten Schulen über relativ grosse administrative Freiheiten zur Realisation von Unterrichtsprojekten verfügen durften" (a.a.O., S. 271f.). Petri vermutet, dass strukturiertes, lernzielorientiertes und kooperatives Lernen den Projektunterricht verdrängt habe (ebd.). Diese These, die auch für die jüngste Projektwelle in Europa bald zutreffen könnte, sollte das gegenwärtig hoch im Kurs stehende Projektlernen nicht grundlegende Veränderungen erfahren, wird auch durch unserer Untersuchung gestützt (vgl. Kap. 2).

7.8.1.   Der historische Hintergrund als Ursache
          unterschiedlicher Unterrichtsmethoden

In der Beschreibung der gesellschaftlichen Probleme Anfang dieses Jahrhunderts (vgl. 7.4.1.) fällt auf, dass sich einige wenige Worte ersetzen liessen, und wir würden eine Beschreibung der aktuellen Umweltprobleme erhalten (vgl. 3.2., 3.3.). Eindrücklich wird geschildert, was eine sich rasch wandelnde Gesellschaft vor allem für die Jugend bedeutete: Verwahrlosungstendenzen wegen einer ungewissen Zukunft, Herausforderung durch neue Techniken und soziale Probleme. Ähnlich geblieben sind auch die Klagen über die wachsende moralische Laxheit. Die Gewichtung der Probleme hat sich allerdings verschoben: das "Riesenwachstum an maschineller Produktion" hat sich zum "ungestillten Konsumhunger" gewandelt; der verantwortungslose Umgang mit der Umwelt, mit Ressourcen, die ungebremste Bevölkerungsentwicklung, der Einfluss der Medien auf die Jugendlichen sowie deren Entdeckung als potente Kaufgruppe werden hervorgehoben (vgl. 7.7.1.).
So sehr die Analysen von Dewey jenen der Gegenwart gleichen, so verschieden ist die Basis für die Schulkritik. Das amerikanische Schulsystem am Ende des letzten Jahrhunderts war geprägt von der Kritik an der Methodenmonotonie des Herbartianismus, und gegen diese kämpfte Dewey mit seiner Konzeption an, wenn er die mangelnde Flexibilität der Institution Schule bemängelte. Die Wirkung von Schule beurteilte Dewey nach Bohnsack (1976) unterschiedlich: 1936 schreibe er, dass Schule keine ausreichende, doch eine notwendige Bedingung grundlegender Gesellschaftsveränderungen sei. Ihre Einstufung als "Hauptinstrument" solchen Wandels sei "unrealistisch". 1938 sehe er die Schule "zwar nicht als einziges, jedoch erstes, primäres Instrument zur Vermittlung gesellschaftlicher Werte allgemein, aber auch zur Entwicklung von Demokratie" (a.a.O., S. 488).
Ganz anders ist die Situation heute: Den Erziehenden steht eine nahezu unüberblickbare Vielfalt von Methoden zur Verfügung. Die Schulkritik der Umwelterziehung konzentriert sich heute nicht auf ein unzureichendes Methodenrepertoire, sondern auf die unzureichende Umsetzung desselben (vgl. 3.4.1.). Dem Wissen um schülerzentrierte Methoden steht ein Defizit in deren Umsetzung gegenüber. Die Institution Schule wäre flexibel genug, dass die Projektmethode zumindest in der Primar- und Sekundarschule praktiziert werden könnte, die organisatorischen Einschränkungen sind nicht mehr zentraler Hinderungsgrund für Projektmethoden. Die Evaluation des Umwelterziehungsprojektes "Nutzungskonflikte und Siedlungsplanung" hat diese These gestützt (vgl. 2.3.2.). Ein Fazit lautet denn auch: Eine Schulkritik, die der Schule die Fähigkeit zur Realisierung von Projektunterricht grundsätzlich abspricht, ist um 1990 nicht angebracht, denn die Möglichkeiten der Schule um 1990 sind kaum

mit jenen von 1900 vergleichbar; sie wurde gegenüber methodischen Innovationen offener.

7.8.2. Der Bildungsauftrag in der Projektmethode

Der Bildungsprozess kann nach Dewey durch den schülerzentrierten Ansatz der Projektmethode legitimiert werden, wenn sich Schülerinnen und Schüler ein kognitives Rüstzeug erarbeiten, wenn sie z.b. anhand einer wissenschaftlich fundierten Methode lernen. Denn Bildung erwerben die Lernenden durch strukturierende Fähigkeiten, die ihnen bei ähnlichen Problemen im Alltag helfen können. Heute würde man wohl von Schlüsselqualifikationen sprechen. Dewey, so Bohnsack (1976), unterstreiche den verpflichtenden sozialen Charakter der Bildung, ohne den Wert des individualisierenden Lernens zu verkennen: "So fasst er jedes sinnvolle und insofern funktionale Tun schon 1891 als gelungene Verbindung von Pflicht und Freiheit. Der Pflichtbegriff orientiert sich hier an den Bedingungen wachsender gesellschaftlicher Einheit ("social unity"), der Freiheitsbegriff an individueller Selbstverwirklichung, welche den anderen Aspekt eben derselben Funktion darstellt" (a.a.O., S. 72f.).
Für Frey ist das Projekt selbst Ort des Lernens, an dem alles Bildung werden könne (vgl. 7.7.2.). Der Wille der Projektteilnehmerinnen und -teilnehmer allein legitimiert ein Projekt. Das Bildende entsteht durch die persönliche Beteiligung, ein Engagement der ganzen Gruppe in einem gemeinsam definierten Rahmen. Der Weg zur Erkenntnis ist entscheidend. Das Bildungsziel wird durch die Teilnehmenden festgelegt und kann sich auf jede Aktivität im Projekt, also im Gegensatz zu Dewey auch auf emotionale oder religiöse Erlebnisse und Inhalte, beziehen.

So weit wie Frey gehen andere Pädagogen nicht; im Gegenteil: Schule erhält sowohl bei Gudjons (1987) wie auch bei Fend (1988) die Aufgabe zugewiesen, den gesellschaftlichen Tendenzen – ähnlich wie das auch Dewey und Kilpatrick sehen – entgegenzuwirken: Grundfähigkeiten wie Verantwortung tragen gegenüber der Gesellschaft, soziale Integration aller Bevölkerungsgruppen, Arbeit an aktuellen Problemen seien im Unterricht zu üben und sollen so einer Konsumkultur, die auf sekundären Erfahrungen aufbaue, begegnen (vgl. 7.7.1.). Fend erwähnt konkrete Beispiele, die den Vorstellungen von Dewey und Kilpatrick nahekommen: Integration verschiedener Altersgruppen; Tätigkeiten, die Selbsttätigkeit und soziale Verantwortung erfordern; Arbeitserfahrungen; Erfahrungen mit ernsthaften Tätigkeiten in der grösseren lokalen Gemeinschaft (Fend 1988, S. 131f.).

7.8.3. Schülerzentrierung als zentrales Merkmal der Projektmethode

Dewey greift ein sozial aktuelles Problem im Umfeld der Schülerinnen und Schüler als Projektthema auf, wenn es ein Bildungspotential enthält (vgl. 7.4.3.3.). Ein Thema wird ausgelegt, bearbeitet und diskutiert. Das Problem an sich ist für Dewey nicht allein entscheidend, vielmehr der daran anschliessende vollständige Denkakt zur Lösung dieses Problems.

Ganz anders bei Frey: "Entscheidend für die Projektmethode ist die Offenheit der Ausgangssituation", was Mut brauche. Jedes Thema der Lerngruppe kann Projektthema werden, "die Rokoko-Häuserfront gegenüber dem Schulhaus genauso wie das Gefühl des Gruppenmitgliedes M., stets ein Aussenseiter zu sein" (Frey 1993, S. 72f.). Die Verständigung über das Thema nimmt bereits einen grossen Raum ein, wird in ein Beziehungsfeld eingebettet und jede/jeder einzelne Projektbeteiligte auch emotional damit verbunden. Frey kann sich allerdings auch Einschränkungen durch den Lehrplan vorstellen. Dann müsse den Projektteilnehmerinnen und -teilnehmern der Einstieg erleichtert werden, indem ihnen eine Übersicht oder andere Entscheidungshilfen zum Thema gegeben würden, die dann mit methodischen Hilfen wie Brainstorming in einen gemeinsamen Entschluss mündeten (a.a.O., S. 75f.). Hier wird deutlich, dass Frey mit der "offensten aller Unterrichtsformen" in Konflikt gerät, möchte er doch auf methodisch-didaktische Modelle in der Projektarbeit möglichst ver-zichten. Frey stellt die Lernenden gewissermassen in einen leeren Raum, der nur mit den Erfahrungen, Interessen und Ideen der Projektteilnehmerinnen und -teilnehmer selbst ausgestattet ist. Methoden sind keine vorgegeben, weil die Ziel-Mittel-Relation im Lernprozess selbst bestimmt werden soll.

1. Die Bedeutung der Kommunikation beim Lernen in Projekten

Wichtig ist für Dewey die offene Kommunikation in sozialen Situationen, denn sie schaffe empirisch fundierte Ziele und Werte und sei deshalb die einzige, nämlich rationale Alternative zur Kontrolle durch äussere Autoritäten. Statt sich diesen zu unterwerfen, nehme Erfahrung in der Form der Demokratie jene Struktur des rationalen Diskurses an, welche nach Dewey allein verlässliche Autorität für die Lenkung und Bereicherung weiterer Erfahrung gewähre (Bohnsack 1976, S. 72). Im Zentrum dieses Bildungsprozesses stehen Sach-probleme, die handelnd, kommunikativ und partizipativ gelöst werden sollen. Vorausschau wie Rückblick sind in diesem Bildungsprozess gleich bedeutend. Hier wird der Unterschied zu Freys Absicht deutlich: Bei Dewey soll selber Er-fahrenes in offener Kommunikation und in einem sozialen Feld eingebettet klares Denken fördern; bei Frey muss nicht die soziale Situation eines gesell-schaftlichen Problems zu solchen rationalen Einsichten führen, Anlässe in der Gruppe selbst genügen. Zu diesem Zweck definiert Frey zwei der verbalen und nonverbalen Kommunikation dienende Räume: die Fixpunkte, an denen über themenbezogene Probleme informiert und diskutiert wird, und die Metainteraktion, die die gruppendynamischen Prozesse zum Thema macht. So soll der Curriculumsprozess an sich reflektiert werden. Interaktion und auch Verständigung mit Aussenstehenden sind dabei grundlegend. Die Projektmethode ist ein Mittel, Bildung entstehen zu lassen und Bildungsprozesse zu reflektieren.

2. Die Bedeutung der handelnden, praxisorientierten Umsetzungsmöglichkeit
Die Schule soll sich nach Dewey nicht den unveränderten, irrationalen und unsozialen Produktionsverhältnissen anpassen. Eine arbeitsbezogene Schulbildung sei nötig, die "erst das bestehende Produktionssystem verändert und es letztlich überwindet" (Dewey 1915, zitiert nach Bohnsack 1976, S. 359f.). Deweys Begriff der "industrial intelligence" will das Verständnis der Bedingungen und Prozesse von industrieller Produktion und Handel stärken, damit kritische Freizeit- und Konsumerziehung fördern und letztlich die Gesellschaft verändern. Dies geschieht durch ein Verstehen der industriellen Prozesse, das den Arbeiterinnen und Arbeitern dank der Einsicht in naturwissenschaftlich-technische und politisch-soziale Verhältnisse ermöglichen soll, den Arbeitsplatz menschengerecht zu gestalten (vgl. Bohnsack 1976, S. 378–380).
Frey sieht in der Projektmethode ein Instrument, demokratisches Verhalten zu erfahren, und nicht unbedingt, wie viele Umwelterzieherinnen und -erzieher, im gesellschaftlichen Umfeld etwas Konkretes zu verändern. Das Handeln ist für Frey kein zentrales Anliegen, die verbale und nonverbale Kommunikation dominieren als eigentliche Bildungsthemen. Im Vergleich zu Dewey steht weder der Umgang mit dem Gegenstand noch das Handeln im Zentrum des Unterrichts. Einzig die von der Gruppe entschiedenen Aktivitäten bestimmen den Projektverlauf und das Ergebnis. Gleichzeitig scheint die handelnde Auseinandersetzung mit dem Thema in der Projektdurchführung besonders intensiv zu sein, bezeichnet sie Frey doch als "verstärkte Aktivität" gegenüber einer blossen "Auseinandersetzung" und der "gemeinsamen Entwicklung" in den beiden ersten, von geistiger Kommunikation geprägten Projektphasen (Frey 1993, S. 62–64).

3. Die Bedeutung des tradierten Wissens für die Projektmethode
Dewey misst dem Studium der Vergangenheit Bedeutung zu, nur habe sich die Schule zu lange an der Vergangenheit orientiert. Das Prinzip des Nachvollzugs von Kulturstufen, wie es von den Herbartianern gepflegt worden sei, lehnt Dewey ab und fordert, dass erstens die Produkte der Vergangenheit nicht Massstab für die Bewältigung der Gegenwart und Zukunft sein dürften, sondern als Mittel für jetzige und zukünftige Bedürfnisse dienen sollten und dass zweitens nicht die Produkte der Vergangenheit gelehrt und gelernt werden

sollen, sondern das soziale Leben und die individuelle Entwicklung jener Zeit nachzuvollziehen sei. In diesem Sinn sei die Vergangenheit ein Fort-Schritt zur Gegenwart. Die Vergangenheit schütze vor der Wiederholung animistischer Naturansichten, wenn ihre Lehren hälfen, Umwege zu vermeiden und so systematisch auf die gegenwärtigen Strukturen hinführen würden (Dewey 1964, S. 227–230). Diese Aussage enthält zwei wesentliche Elemente: Einerseits lehnt Dewey wie viele zeitgenössische Pädagogen die Reproduktion von Wissen ab, das mit der Gegenwart kaum in Beziehung steht; Erziehung bereite am besten auf die Zukunft vor, wenn sie den Reichtum der Gegenwart ausschöpfe. Andererseits will Dewey die Erfahrungen der Vergangenheit nutzen, um Umwege bei der Lösung von gegenwärtigen Problemen zu verhindern. In diesem Punkt unterscheidet sich seine Erziehungsphilosophie deutlich von jenen in modernen Projektkonzepten.

Frey möchte in Projekten möglichst wenige methodisch-didaktische Erfahrungen der Vergangenheit vorgeben, die Projektteilnehmerinnen und -teilnehmer sollen mit der Projektmethode ein Stück Welt sozusagen von Grund auf neu entdecken und strukturieren lernen (Frey 1993, S. 61; vgl. 7.7.3.).

Die skeptische Haltung der Umwelterziehung gegenüber Wissen (vgl. Kap. 4), die offene Lernzielformulierung und das weite, scheinbar unbegrenzte Spektrum handlungsorientierter Anlässe, das Bestreben, von Biologie bis zur Religion alles miteinander zu verknüpfen, birgt Gefahren, die aus der Reformpädagogik bekannt sind. Oelkers (1989d) weist auf folgende Schwächen dieses Vorgehens hin: Unterricht lasse sich nicht allein von Bedürfnissen und Interessen der Kinder aus diskutieren, da die Ökonomie des Lehrens und Lernens eine Entscheidung durch die Lehrkraft bedinge. Es zeige sich aber auch, dass die Komplexität des Lernprozesses das anfängliche Interesse schwächen könne. Schliesslich werde bei der Forderung nach offenen Lernsituationen die Frage der Kontinuität des Lernprozesses in der Regel nicht thematisiert. Oelkers folgert, dass ein didaktischer Ort nur systematisch bestimmt werden könne (a.a.O., S. 133f.). Unter Umständen sind diese Probleme einigen Umwelterzieherinnen und -erziehern bewusst, reflektiert werden sie aber nicht.

7.8.4. Die methodische Umsetzung des schülerzentrierten Lernens: Widersprüchliche Unterrichtsmodelle bei Dewey und Frey

Dewey legt ein qualitatives Verfahren vor, dem die Schülerinnen und Schüler im Handlungsprozess folgen sollen: Sie erreichen mit einer Abfolge von selbst erstelltem Plan und geordneter Ausführung ein kognitives Ziel. Die Lehrkraft achtet darauf, dass jeder Schritt des vollständigen Denkaktes in einem kognitiven Prozess genau eingehalten wird – analog zu üblichen Forschungsverfahren.

Frey (1993) will die Gruppendynamik über den Weg entscheiden lassen. Die bildende Kraft entstehe aus dem Wechsel von Tun und Metainteraktion. Die Lehrerinnen und Lehrer stehen im Hintergrund. Sie achten darauf, dass gerade jene typisch menschlichen Prozesse wie emotionale, motorische und interaktive Dispositionen zum Zuge kommen. Frey wirft Dewey vor, er sei simplizistisch, da sein Unterricht nur Sachprobleme thematisiere (a.a.O., S. 51–53).

Frey publizierte widerwillig ein mögliches Schema eines Projektverlaufs mit der knappen Begründung, kein "didaktisches Oberkulturgut" voraussetzen zu wollen (vgl. 7.7.2.). Er befürchte, ein Lernen, das sich an einem Schema orientiere, könnte formelhaft und verkrampft werden. Der Begriff Methode impliziert aber immer auch Struktur, aufgezeichnete Wege (vgl. 7.2.). Aus dieser Sicht widerspricht sich Frey schon in der Wahl seines Buchtitels: Er müsste nicht "Die Projektmethode" heissen, sondern einfach "Das Leben in Projekten", denn darum geht es im Buch, nicht um eine Methode.

Die Gefahr einer Methode sieht auch Dewey: Der Erzieher solle aufpassen, dass nicht planmässige, oft mechanische Bildung von Gewohnheiten den einzelnen Schüler beherrschten (Dewey 1964, S. 227). Vielmehr diene die Methode der ökonomischen Mobilisierung aller dem Individuum innewohnenden Kräfte. Es sei erforderlich, "dass jeder Einzelne die Gelegenheit haben soll, seine Kräfte in sinnvollen Betätigungen anzuwenden" (a.a.O., S. 230). "Learning by doing" orientiert sich an einem Lernverfahren des Problemlösens durch die Methode des Erkennens, ist also methodisches Lernen.

Wir denken, das Problem liegt in der Vorstellung eines Schemas des "einzig richtigen Wegs". Methoden haben indessen die Aufgabe, Wege aufzuzeigen, wie wirkungsvoll "von aussen innere Instanzen" beeinflusst werden könnten (Oelkers 1989d, S. 131). Oelkers kritisiert den von Reformpädagogen vertretenen Verzicht auf Methodik, weil wir uns auf Gewohnheiten verlassen müssten, um neue Gewohnheiten zu erzeugen: "Der Aufbau einer geistigen Ordnung verlangt Struktur und Veränderung gleichermassen" (a.a.O., S. 130). An anderer Stelle schlägt er vermittelnd und im Sinne einer Neuorientierung vor, dass im selbsttätigen Projektunterricht "Fragen strukturierendes Prinzip des Unterrichts werden" sollen (Oelkers 1989b, S. 82). Dieses Merkmal könnte den Erwartungsdruck auf die Projektmethode verkleinern; gleichzeitig wird deutlich, dass viele Unterrichtsformen auch projektartig sind.

7.8.5. Merkmale der Projektmethode im Überblick

Die bisherigen Ausführungen zu Merkmalen der Projektmethode haben sich vor allem auf die unterschiedlichen Auffassungen Deweys und Freys bei den Merkmalen Kommunikation, Handlungs- und Situationsorientierung sowie der Bedeutung des vorhandenen und aufzubauenden Wissens konzentriert. Je nach Autorin oder Autor werden bis zu zwanzig Merkmale der Projektmethode aufgezählt. Wir ergänzen die gesetzten Schwerpunkte mit einigen Merkmalen, die auch im evaluierten Schulprojekt als bedeutend erachtet wurden.

Der allgemeine Verlauf von Projekten wird ähnlich beschrieben, Differenzen bestehen allerdings in den Absichten und der Bedeutung einzelner Unterrichtsphasen, wie der Vergleich der Projektkonzepte Deweys und Freys gezeigt hat. Als allgemeine Merkmale des Projektverlaufs werden folgende Punkte bezeichnet: Die eigene Lebenserfahrung bildet die Basis einer gemeinsamen Aufgabenstellung. Darauf aufbauend wird die Aufgabe gemeinsam geplant, die eigene Erfahrungen soll erweitert, überprüft und systematisiert werden. Aus dieser Planung können mehrere Teilprojekte entstehen, die gemeinsam oder individuell bearbeitet werden. Schliesslich sollen die Ergebnisse präsentiert und reflektiert werden (Laubis 1976, S. 20).

Als Merkmale innerhalb dieses Unterrichtsganges werden verschiedene Faktoren sehr unterschiedlich hervorgehoben und hier unkommentiert wiedergegeben. Im Zusammenhang mit Erfahrungen im evaluierten Projekt werden sie kommentiert (vgl. 7.8.3.):
- *Kommunikation*: "Die Kommunikation von Schülern und Lehrern bestimmt ungeachtet aller Vorgaben letztlich die Gestaltung des Unterrichts" (Schoof 1977, S. 9). Frey (1993) differenziert diese kommunikativen Prozesse: "Die Teilnehmer an einem Projekt (...) verständigen sich auf gewisse Umgangsformen untereinander; (...) informieren sich gegenseitig; (...) arbeiten soziale oder individuelle Prozesse und Konstellationen auf; (...) spüren auftretende Spannungen auf, um sie zu lösen" (a.a.O., S. 15f.)
- *Produkt- und Prozessorientierung*: Der Projektansatz verstehe "Produkt und Prozessorientierung nicht als Gegensatz, sondern als nach keiner Seite hin zu verkürzenden wechselseitigen Zusammenhang" (ebd.).
- *Eigenerfahrung und Situationsorientierung*: Projektunterricht zeichnet sich "durch Eigenerfahrung, durch Selbständigkeit und Selbstbestimmung" aus (Schoof 1977, S. 9). "Der Projektunterricht geht von den Bedürfnissen, Problemen oder Lebenssituationen aus, die Schüler mehr oder weniger betreffen" (Eulefeld 1981 et al., S. 108).

– *Zielgerichtete Projektplanung*: "Im Projektunterricht soll durch die Mitarbeit der Schüler/innen bei der Entscheidung über Ziele und die zu erwerbenden Qualifikationen ermöglicht werden, dass aus Lehrzielen *Lernziele* der Schüler/innen werden, die sie ja meist auf reale Ziele richten und deshalb für sich als Handlungsziele formulieren" (Gudjons 1986, S. 63).

– *Fächerübergreifend, interdisziplinär* und mit dem Fachunterricht verbunden: "Projektunterricht befasst sich nicht isoliert mit innerfachlichen Spezialfragen" (Eulefeld et al. 1981, S. 108). "Im Projektunterricht ist grundsätzlich die Ergänzung durch Elemente des Lehrganges nötig, um eigene Erfahrungen in systematische Zusammenhänge zu ordnen" (Gudjons 1986, S. 66).

7.9. Die Projektmethode in der Praxis eines Umwelterziehungsprojekts

Obwohl seit gut 20 Jahren versucht wird, Umwelterziehung in den Schulen zu implementieren, scheint Umwelterziehung weder in Lehrplänen noch in der Lehrerbildung noch in den Schulen in der Weise berücksichtigt zu werden, wie sich das Umwelterzieherinnen und -erzieher vorstellen (vgl. Eulefeld 1991, S. 9–15; Stipproweit/Bergemann 1991, S. 159–193). In der Literatur zur Umwelterziehung wird das vor allem auf schulbedingte Hindernisse zurückgeführt (vgl. 3.4.1.). Schulische Bedingungen können zu einem Teil die geringe Präsenz von Umwelterziehungsthemen und -methoden im Unterricht erklären. Am Beispiel der Handlungsorientierung zeigten wir, dass Hindernisse für eine Implementation auch durch fehlende methodische Konzepte begründet werden können (vgl. 6.5.). Hier wird die von der Umwelterziehung privilegierte Projektmethode, die auch im evaluierten Umwelterziehungsprojekt als methodische Basis dargestellt wird, vor dem Hintergrund entsprechender Evaluationsergebnisse diskutiert.

7.9.1. Ziele und Umsetzungsstrategien im Projekt "Nutzungskonflikte und Siedlungsplanung"

Kann das untersuchte Umwelterziehungsprojekt als exemplarisches, d.h. übertragbares Modell für die schülerzentrierte Bearbeitung komplexer Umweltthemen in der Schule gelten? Der Ansatz im Unterrichtsmittel stellt methodische Absichten über inhaltliche Konzeptualisierung, wie zu Beginn des didaktischen Teils ersichtlich wird: "Die Unterlagen sollen (...) nicht in erster Linie einer abschliessenden Behandlung eines raumplanerischen Themas, als vielmehr der Förderung eines schülerzentrierten und situationsorientierten Unterrichts dienen." Ziel könne "nicht nur die Sachkompetenz in Raumplanungsfragen sein, sondern vielmehr auch die Förderung einer Sozialkompetenz und Selbstkompetenz der Schüler" (Widmer/Keist 1990, Teil C, S. 1). Methodisch und inhaltlich wird diese Form nicht weiter beschrieben (vgl. 2.1.4.).

Die Projektmethode erscheint als Ideal der Umwelterziehung. Widmer (1989) fordert: "Lernformen (...) müssen die Eigenkompetenz der Lernenden fördern und sie zu selbständigem Beobachten und Untersuchen und damit zum Beurteilen ihrer eigenen Umwelt befähigen. Sie müssen den Aussenkontakt mit der übrigen Gesellschaft ermöglichen: Ideale, wenn auch nicht einzige Form ist das Projekt. Ein Projekt (...) soll auch Erfahrungen im Umgang mit Wissen liefern" (a.a.O., S. 149). Die mit der Projektmethode zu erreichenden Qualifikationen der Schülerinnen und Schüler werden wie folgt beschrieben: "Es ist (...) wichtig, dass die Schüler selbständig draussen an einem Nutzungskonfliktbeispiel arbeiten und recherchieren dürfen, wie dass sie eine annähernde Übersicht über die komplexe Thematik eines ausgewählten Konfliktes erhalten. Es gilt Fähigkeiten zu entwickeln wie: beobachten, vergleichen, Schlüsse ziehen, übertragen etc." (Widmer/Keist 1990, Teil C, S. 1). Die Methode wird nicht weiter erläutert.

Die folgende These bildet die Grundlage für eine Kritik der Projektmethode in den untersuchten Unterrichtsmaterialien: Im vorliegenden Unterrichtsmittel orientiert sich der Begriff der Projektmethode weder an historischen noch an aktuellen Projektkonzepten, sondern an übernommenen plakativen Aussagen. *Die Umsetzung des schülerzentrierten Ansatzes im Projekt "Nutzungskonflikte und Siedlungsplanung" scheitert an den rudimentären konzeptionellen Vorgaben des Arbeitsmittels, schülerzentrierter Unterricht wird in den vorliegenden Unterrichtsmaterialien nur in wenigen Bereichen gefördert.*

7.9.2. Merkmale der Projektmethode und ihre Umsetzung im Projekt "Nutzungskonflikte und Siedlungsplanung"

Die bisherigen Ausführungen zu Merkmalen der Projektmethode haben sich vor allem auf die unterschiedlichen Auffassungen von Dewey und Frey in den Merkmalen Kommunikation, Handlungs- und Situationsorientierung sowie die Bedeutung des vorhandenen und aufzubauenden Wissens konzentriert. Je nach Autorin oder Autor werden bis zu zwanzig Merkmale der Projektmethode aufgelistet. Der allgemeine Verlauf von Projekten wird ähnlich beschrieben, Differenzen bestehen allerdings in den Absichten und der Bedeutung einzelner Unterrichtsphasen, wie der Vergleich von Projektkonzepten Deweys und Freys gezeigt hat. Als allgemeine Merkmale des Projektverlaufs werden folgende Punkte bezeichnet und hier im Zusammenhang mit Erfahrungen im evaluierten Projekt kommentiert.

1. Eigene Lebenserfahrungen, Fragen aus dem Kreis der Schülerinnen und Schüler bilden den Ausgangspunkt einer gemeinsamen Aufgabenstellung.
Für Eulefeld et al. (1981) geht die Projektmethode von den Bedürfnissen, Problemen oder Lebenssituationen aus, die Schülerinnen und Schüler mehr oder weniger betreffen (a.a.O., S. 108; vgl. 7.1.). Diese Voraussetzung ist in den evaluierten Unterrichtsmaterialien nicht gegeben. Das Thema, dessen Inhalt und die Ziele sind weitgehend vorgegeben und thematisieren nicht Fragen, die Schülerinnen und Schüler in diesem Alter besonders betreffen würden.
Die Autoren wählten für ihr Arbeitsmittel bewusst vier sehr verschiedene Regionen aus: "Jedes dieser Beispiele soll in einem anderen regionalen Raum typische Aspekte von Raumplanungsproblemen darstellen" (Widmer/Keist 1990, Teil C., S. 2). Diese Beispiele sollen auf die eigene Schulregion übertragen werden können. Ausgangspunkt der Untersuchungen sind also nicht Anliegen der Schülerinnen und Schüler, sondern vielmehr typische Probleme der Raumplanung: "Den Schülern soll die Grundfragestellung (Was ist ein Nutzungskonflikt?) näher gebracht werden" (a.a.O., S. 3).
Dass nicht Problemfelder und Lebenserfahrungen der Schülerinnen und Schüler angesprochen werden, zeigt sich in der lehrerzentrierten Anfangsphase, wo die Lehrperson den Schülern klarmachen soll, "dass die Unterrichtseinheit von ihrem Einsatz und ihren eigenen Beobachtungen und Auswertungen abhängt. (...) Sicher gilt es dabei zu berücksichtigen, welche Projekterfahrungen sie bereits haben. Den Grad der verlangten Selbständigkeit bestimmen letztlich die LehrerInnen mit ihrer Planung" (a.a.O., S. 2). Schülerzentriert bedeutet hier, dass die Schülerinnen und Schüler zum Teil selbständig an einem Problem arbeiten könnten, nicht aber, dass ihre Lebenserfahrung Ausgangspunkt der Unterrichteinheit würde.

2. Die Fragestellung wird in ihrer ganzen Breite diskutiert (Projektskizze), und anschliessend planen die Schülerinnen und Schüler selbständig Vorhaben zu Teilaspekten (Projektplan); Ziel ist die Erweiterung, Überprüfung und Systematisierung von Erfahrungen.
"Im Projektunterricht soll durch die Mitarbeit der Schüler/innen bei der Entscheidung über Ziele und die zu erwerbenden Qualifikationen ermöglicht werden, dass aus Lehrzielen *Lernziele* der Schüler/innen werden, die sie ja meist auf reale Ziele richten und deshalb für sich als Handlungsziele formulieren" (Gudjons 1986, S. 63).

273

Dem Aspekt der Kommunikation wird in den Unterrichtsmaterialien nur im Planspiel, das jedoch kaum gespielt wurde, Aufmerksamkeit geschenkt. Im übrigen wird ein Aushandlungsprozess weder in inhaltlichen noch in methodischen Fragen erwähnt. Solche Prozesse finden in den Gruppen statt (vgl. 6.5.), nicht aber beim Suchen geeigneter Themen.

Schoof (1977, S. 9) versteht Projektunterricht vermittelnd als produkt- und prozessorientiert und sieht "Produkt und Prozessorientierung" nicht als Gegensatz, sondern als "nach keiner Seite hin zu verkürzenden, wechselseitigen Zusammenhang." Aber auch dieser Schritt wird in den Unterrichtsmaterialien nicht gegangen. Die Schüleraufträge im Beispiel Neuenstadt werden wie folgt eingeleitet: "Die vorgeschlagenen Schüleraufträge sollen einerseits den Wert und die Bedeutung dieser einmaligen Landschaft erlebbar und andererseits die Gefährdungsfaktoren erkennbar machen. Wichtig ist in diesem Zusammenhang vor allem die Erkenntnis, dass die Eingriffe, welche heute möglich sind, im Vergleich zu früheren Massnahmen ein wesentlich höheres Gefährdungspotential beinhalten. Die Bearbeitung der Aufträge zielt letztlich darauf ab, Schönheit und Wert einer Landschaft zu erfahren (Feststellen, Beobachten, Vergleichen) und daraus auch Lösungsansätze zur bestmöglichen Schonung (Beurteilen, Folgern, Übertragen) herzuleiten und in diesem Zusammenhang auch persönliche Verantwortung wahrzunehmen" (Widmer/ Keist 1990, Teil C2, S. 9). Die Lehrperson informiert die Schülerinnen und Schüler zum gegebenen Thema: Um die Beweggründe für eine Melioration aus der Sicht des Bewirtschafters zu verstehen, sei eine kurze Einführung in den Rebbau (Arbeiten, Techniken usw.) sinnvoll, heisst es im Arbeitsmittel. Diese Aussage impliziert, dass die Lehrperson eine kurze Einführung gibt. Warum nur kurz? Warum die Lehrperson, wenn doch projektartiges Arbeiten angesagt ist? Hier drängte sich zum Beispiel das Projektelement der originalen Begegnung mit den Bewirtschaftern auf, daraus könnten Projekte entstehen. Erfahrungen der Schülerinnen und Schüler zu Nutzungskonflikten werden kaum wahrgenommen, können also auch nicht erweitert, reflektiert oder systematisiert werden.

Es scheint, dass in den beiden ersten Unterrichtsphasen, die von Frey und Dewey als entscheidend bezeichnet werden, die Lehrperson Thema und Methoden vorgibt und von Anfang an strukturiert. Damit wird aber gerade jene Qualität der Projektmethode nicht ausgespielt, die deren besonderen Bildungsgehalt ausmacht: Ein Auftrag soll gelöst werden, unmittelbares Handeln wird von der Lehrperson gefordert. Der entscheidende Schritt im Bildungsprozess, der im bewussten Verzicht auf unmittelbares Handeln besteht und der den geistigen Widerstand anhand einer Problemstellung provozieren soll, wird übersprungen.

3. Die Arbeitsaufträge werden arbeitsteilig bearbeitet.
Es fragt sich, ob auf der beschriebenen Grundlage Projekte überhaupt entstehen können. Was von den Autoren als Projekt bezeichnet wird, sind vielleicht kleine Freiheiten, die Schülerinnen und Schülern bei der Feldarbeit gewährt werden: "Die einzelnen Aufträge werden in Form von Arbeitsblättern für die Schüler vorgelegt. Auf der Rückseite sind Informationen zusammengestellt, welche für das spezielle Gruppenthema von Interesse sind. Es wurde versucht, den Schülern gewisse Freiheiten zu lassen, um sie damit auch etwas zu motivieren" (Widmer/Keist 1990, Teil C1, S. 11). Hier bekennen sich die Autoren deutlich zu ihrer Arbeitsform. Es geht ihnen nicht um projektartiges Arbeiten, sondern um das Verteilen von Aufträgen in Form von Arbeitsblättern.

Nicht einmal die freie Wahl des Themas und der Partnerin oder des Partners wird den Schülerinnen und Schülern zugestanden: "Die LehrerInnen sollen die Aufgaben an die Gruppen (2 Schüler) verteilen, indem sie deren Fähigkeiten und Motivation (gemäss Erfahrung) einbeziehen. Damit können unnötige Fahrlässigkeiten reduziert werden", und zur Wahrung einer gewissen Disziplin müssten "die Schüler (...) zu einer sauberen Protokollführung angehalten werden" (a.a.O., S. 3). Die Arbeitsaufträge waren keine Produkte der Schülerinnen und Schüler, sondern wurden in allen untersuchten Projekten von den Lehrpersonen formuliert (vgl. 2.3.2.3.).

4. Die Ergebnisse werden präsentiert, reflektiert und können Basis von Folgeprojekten bilden.
Der lehrerzentrierte Stil wird in den Unterrichtsmaterialien bis zum Abschluss der Unterrichtseinheit konsequent verfolgt: "In der Klasse werden nun die Resultate der Gruppenaufgaben zusammengetragen und gemeinsam unter der Leitung des Lehrers diskutiert" (Widmer/Keist 1990, Teil C, S. 3). In Schulprojekten gestalteten Schülerinnen und Schüler zum Teil aufwendige Ausstellungen, in denen ein oder zwei Aufträge dargestellt wurden; auf eine Reflexion oder die Vernetzung der Arbeitsaufträge wurde allerdings meist verzichtet (Berchtold/Stauffer 1995, Anh., S. 148f.). Es wäre auch zu bedenken, dass sich Projektunterricht nicht isoliert mit innerfachlichen Spezialfragen zu befassen hätte (vgl. Eulefeld et al. 1981, S. 108).
Keines der evaluierten "Projekte" wurde, soweit wir das beobachten konnten, nach Abschluss der Unterrichtseinheit weiterverfolgt. Die Ergebnisse blieben im Raum stehen, die Lehrerinnen und Lehrer wendeten sich dem nächsten Thema zu. Eine Vertiefung oder ein Übungseffekt, ein "ständiger Aufbau, Umbau und eine Rückschau" (vgl. 7.3.3.2.), eine Festigung der Ergebnisse konnte nicht beobachtet werden (Berchtold/Stauffer 1995, Anh., S. 140). Einzelne Lehrpersonen hofften immerhin, dass der Blick für Raumplanungsprobleme ge-

schärft worden sei; ein Lehrer gab zu bedenken, dass Planungsfragen im Unterricht Daueraufgabe seien (Berchtold/Stauffer 1995, Anh., S. 156, 158, 167). Die vermeintlichen Projekte entsprachen eher Lehrgängen – ein Projekt könnte vielleicht an Erfahrungen anschliessen und im Rahmen des Unterrichts zur Raumplanung integriert werden. Eine zentrale Kritik der Umwelterziehung am schulischen Unterricht ist der lehrerzentrierte Unterrichtsstil, und genau dieser schlägt auf das evaluierte Arbeitsmittel zurück. Das erstaunt wenig, argumentiert doch Widmer (1989) selbst lehrerzentriert: "Lehrpläne sind so gut wie die Lehrer, die sie (nicht) befolgen. Umwelterziehung lebt (inhaltlich wie didaktisch) vom Engagement und von der Lernbereitschaft des Lehrers" (a.a.O., S. 152). Nicht der Lehrplan an sich wirke umwelterzieherisch, sondern vor allem das Vorbild der Lehrperson. Und genau diesen Punkt will die Projektmethode überwinden, indem sie Inhalte und Methoden durch die Schülerinnen und Schüler bestimmen lässt und so Lernen unabhängig von der Lehrperson ermöglicht.

7.9.3. Zusammenfassende Überlegungen

Aus der Evaluation des Arbeitsmittels und der Schulprojekte ziehen wir in bezug auf die Umsetzung der propagierten Methoden ein negatives Fazit: Der handlungsorientierte Ansatz und dessen Umsetzung in der Projektmethode wird im vorliegenden Projekt zwar formuliert, aber weder in den Unterrichtsmaterialien noch in der Praxis überzeugend realisiert. Das untersuchte Umwelterziehungsprojekt "Nutzungskonflikte und Siedlungsplanung" verfehlte selbst gesteckte methodische Ziele. Dennoch gelang es den Lehrkräften in vielen Schulprojekten, Impulse zum Thema Raumplanung zu geben. Diese Impulse basierten nicht auf einer handlungsorientierten Projektmethode, sondern auf Arbeitsaufträgen, die von der Lehrperson anhand der Vorlagen des Arbeitsmittels umgearbeitet und den Schülerinnen und Schülern weitergegeben wurden. Schülerinnen und Schüler sammelten in einem eher als schwierig und trocken empfundenen Themenbereich nach eigenen Aussagen wertvolle Erfahrungen. Rückmeldungen von Schülerinnen und Schülern zuhanden der Lehrkräfte auf die Frage, wie sie die Unterrichtsmethoden während der Arbeit am Thema "Nutzungskonflikte und Siedlungsplanung" erlebt hätten, können diesen Eindruck bestärken:
"Am Anfang, als ich die Aufgabe noch nicht konkret vor mir sah, war ich noch nicht extrem begeistert von diesem Projekt. Als ich aber begann, mich in das Projekt hineinzuarbeiten, weckte es zunehmend mein Interesse. Auch die lockere Unterrichtsart entspricht mir sehr. Man muss sich die Zeit selber einteilen und arbeitet sehr selbständig."

"Ich fand die Arbeitsweise gut und unterhaltsam. Man war sehr frei und man konnte hinausgehen oder drinbleiben, um die Aufgaben zu lösen. Man hatte genug Zeit."
Im Raum bleibt die Frage stehen, ob die Erwartungen von Umwelterzieherinnen und -erziehern berechtigt sei, dass mit der Projektmethode ein umweltgerechteres Verhalten gefördert werden könnte. Moderne Konzepte der Projektmethode eignen sich wenig für die Umsetzung des handlungsorientierten Ansatzes, weil Handlungsorientierung auf ein Handlungsziel – oft sind es Produkte und das Bewusstwerden von Handlungsstrukturen – ausgerichtet ist, moderne Projektkonzepte thematisieren hingegen gruppendynamische Prozesse, aber auch gemeinsame und individuelle Lernprozesse. Mit der Vermischung der beiden verschiedenen Ausrichtungen könnte die sachliche Ebene der gruppendynamischen untergeordnet werden, was die Entwicklung einer Handlungskompetenz in Umweltfragen behindern könnte. In einem höchst komplexen, wenig anschaulichen Thema wie dem der Raumplanung könnten einzelne Projektelemente oder kleine Projekte in gewissen Unterrichtsphasen eine Bedeutung erhalten, z.B. beim Erforschen einzelner Phänomene. Durch das Austeilen von Arbeitsblättern reduzierten sich die schülerzentrierten Arbeitsformen auf Projektelemente, die ohnehin im Unterricht verbreitet sind.

Dass auf Projekte in der Umwelterziehung nicht verzichtet werden müsste, zeigt das Projektkonzept Deweys (vgl. 7.4.), dessen Erziehungsphilosophie für die Umwelterziehung immer noch eine gewisse Bedeutung als Diskussionsbasis bietet. So bildet das experimentell bestätigte Denken, das sorgfältig aufgebaut wird, eine solide Arbeitsgrundlage. Die sozialen Probleme im Umfeld der Schülerinnen und Schüler werden aufgenommen, aber von der Lehrperson gelenkt. Arbeitsprozesse werden begleitet, die präzise Planung überwacht und wenig präzise Denk- und Arbeitshaltungen aufgedeckt. Methodisch scheinen drei Schritte auch für die Umwelterziehung bedenkenswert:
1. Die Methode orientiert sich an den *experimentellen Wissenschaften*, sie enthält die Schritte Planung, Durchführung und Reflexion. Wenn in der Umwelterziehung diese naturwissenschaftliche Sicht als Lösungsansatz für die Bewältigung von Umweltproblemen als wenig sinnvoll erklärt wird (vgl. Kap. 3), so müsste sich die Umwelterziehung auf andere nachvollziehbare Wege besinnen und diese transparent machen.
2. Dewey verlangt eine *Vereinfachung der Ordnung*, damit seine Schülerinnen und Schüler auch verstehen, worin das eigentliche Problem besteht. Damit sollen unnötige Fehler minimiert werden und Wesentliches mehr Gewicht erhalten. Diese Fokussierung wird in der Umwelterziehung, die dem Ganzheitsprinzip mit Sympathie begegnet, abgelehnt (vgl. 4.5.2.). Wird das Ganzheitsprinzip zum alleinigen Prinzip der Umwelterziehung, so können wenig

differenzierende und überfordernde Arbeitsformen zu aussageschwachen Ergebnissen führen. Im untersuchten Projekt konnten Resultate nur sehr allgemein und unpräzis formuliert werden, weil jede Gruppe eigene Erfahrungen sammelte und diese kaum ausgetauscht wurden.

3. Die Lernintensität der Schülerinnen und Schüler wird in Deweys Projektmethode durch die *Reflexion der Problemsituation* und nicht, wie etwa bei Frey, vorwiegend durch die Reflexion gruppendynamischer Prozesse erreicht. Das Thema Raumplanung ist Schülerinnen und Schülern relativ fremd und verlangt letztlich in hohem Masse Sachkompetenz. Vor allem auf schülerzentrierte Arbeitsformen zu setzen scheint deshalb wenig Sinn zu machen. Wenn erst noch Gruppenprozesse vor Sachprobleme gestellt werden, wie das etwa bei Frey tendenziell festzustellen ist, so werden Schülerinnen und Schüler wie auch Lehrerinnen und Lehrer überfordert sein; die Sache droht dem gruppendynamischen Moment untergeordnet zu werden. Diese Gefahr ist auch deswegen gross, weil die Teilnehmenden keine oder nur wenig Erfahrungen mit Projekten besitzen. Wenn eine Schülerin oder ein Schüler im Durchschnitt nur etwa alle vier Jahre mit Projektarbeit konfrontiert wird (vgl. 7.1.), so erhöht das möglicherweise den Zeitbedarf für gruppendynamische Prozesse und deren Reflektion.

Die Unterrichtsmaterialien des Projekts "Nutzungskonflikte und Siedlungsplanung" sind eine Anleitung für Werkstattunterricht, nicht aber für das Projektlernen, da sich die Verfasser paradoxerweise nicht an den schülerzentrierten Ansätzen, sondern an lehrerzentrierten Methoden orientierten.

Ist – wie von vielen Umwelterzieherinnen und -erziehern erwartet und proklamiert – die Projektmethode eine ideale Methode für die Umwelterziehung? Aus Konzepten zur Projektmethode sind zwei Tendenzen abzulesen: Erstens wird das Projekt als Methode verstanden, die sich bei der Lösung von Problemen an wissenschaftlichen Vorgehensweisen orientiert und die auf exaktes, kritisches Denken zielt. Typischer Vertreter dieser Richtung ist Dewey. Nichtthemenbezogene Gruppenprozesse werden kaum thematisiert. Und zweitens wird das Projekt als Methode verstanden, die bei der Lösung eines Problems ein gemeinsames Erlebnis in den Vordergrund stellt. Das Projekt orientiert sich an gruppendynamischen Prozessen und will affektive wie auch kognitive Lernprozesse bewusst machen. Die Wende zu dieser eher psychologischen Ausrichtung leitete Kilpatrick ein und ist auch für Freys Projektkonzept typisch.

Eine vermittelnde Positionen nehmen Eulefeld et al. (1981) ein, die unter Projekt jenen Unterrichtsprozess verstehen, in dem die Lehrperson die Interessen von Schülerinnen und Schülern wo immer möglich und sinnvoll im Unterricht berücksichtigt. In diesem Verständnis ist Umwelterziehung ein

Projekt für Lehrpersonen, die das gesamte Methodenspektrum von der frontalen Wissensvermittlung bis hin zu Phasen echter Projekte ausnützen wollen. Das Konzept von Eulefeld et al. zeigt allerdings mehr die Komplexität der Umwelterziehung auf, als dass es einen realisierbaren Ansatz für die Schule darstellen könnte. In eine ähnliche Richtung tendiert auch von Hentig, der beiden Ansprüchen, der Wissenschaftsorientierung im Sinne Deweys und der eher gruppendynamischen Orientierung im Sinne Freys, gerecht werden will. Von Hentig (1987, S. 32) macht darauf aufmerksam, dass die Vermischung der beiden Konzepte gefährlich sein könne: "Wir geben den Lebensproblemen der Kinder statt, aber die Lust an der Sache ist darum nicht wesentlich grösser geworden." Die Schule drohe zu einem Ort der nichtssagenden Langeweile zu werden, wenn persönliche Bedürfnisse der Schülerinnen und Schüler vor pädagogische Anliegen träten: "Das Hauptgeschäft der Schule bleibt: Sachen erklären, Vorstellungen ordnen, die dazu nötigen Kenntnisse und Fertigkeiten vermitteln" (a.a.O., S. 31).

8. Auf dem Weg zu einer schulgemässen Umwelterziehung

Äussere Bedingungen, die eine Intensivierung der Umwelterziehung in der Schule begünstigen könnten, sind vorteilhaft: Umweltthemen werden seit 25 Jahren in Medien und Öffentlichkeit diskutiert, und im Umfeld von Schulen und in Bildungsstätten für Lehrerinnen und Lehrer werden Erfahrungen im Umgang mit ökologischen Themen gesammelt. Trotzdem macht sich in der Umwelterziehung Ernüchterung breit, denn eine Etablierung ihrer Anliegen in Lehrplänen und Schulen ist nicht absehbar, obwohl sie einige Trümpfe ausspielen könnte.

Die Stärke der Umwelterziehung bestünde in der Schulung der Wahrnehmung anhand aktueller Situationen im Umfeld von Schülerinnen und Schülern. Die Veränderung von Wahrnehmung bedingt Beweglichkeit im Denken und Handeln in Entscheidungssituationen, welche der mechanischen Aneignung von Wissen entgegengestellt wird. *Entscheidend für die Schulung einer erweiterten Wahrnehmungsfähigkeit wäre deren Qualität,* die über Wahrnehmungsübungen und (gruppendynamische) Erlebnisse in eine qualitative Dimension hineinführen müsste, wo (Handlungs-)Wissen systematisch aufbaut und auf ein Verstehen komplexer Zusammenhänge ausgerichtet wird.
Eine zweite Chance der Umwelterziehung läge in der Interdisziplinarität und Vernetzung. Wesentliche Themenkreise der Umwelterziehung lassen sich kaum in bestehende Schulfächer einordnen. *Insbesondere die Integration von geistes- und naturwissenschaftlichen Denkansätzen verspricht Innovation.* Auf diese Themen müsste sich Umwelterziehung konzentrieren und mit überzeugenden Konzepten sowie Unterrichtsbeispielen Reformen im Curriculum vorantreiben. Diese Chance konnte bisher nicht genutzt werden, weil ein inhaltlicher Konsens mit definiertem (Handlungs-)Wissen nicht in greifbarer Nähe scheint. Gelänge es der Umwelterziehung, ein praktikables methodisch-didaktisches Konzept zu formulieren, würden eher Zeitgefässe zur Verfügung stehen.

8.1. Bedingungen für eine nachhaltigere Implementation von Umwelterziehung in die Schule

Wir sehen drei essentielle Optionen, welche dazu führen könnten, Umwelterziehung schulgemässer zu gestalten: eine curriculare Festlegung (innovativer) Inhalte (8.1.1.), die Öffnung des Methodenrepertoires, verbunden mit einer

Reduzierung der Erwartungen an die Projektmethode (8.1.2.) – und ein eigenes Zeitgefäss für Umwelterziehung (8.1.3.).

8.1.1. Für ein Lernprogramm der Umwelterziehung und gegen didaktische Beliebigkeit

In der Umwelterziehung bestehen keine grundlegenden didaktischen Konzepte, die überzeugen würden und für die Schule geeignet wären. Im Gegensatz zur diskutablen Umweltthemen-Hitparade in der Schule wirken in der Umwelterziehung alle Umweltthemen gleich relevant. Nur: Wer in der Umwelterziehung inhaltlich alles offenhalten will, übersieht Auswahlprobleme (die in der Schulpraxis immer auftreten) und erschwert eine Etablierung der Umwelterziehung in der Schule. Aus folgenden hauptsächlichen Gründen optieren wir für ein Lernprogramm der Umwelterziehung für die Schule: Wenn in der Umwelterziehung ein Lernprogramm verweigert wird, werden Umweltthemen fragmentarisch und unkoordiniert in die Schule gelangen. Zudem werden wesentliche ökologische Themen wie die Geschichtlichkeit ökologischer Systeme durch traditionelle Fächer kaum abgedeckt und müssten darum in ein Lernprogramm einfliessen. Ausserdem konstatiert die Forschung zur Umwelterziehung bei Schülerinnen und Schülern beträchtliche Wissenslücken. Mit solch unzureichenden Kenntnissen können Vorgänge in der Umwelt nicht verstanden und Risiken nicht beurteilt werden.

Ein Verstehen komplexer Umweltthemen verlangt nicht mehr Erleben, sondern mehr Wissen. Dieses (Handlungs-)Wissen kann, wenn überhaupt, nur die Schule aufbauen.

Welche Überlegungen sind für ein derartiges Lernprogramm der Umwelterziehung anzustellen? Im Rahmen dieser Arbeit wurden Anregungen formuliert, die es konzis zu rekapitulieren gilt:

Zunächst wäre in der Umwelterziehung ein Konsens zu erzielen, dass ein systematisch aufgebautes Lernprogramm ein Erfordernis darstellt. Anschliessend wären Kriterien der Auswahl und Gewichtung von Inhalten als Grundlagen didaktischer Entscheidungen herauszuarbeiten.

Umwelterziehung innerhalb der obligatorischen Schulzeit, während der Sekundarstufe II oder an Berufsschulen benötigt Konzepte, die Erfahrungen, Wissen und Interessenlagen der Schülerinnen und Schüler Rechnung tragen. Als Grundlage für ein Konzeptualisieren von Unterrichtseinheiten würden in einem Lernprogramm konkrete Lernbereiche festgelegt, gegliedert und Zusammenhänge aufgezeigt. In einem Lernprogramm der Umwelterziehung wären Themen enthalten, die für Schülerinnen und Schüler echte Handlungsspielräume bieten und anhand deren Handlungsstrukturen aufgebaut und reflektiert werden könnten. Ein Lernprogramm der Umwelterziehung böte für Lehrkräfte insbesondere dann eine didaktische Orientierungshilfe, wenn der in der Umwelterziehung eingeschränkte Wissensbegriff ausgeweitet, Handlungswissen thematisiert und ein Grundwissen mit deklarativen und prozeduralen Anteilen zur Verfügung gestellt würde, wenn das für die Umwelterziehung grundlegende Postulat der Vernetzung nicht bloss gestellt, sondern methodischdidaktisch konkretisiert würde und wenn Unterrichtsmethoden und didaktische Entscheidungen aufeinander bezogen würden, indem bestimmte Inhalte mit bestimmten Methoden verknüpft würden.

Ein bemerkenswertes Beispiel dafür, in welcher Richtung ein systematisch aufgebautes Lernprogramm entwickelt werden könnte, sehen wir in Kyburz-Grabers und Liechtis (1993) Lehrmittel "Umwelt", das als Einführung in die Ökologie für die Aus- und Weiterbildung konzipiert wurde. Die Autorin und der Autor wollen die Komplexität ökologischer Probleme und der heute sichtbaren Problemlösungen beleuchten, was ihnen gelingt, weil konkrete Lernbereiche festgelegt, gegliedert und Zusammenhänge aufgezeigt werden:
Kyburz-Graber und Liechti betrachten nicht bloss lokale, sondern auch nationale und globale Dimensionen von Umweltfragen, beziehen verschiedene Disziplinen ein (z.B. Biologie, Chemie, Physik, Geographie, Medizin, Recht, Ökonomie, Soziologie und Psychologie), stellen ökologische Vernetzungen und Kreisläufe graphisch dar und erörtern diese.
Verständnisfragen werden gestellt und weiterführende Arbeitsvorschläge unterbreitet. Inhaltlich deckt das Lehrmittel trotz seines auf 56 Seiten beschränkten Umfangs folgende Bereiche ab: In einem ersten Teil werden die Entwicklung des Lebens, die Bedeutung von Lebensräumen sowie Energieflüsse und Stoffkreisläufe thematisiert. Anschliessend steht der Mensch im Zentrum der Betrachtung, wenn die Themen Lebensqualität, Bevölkerung, Ernährung, Konsum und Mobilität diskutiert werden. In einem dritten Teil werden nicht bloss individuelle, sondern auch staatliche und marktwirtschaftliche Lösungsansätze unterbreitet und Vorschläge für konkretes ökologisches Handeln präsentiert (a.a.O., S. 23f.). Der abschliessende vierte Teil enthält Umweltwissen zu den Themen Luft, Boden, Wasser, Landschaft, Flora und Fauna, Wald, Rohstoffe, Energie, Abfälle und Lärm (a.a.O., S. 36–57) und dient als Grundwissen im Umweltbereich.
Die Arbeit Kyburz-Grabers und Liechtis stufen wir für die Umwelterziehung als beispielhafte, jedoch singuläre Erscheinung ein.

Die Umwelterziehung kann darauf beharren, keine Programme zu formulieren und auf ein Unterrichtsprinzip zu vertrauen. Dann wird sie kaum über einige

Abschnitte in Lehrplänen, Fallstudien, Pilotprojekte und individuelles Engagement von Lehrkräften hinauskommen. Wenn Umwelterziehung kontinuierlich, systematisch und kollektiv praktiziert werden soll, muss sie auf die Schule setzen, Programme formulieren und feste Zeitgefässe erhalten.

8.1.2. Für eine Methodenvielfalt und gegen eine Konzentration auf die Projektmethode

Die Projektmethode wird in der Umwelterziehung als eine ideale Methode für die Vermittlung handlungswirksamer Anliegen betrachtet. Auf begriffliche Klärungen wird in Ausführungen von Projektkonzepten, falls solche überhaupt bestehen, verzichtet. Was die Projektmethode attraktiv macht, scheint das Fehlen vorgegebener Strukturen und Ziele zu sein. Projektmethoden lassen ein breites Spektrum von Aktivitäten zu, jedes Tun im Unterricht, bei dem nicht nur die Lehrperson aktiv ist, wird in der Umwelterziehung als Projekt ausgegeben. Dieser Ansatz erhöht zwar die Attraktivität der Projektmethode, gleichzeitig wird sie aber für die schulische Praxis wenig brauchbar. Wir haben zwei Argumente vorgebracht, weshalb sich die Umwelterziehung vom Mythos Projektmethode distanzieren sollte:
1. *Die Projektmethode wird so dargestellt, als ob in der Umwelterziehung ein Common sense bestehe, was damit gemeint sei.* Dem ist nicht so; Übereinstimmung besteht allenfalls darin, dass sich Umwelterziehung weder inhaltlich noch durch strukturierende Methoden festlegen will und dass Schülerinnen und Schüler selbstverantwortlich und selbstbestimmt Umweltthemen bearbeiten sollen. Diese Übereinstimmung hilft bei der konkreten Planung und Durchführung von Unterricht wenig, wird doch nicht oder unverbindlich ausgeführt, welche Ziele dieser Unterricht verfolgen soll. Es entsteht der Eindruck, dass Erfahrungen vorangegangener Projekte kaum aufgenommen und weiterentwickelt werden. Eine Ursache dafür könnte in einem Verständnis des Projektgedankens liegen, wie er etwa von Frey vertreten wird. Dieses Konzept verzichtet auf übergeordnete didaktische Ziele; vielmehr sollen während eines Projekts persönliche und gruppendynamische Erfahrungen reflektiert, lernprozessbezogene Strukturen neu aufgebaut und so für nächste Projekte zur Verfügung gestellt werden. Diese prozessorientierte Arbeit geht nach Frey über institutionell organisierten Unterricht hinaus und beansprucht deshalb meist eigene Zeitgefässe. Ein Unterrichtsprinzip Umwelterziehung erscheint mit Freys Projektauffassung nicht vereinbar.
2. Handlungsorientierter Unterricht und moderne Auffassungen der Projektmethode stehen in einem Zielkonflikt: *Handlungsorientierter Unterricht intendiert zielgerichtetes, problem- und produktorientiertes Erfassen, Durchführen*

und Reflektieren von Handlungsprozessen; Projektmethoden thematisieren unabhängig von angestrebten Handlungszielen Vorgehensweisen und Lernprozesse der Projektbeteiligten.

Einen erwägenswerten handlungsorientierten Ansatz, der Projektelemente aufnimmt, zeigte Dewey auf, weil für ihn Methoden einen allgemeinen Weg bezeichnen, auf dem Erfahrungen der Schülerinnen und Schüler durch Diskussion und ständiges Experimentieren mit Wirklichkeit strukturiert werden können. Trotz einer Orientierung am praktischen Tun legte Dewey grossen Wert auf die Denkprozesse bei der Planung einzelner Projektschritte. Das pragmatische, sich einseitig auf experimentelle Methoden stützende Vorgehen Deweys weist im interaktiven Bereich Schwächen auf und ist nicht ohne weiteres auf die Umwelterziehung übertragbar, sondern ein historisches Konzept. Die Argumentation hingegen zeigt eine zu diskutierende Möglichkeit auf, wie die Projektmethode als handlungs- und damit auch zielorientiertes Arbeitsinstrument in den Dienst eines Handlungswissens gestellt werden könnte.

Mit Kilpatrick erfuhr die Projektmethode eine Wende, die bei Frey konsequent weiterentwickelt wird hin zum ausschliesslich schülerzentrierten Lernen. Hier bilden nicht mehr offensichtliche Probleme und Handlungsziele, sondern der selbstgewählte und reflektierte Weg zu einer beliebigen Unternehmung den Kernpunkt von Lernprozessen. Die Gefahr besteht, dass sich Unterricht in gruppendynamischen Prozessen auflöst und die Sache als zweitrangig betrachtet wird. Die von Frey propagierte Projektmethode ist eine Vision, die sich mit Zielen der Umwelterziehung kaum vereinbaren lässt.

Wenn die Projektmethode als ideale Methode proklamiert wird, so werden deren *Grenzen und Gefahren* übersehen. Diederich (1994) kritisiert die Projektmethode heftig und moniert, dass trotz gemeinschaftlicher Erlebnisse und Erfahrungen am Ende oft wenig Sachkompetenz vorhanden sei. Das Problem bestehe darin, dass die Schülerinnen und Schüler in einem geistigen Klima aufwüchsen, in dem sie den eigenen Erfahrungen mehr trauen würden als fremden. Wenn nur noch gelte, was selbst erlebt worden sei, könne aus der Geschichte nichts für die Zukunft gelernt werden. Diederich sieht die Grenzen der Projektmethode genau dort, wo auch ihre Stärke liege. So werde der Vereinzelung (Individualisierung) im Unterricht das Miteinander und der Konkurrenz (Differenzierung) das gemeinsame Ziel gegenübergestellt; das, was den Kopf überfordere, mit Herz und Hand zusammengefügt; die Stoffverteilung auf Schulfächer werde mit der Ganzheit der Situation konfrontiert und die sonst sinnvolle Unterscheidung von sachlichen, sozialen und zeitlichen Dimensionen negiert; im Fachunterricht würden einzelne Kriterien betont, in der Projektmethode hingegen eine Unzahl von Kriterien, die nicht aufs Mal einlösbar seien (a.a.O., S. 92–94).

Deswegen optieren wir für *ein Ende der Idealisierung der Projektmethode.* Zur Überarbeitung der Unterrichtsmaterialien in dem von uns evaluierten Umwelterziehungsprojekt unterbreiteten wir den Vorschlag, die Unterrichtsmaterialien in eine Werkstatt umzuwandeln.

Wo liegt die Differenz? Ein Projekt soll von Anfang bis Ende von Schülerinnen und Schülern geprägt werden. Wir haben Schwierigkeiten genannt, die sich aus dieser Verflechtung von Projektmethode und Inhalten der Umwelterziehung ergeben. Die Umwelterziehung müsste bescheidener vorgehen, indem sie nicht die Projektmethode als generelle Methode favorisieren, sondern dort gezielt einzelne Projektelemente einsetzen würde, wo das Sinn macht. Eine Werkstatt gäbe einer Methodenvielfalt Raum, gäbe Struktur; Arbeitshaltungen könnten gezielt aufgebaut werden; zeitlich eingrenzbare Projekte innerhalb eines Themas fänden in dieser Arbeitsform Platz; Projektelemente könnten definiert, zielstrebig verfolgt, reflektiert und anschliessend bewusst eingesetzt und vertieft werden; arbeits- und lerntechnische Fortschritte im Umgang mit Projektelementen könnten evaluiert und ausgewiesen werden. Wir setzen uns für eine Öffnung der Methoden und deren Verknüpfung mit Inhalten ein, damit Lehrkräften ein der Unterrichtssituation angepasstes Instrumentarium zur Verfügung gestellt werden kann.

8.1.3. Für ein interdisziplinäres Zeitgefäss "Umwelterziehung" und gegen ein Unterrichtsprinzip

In der Literatur zur Umwelterziehung wird die Ansicht vertreten, Umwelterziehung könne nur als Unterrichtsprinzip ihren Zielen gerecht werden und entsprechende Wirkungen entfalten. Wegen des wenig verpflichtenden Charakters lassen sich Unterrichtsprinzipien indessen schlecht durchsetzen, und es besteht die Gefahr, dass jedes Fach Umweltthemen gleichsam als Pflichtübung verabreicht. Wir optieren deshalb für ein eigenes Zeitgefäss, was nicht bedeutet, dass Umweltthemen nicht auch in bestehenden Fächern integriert werden könnten. Die eigenen Zeitgefässe wären für jene spezifischen Inhalte und Methoden der Umwelterziehung vorzusehen, für die im Rahmen des üblichen Unterrichts aus methodischen, zeitlichen oder themenspezifischen Gründen kaum Platz zu finden ist. Welche Vorteile böte ein eigenes Zeitgefäss?

1. Ein eigenes Zeitgefäss für Umwelterziehung gäbe dieser *verpflichtenden Charakter, würde dadurch einen didaktisch begründbaren, systematischen Aufbau begünstigen und Kontinuität gewährleisten.* Entsprechende Unterrichtseinheiten müssten entworfen, erprobt und evaluiert werden. Die Forschungsschwerpunkte in der Umwelterziehung würden sich von Lehrmittelanalysen und Untersuchungen über Anteile von Unterrichtsmethoden und Inhalten

im Unterricht hin zur Evaluation der Schulpraxis verlagern, denn zwischen Absichten und konkreter Umsetzung werden – wie im von uns evaluierten Umwelterziehungsprojekt – grosse Unterschiede feststellbar sein (vgl. 6.5.; 7.9.). Ein aktuelles Beispiel zeigt, welche Folgen das Beharren auf einem Unterrichtsprinzip haben könnte. Der neue Lehrplan des Kantons Bern für die Sekundarstufe I, der im Sommer 1995 erschienen ist (Erziehungsdirektion des Kantons Bern 1995), sieht für die "zusätzlichen Aufgaben" Gesundheitsförderung, Sexualerziehung, Interkulturelle Erziehung, Medienerziehung, Informatik, Berufswahlvorbereitung und Verkehrsunterricht Zeitgefässe vor, doch nicht für Umwelterziehung, welche als Unterrichtsprinzip aller Fächer gilt und insbesondere im neuen Sammelfach Natur–Mensch–Mitwelt enthalten ist. 2. Ohne ein Zeitgefäss für Umwelterziehung wird weder in der Ausbildung und Fortbildung von Lehrerinnen und Lehrern noch in der schulhausinternen Weiterbildung Kontinuität gewährleistet werden können. Ein Unterrichtsprinzip wird Qualifikationen von Lehrpersonen in Umwelterziehung kaum in jener Qualität fördern, wie dies ein inhaltlich definiertes Zeitgefäss leisten könnte. Wir optieren deshalb für *Konzepte der Lehrerinnen- und Lehrerbildung in Umwelterziehung*. Weil sie für die Vermittlung innovativer Aspekte der Umwelterziehung meist nicht optimal ausgebildet sind oder es an Erfahrungen im Umgang mit "neuen" Inhalten und Methoden fehlt, sollten sich Lehrkräfte in Umwelterziehung qualifizieren können. Zudem besuchen Lehrerinnen und Lehrer in der Regel Kurse zu Themen, wo sie bereits Erfahrungen besitzen oder die wie Informatikkurse persönliche Interessen ansprechen. Interdisziplinär ausgeschriebene Kurse stossen oft – trotz hoher Aktualität von Umweltfragen – auf wenig Interesse.

Unsere Evaluation hat gezeigt, dass methodische Anleitungen in Unterrichtsmaterialien von Lehrkräften keineswegs praktiziert werden müssen. Lehrkräfte benötigten in ihrer Arbeit mit neuen Inhalten und weniger geläufigen Methoden mehr direkte Unterstützung durch eine in Institutionen eingebettete *Beratung und Supervision*, nicht zuletzt darum, weil fächerübergreifendes Lehren und Lernen in der Regel einen beträchtlichen sachbedingten und organisatorischen Mehraufwand bedeutet.

Trotz der Vorteile eines eigenen Zeitgefässes wird in der Umwelterziehung kaum auf diese Option gesetzt. Ausserdem ist es der Umwelterziehung bisher nicht gelungen, sich auf ein Programm festzulegen, was eine zeitliche Festlegung im Curriculum weit mehr behindert als der Widerstand traditioneller Fächer gegen einen Abbau ihrer Lektionenzahlen. Einen Lösungsansatz zeigt der neue Lehrplan des Kantons Bern auf, wo Poolstunden nach Bedarf eingesetzt werden können; das Problem ist also lösbar.

8.2. Charakteristika einer schulgemässen Umwelterziehung

Umwelterziehung ist langfristig angelegt, und sie wirkt schon mal anders als vorgestellt; ausserdem kann sie nicht das gutmachen, was Erwachsene versäumen. Die Leitthese unserer Arbeit war, dass Schwierigkeiten im Verhältnis von Schule und Umwelterziehung in erster Linie durch Unzulänglichkeiten der Umwelterziehung bedingt sind. Einige Ansatzpunkte für eine Umgestaltung dieses schwierigen Verhältnisses sollen am Ende vergegenwärtigt werden.

Um welche Umwelterziehung soll es in der Schule gehen?
In der Schule keine Berechtigung hat eine Umwelterziehung, die
– eine Gesinnungspädagogik betreibt,
– esoterische Konzepte erleben lassen will,
– plakative Aussagen zu ihrem Programm macht,
– sich inhaltlichen Auswahlproblemen verweigert,
– einen Methodenpluralismus ablehnt,
– die Disparität ihrer Ziele und Methoden ignoriert,
– schulische Wirkungsmöglichkeiten total überschätzt;

wohl aber eine Umwelterziehung, die
– Aufklärung betreibt,
– pädagogische Argumente und Erfahrungsbestände beachtet,
– von (historischen) schulischen Reformerfahrungen lernt,
– sich von Ergebnissen empirischer Untersuchungen im Umweltbereich leiten lässt,
– ihre Schulkritik und ihre Erwartungen an die Schule aufeinander bezieht,
– ihre Ziele, Inhalte und Methoden überzeugend miteinander verknüpft und praktikable methodisch-didaktische Konzepte liefert.

Einer Umwelterziehung, die sich auf Bedingungen der Schule einstellt, könnte die Schule eine kontinuierliche und systematische Bearbeitung von Umweltfragen anbieten, da sie nicht nach den Regeln der Politik, der Wirtschaft, der Massenmedien und der Freizeitindustrie funktioniert.
Möglich, dass die Schule der Umwelterziehung dann feste Zeitgefässe anböte, möglich, dass es dabei nicht bei einer Diskussion von Umweltfragen bliebe, dass "neue" Themen wahrgenommen und dem Bewusstsein zugänglich gemacht werden, dass Bewertungskritierien angeboten werden, dass gar Handeln angeleitet, geübt und ein (Handlungs-)Wissen aufgebaut wird, das nach und nach bedeutsam wird.

Literatur

Aebli, H.: Denken: Das Ordnen des Tuns. Band I: Kognitive Aspekte der Handlungstheorie. Stuttgart (Klett-Cotta) 1980.

Altner, G.: Fünf Minuten nach zwölf: Eine kritische Bilanz des Zustandes unserer Welt. In: Michelsen, G.; Öko–Institut Freiburg i.Br. (Hrsg.): Der Fischer Öko-Almanach 91/92. Frankfurt a.M. (Fischer Tb) 1991, S. 15–24.

Altner, G.; Mettler-Meibom, B.; Simonis, U.E.; von Weizäcker, E.U. (Hrsg.): Jahrbuch Ökologie 1993. München (C.H. Beck) 1992.

Amelang, M.; Tepe, K.; Vagt, G.; Wendt, W.: Über einige Schritte der Entwicklung einer Skala zum Umweltbewusstsein. Hamburg (Arbeiten aus dem Psychologischen Institut der Universität Hamburg), Nr. 36, 1976.

Arbinger, R.: Wissensdiagnostik. In: Ingenkamp, K.; Jäger, R.S. (Hrsg.): Tests und Trends. 9. Jahrbuch der Pädagogischen Diagnostik. Weinheim und Basel (Beltz) 1991, S. 80–108.

Arbuthnot, J.: The roles of attitudinal and personality variables in the prediction of environmental behavior and knowledge. In: Environment and Behavior. H. 9, 1977, S. 217–232.

Arnet, M.: Einleitung. Umwelterziehung in den Schweizer Schulen. In: EDK (Schweizerische Konferenz der kantonalen Erziehungsdirektoren): Umwelterziehung in den Schweizer Schulen. Dossier 8A. Bern (EDK) 1988, S. 3f.

Balsiger, U.: Zur Umwelterziehung in der Schweiz. In: Zentralstelle für Umwelterziehung Universität Essen (Hrsg.): Beiträge zur Umwelterziehung. 8. Internationales Symposium "Umwelterziehung auf neuen Wegen – Aktuelle Entwicklung in den nicht-naturwissenschaftlichen Fächern". Tagungsbericht. Essen (Zentralstelle für Umwelterziehung Universität Essen) 1988, S. 153–157.

Bastian, J.; Gudjons, H.: Das Projektbuch. Theorie–Praxisbeispiele–Erfahrungen. Hamburg (Bergmann und Helbig) 1993.

Beer, W.: Der Ökopädagoge. In: betrifft: erziehung. H. 10, 1984, S. 30–33.

Beer, W.; de Haan, G. (Hrsg.): Ökopädagogik. Aufstehen gegen den Untergang der Natur. Weinheim und Basel (Beltz) 1984, S. 14–23.

Beer, W.; de Haan, G.: Ökopädagogik – neue Tendenzen im Verhältnis von Ökologie und Pädagogik. In: Calliess, J.; Lob, R.E. (Hrsg.): Praxis der Umwelt- und Friedenserziehung. Band 2: Umwelterziehung. Düsseldorf (Schwann) 1987, S. 32–42.

Behr, K.: Das Ende der Fachdidaktik Deutsch. In: Geisler, W. (Hrsg.): Betrifft Erziehung. Projektorientierter Unterricht: Lernen gegen die Schule. Weinheim und Basel (Beltz) 1976.

Berchtold, Ch.; Stauffer, M.: Evaluation des Pilotprojekts Nutzungskonflikte und Siedlungsplanung. Schlussbericht. Bern (unveröffentlichtes Typoskript) 1990.

Berchtold, Ch.; Stauffer, M.: Schule und Umwelterziehung. Eine pädagogische Analyse eines schwierigen Verhältnisses. Lizentiatsarbeit an der Universität Bern (unveröffentlichtes Typoskript) 1995.

Binswanger, H.C.: Ökologie und Ökonomie – Gegner oder Partner? In: Dahncke, H.; Hatlapa, H.H. (Hrsg.): Umweltschutz und Bildungswissenschaften. Bad Heilbrunn (Klinkhardt) 1991, S. 54–66.

Birch, S.K.; Schwaab, K.E.: The effect of water conservation instruction on seventh-grade students. In: The Journal of Environmental Education. H. 16, 1983, S. 26–31.

Bloom, B.S. (Hrsg.): Taxonomie von Lernzielen im kognitiven Bereich. Weinheim (Beltz) 1972.

Blum, A.: Effect of an environemental science curriculum on students' leisure time. Journal of Research in Science Teaching. H. 12, 1981, S. 145–155.

Bode, B.H.: Modern Educational Theories. New York 1927.

Bohnsack, F.: Erziehung zur Demokratie. John Deweys Pädagogik und ihre Bedeutung für die Reform unserer Schule. Ravensburg (Maier) 1976.

Böhm, W. (Hrsg.): Wörterbuch der Pädagogik. Band II. Stuttgart (Kröner), 12. neuverf. Aufl. 1982.

Bolscho, D.: Umwelterziehung in der Schule. Ergebnisse aus der empirischen Forschung. Kiel (IPN) 1986.

Bolscho, D.: Umwelterziehung in der Grundschule. In: Calliess, J.; Lob, R.E. (Hrsg.): Praxis der Umwelt- und Friedenserziehung. Band 2: Umwelterziehung. Düsseldorf (Schwann) 1987, S. 79–87.

Bolscho, D.: Umwelterziehung in der Schule. Ergebnisse einer empirischen Studie. In: Die Deutsche Schule. H. 1, 1989, S. 61–72.

Bolscho, D.; Eulefeld, G.; Seybold, H.: Umwelterziehung. Neue Aufgaben für die Schule. München (Urban und Schwarzenberg) 1980.

Bonhaus, B.; Merteneit K.D.: Umweltbildung. In: Michelsen, G.; Öko-Institut Freiburg i.Br. (Hrsg.): Der Fischer Öko-Almanach 91/92. Frankfurt a.M. (Fischer Tb) 1991, S. 96-101.

Boppel, W.: Verbundsysteme in der Umwelterziehung. In: Deutsche Gesellschaft für Umwelterziehung; Institut für die Pädagogik der Naturwissenschaften an der Universität Kiel (Hrsg.): Modelle zur Umwelterziehung in der Bundesrepublik Deutschland. Band 2: Die Einrichtung fächerübergreifender, lokaler und regionaler Netze zur Umwelterziehung. Kiel (DGU) 1990, S. 12–17.

Bortz, J.: Lehrbuch der empirischen Forschung. Berlin (Springer) 1984.

Bossing, N.L.: Die Projektmethode. In: Geisler, G. (Hrsg.): Das Problem der Unterrichtsmethode in der pädagogischen Bewegung. Weinheim und Basel (Beltz) 1970, S. 123–132.

Braun, A.; Umwelterziehung zwischen Anspruch und Wirklichkeit. Frankfurt a.M. (Haag und Herchen) 1983.

Braun, A.: Untersuchungen über das Umweltbewusstsein bei Lernenden im Schulalter. In: Calliess, J.; Lob, R.E. (Hrsg.): Praxis der Umwelt- und Friedenserziehung. Band 2: Umwelterziehung. Düsseldorf (Schwann) 1987, S. 56–61.

Braunmühl, E. von: Antipädagogik. Studien zur Abschaffung der Erziehung. Weinheim und Basel (Beltz), 4. Aufl. 1983.

Brenner, U.: "Hätten Sie's gewusst?" In: Natur. H. 4, 1989, S. 78–92.

Burrus-Bammel, L.L.: Information's effect on attitude: A longitudinal study. In: The Journal of Environmental Education, H. 9, 1978, S. 41–50.

Calliess, J.; Lob, R.E. (Hrsg.): Praxis der Umwelt- und Friedenserziehung. Band 1: Grundlagen. Band 2: Umwelterziehung. Düsseldorf (Schwann) 1987.

Collings, E.: Ein Versuch mit dem Projekt-Lehrplan. In: Dewey, J.; Kilpatrick, W.H.: Der Projekt-Plan. Grundlegung und Praxis. Übers. v. G. Schulze und E. Wiesenthal. In: Petersen, P. (Hrsg.): Pädagogik des Auslands. Bd. IV. Weimar (Böhlaus) 1935a, S. 180–189.

Cornell, J.B.: Mit Kindern die Natur erleben. Oberbrunn (Ahorn) 1979.

Cornell, J.B.: Mit Freuden die Natur erleben. Naturerfahrungsspiele für alle. Mülheim (Verlag a.d. Ruhr) 1991.

Criblez, L.: Kann schulische Ökologie die Gesellschaft verändern? In: Schweizer Schule. H. 5, 1991, S. 11–15.

Criblez, L.; Gonon, Ph. (Hrsg.): Ist Ökologie lehrbar? Bern (Zytglogge) 1989.

Dahncke, H.; Hatlapa, H.H. (Hrsg.): Umweltschutz und Bildungswissenschaften. Bad Heilbrunn (Klinkhardt) 1991.

Dauber, H.: Vom "Leben lernen" zum "menschlichen Dilemma". In: Moser, H. (Hrsg.): Soziale Ökologie und pädagogische Alternativen. Initiativen, Konzepte und Projekte. München (Kösel) 1982, S. 126–147.

Dauber, H.: Neue Reichweiten einer ökologischen Lernbewegung. In: öko päd. H. 2, 1985, S. 36–40.

De Haan, G.: Die Schwierigkeiten der Pädagogik. In: Beer, W.; de Haan, G.: Ökopädagogik. Aufstehen gegen den Untergang der Natur. Weinheim und Basel (Beltz) 1984a, S. 77–91.

De Haan, G.: Vernetzung: Sicherheitsgurt oder Gefängnisgitter. In: öko päd. H. 4, 1984b, S. 12f.

De Haan, G.: Natur und Bildung – Perspektiven einer Pädagogik der Zukunft. Weinheim und Basel (Beltz) 1985.

De Haan, G.: Postindustrielle Gesellschaft – Das Ende der Umwelterziehung und ihrer Theorie. In: öko päd. H. 4, 1987, S. 30–40.

De Haan, G.; Scholz, G.: Umwelterziehung. In: Lenzen, D. (Hrsg.): Pädagogische Grundbegriffe. Band 2: Jugend bis Zeugnis. Reinbek bei Hamburg (rowohlt enzyklopädie) 1993, S. 1533–1538.

Deutsche Gesellschaft für Umwelterziehung; Institut für die Pädagogik der Naturwissenschaften an der Universität Kiel (Hrsg.): Modelle zur Umwelterziehung in der Bundesrepublik Deutschland. Band 2: Die Einrichtung fächerübergreifender, lokaler und regionaler Netze zur Umwelterziehung. Kiel (DGU) 1990.

Deutsche Gesellschaft für Umwelterziehung; Institut für die Pädagogik der Naturwissenschaften an der Universität Kiel (Hrsg.): Modelle zur Umwelterziehung in der Bundesrepublik Deutschland. Band 3: Umwelterziehung im Ballungsraum Kiel (DGU) 1991.

Deutsche Gesellschaft für Umwelterziehung; Institut für die Pädagogik der Naturwissenschaften an der Universität Kiel (Hrsg.): Modelle zur Umwelterziehung in der Bundesrepublik Deutschland. Band 4: Vom lokalen zum überregionalen Netzwerk in der Umwelterziehung. Kiel (DGU) 1992.

Dewey, J.: Education vs. Trade Training. In: The New Republic, 3. Bd., 1915.

Dewey, J.: Der Ausweg aus dem pädagogischen Wirrwarr. Inglis Vorlesung 1931. In: Dewey, J.; Kilpatrick, W.H.: Der Projekt-Plan. Grundlegung und Praxis. Übers. v. G. Schulze und E. Wiesenthal. In: Petersen, P. (Hrsg.): Pädagogik des Auslands. Bd. IV. Weimar (Böhlaus) 1935a, S. 85–101.

Dewey, J.: Die Quellen einer Wissenschaft von der Erziehung. In: Dewey, J.; Kilpatrick, W.H.: Der Projekt-Plan. Grundlegung und Praxis. Übers. v. G. Schulze und E. Wiesenthal. In: Petersen, P. (Hrsg.): Pädagogik des Auslands. Bd. IV. Weimar (Böhlaus) 1935b, S. 102–141.

Dewey, J.: Das Kind und der Lehrplan. Aufsatz von 1902. In: Dewey, J.; Kilpatrick, W.H.: Der Projekt-Plan. Grundlegung und Praxis. Übers. v. G.

Schulze und E. Wiesenthal. In: Petersen, P. (Hrsg.): Pädagogik des Auslands. Bd. IV. Weimar (Böhlaus) 1935c, S. 142–160.

Dewey, J.: Das Problem der Freiheit in den neuen Schulen. In: Dewey, J.; Kilpatrick, W.H.: Der Projekt-Plan. Grundlegung und Praxis. Übers. v. G. Schulze und E. Wiesenthal. In: Petersen, P. (Hrsg.): Pädagogik des Auslands. Bd. IV. Weimar (Böhlaus) 1935d, S. 199–206.

Dewey, J.: Demokratie und Erziehung. Eine Einleitung in die philosophische Pädagogik. Amerik. Orig. 1916. Übers. v. E. Hylla. Braunschweig (Westermann), 3. Aufl. 1964.

Dieckhoff, K.H.: Zwischen Freizeitgesellschaft und Bürgerbewegung: Die Schule im Zugzwang der Umweltkrise. In: Criblez, L.; Gonon, Ph. (Hrsg.): Ist Ökologie lehrbar? Bern (Zytglogge) 1989, S. 84–104.

Diederich, J.: Zweifel an Projekten. Eine reformpädagogische Idee und ihr Pferdefuss. In: Friedrich Jahresheft 1994, S. 92–94.

Diekmann, A.; Preisendörfer, P.: Persönliches Umweltverhalten. Diskrepanzen zwischen Anspruch und Wirklichkeit. In: Kölner Zeitschrift für Soziologie und Sozialpsychologie. H. 2, 1992, S. 226–251.

Dietrich, G.: Pädagogische Psychologie. Bad Heilbrunn (Klinkhardt) 1984.

Disinger, J.F.: Environmental and Ecological Education. In: Husén, T.; Postlethwaite, T.N. (Hrsg): International encyclopedia of education. Kidlington, Oxford (Elsevier Science), 2nd ed. 1994, S. 1991–1996.

Dörner, D.C.: Pychologisches Experiment: Wie Menschen eine Welt verbessern wollten ... . In: Bild der Wissenschaft. H. 2, 1975, S. 48–53.

Dörner, D.C.: Mängel menschlichen Denkens beim Umgang mit sehr komplexen Systemen. In: Berichte der ökologischen Aussenstelle Schlüchtern. H. 2, 1979.

Dorsch, F. (Hrsg.): Psychologisches Wörterbuch. Bern (Huber), 9. Aufl. 1976.

Dürrenmatt, F.: Die Physiker. Zürich (Diogenes), Neufassung 1980.

EDK (Schweizerische Konferenz der kantonalen Erziehungsdirektoren; Hrsg.): Umwelterziehung in den Schweizer Schulen. Dossier 8A. Bern (EDK) 1988.

Egger, E. (Hrsg.): Innovation und Evaluation von Schulversuchen. Bern (Haupt) 1981.

Ermert, K. (Hrsg.): Umweltkrise, Umweltbildung und die Zukunft der Schule. Loccumer Protokolle 18/93. Rehburg-Loccum (Kirchliche Verwaltungsstelle Loccum) 1993.

Ernst, A.M.; Spada, H.: Bis zum bitteren Ende?. In: Schahn, J.; Giesinger, T. (Hrsg.): Psychologie für den Umweltschutz. Weinheim (Beltz) 1993, S. 17–27.

Erziehungsdirektion des Kantons Bern (Hrsg.): Lehrplan Primarstufe und Sekundarstufe I. Bern (Staatlicher Lehrmittelverlag des Kantons Bern) 1995.

Eschenhagen, D.: Anmerkungen zu Konzeptionen der Umwelterziehung. In: Unterricht Biologie. H. 144, 1989, S. 43–46.

Eulefeld, G: Didaktische Leitlinien zur Umwelterziehung in der Bundesrepublik Deutschland. In: Eulefeld, G.; Kapune, T. (Hrsg.): Empfehlungen und Arbeitsdokumente zur Umwelterziehung – München 1978. IPN Arbeitsberichte Bd. 36, Kiel (IPN) 1979, S. 33–44.

Eulefeld, G.: Veränderung des Umweltbewusstseins – Eine Aufgabe für die Schule? In: Fietkau, H.J.; Kessel, H. (Hrsg.): Umweltlernen – Veränderungsmöglichkeiten des Umweltbewusstseins. Königstein (Hain) 1981, S. 187–220.

Eulefeld, G.: Umwelterziehung im Biologieunterricht. In: Calliess, J.; Lob R.E. (Hrsg.): Praxis der Umwelt- und Friedenserziehung. Band 2: Umwelterziehung. Düsseldorf (Schwann) 1987, S. 206–217.

Eulefeld, G.: Umwelterziehung. In: Kruse, L.; Graumann, C.F.; Lantermann, E.D. (Hrsg.): Ökologische Psychologie. Ein Handbuch in Schlüsselbegriffen. München (Psychologie Verlags Union) 1990, S. 654–659.

Eulefeld, G.: Zur Praxis der Umwelterziehung in der Bundesrepublik Deutschland. In: Hellberg-Rode, G. (Hrsg.): Umwelterziehung. Theorie & Praxis. Münster und New York (Waxmann) 1991, S. 1–16.

Eulefeld, G.; Frey, K.; Haft, H.; Isensee, W.; Lehmann, J.; Maassen, B.; Marquardt, B.; Schilke, K.; Seybold, H. in Zusammenarbeit mit Bürger, W.; Höhn, K.-R.; Kyburz-Graber, R.: Ökologie und Umwelterziehung. Stuttgart (Kohlhammer) 1981.

Eulefeld, G.; Bolscho, D.; Rost, J.; Seybold, H.: Die Praxis der Umwelterziehung in den Schulen der Bundesrepublik Deutschland. Eine empirische Studie. Kiel (IPN) 1988.

Fend, H.: Theorie der Schule. München (Urban und Schwarzenberg), 2. Aufl. 1981.

Fend, H.: Sozialgeschichte des Aufwachsens – Bedingungen des Aufwachsens und Jugendgestalten im zwanzigsten Jahrhundert. Frankfurt a.M. (Suhrkamp) 1988.

Fido, H.S.A.; Gayford, C.G.: Field work and the biology teacher. A survey in secondary schools in England and Wales. In: Journal for Biological Education. H. 16, 1982, S. 27–34.

Fietkau, H.J.: Bedingungen ökologischen Lernens. Gesellschaftliche Aufgaben der Umweltpsychologie. Weinheim und Basel (Beltz) 1984.

Fietkau, H.J.: Umweltbewusstsein. In: Calliess, J.; Lob, R.E. (Hrsg.): Praxis der Umwelt- und Friedenserziehung. Band 1: Grundlagen. Düsseldorf (Schwann) 1987, S. 293–299.

Fietkau, H.J.; Kessel, H. (Hrsg.): Strategien zur Hebung des Umweltbewusstseins in der Bevölkerung der Bundesrepublik Deutschland. Forschungsbericht. Berlin (Internationales Institut für Umwelt und Gesellschaft) 1979.

Fietkau, H.J.; Kessel, H. (Hrsg.): Umweltlernen – Veränderungsmöglichkeiten des Umweltbewusstseins. Königstein (Hain) 1981.

Fietkau, H.J.; Kessel, H.: Umweltlernen. In: Calliess, J.; Lob, R.E. (Hrsg.): Praxis der Umwelt- und Friedenserziehung. Band 1: Grundlagen. Düsseldorf (Schwann) 1987, S. 311–315.

Fingerle, K.H.: Schule. In: Lenzen, D. (Hrsg.): Pädagogische Grundbegriffe. Band 2: Jugend bis Zeugnis. Reinbek bei Hamburg (rowohlt enzyklopädie) 1993, S. 1327–1331.

Flechner, R.; Rottenbach, H.: Einleitung. In: Greenpeace (Hrsg.): Umwelt-ängste Zukunftshoffnungen. Beiträge zur umweltpädagogischen Debatte. Göttingen (Die Werkstatt) 1993, S. 9–11.

Flitner, A.: Konrad, sprach die Frau Mama ... Über Erziehung und Nichterziehung. Berlin (Siedler) 1982.

Fornallaz, P.: Die ökologische Wirtschaft. Auf dem Weg zu einer verantworteten Wirtschaftsweise. Aarau und Stuttgart (AT) 1986.

Frey, K.: Die Projektmethode. In: Didaktik des Unterrichts. Abschnitt 19, S. 1–26. ETH Zürich (Institut für Verhaltenswissenschaft), 4. Aufl. 1990.

Frey, K.: Die Projektmethode. Weinheim und Basel (Beltz), 5. Auflage 1993.

Frey, R.L.; Staehelin-Witt, E.; Blöchliger, H.: Mit Ökonomie zur Ökologie. Analyse und Lösungen des Umweltproblems aus ökonomischer Sicht. Basel und Frankfurt a.M./Stuttgart (Helbing&Lichtenhahn/Schäffer-Poeschel), 2., überarbeitete und ergänzte Auflage 1993.

Friedrichs, J.: Methoden empirischer Sozialforschung. Opladen (Westdeutscher Verlag) 1980, 14. Aufl. 1990.

Gärtner, H.: Umweltpädagogische Sachkompetenz durch ökologisch-orientierte Umweltvorsorge. In: Gärtner, H.; Hoebel-Mävers, M. (Hrsg.): Umwelterziehung – ökologisches Handeln in Ballungsräumen. Umwelterziehung Band 1. Hamburg (Krämer) 1991, S. 47–106.

Gärtner, H. (Hrsg.): Ökologische Partizipation im Ballungsraum. Hamburg (Krämer) 1992, S. 173–189.

Gärtner, H.; Hoebel-Mävers, M. (Hrsg.): Umwelterziehung – ökologisches Handeln in Ballungsräumen. Umwelterziehung Bd 1. Hamburg (Krämer) 1991.

Geiser, H.; Frey, K.: Aufgaben und Ziele der Schule als Rahmen für die Umwelterziehung. In: Calliess, J.; Lob, R.E. (Hrsg.): Praxis der Umwelt- und Friedenserziehung. Band 2: Umwelterziehung. Düsseldorf (Schwann) 1987, S. 189–197.

Geisler, W. (Hrsg.): Betrifft Erziehung. Projektorientierter Unterricht: Lernen gegen die Schule. Weinheim und Basel (Beltz) 1976.

Giesecke, H.: Das Ende der Erziehung. Neue Chancen für Familie und Schule. Stuttgart (Klett-Cotta), 3. Aufl. 1987.

Gonon, Ph. (Hrsg.): Evaluation in der Berufsbildung. Aarau (Sauerländer) 1992.

Gonon, Ph.: Evaluation zwischen Kunst und "policy". In: Gonon, Ph. (Hrsg.): Evaluation in der Berufsbildung. Aarau (Sauerländer) 1992, S. 7–12.

Göpfert, H.: Zur Grundlegung einer naturbezogenen Pädagogik. In: Calliess, J.; Lob, R.E. (Hrsg.): Praxis der Umwelt- und Friedenserziehung. Band 2: Umwelterziehung. Düsseldorf (Schwann) 1987, S. 21–31.

Göpfert, H.: Naturbezogene Pädagogik. Weinheim (Deutscher Studien Verlag) 1988.

Götte, M.: Lernpsychologische Grundlagen und Anwendungen zur Umwelterziehung. In: Calliess, J.; Lob, R.E.: Praxis der Umwelt- und Friedenserziehung, Bd. II. Düsseldorf (Schwann-Hagel) 1987, S. 43–55.

Greenpeace (Hrsg.): Umweltängste Zukunftshoffnungen. Beiträge zur umweltpädagogischen Debatte. Göttingen (Die Werkstatt) 1993.

Grefe, C.; Jerger-Bachmann, I.: Das blöde Ozonloch. Kinder und Umweltängste. München (Beck) 1992.

Gudjons, H.: Handlungsorientiert Lehren und Lernen. Projektunterricht und Schüleraktivität. Bad Heilbrunn (Klinkhardt) 1986.

Gudjons, H.: Handlungsorientierter Unterricht. In: Westermanns Pädagogische Beiträge, Hamburg. H. 5, 1987, S. 8–13.

Gysin, H.: Wissensvermittlung als Instrument des Umweltschutzes. In: Criblez, L.; Gonon, Ph. (Hrsg.): Ist Ökologie lehrbar? Bern (Zytglogge) 1989, S. 9–16.

Häfeli, K.; Kraft, U.; Schallberger, U.: Berufsausbildung und Persönlichkeitsentwicklung. Eine Längsschnittstudie. Bern (Huber) 1988.

Hansen, H.; Pauswang, F.: Umdenken lernen. Praktische Hilfen für eine Erziehung zum Überleben. München (Kösel) 1982.

Hassenpflug, W.: Lokale und globale Probleme – Bevölkerung, Landnutzung und Bodenschutz. In: Dahncke, H.; Hatlapa, H.H. (Hrsg.): Umweltschutz und Bildungswissenschaften. Bad Heilbrunn (Klinkhardt) 1991, S. 151–175.

Hatlapa, H.H.: Zum Einfluss der Bildungswissenschaften auf die Umweltverantwortung der Wirtschaft. In: Dahncke, H.; Hatlapa, H.H. (Hrsg.): Umweltschutz und Bildungswissenschaften. Bad Heilbrunn (Klinkhardt) 1991, S. 67–82.

Hegg, O. (Hrsg.): Verhandlungen Gesellschaft für Ökologie. Sonderdruck Band XII. Göttingen 1984.

Heid, H.: Ökologie als Bildungsfrage? In: Zeitschrift für Pädagogik. H. 1, 1992, S. 113–138.

Hellberg-Rode, G. (Hrsg.): Umwelterziehung. Theorie & Praxis. Münster und New York (Waxman) 1991.

Hellberg-Rode, G.: Einleitung. In: Hellberg-Rode, G. (Hrsg.): Umwelterziehung. Theorie & Praxis. Münster und New York (Waxman) 1991a, S. VII–IX.

Hellberg-Rode, G.: Umwelterziehungspraxis in der Schule – Ergebnisse aus einer empirischen Studie. In: Hellberg-Rode, G. (Hrsg.): Umwelterziehung. Theorie & Praxis. Münster und New York (Waxman) 1991b, S. 195–225.

Hentig, H. von: Humanisierung – eine verschämte Rückkehr zur Pädagogik. Stuttgart (Klett-Cotta) 1987.

Hentig, H. von: Werte und Erziehung. In: Criblez, L.; Gonon, Ph. (Hrsg.): Ist Ökologie lehrbar? Bern (Zytglogge) 1989, S. 40–63.

Herrsche, O.: Ökologie in der Medienrealität. In: Criblez, L.; Gonon, Ph. (Hrsg.): Ist Ökologie lehrbar? Bern (Zytglogge) 1989, 162–177.

Hines, J.M.; Hungerford, H.R.; Tomera, A.N.: Analysis and Synthesis of Research on Responsible Environmental Behavior: A Meta-Analysis. In: The Journal of Environmental Education. H. 18/2, 1987, S. 1–8.

Hintz, D.; Pöppel, K.G.; Rekus, J. (Hrsg.): Neues schulpädagogisches Wörterbuch. Weinheim und München (Juventa) 1993.

Holzknecht, A.: Umweltpolitik und Umwelterziehung. In: Deutsche Gesellschaft für Umwelterziehung; Institut für die Pädagogik der Naturwissenschaften an der Universität Kiel (Hrsg.): Modelle zur Umwelterziehung in der Bundesrepublik Deutschland. Band 2: Die Einrichtung fächerübergreifender, lokaler und regionaler Netze zur Umwelterziehung. Kiel (DGU) 1990, S. 22–31.

Husén, T.; Postlethwaite, T.N. (Hrsg.): International encyclopedia of education. Kidlington, Oxford (Elsevier Science), 2nd ed. 1994.

Ilien, A.: Umweltkrise, Umweltbildung und die Zukunft der Schule. Schulpädagogische Überlegungen. In: Ermert, K. (Hrsg.): Umweltkrise, Umweltbildung und die Zukunft der Schule. Loccumer Protokolle 18/93. Rehburg-Loccum (Kirchliche Verwaltungsstelle Loccum) 1993, S. 47–65.

Ingenkamp, K; Jäger, R.S. (Hrsg.): Tests und Trends. 9. Jahrbuch der Pädagogischen Diagnostik. Weinheim und Basel (Beltz) 1991.

Ingenkamp, K.H.; Jäger, R.S.; Petillon, H.; Wolf, B. (Hrsg.): Empirische Pädagogik 1970–1990. Eine Bestandesaufnahme der Forschung in der Bundesrepublik Deutschland. Band II. Weinheim (Deutscher Studien Verlag) 1992.

Iozzi, L.A.: What research says to the educator: Part one, environmental education and the affective domain. In: Journal of Environmental Education. H. 3, 1989, S. 3–9.

Iselin, G. (Hrsg.): Voraussetzungen einer wirksamen Umweltinformation. Literatur- und Interviewrecherchen. Bern (Allgemeine Treuhand AG) 1988.

Janssen, W.: Naturerleben. In: Janssen, W.; Trommer, G.: Naturerleben. Unterricht Biologie. H. 137, 1988, S. 2–7.

Janssen, W.; Trommer, G.: Naturerleben. In: Unterricht Biologie. H. 137, 1988.

Jelinek, E.: Oh Wildnis, oh Schutz vor ihr. Prosa. Reinbek bei Hamburg (Rowohlt) 1985.

Jenzer, C.: Wem nützt Evaluation? In: Gonon, Ph. (Hrsg.): Evaluation in der Berufsbildung. Aarau (Sauerländer) 1992, S. 13–30.

Jonas, H.: Das Prinzip Verantwortung. Versuch einer Ethik für die technologische Zivilisation. Frankfurt a.M. (Insel) 1979.

Jungermann, H.: Risikoeinschätzung. In: Kruse, L.; Graumann, C.-F.; Lantermann, E.-D. (Hrsg.): Ökologische Psychologie. Ein Handbuch in Schlüsselbegriffen. München (Psychologie Verlags Union) 1990, S. 293–300.

Kahlert, J.: Alltagstheorien in der Umweltpädagogik. Eine sozialwissenschaftliche Analyse. Weinheim (Deutscher Studien Verlag) 1990.

Kahlert, J.: Die missverstandene Krise. Theoriedefizite in der umweltpädagogischen Kommunikation. In: Zeitschrift für Pädagogik. H. 1, 1991a, S. 97–122.

Kahlert, J.: Ökopädagogik – zur Kritik eines Programms. In: Schweizer Schule. H. 5, 1991b, S. 23–28.

Kaiser, F.J.: Projekt. In: Lenzen, D. (Hrsg.): Pädagogische Grundbegriffe. Band 2: Jugend bis Zeugnis. Reinbek bei Hamburg (rowohlt enzyklopädie) 1993, S. 1272–1281.

Kalas, K.; Amberger-Dirringer, E.; Kobler R.: "Naturbegegnung – was bringt's?" In: Pfligersdorffer, G.; Unterbruner, U. (Hrsg.): Umwelterziehung auf dem Prüfstand. Ergebnisse der Tagung "Umwelterziehung in Österreich". Prüfbericht der OECD, Forschung und Ausblicke. Innsbruck (Österreichischer Studien Verlag) 1994, S. 180–193.

Kallen, D.: Tagungsbericht. In: Egger, E. (Hrsg.): Innovation und Evaluation von Schulversuchen. Bern (Haupt) 1981, S. 43–60.

Kaminski, G.: Umweltpsychologie: Herausforderung und Angebote. In: Calliess, J.; Lob, R.E. (Hrsg.): Praxis der Umwelt- und Friedenserziehung. Band 2: Umwelterziehung. Düsseldorf (Schwann) 1987, S. 127–139.

Käppeli, R.: Wie steht's mit der Umwelterziehung in der Schweiz? 4. Schweizerische Umwelttagung in St. Gallen. In: Schweizerische Lehrerzeitung. H. 21, 1994, S. 25.

Kattmann, U.: Unterricht angesichts der Überlebenskrise. In: Beiträge zum mathematisch-naturwissenschaftlichen Unterricht. H. 31, 1976, S. 2–25.

Kattmann, U.: Verantwortung in der Natur. Zur Bedeutung der Natur-Mensch-Beziehung in der Umwelterziehung. In: Pfligersdorffer, G.; Unterbruner, U. (Hrsg.): Umwelterziehung auf dem Prüfstand. Ergebnisse der Tagung "Umwelterziehung in Österreich". Prüfbericht der OECD, Forschung und Ausblicke. Innsbruck (Österreichischer Studien Verlag) 1994, S. 15–31.

Keck, R.W.; Sandfuchs, U. (Hrsg.): Wörterbuch Schulpädagogik. Bad Heilbrunn (Klinkhardt) 1994.

Keller, A.: Umweltbewusstsein. In: Michelsen, G.; Öko-Institut Freiburg i.Br. (Hrsg.): Der Fischer Öko-Almanach 91/92. Daten, Fakten, Trends der Umweltdiskussion. Frankfurt a.M. (Fischer Tb) 1991, S. 91–96.

Kilpatrick, W.H.: Die Projektmethode. Die Anwendung des zweckvollen Handelns im pädagogischen Prozess. In: Dewey, J.; Kilpatrick, W.H.: Der Projekt-Plan. Grundlegung und Praxis. Übers. v. G. Schulze und E. Wiesenthal. In: Petersen, P. (Hrsg.): Pädagogik des Auslands. Bd. IV. Weimar (Böhlaus) 1935, S. 161–179.

Kleber, E.W.: Grundzüge ökologischer Pädagogik. Eine Einführung in ökologisch-pädagogisches Denken. Weinheim und München (Juventa) 1993.

KMK (Ständige Konferenz der Kultusminister der Länder der Bundesrepublik Deutschland): Umwelterziehung in der Schule. Bericht der Kultusministerkonferenz vom 25.2.1982. Neuwied (Dokumentationsdienst Bildungswesen der Kultusministerkonferenz) 1982.

Knoll, M.: Calvin M. Woodward und die Anfänge der Projektmethode. Ein Kapitel aus der amerikanischen Erziehungsgeschichte, 1876–1900. In: Zeitschrift für Pädagogik. H. 4, 1988, S. 501–517.

Knoll, M.: John Dewey und die Projektmethode. Zur Aufklärung eines Missverständnisses. In: Bildung und Erziehung. H 1, 1992, S. 89–108.

Knoll, M.: 300 Jahre lernen am Projekt. Zur Revision unseres Geschichtbildes. In: Pädagogik. H. 7/8, 1993, S. 58–63.

Knoop, K.; Schwab M.: Einführung in die Geschichte der Pädagogik. Pädagogen-Porträts aus vier Jahrhunderten. Heidelberg und Wiesbaden (Quelle& Meyer) 1981, 2., durchges. Aufl. 1992.

Kocka, J. (Hrsg.): Interdisziplinarität. Frankfurt a.M. (Suhrkamp Wissenschaft) 1987.

Köhler, H.: Über den Hochmut der Umwelterziehung. In: ökopäd. H. 4, 1984, S. 27–31.

Kohn, M.L.; Schooler, C.: Work and Personality. An Inquiry Into the Impact of Social Stratification. Norwood, New Jersey (Ablex) 1983.

Kordes, H.: Evaluation. In: Lenzen, D. (Hrsg.): Enzyklopädie Erziehungswissenschaft. Bd. 2. Klett (Stuttgart) 1984, S. 359–366.

Kreis, H.; von der Burg, U.: Erziehungskonzepte für die Schule: Befunde, Modelle, Perspektiven. Düsseldorf (Schwann) 1982.

Krol, G.J.: Der sozialökonomische Beitrag zur Umweltbildung und Umwelterziehung – Ergebnisse einer Lehrerbefragung. In: Hellberg-Rode, G. (Hrsg.): Umwelterziehung. Theorie & Praxis. Münster und New York (Waxman) 1991, S. 17–60.

Kruse, L.; Graumann, C.-F.; Lantermann, E.-D. (Hrsg.): Ökologische Psychologie. Ein Handbuch in Schlüsselbegriffen. München (Psychologie Verlags Union) 1990.

Kruse, L.: Vorwort. In: Schahn, J.; Giesinger, Th.: Psychologie für den Umweltschutz. Weinheim (Beltz) 1993, S. XVII–XX.

Kyburz-Graber, R.: Ökologie im Unterricht. Versuche zu einem Lehrkonzept über das Ökosystem Wald. Frankfurt a.M. und Aarau (Diesterweg und Sauerländer) 1978.

Kyburz-Graber, R.: Umwelterziehung in den Lehrmitteln der Volksschule. Analyse von Inhalten und Methoden der Umwelterziehung in obligatorischen und empfohlenen Lehrmitteln für Schüler und Lehrer. In: EDK (Schweizerische Konferenz der kantonalen Erziehungsdirektoren; Hrsg.): Umwelterziehung in den Schweizer Schulen. Dossier 8A. Bern (EDK) 1988, S. 35–103.

Kyburz-Graber, R.: Liechti, B.: Umwelt. Zusammenhänge, Fakten, Lösungsansätze. Eine Einführung in die Ökologie für die Aus- und Weiterbildung. Aarau (Sauerländer) 1993.

Langeheine, R.; Lehmann, J.: Die Bedeutung der Erziehung für das Umweltbewusstsein. Ergebnisse pädagogisch-empirischer Forschungen zum ökologischen Wissen und Handeln. Kiel (IPN) 1986.

Laubis, J.: Vorhaben und Projekte im Unterricht. Ravensburg (Maier) 1976.

Lehwald, G.: Umweltkontrolle, Kontrollverlust und Angst. In: Greenpeace (Hrsg.): Umweltängste und Zukunftshoffnungen. Beiträge zur umweltpädagogischen Debatte. Hamburg (Die Werkstatt) 1993, S. 43–53.

Leipert, C.: Was kostet der Fortschritt? In: Michelsen, G.; Öko-Institut Freiburg i.Br. (Hrsg.): Der Fischer Öko-Almanach 91/92. Frankfurt a.M. (Fischer Tb) 1991, S. 336–347.

Lenzen, D. (Hrsg.): Enzyklopädie Erziehungswissenschaft. Band 2. Klett (Stuttgart) 1984.

Liedtke, M.: Wissen. In: Keck, R.W.; Sandfuchs, U. (Hrsg.): Wörterbuch Schulpädagogik. Bad Heilbrunn (Klinkhardt) 1994, S. 362–363.

Lob, R.E.: Zur Situation der Umwelterziehung in der Bundesrepublik Deutschland. In: Zentralstelle für Umwelterziehung der Universität Essen (Hrsg.): Informationen Nr. 23, 1986, S. 11–14.

Lob, R.E.: Zum Stand der Bemühungen um Umwelterziehung in der Bundesrepublik Deutschland. In: Calliess, J.; Lob, R.E. (Hrsg.): Praxis der Umwelt- und Friedenserziehung. Band 1: Grundlagen. Düsseldorf (Schwann) 1987, S. 285–292.

Lob, R.E.: Umwelterziehung vor neuen Aufgaben: von der Notwendigkeit der Einbeziehung nicht-naturwissenschaftlicher Fächer. In: Zentralstelle für Umwelterziehung Universität Essen (Hrsg.): Beiträge zur Umwelterziehung. 8. Internationales Symposium "Umwelterziehung auf neuen Wegen – Aktuelle Entwicklung in den nicht-naturwissenschaftlichen Fächern". Tagungsbericht. Essen (Zentralstelle für Umwelterziehung Universität Essen) 1988, S. 11–23.

Lob, R.E.; Wichert, V.: Schulische Umwelterziehung ausserhalb der Naturwissenschaften. Frankfurt a.M. (P. Lang) 1987.

Lübbe, H.: Schwindende Risikoakzeptanz als umweltpolitischer Faktor. In: Dahncke, H.; Hatlapa, H.H. (Hrsg.): Umweltschutz und Bildungswissenschaften. Bad Heilbrunn (Klinkhardt) 1991, S. 26–52.

Luhmann, N.: Ökologie und Kommunikation. In: Criblez, L.; Gonon, Ph. (Hrsg.): Ist Ökologie lehrbar? Bern (Zytglogge) 1989, S. 17–30.

Maassen, B.: Unterrichtsmaterialien zum Bereich Ökologie – Umweltschutz. Eine annotierte Bibliographie. Kiel (IPN) 1975.

Mager, F.M.: Lernziele und Programmierter Unterricht. Weinheim und Basel (Beltz) 1971.

Maloney, M.P.; Ward, M.P.: Ecology. Let's hear from the people. In: American Psychologist. H. 28, 1973, S. 583–586.

Maloney, M.P.; Ward, M.P.; Braucht, G.N.: A revised scale for the measurement of ecological attitudes and knowledge. In: American Psychologist. H. 30, 1975, S. 787–790.

Marek, R.: Praxisnahe Umwelterziehung: Handreichungen für Schule und Lehrerbildung. Hamburg (Krämer) 1993.

Matthey, W.; Della Santa, E.; Wannenmacher, C.; Joger, U. (Hrsg.): Praktische Ökologie. Laborbücher Biologie. Frankfurt a.M. und Aarau (Diesterweg und Sauerländer) 1989.

Matthiesen, K.: Eröffnungsrede des Ministers für Umwelt, Raumordnung und Landwirtschaft des Landes Nordrhein-Westfalen, Klaus Matthiesen. In: Zentralstelle für Umwelterziehung Universität Essen (Hrsg.): Beiträge zur Umwelterziehung. 8. Internationales Symposium "Umwelterziehung auf neuen Wegen – Aktuelle Entwicklung in den nicht-naturwissenschaftlichen Fächern". Tagungsbericht. Essen (Zentralstelle für Umwelterziehung Universität Essen) 1988, S. 6–10.

Mc Caw, S.: Teacher attitudes toward environmental education. In: The Journal of Environmental Education. H. 11, 1979, S. 12–23.

Meadows, D.H. et al.: Die Grenzen des Wachstums. Bericht des Club of Rome zur Lage der Menschheit. Stuttgart (dva) 1972.

Messner, H. (Hrsg.): Unterrichten lernen. Formen – Anlässe – Übungen. Basel (Schroedel) 1981.

Metz, P. Lernen durch ökologische Alternativen. In: Criblez, L.; Gonon, Ph. (Hrsg.): Ist Ökologie lehrbar? Bern (Zytglogge) 1989, S. 160f.

Meyer, H.: Unterrichtsmethoden: I. Theorieband. Erstausg. 1979. Frankfurt a.M. (Scriptor) 1990.

Meyer, P.: Umwelterziehung – Aufklärung ohne Folgen? Frankfurt a.M. (Haag+Herchen) 1986.

Meylan, J.P.: Umwelterziehung in den Lehrplänen. Das Konzept der Umwelterziehung in einigen neueren schweizerischen, regionalen und kantonalen Lehrplänen. In: EDK (Schweizerische Konferenz der kantonalen Erziehungsdirektoren; Hrsg.): Umwelterziehung in den Schweizer Schulen. Dossier 8A. Bern (EDK) 1988, S. 9–34.

Michelsen, G.; Siebert, H.: Ökologie lernen. Anleitungen zu einem veränderten Umgang mit Natur. Frankfurt a.M. (Fischer Tb) 1985.

Michelsen, G.; Öko-Institut Freiburg i. Br. (Hrsg.): Der Fischer Öko-Almanach 91/92. Frankfurt a.M. (Fischer Tb) 1991.

Mikelskis, H.: Ökologisches Lernen in der Schule? In: Beer, W.; de Haan, G. (Hrsg.): Ökopädagogik. Aufstehen gegen den Untergang der Natur. Weinheim (Beltz) 1984, S. 134–144.

Mikelskis, J.: Ökologie und Schule – Kriterien zum Entwurf und zur Bewertung naturwissenschaftlichen Unterrichts. In: Dahncke, H.; Hatlapa, H.H. (Hrsg.): Umweltschutz und Bildungswissenschaften. Bad Heilbrunn (Klinkhardt) 1991, S. 222–232.

Mollenhauer, K.: Vergessene Zusammenhänge. Über Kultur und Erziehung. München und Weinheim (Juventa) 1983, 2. Aufl. 1985.

Mollenhauer, K.; Rittelmeyer, C.: Methoden der Erziehungswissenschaft. München (Juventa) 1977.

Moser, H. (Hrsg.): Soziale Ökologie und pädagogische Alternativen. Initiativen, Konzepte und Projekte. München (Kösel) 1982.

Moser, P.; Nägele, C.; Semmer, N.: Gesundheits-, Umwelt- und Friedenserziehung: Die Berner Lehrerschaft engagiert sich. Einsichten und Aussichten. In: o.A.: Impulse aus dem Langschuljahr. Bern (Schuldirektion der Stadt Bern) 1989, S. 85–95.

Nagel, U.: Erfahrungsaustausch in Flüelen. In: Doppelpunkt. H. 15, 1990, S. 7f.

Nay, U.; Herbers, R.: Kenntnisse über Umweltschadstoffe im 9. Schuljahr. In: Naturwissenschaften im Unterricht – Physik, Chemie. H. 28, 1980, S. 347–350.

Nickel, M.; Rohde, H.G.: Schüler erfahren Nutzungskonflikte. In: Gärtner H.: Ökologische Partizipation im Ballungsraum. Hamburg (Krämer) 1992, S. 173–189.

Nuthall, G.; Snook, I.: Modelle des Lernens. In: Loser, F.; Terhart, E. (Hrsg.): Theorien des Lehrens. Stuttgart (Klett) 1977, S. 50–97.

o.A.: Impulse aus dem Langschuljahr. Bern (Schuldirektion der Stadt Bern) 1989.

o.A.: Kein bernischer Schüler zu klein, Raumplaner zu sein. In: Der Bund, 14.7. 1990, S. 25.

Oelkers, J.: Ist Ökologie lehrbar? In: Criblez, L.; Gonon, Ph. (Hrsg.): Ist Ökologie lehrbar? Bern (Zytglogge) 1989a, S. 64–83.

Oelkers, J.: Gesundheits-, Umwelt- und Friedenserziehung: Typisch pädagogische Illusionen? In: o.A.: Impulse aus dem Langschuljahr. Bern (Schuldirektion der Stadt Bern) 1989b, S. 81–84.

Oelkers, J.: Schultheorie und Schulkritik. Vorlesung gehalten an der Universität Bern. Bern (unveröffentlichtes Skript) 1989c.

Oelkers, J.: Reformpädagogik. Eine kritische Dogmengeschichte. Weinheim und München (Juventa) 1989d.

Oelkers, J.: Reformpädagogik und Ökologie. Vortrag am Kolloquium "Reformpädagogik und Ökologie" am Institut für Pädagogik der Universität Bern. Bern (unveröffentlichtes Typoskript) 1993.

Oelkers, J.; Lehmann Th.: Antipädagogik. Herausforderung und Kritik. Braunschweig (Agentur Pedersen) 1983.

Osthoff, R.: Grundlagen einer ökologischen Pädagogik. Frankfurt a.M. (dipa) 1986.

Pädagogisches Zentrum Bad Kreuznach; Landeszentrale für Umweltaufklärung Mainz (Hrsg.): Umwelterziehung. Beispiele aus der Schulpraxis. o.O. 1991.

Petersen, P. (Hrsg.): Pädagogik des Auslands. Bd. IV. Weimar (Böhlaus) 1935.

Petri, G.: Idee, Realität und Entwicklungsmöglichkeiten des Projektlernens. Graz (Dorrong) 1991.

Pettinger, R.: Evaluation. In: Neues Pädagogisches Lexikon. Stuttgart (Kreuz), 5. Aufl. 1971, S. 334–335.

Pettus, A.; Schwaab, K.E.: Survey of Virginia public school principals on the state of environmental education. In: The Journal of Environmental Education. H. 10, 1978, S. 35–42.

Pfaffrath, T.H.; Wehnert, D.: Ökologie konkret. Bausteine für eine Umwelterziehung in der Sekundarstufe. Bad Heilbrunn (Klinkhardt) 1982.

Pfligersdorffer, G.: Ist ökologisches Wissen handlungsrelevant? In: Pfligersdorffer, G.; Unterbruner, U. (Hrsg.): Umwelterziehung auf dem Prüfstand. Ergebnisse der Tagung "Umwelterziehung in Österreich". Prüfbericht der OECD, Forschung und Ausblicke. Innsbruck (Österreichischer Studien Verlag) 1994, S. 104–124.

Pfligersdorffer, G.; Unterbruner, U. (Hrsg.): Umwelterziehung auf dem Prüfstand. Ergebnisse der Tagung "Umwelterziehung in Österreich". Prüfbericht der OECD, Forschung und Ausblicke. Innsbruck (Österreichischer Studien Verlag) 1994.

Prell, S.: Evaluation und Selbstevaluation. In: Roth, L. (Hrsg.): Pädagogik. Handbuch für Studium und Praxis. München (Ehrenwirth) 1991, S. 869–878.

Ramsey, C.E.; Rickson, R.E.: Environmental knowledge and attitudes. In: The Journal of Environmental Education. H. 8, 1976, S. 35–42.

Ramsey, J.; Hungerford, H.R.; Tomera, A.N.: The effect of environmental action and environmental case study instruction on the overt environmental behavior of eight-grade students. In: The Journal of Environmental Education. H. 13, 1981, S. 24–29.

Richmond, J.M.; Morgan, R.F.: A national survey of environmental knowledge and attitudes of fifth year pupils. Columbus, Ohio (ERIC) 1977.

Riedel, I.: Träume von der Gefährdung und Heilung der Erde. In: Altner, G.; Mettler-Meibom, B.; Simonis, U.E.; von Weizäcker, E.U. (Hrsg.): Jahrbuch Ökologie 1993. München (C.H. Beck) 1992, S. 270–278.

Riedel, K.: Schulpädagogik. In: Lenzen, D. (Hrsg.): Pädagogische Grundbegriffe. Band 2: Jugend bis Zeugnis. Reinbek bei Hamburg (rowohlt enzyklopädie) 1993, S. 1343–1356.

Riedel, W.; Trommer G. (Hrsg.): Didaktik der Ökologie. Köln (Aulis Deubner) 1981.

Robert, L.: Gedanken zum Thema Schule und Ökologie. In: Criblez, L.; Gonon, Ph. (Hrsg.): Ist Ökologie lehrbar? Bern (Zytglogge) 1989, S. 31–39.

Rombach, H. (Hrsg.): Wörterbuch der Pädagogik. Bd. I. Freiburg i.B. (Herder) 1977.

Roth, L. (Hrsg.): Pädagogik. Handbuch für Studium und Praxis. München (Ehrenwirth) 1991.

Ruh, H.; Brugger, F.; Schenk, C.: Ethik und Boden. Liebefeld-Bern (Bericht Nr. 52 des Nationalen Forschungsprogramms "Boden") 1990.

Sachs, W.: Produktivismus im Abwind. In: Beer, W.; de Haan, G. (Hrsg.): Ökopädagogik. Aufstehen gegen den Untergang der Natur. Weinheim und Basel (Beltz) 1984, S. 14–23.

Salzmann, H.: Über die Schwelle zum Handeln helfen: Umwelterziehung des WWF Schweiz. In: Hegg, O. (Hrsg.): Verhandlungen Gesellschaft für Ökologie. Sonderdruck Band XII, Göttingen 1984, S. 523–530.

Salzmann, H.C.: Umwelterziehung – wo stehen wir und wie geht es weiter? Referat anlässlich der EDK-Tagung zur Umwelterziehung in Flüelen vom 20.9. 1990. Unveröffentlichtes Typoskript 1990a.

Salzmann, H.C.: Vorwort. In: Zbinden, H.: Grundlagen für eine ökologische Bildungsoffensive. Zofingen (Schweizerisches Zentrum für Umwelterziehung des WWF Schweiz) 1990b, S. 3f.

Schäfer, G.: Grundsätze zu einer Didaktik der Ökologie. In: Riedel, W.; Trommer, G. (Hrsg.): Didaktik der Ökologie. Köln (Aulis Deubner) 1981, S. 18–46.

Schahn, J.: Die Kluft zwischen Einstellung und Verhalten beim individuellen Umweltschutz. In: Schahn, J.; Giesinger, Th. (Hrsg.): Psychologie für den Umweltschutz. Weinheim (Beltz) 1993, S. 29–49.

Schahn, J.; Giesinger T. (Hrsg.): Psychologie für den Umweltschutz. Weinheim (Beltz) 1993.

Schmack, E.: Chancen der Umwelterziehung. Düsseldorf (Schwann) 1982a.

Schmack, E.: Umwelt als erzieherisches Problem im Unterricht. In: Kreis, H.; von der Burg, U.: Erziehungskonzepte für die Schule: Befunde, Modelle, Perspektiven. Düsseldorf (Schwann) 1982b, S. 137–148.

Schneider, P.: Das UNESCO-Programm "Umwelterziehung" – Eine Aufforderung zum Umdenken zwischen Anspruch und Wirklichkeit. In: Calliess, J.; Lob, R.E. (Hrsg.): Praxis der Umwelt- und Friedenserziehung. Band 1: Grundlagen. Düsseldorf (Schwann) 1987, S. 278–284.

Scholz, G.: Politische Didaktik und Projektmethode. In: Projektorientierter Unterricht. betrifft: erziehung, Weinheim und Basel (Beltz) 1976, S. 84–92.

Schoof, J.: Projektorientierter Unterricht. Beispiel Biologie. Braunschweig (Westermann) 1977.

Schreier, H. (Hrsg.): Die Zukunft der Umwelterziehung. Umwelterziehung Band 7. Hamburg (Krämer) 1994.

Schreier, H.: Vorwort. In: Schreier, H. (Hrsg.): Die Zukunft der Umwelterziehung. Umwelterziehung Band 7. Hamburg (Krämer) 1994a, S. 9–11.

Schreier, H.: Kommen wir zum "Planet Erde"-Bewusstsein? Die Erweiterung des Bewusstseinshorizonts angesichts der ökologischen Krise im Spiegel der Entwicklung des Methodenrepertoires zur Umwelterziehung. In: Schreier, H. (Hrsg.): Die Zukunft der Umwelterziehung. Umwelterziehung Band 7. Hamburg (Krämer) 1994b, S. 15–79.

Schreier, H.: Umwelterziehung. In: Keck, R.W.; Sandfuchs, U.: Wörterbuch Schulpädagogik. Regensburg (Klinkhardt) 1994c, S. 337–339.

Schuldirektion der Stadt Bern; Büro 84: Unterrichtsmaterialien Abfall. Projekt Umwelterziehung, Bildungsangebot der Schuldirektion der Stadt Bern im Langschuljahr 88/89. Bern (Schuldirektion der Stadt Bern) 1989.

Schulte, J.: Der ökologische Schock – ein Anstoss zur Suche nach neuen Wegen des Denkens und Handelns. In: Dahncke, H.; Hatlapa, H.H. (Hrsg.): Umweltschutz und Bildungswissenschaften. Bad Heilbrunn (Klinkhardt) 1991, S. 83–87.

Schweim, L.: Projektorientierter Unterricht, Einleitung. In: Geisler, W. (Hrsg.): Betrifft Erziehung. Projektorientierter Unterricht: Lernen gegen die Schule. Weinheim und Basel (Beltz) 1976, S. 7f.

Schweingruber, R.: Das Projekt in der Schule. Ein unterrichtsbegleitendes Arbeitsbuch für Lehrer. Bern (Haupt) 1984.

Schwerdt, Th.: Kritische Didaktik in Unterrichtsbeispielen. Erstausg. 1933. Paderborn (Schöningh), 19. Aufl. 1959.

Scriven, M.: Die Methodologie der Evaluation. In: Wulf, C. (Hrsg.): Evaluation. München (Piper) 1972, S. 60–91.

Seel, N.M.: Weltwissen und mentale Modelle. Göttingen (Hogrefe) 1991.

Seligmann, C.; Kriss, M.; Darley J.M.; Fazio, R.H.; Becker L.J.; Pryor, J.B.: Predicting summer energy consumption from home owners' attitudes. In: Journal of Applied Social Psychology. H. 9, 1979, S. 70–90.

Semmerling, R.: Projektlernen und Fachunterricht. Wie Projektverfahren die Lernlandschaft in der Schule verändern. In: Westermanns Pädagogische Beiträge. H. 5, 1987, S. 19–23.

Seybold, H.: Umwelterziehung in der Sekundarstufe I. In: Calliess, J.; Lob, R.E. (Hrsg.): Praxis der Umwelt- und Friedenserziehung. Band 2: Umwelterziehung. Düsseldorf (Schwann) 1987, S. 88–96.

Simonis, U.E.: Drei Bedingungen zukunftsfähiger Entwicklung. In: Dahncke, H.; Hatlapa, H.H. (Hrsg.): Umweltschutz und Bildungswissenschaften. Bad Heilbrunn (Klinkhardt) 1991, S. 128–150.

Spada, H.: Umweltbewusstsein: Einstellung und Verhalten. In: Kruse, L.; Graumann, C.-F.; Lantermann, E.-D. (Hrsg.): Ökologische Psychologie. Ein Handbuch in Schlüsselbegriffen. München (Psychologie Verlags Union) 1990, S. 623–631.

Stapp, W.B. et al.: The concept of environmental education. In: The Journal of Environmental Education. H. 1, 1969, S. 30–31.

Stipproweit, A.; Bergemann, A.: Umwelterziehung in der Lehrerausbildung. In: Hellberg-Rode, G. (Hrsg.): Umwelterziehung. Theorie & Praxis. Münster und New York (Waxman) 1991. S. 159–193.

Strohschneider, S.: Ökologisches Wissen und der Umgang mit komplexen Systemen. In: Pfligersdorffer, G.; Unterbruner, U. (Hrsg.): Umwelterziehung auf dem Prüfstand. Ergebnisse der Tagung "Umwelterziehung in Österreich". Prüfbericht der OECD, Forschung und Ausblicke. Innsbruck (Österreichischer Studien Verlag) 1994, S. 125–140.

Suin de Boutemard, B.: 75 Jahre Projektunterricht. In: Geisler, W. (Hrsg.): Betrifft Erziehung. Projektorientierter Unterricht: Lernen gegen die Schule. Weinheim und Basel (Beltz) 1976, S. 58–64.

Suin de Boutemard, B.: Projektunterricht – Geschichte einer Idee, die so alt ist wie unser Jahrhundert. In: Bastian, J.; Gudjons, H.: Das Projektbuch. Theorie-Praxisbeispiele-Erfahrungen. Hamburg (Bergmann & Helbig) 1986, S. 62–77.

Teml, H.: Unterricht gestalten – Lernen fördern. Materialien zum schülerzentrierten Unterricht. Linz und Wien (Veritas) 1983.

Teschner, W.: Organisatorische und methodologische Probleme der Verknüpfung von Entwicklung und Evaluation bei Innovationen. In: Egger, E. (Hrsg.): Innovation und Evaluation von Schulversuchen. Bern (Haupt) 1981, S. 219–240.

Tewksbury, S.; Harris G.R.: The status on environmental education in Northern New York. In: The Journal of Environmental Education. H. 13, 1982, S. 30–38.

Thonhauser, J.: Umwelterziehung in Österreich: Bestandesaufnahme, praktische Anregungen, Reflexionen. Innsbruck (Österreichischer Studienverlag) 1993.

Towler, J.; Swan, J.E.: What do people really know about pollution? In: The Journal of Environmental Education. H. 4, 1972, S. 54–57.

Troicak, D.A.; Harvey, G.D.: Environmental Education in Missouri. In: The Journal of Environmental Education. H. 7, 1976, S. 46–50.

Trommer, G.: Das Wilde – Subjekt und Objekt landschaftsbezogenen Umweltbewusstseins. In: Schreier, H. (Hrsg.): Die Zukunft der Umwelterziehung. Umwelterziehung Band 7. Hamburg (Krämer) 1994, S. 119- 132.

Ulrich, P.: Transformation der ökonomischen Vernunft. Fortschrittsperspektiven der modernen Industriegesellschaft. Bern und Stuttgart (Haupt) 1987.

UNESCO-Verbindungsstelle für Umwelterziehung im Umweltbundesamt: Bibliographie Umwelterziehung. Berlin (Umweltbundesamt), 4. aktualisierte Auflage 1987.

Unterbruner, U.; Pfligersdorffer, G.: Vom Wissen zum Handeln. In: Pfligersdorffer, G.; Unterbruner, U. (Hrsg.): Umwelterziehung auf dem Prüfstand. Ergebnisse der Tagung "Umwelterziehung in Österreich". Prüfbericht der OECD, Forschung und Ausblicke. Innsbruck (Österreichischer Studien Verlag) 1994, S. 83–103.

Uppenbrink, M.; Langer, H.: Zur Umweltforschung: Stand, Spektrum, Aufgaben, Brennpunkte. In: Calliess, J.; Lob, R.E. (Hrsg.): Praxis der Umwelt- und Friedenserziehung. Band 1: Grundlagen. Düsseldorf (Schwann) 1987, S. 72–90.

Van Buer, J.; Nenniger, P.: Lehr-Lern-Forschung: Traditioneller Unterricht. In: Ingenkamp, K.H.; Jäger, R.S.; Petillon, H.; Wolf, B. (Hrsg.): Empirische Pädagogik 1970–1990. Eine Bestandesaufnahme der Forschung in der Bundesrepublik Deutschland. Band II. Weinheim (Deutscher Studien Verlag) 1992, S. 409–470.

Vester, F.: Unsere Welt – ein vernetztes System. Erstausgabe Stuttgart (Klett) 1978. München (dtv), 7. Aufl. 1991.

Vester, F.: Neuland des Denkens. Vom technokratischen zum kybernetischen Zeitalter. Erstausgabe Stuttgart 1980 (Deutsche Verlags-Anstalt). München (dtv), 8. Auflage 1993.

Wagenschein, M.: Verstehen lehren. Weinheim und Basel (Beltz), 9. Aufl. 1991.

Weber, K.: Engagement und Distanz in der Evaluation. In: Gonon, Ph. (Hrsg.): Evaluation in der Berufsbildung. Aarau (Sauerländer) 1992, S. 109–120.

Wegner, W.H.: Evaluation. In: Rombach, H. (Hrsg.): Wörterbuch der Pädagogik. Bd. I. Freiburg i.Br. (Herder) 1977, S. 279–281.

Weinberger, M.-L.: Auf der Suche nach Alternativen. In: Calliess, J.; Lob, R.E. (Hrsg.): Praxis der Umwelt- und Friedenserziehung. Band 1: Grundlagen. Düsseldorf (Schwann) 1987, S. 267–274.

Werbik, H.: Handlungstheorien. Studientext. Stuttgart (Kohlhammer) 1978.

Wetzlar, L.: Projekt Schulgarten. In: Hellberg-Rhode, G. (Hrsg.): Umwelterziehung. Theorie & Praxis. Münster und New York (Waxman) 1991, S. 61–80.

Widmer, H.: Umwelterziehung am Gymnasium. Anforderungen – Möglichkeiten unter Berücksichtigung der Situation im Kanton Bern. Bern (unveröffentlichte Hausarbeit zur Erlangung des Gymnasiallehrerdiploms) 1985.

Widmer, H.: Handlungsorientierte Umwelterziehung braucht Animation. In: Criblez, L.; Gonon, Ph. (Hrsg.): Ist Ökologie lehrbar? Bern (Zytglogge) 1989, S. 146–159.

Widmer, H.: Bodenleben begreifen, schätzen und erhalten. Liebefeld-Bern (Bericht Nr. 47 des Nationalen Forschungsprogramms "Boden") 1990.

Widmer, H.; Keist, M.: Nutzungskonflikte und Siedlungsplanung. Pilotausgabe eines Arbeitsmittels zur handlungsorientierten Umwelterziehung. Bern (Eigendruck) 1990.

314

Widmer, H.; Keist, M.; Rathgeb, L.; Morgenthaler, D.: Nutzungskonflikte in der Raumplanung. Eine kommentierte Arbeitshilfe in Werkstattform für die Oberstufe (5.–9. Klasse) sowie für die Mittelschule (9.–11. Klasse). Herausgegeben von der Erziehungsdirektion des Kantons Bern (Amt für Bildungsforschung) und der Baudirektion des Kantons Bern. Bern (Raumplanungsamt des Kantons Bern) 1991a.

Widmer, H.; Keist, M.; Rathgeb, L.; Morgenthaler, D.: Nutzungskonflikte und Schule. Liebefeld-Bern (Bericht Nr. 65 des Nationalen Forschungsprogramms "Boden") 1991b.

Winkel, G. (Hrsg.): Pädagogik im Botanischen Garten, im Naturkundemuseum, im Zoo. Hannover (Schulbiologiezentrum) 1982.

Winkel, G. (Hrsg.): Das Schulgarten-Handbuch. Seelze (Friedrich) 1985.

Winkel, G.: Skizze zu einer ganzheitlichen Umwelterziehung. In: Schreier, H. (Hrsg.): Die Zukunft der Umwelterziehung. Ökologisches Handeln in Ballungsräumen. Umwelterziehung Band 7. Hamburg (Krämer) 1994, S. 175–190.

Winter, G.: Veränderungsmöglichkeiten des Umweltbewusstseins aus der Sicht der Sozialpsychologie. In: Fietkau, H.J.; Kessel, H. (Hrsg.): Strategien zur Hebung des Umweltbewusstseins in der Bevölkerung der Bundesrepublik Deutschland. Forschungsbericht. Berlin (Internationales Institut für Umwelt und Gesellschaft) 1979.

Wortmann, K.; Stahlberg, D.; Frey, D.: Energiesparen. In: Schahn, J.; Giesinger, Th. (Hrsg.): Psychologie für den Umweltschutz. Weinheim (Psychologie Verlags Union) 1993, S. 77–101.

Wottowa, H.; Thierau, H.: Evaluation. Bern (Huber) 1990.

Wulf, C.: Evaluation. München (Piper) 1972.

Wulf, C.: Curriculumevaluation. In: Wulf, C. (Hrsg.): Evaluation. München (Piper) 1972, S. 15–37.

Zbinden, H.: Grundlagen für eine ökologische Bildungsoffensive. Zofingen (Schweizerisches Zentrum für Umwelterziehung des WWF Schweiz) 1990.

Zentralstelle für Umwelterziehung Universität Essen (Hrsg.): Beiträge zur Umwelterziehung. 8. Internationales Symposium "Umwelterziehung auf neuen Wegen – Aktuelle Entwicklung in den nicht-naturwissenschaftlichen Fächern". Tagungsbericht. Essen (Zentralstelle für Umwelterziehung Universität Essen) 1988.

Zimmermann, M.: Ökologische Bildungsarbeit – oder Lernen vor einem verbauten Horizont. In: Magazin Primarschule. H. 3, 1989, S. 20–22.

Zinnecker, J.; Stickelmann, B.; Müller, E.; Heinze, T.: Die Praxis von Handlungsforschung. Bericht aus einem Schulprojekt. München (Juventa) 1975.

EXPLORATIONEN

Patry, Jean-Luc. *Transsituationale Konsistenz des Verhaltens und Handelns in der Erziehung*, 512 Seiten, 1991

Jenzer, Carlo. *Die Schulklasse*. Eine historisch-systematische Untersuchung, 448 Seiten, 1991

Gonon, Philipp. *Arbeitsschule und Qualifikation*. Arbeit und Schule im 19. Jahrhundert, Kerschensteiner und die heutigen Debatten zur beruflichen Qualifikation, 312 Seiten, 1992

Metz, Peter. *Herbartismus als Paradigma für Professionalisierung und Schulreform*. Ein Beitrag zur Bündner Schulgeschichte der Jahre 1880 bis 1930 und zur Wirkungsgeschichte der Pädagogik Herbarts und der Herbartianer Ziller, Stoy und Rein in der Schweiz, 788 Seiten, 1992

Nenniger, Peter / Eigler, Gunther / Macke, Gerd. *Studien zur Mehrdimensionalität in Lehr-Lern-Prozessen*, 260 Seiten, 1993

Grunder, Hans-Ulrich. *Seminarreform und Reformpädagogik*, 414 Seiten, 1993

Gonon, Philipp / Oelkers, Jürgen (Hrsg.). *Die Zukunft der öffentlichen Bildung – L'avenir de l'éducation publique*, 368 Seiten, 1993

Allemann-Ghionda, Cristina. *Multikultur und Bildung in Europa – Multiculture et éducation en Europe*, 403 Seiten, 1994

Poglia, Edo / Perret-Clermont, Anne-Nelly / Gretler, Armin / Dasen, Pierre (Hrsg.). *Interkulturelle Bildung in der Schweiz*. Fremde Heimat, 428 Seiten, 1995.

Ito, Toshiko. *Die Kategorie der Anschauung in der Pädagogik Pestalozzis – Theorie und Rezeption im Japan des 19. Jahrhunderts*, 204 Seiten, 1995

Criblez, Lucien. *Zwischen Pädagogik und Politik – Bildung und Erziehung in der deutschsprachigen Schweiz zwischen Krise und Krieg (1930-1945)*, 442 Seiten, 1995

Przybilka, Christoph. *Die Rezeption Goethes bei Wilhelm Flitner – Zur Motivgeschichte der hermeneutisch-pragmatischen Pädagogik*, 180 Seiten, 1995

Lüscher, Liselotte. *Geschichte der Schulreform in Bern von 1968-1988*. Eine Analyse des Vorgehens und der Widerstände, 470 Seiten, 1997

Rhyn, Heinz. *Allgemeine Bildung und liberale Gesellschaft*. Zur Transformation der Liberal Education in der angelsächsischen Aufklärung, 410 Seiten, 1997

Berchtold, Christoph / Stauffer, Martin. *Schule und Umwelterziehung*. Eine pädagogische Analyse und Neubestimmung umwelterzieherischer Theorie und Praxis, 316 Seiten, 1997

Gerald Schlemminger

La pédagogie Freinet et l'enseignement des langues vivantes

Approche historique, systématique et théorique

Bern, Berlin, Frankfurt/M., New York, Paris, Wien, 1996. 304 p.
ISBN 3-906756-41-6
br. sFr. 59.– / DM 74.– / öS 492.– / US-$ 47.95 / £ 31.– / FF 236.–

Jusqu'à présent, l'utilisation de la pédagogie Freinet dans l'enseignement des langues était restée peu connue. Cet ouvrage se veut une première analyse de cette démarche telle qu'elle se pratique depuis les années cinquante dans l'enseignement public, au collège, au lycée et même à l'université. L'auteur décrit comment les enseignants utilisent, dans leurs classes de langues, les différentes techniques Freinet, comme la correspondance, le texte libre, la sortie-enquête, le journal, la bibliothèque de classe, le plan de travail, les outils auto-correctifs, le travail en équipe, le conseil de classe etc. Il analyse leurs pratiques du point de vue pédagogique, linguistique et didactique. Il montre comment les enseignants ont développé leurs propres concepts par rapport au tâtonnement expérimental et à la méthode naturelle pour l'apprentissage des principales langues vivantes telles que l'anglais, l'allemand, l'espagnol, le français. Il s'agit là d'une démarche originale et d'une réflexion théorique innovatrice pour la didactique des langues, qui se situe également par rapport à l'évolution de l'enseignement des langues en général et aux différents paradigmes didactiques.

PETER LANG
Bern · Berlin · Frankfurt am Main · New York · Paris · Wien

Horst Rode

Schuleffekte in der Umwelterziehung

Mehrebenenanalyse empirischer Daten
und pädagogische Folgerungen

Frankfurt/M., Berlin, Bern, New York, Paris, Wien, 1996. 240 S.,
zahlr. Abb., Tab. u. Grafiken.
Europäische Hochschulschriften: Reihe 11, Pädagogik. Bd. 672
ISBN 3-631-49892-6
br. sFr. 56.– / DM 69.– / öS 467.– / US-$ 44.95 / £ 28.– / FF 224.–

Jeder Lehrer und jede Lehrerin gehört einem Kollegium an
und ist in das soziale System Schule eingebunden. Daraus
folgt die Vermutung, daß neben Persönlichkeitsmerkmalen
auch das schulische Umfeld für die Gestaltung umweltbezogenen Unterrichts von Bedeutung ist. Dieser Vermutung wird in drei Analyseschritten nachgegangen: Zunächst
werden die Merkmale der Lehrpersonen und des Unterrichts in einem Prognosemodell für die Ausprägungen schulischer Umwelterziehung miteinander in Beziehung gesetzt.
Im zweiten Schritt wird überprüft, ob sich das gefundene
Modell auf die Schulebene übertragen läßt. Im dritten
Schritt werden individuelle und Schulebene aufeinander
bezogen. Es zeigt sich, daß die Zugehörigkeit zu einem
Kollegium deutlichen Einfluß auf die Gestaltung umweltbezogenen Unterrichts hat.

PETER LANG
Bern · Berlin · Frankfurt am Main · New York · Paris · Wien